DEUTSCHE AKADEMIE DER WISSENSCHAFTEN
ZU BERLIN
INSTITUT FÜR
GRIECHISCH-RÖMISCHE ALTERTUMSKUNDE

BIBLIOTHECA
SCRIPTORVM GRAECORVM ET ROMANORVM
TEVBNERIANA

BSB B.G. TEUBNER VERLAGSGESELLSCHAFT
1970

CORPVS FABVLARVM AESOPICARVM

VOLVMEN PRIVS

FABVLAE AESOPICAE
SOLVTA ORATIONE CONSCRIPTAE

EDIDIT

AVGVST HAVSRATH

FASCICVLVS PRIOR
EDITIONEM ALTERAM CVRAVIT

HERBERT HVNGER

BSB B.G.TEUBNER VERLAGSGESELLSCHAFT
1970

BIBLIOTHECAE TEVBNERIANAE
HVIVS TEMPORIS
REDACTOR: GÜNTHER CHRISTIAN HANSEN

HOC VOLVMEN IMPRIMENDVM
CVRAVIT
SIEGFRIED FISCHER

ADMONEBVNTVR, QVI HVNC LIBRVM LEGENT
VT ADDENDA ET CORRIGENDA CONSVLANT
LATERCVLO □ IN MARGINE APPICTO

VLN 294 · 375/3/69 · ES 7M
4. AUFLAGE

PRINTED IN THE GERMAN DEMOCRATIC REPUBLIC
ZWICKOWAE: TYPIS F. ULLMANNI (III/29/2)

ADOLPHI HAUSRATH

PATRIS

HERMANNI USENER

PRAECEPTORIS

PIIS MANIBUS

PRAEFATIO

Fabulae Aesopicae quam habuerint originem, cum aliis scriptis exposui tum libro, quem propediem me edere posse speraveram „Aesop, Geschichte der handschriftlich überlieferten griechischen Fabelsammlungen". sed quoniam propter horum temporum angustias Corporis nostri hic tantum fasciculus in lucem prodit, cetera omnia felicioribus relinquuntur temporibus, paucis hoc loco primariam hanc quaestionem absolvere oportet. atque primum de hoc genere fabularum in universum disserere necesse est, antequam ad singulas quibus continentur collectiones accedamus.

I.

sescentae quod in libris manu scriptis nobis traduntur fabulae, argumentum si spectas et totam historiolarum conformationem, inter se simillimae, verborum vero quod attinet delectum atque totam rem grammaticam dissimillimae — haec res egebat explicatione. quam explicationem unus Otto Crusius[1]), vir de his studiis egregie meritus, repperit, repetivit et verbis auxit G. Rutherford[2]), argumentis ex scholarum rhetoricarum usu petitis fulcire ego[3]) sum conatus. rhetorum scilicet et qui ab illis instituebantur discipulorum tenemus exercitia, qualia in progymnasmatis componi iubebant rhetores inde a Theone et Hermogene. quod vero hae fabulae non solum in historiolarum lineamentis sed in singulis etiam vocibus consentiunt, hoc necessario hanc ob causam evenisse putamus, quod in componendis fabulis omnes eodem libro scholastico utebantur, quem X appellabimus. conscriptae vero sunt hae fabulae omnes fere stilo illo simplici atque concinno, qui λόγος ἀφελής vocatur. tota fere collectio Augustana fabulis huiusce generis composita est.

---

1) de Babrii aetate, RE II 2658. Babr. XXXII sq.
2) Babrius ed. Rutherford XL. XLVI.
3) probl. (cf. p. XXXIX) 312 sq.

at praeter has quae rhetorum redolent scholam fabellas aliae inveniuntur florido atque loquaci genere dicendi compositae, quod magis convenit narratiunculis illis popularibus, quae de hominum animaliumque vita temporibus mythicis consociata referunt, cf. editionis nostrae f. 1. 3. 9. 35. 75.

plane aliam atque Augustanae collectionis Vindobonensis prae se ferunt fabulae speciem. genere dicendi prorsus diverso, stilo prolixiore et incomposito scriptae sunt, sermone quoque utuntur dissoluto, qualis fuit temporum inde a sexto p. Chr. n. saeculo, qui severas temporum antiquorum spernit regulas. narratiunculas scilicet populares imitati sunt rhetores Byzantini, quibus hae fabulae debentur.

quomodo denique in collectione Accursiana inde ab octavo et nono saeculo dissolutae hae fabulae in formam strictiorem redactae sint, ita tamen, ut aridum illud genus dicendi, quo Augustana utitur, evitaretur et speciosa quaedam et elegans exsisteret dictio, quae ad διηγήματος magis quam ad λόγου vel μύθου accederet normam, infra paucis adumbrabitur. sed haec quoque παίγνια formosa atque faceta ex rhetorum scholis profecta sunt.

II. DE COLLECTIONE AUGUSTANA (I)

Augustana nomen traxit a codice Augustano — iam Monacensi 564 — A (= Pb Ch.)[1], qui quantum codicibus tum notis praestaret, iusto iudicio agnovit G. Ephr. Lessing. Parisinam hanc recensionem vocare mavult Ch. secundum Parisinum E (Pa Ch.), quem Sternbachium secutus pluris faciendum putat. at quoniam Parisinum E et Augustanum pari fere loco habendos esse demonstrari potest, cur usitatum nomen immutemus causa non est. collatis inter se codicibus pro certo erui potest quinam pristinus ordo huius collectionis fuerit et quae fabulae postea additae sint. singulae fabulae quem locum in his collectionibus obtineant, ex tabula quam addidi „ordo fabularum" sine negotio cognoscitur.

in enarrandis codicibus libros, qui e catalogis tantum et e virorum doctorum scriptis mihi innotuerunt, cancellis saepsi; quod fabularum quoque numerus saepius cancellis saeptus est, hoc non integram hanc collectionem ad nos pervenisse indicat.

---

1) signa — Ch. Kor. etc. — quod attinet cf. infra p. XXXIX.

codices, quos in recensenda Augustana adhibui, hi sunt

1 Vaticanus graecus 695 saec. XIV fab. 152 — C (Pg Ch). contulerunt codicem Hsr. Ch.

2 Vat. gr. 777 saec. XV fab. 245 — F (Mb Ch.). collationem huius codicis accuratissimam — fabulae plurimae ad verbum transscriptae sunt — concessit mihi Pius Knoell, qui ex hoc codice a. 1878 novas Babrii fabulas edidit — acta acad. Vindob. XCI. cont. Kn. Hsr. Ch.

3 Laurentianus conv. suppr. 627 saec. XIII fab. 199 — Cas. (Ca Ch.). edidit hunc codicem sat negligenter de Furia, cf. Hsr. Unters. 283—84. hanc collectionem qui composuit cum fabulis Augustanis coniunxit fabulas Vindobonenses, quas vero saepissime ad normam Augustanam corrigebat, cf. Marc, Byz. Ztschr. XIX 416.

4 Cryptoferratensis, iam Novoeboracensis Pierponti Morgan 397, saec. X fab. (238) — Cr. uberrimam collationem edidit Perry.[1])

5 Cryptoferratensis A 27 (39) saec. XVIII fab. 233 — Cr.^{1} continet fabularum initia e Cr descripta. cf. Hsr. Philol. LVIII 258—261.

6 Parisinus 365 saec. XIV fab. (126) — O (Pc Ch.). cont. Hsr. Ch.

7 Paris. suppl. gr. 690 saec. XII fab. 235 — E (Pa Ch.). edidit hunc codicem Sternbach. aliquot locos ab illo mendose transscriptos correxit Ch.

8 Paris. suppl. gr. 504 saec. XIX fab. 233 — e, codicis E apographum a Mina Minoide confectum. librum novicium inspexi et coniecturas nonnullas Minae haud inelegantes enotavi. cf. Unters. 295 Ch. p. 9.

9 Augustanus Monac. 564 saec. XIV fab. 231 — A (Pb Ch.). Lessingii in usum descripsit hanc collectionem Ernestina Reiske, quae, ut eius temporis mos erat, quae falsa esse suspicabatur, suo Marte immutavit. edidit hoc apographum Reiskianum Jo. Gottlob Schneider Saxo 1812. codicem, quem diligenter con-

1) sed est, ubi dubius haereas. omnia se adnotasse, in quibus ab editione Parisina Cr. recedat, affirmat Perry. quod si ita est, Cr., codex deterioris notae, haud paucas virorum doctorum coniecturas vel emendationes praecepit, ut 72, 6 Neveleti ψυχή, 91, 2 Reiskiae ἧκε, 111, 3 Schneideri τοῦ ἄρχου, 232, 1 Aem. Chambry τὸν κείροντα. id quod parum veri simile videtur. cf. praeterea ad f. 164, 6, 239, 6 etc. ad fabulam 72 lectiones desunt

tuleram, post editam Sternbachii de Lessingii in Aesopum annotationibus dissertationem (W. St. 1895, 31—102) denuo inspexi et permulta falsa Sternbachium protulisse cognovi.

accedunt *paraphrastae* qui liberius immutaverunt, auxerunt vel decurtaverunt quae priores rhetores dederant. usus sum his codicibus:

11 Vat. Palat. 195 saec. XV fab. (145) — B (Ma Ch.). scriptus est a librario qui graecae linguae minime peritus — Italum fuisse conieceris — ex eis quae ἀπὸ φωνῆς scribebat mira saepe monstra conformabat. sed cum aeque religiosus esset atque stupidus, haud paucis locis verum unus servavit. quoniam autem saepe omnino intellegi non possunt quae ille praebet, opportunissima res accidit, quod

12 Barberinus I 47 saec. XV fab. 153 — Ba (Mo Ch.) — eandem fere exhibet collectionem. qui hunc codicem primus in iudicium vocavit Weinberger, collationem suam liberalissime mihi misit, quo factum est, ut plurima quae ex B receperat Ch. menda tacite corrigerem. fabulas nonnullas in Ba praetermisit Weinberger, duas recepit Ch.

33 Salamanticensis 48 saec. XV cf. infra sub III γ — Salm.[5] f. 146—220.

13 Paris. 1788 saec. XV fab. (78) — U (Pe Ch.). edidit hunc codicem E. Miller, not. et extr. de la biblioth. du roi XIV Par. 1843.

14 Paris. 583 saec. XVI fab. 75 — u — ex U descriptus, cf. Unters. 276—280.

15 Paris. 1685 saec. XV fab. (43) — S (Pd Ch.) cont. Hsr. Ch.

16 Vat. gr. 112 saec. XV fab. (5) — V (Pi Ch.) cont. Hsr. Ch.

17 Trivultianus 775 saec. XV fab. 6 — Triv. (T Ch.). cont. Ch.

codices hi quomodo inter se cohaereant et quantum unicuique tribuendum sit, fusius exponetur in „Aesopo", cuius disputationis summa haec est. rhetorum tenemus scripta inter se diversa, non unum librum licentia vel incuria librariorum hunc mirum in modum variatum. tres persaepe agnoscere licet recensiones — C F Cas, O E, A. — Cr modo cum hac facit recensione modo cum illa. simplicitati student rhetores, quorum exercitia C F Cas servaverunt. ἀλλά particula vitatur, δέ totiens repetitum non est molestum, enuntiata brevia et concisa. grandiloquio vero delectatur collectionis Parisinae auctor (E), qui e. gr. pluralem modum adhibet, ubi minime ei locus[1]: 146 ὁ λέων ἐπεστράφη πρὸς τὰς φωνὰς (τοῦ βατράχου) — τὴν φωνὴν ceteri, 216 ὁ παῖς ἀπήγετο πρὸς τοὺς δημίους — τὸν δήμιον cet., 177 ἡ μυῖα ἔφη πρὸς ἑαυτάς (!) — ἑαυτήν cet. — et copulandis delectatur praepositionibus: 220 διαναβάλλειν, 226 κατεκπηδᾶν, 237 καταναπεσεῖν etc. Augustanus fabulator hiatum vitat, id quod comprobavit St. dil. Aes. 27. in collocandis quoque vocabulis certum rhythmum illum affectasse mihi persuasum est. sed talibus apparatum onerare nolui; comparet haec qui curat Augustanum a Schneidero editum cum Parisino Sternbachii et Casinensi Furiae.

Tres igitur cum diem tulerint corporis Augustani recensiones, quam sequamur? Mihi CF Cas. fidelissimi interpretes eorum esse videntur, quae in X, libro illo scholastico, quo omnes utebantur, exstabant. ibi quae mendosa erant vel lacunosa, aut omiserunt aut paululum tantum immutaverunt. multo liberius OE et A se gesserunt, quos vero haud paucis locis meliora praebere negari non potest. interdum etiam ad editionis minoris (Ia) — cf. infra — libros confugiendum erat, quos alios testes quam quos nos tenemus atque eos meliores adhibuisse patet. plura dabo in „Aesopo“. moneo denique me in afferendis codicibus eam semper praemisisse recensionem, quam in hac fabula maxime secutus sum.

III. DE COLLECTIONE VINDOBONENSI (II)

ita liber ille scholasticus, qui novis semper discipulis variandi quod priores excogitaverant materiam praebuit, novis semper, formam quod attinet, fabulis originem dedit. at funditus totum hoc fabularum genus immutatum est, cum sexto vel septimo p. Chr. n. saeculo rhetores Byzantini sobrium illud atque aridum dicendi genus, quod fabulis Theon atque Hermogenes vindicaverant, missum facerent et coloribus poeticis has narratiunculas exornare studerent. quod cum spectarent, facere non poterant, quin ad fabellas, quae tum populi in ore circumferebantur, se converterent atque harum stilum imitarentur. haud paucis locis rem eis feliciter cessisse confitendum est, ita ut argumenta nonnulla melius enarrata in Vi. invenias. sed aliud accedit plane mirum. quod sibi ipsi quam minime confidebant qui tum arti rhetoricae se dederunt, quae in libro per

1) cf. Ch. p. 26, 1.

aetatem et scholae usum venerabili non intellegebant, haec summa cum cura atque diligentia depingebant — num sensus inesset his fetibus minime curantes. ita factum est, ut voces exsisterent nisi in hac lingua scholastica plane ignotae ut σέλας βούνευρον (= ἐλάφου νεβρόν), χέλος ἄρρην (= χελώνη ἀετόν), καμινέαν (= συκαμίνην) atque eiusdem farinae alia. haec et similia quoniam intacta reliqui, meram hic exstare barbariem si quis indignabundus exclamaverit, haud mirabor. at hic fuit rhetorum Byzantinorum sexto vel septimo saeculo sermo. quem corrigere, — cui operae summo studio se dederunt Accursianae auctores —, non est nostrum. novum hoc quoque quod in hac collectione Vindobonensi inter fabulas pedestri sermone conscriptas aliae inseruntur versibus dodecasyllabis compositae. edentur hae in altero huius Corporis fab. Aes. volumine.

codicem Laurentianum conv. suppress. 627, quem Casinensem appellare iniuria[1]) consuevimus, huic codicum classi velut ducem praefecit Ch., quam Casinensem vocat. at diasceuasta ille, qui hanc collectionem confecit, tria composuit fabularum genera, Augustanas — cf. supra I 3, Vindobonenses integras atque fabulas Vindobonenses quas ad Augustanae recensionis normam refinxit, purioris scilicet stili studiosus. itaque qui Casinensem sequi assolet Ch., recensionem hanc Vindobonensem non restituit, sed corrupit.

codices, quos in recensenda collectione Vindobonensi adhibui, hi sunt:

18 Vindob. hist. gr. 130 saec. XIV fab. 130 — V (Ch. Chambry). codicem hunc cum omnium huius classis praestantissimum esse perspiceret, accuratissime descripsit, in schedis de locis dubiis plurima adnotavit Paulus Marc. qui cum hisce studiis valediceret, apographum hoc et schedas suas amicissime mihi tradidit. contulerunt hunc codicem Kn. Hsr Ch.

19 Vindob. hist. gr. 107 saec. XV fab. (41) — O (Cg Ch.). cont. Hsr. Ch.

20 Vat. Pal. gr. 269 saec. XV fab. 108 — P (Cb Ch.) cont. Hsr. Ch.

21 Leidensis Vulcanius 93 saec. XV fab. 105 — L. cont. Hsr.

22 Mosquensis 436 (298) saec. XIII—XIV fab. 103 — Mo. Urbanus Ursing, qui primus de hoc codice accuratius egit, quod tabu-

1) cf. Marc 394, 1.

las, in quibus totam hanc collectionem lucis ope exprimendam curavit, liberaliter utendas mihi transmisit, gratias ago maximas.

23 musei Britann. addit. 17015 saec. XV fab. 132 — Br (Cf Ch.). hanc collectionem benigne intercedente G. Kenyon ego solis ope exprimendam curavi. cont. Ch.

24 Vat. gr. 914 saec. XVI fab. 30 — R (Cc Ch.). cont. Hsr. Ch

3 Laur. conv. suppr. 627 saec. XIII fab. 199 — Cas. (Ca Ch.). cf. sub I.

horum codicum condicio est haec, ut primarium locum obtineant VPLMo, minoris pretii videantur OBr.RCas.

paraphrastarum exstitit temporibus Byzantinis tanta turba, ut propriam constituere classem necesse videatur.

fabulae Vindobonenses variatae III δ

adhibui codices hos:

26 Laur. 57, 30 saec. XVI fab. (100) — M (Mc Ch.). cont. Hsr. Ch.

27 Paris. 2902 saec. XVI fab. (65) — S (Mk Ch.). cont. Hsr. Ch.

28 Paris. 1310 saec. XV fab. 122 — N (Ce Ch.). cont. Hsr. Ch.

29 Paris. 2494 saec. XV fab. (95) — W (Mh Ch.). cont. Hsr. Ch.

30 Paris. suppl. gr. 105 saec. XVI fab. 120 — T (Cd Ch.). cont. Kn. Ch.

33 Salm. 48 saec. XV fab. 1—58 — Salm.[1], cf. sub III γ.

31 Monac. 525 saec. XV fab. (52) — E. cont. Kn. Hsr. Perry.

32 Monac. 551 saec. XV fab. 207 — F. cont. Kn. Hsr.

108 Brancatianus IV A V saec. XVI fab. 14 edidit Sbordone, rivista Indo-Greco-Italica XVI 35 sq.

36 Vindob. phil. gr. 192 saec. XV fab. 160 — J (Ml Ch.). cont. Hsr. Ch.

plurimi ex his paraphrastis — MSTF — ea quae in P (20) leguntur augebant vel immutabant; E Mosquensem, N Britannicum sequitur, W et J haud paucis locis cum III β faciunt.

IV. DE COLLECTIONE ACCURSIANA (III)

literae cum renascerentur, rhetores quoque sermonis impediti et incompositi piguit, quo Vindobonensis plerumque utitur, atque operam dederunt, ut hic quoque fabularum liber elegantior evaderet. post duo conamina, quae ipsis non satisfecerunt — III γ, III β — ad illam denique formam pervenerunt — III α — quae ita perpolita visa est, ut iam nihil mutare placeret.

III γ. codicum familias duas statuere placuit

Φ

Huc referendi:

39 Laur. conv. suppr. 69 saec. XV fab. 142 — F (Md Ch.). cont. Hsr. Ch.

40 Paris. 2899 saec. XV fab. (116) — f (Mi Ch.). cont. Hsr. Ch.

41 Leidensis Is. Vossii 51 saec. XV fab. 142 (Vossianus Hudsonis) — Vo. cont. Hsr.

42 Laudianus X saec. XIV fab. 141 — Laud. (Mm Ch.). cont. Kn. Ch.

33 Salamanticensis 48 saec. XV fab. 220 — Salm.[2] fabularum omnium initia diligentissime descripsit, tres codicis paginas solis ope exprimendas curavit Fulgenzio Riesco Bravo, bibliothecae Salamanticensis praefectus. quinque e collectionibus hae fabulae collatae sunt: 1—44 = III δ (Salm.[1]), 45—107 = III γ (Salm.[2]), 108—135 = III α (Salm.[3]), 136—145 = III β (Salm.[4]), 146—220 = I (Salm.[5]).

43 Ambrosianus B 47 (91) saec. XVI fab. 33 — M (Mn Ch.). cont. Hsr. Ch.

44 Vat. Pal. gr. 122 saec. XV fab. 32 — L (Ld Ch.). cont. Hsr. Ch.

11 Vat. Pal. gr. 195 fab. 146—186, B[2] cf. sub I.

Γ

adhibui codices hos:

45 Laur. 59, 33 saec. XVI fab. 61 — G (Lc Ch.). cont. Hsr. Ch.

46 Karlsruhens. 507 saec. XVI fab. 61 — g. cont. Hsr.

47 Gorlicensem Milichianum 83 saec. XVI fab. 61 — Gorl. cont. Hsr.

48 Bodleian. 73 saec. XV fab. 61 — Bo. cont. Kn.

49 Laud. IX 9 saec. XV fab. 61 — Laud.[2]. cont. Kn.

50 Ambros. F 46 (340) saec. XV fab. 61 — O (Lg Ch.). cont. Hsr. Ch.

51 Einsidlensem 577 (165, 45) saec. XVI fab. 61 — E. cont. Hsr.

52 Turicensem C 136. 714 (saec. XIV—XV) coll. prior. fab. 61 — Tur.[1]. cont. Hsr.

53 Jenensem ord. prov. 25 saec. XV coll. prior. fab. 61 — Jen.[1]. cont. Hsr.

59 Gothanum 60 saec. XV fab. 60 — Go. cont. Hsr.

62 Vindob. phil. 243 saec. XV fab. 59 — Vi. cont. Kn. Hsr.

65 Harleianum 5744 saec. XV coll. prior. fab. 31 — Harl. cont. Kn. Bölte.

66 Veronensem 744 saec. XVI fab. 27 — Ver. cont. Hsr.

novas has cum conderent formas rhetores, hoc assecuti sunt, ut vulgata exsisteret, a qua. singuli libri vix discrepant. nubes illa lectionum, qua in II et III δ obruimur, prorsus disparuit. scriptorem veterem te manibus tenere credideris, non librum popularem Byzantinum. attamen in recentioribus his quoque libris una alterave emergit scriptura, quae boni quid praebet. omnes igitur, quos comparare mihi potui, codices examinare ex re visum est.

III β

collectio III β quam vocamus utrum antecesserit an secuta sit eam, quam III α vocamus, difficile est diiudicatu. ita similes sunt inter se, ut e genere dicendi nihil colligere liceat. alphabeticum ordinem sequitur β, e diversis partibus concrevit α. attamen cum in α exstent, quae e β peti non potuerunt, et quoniam maiore cum cura α redacta esse videtur, hanc, quam editores inde ab Accursio expresserunt omnes, ultimam huius libri scholastici fuisse formam crediderim. Maximum Planudem has fabulas non conscripsisse, ut Neveletum et Bentleium secuti viri docti credebant, probare potui, cum in bibliotheca Borbonica editionem invenissem, quam ille curavit et scholiis et commentario exornavit (Borb. II D 22 = III β 81, cf. Byz. Ztschr. X 91). frustra mihi oblocutum esse puto B. E. Perry, cf. Phil. Wochenschr. 1937, 774—77. Accursianam igitur, non Planudeam hanc collectionem vocabimus, a Bono Accursio Pisano, qui anno 1479 primus has fabulas edidit. in censum veniunt codices hi

67 Laur. 58, 23 saec. XV fab. 129 — C (Lb Ch.). cont. Hsr. Ch.

68 Mutinensis LV saec. XIV fab. 129 — c. cont. Hsr.

69 Vat. gr. 949 saec. XV fab. 129 — G (Le Ch.). cont. Hsr. Ch.

70 Vat. gr. 113 saec. XV fab. 129 — g. cont. Hsr.

71 Berol. phil. 1591 saec. XV fab. 128 — Berol. cont. Hsr.

73 Paris. 2077 saec. XV fab. 74 — P (Lh Ch.). cont. Hsr. Ch.

32 Monac. 551 — cf. III δ — F. cont. Hsr.

in fabularum ordine cum III α, in ceteris cum III β conspirant codices hi:

Λ

74 Paris. 2901 saec. XV fab. 127 — L. cont. Hsr.

75 Ambros. A 59 (7) saec. XV fab. 127 — l (Lf Ch.); fab. 128—137 = l[2]. cont. Kn. Hsr. Ch.

76 Marcianus XI 2 saec. XV fab. 88 — λ. cont. Hsr.

77 Laur. 55, 10 saec. XV fab. 38 — H. cont. Hsr.

78 Vratislav. Rehdiger. 31 saec. XV fab. 130—Vrat. cont. Hsr.

79 Jenensis Goethianus 5 saec. XVII—XVIII fab. 130 — Goeth. cont. Hsr.

80 Marcianus XI 16 saec. XV fab. 19 — M. cont. Hsr.

53 Jenens. ord. prov. 25 coll. altera f. 66—69 cf. III β — Jen.[2]. cont. Hsr.

106 Paris. 2900 saec. XV fab. 151 cf. I a — Q (Mj Ch.). cont. Hsr. Ch.

33 Salm. 48 f. 136—145 cf. III γ — Salm.[4]

81 Borb. II D 22 (118) saec. XV fab. 151 — Plan. cont. Hsr.

artiore inter se vinculo cohaerent C c G g Berol P; ceteri in nonnullis dissentiunt = codices deteriores.

III α

codices quos adhibui sunt:

82 Laur. 89 sup. 79 saec. XV fab. 148 — D (La Ch.). cont. Hsr. Ch.

83 Laur. conv. suppr. 97 saec. XV fab. 148 — E. cont. Hsr.

84 Riccardianus 27 saec. XV fab. 148 — I. cont. Hsr.

85 Luccensis 1426 saec. XV fab. 148 — Lucc. cont. Hsr.

90 Barberinus I 105 saec. XV fab. 131 — A. cont. Hsr.

91 Borb. II F 23 saec. XV fab. 110 — Borb. cont. Hsr.

52 Turicens. C 136. 714 coll. alt. fab. 88 cf. III γ — Tur.[2] cont. Hsr.

65 Harl. 5744 coll. alt. fab. 22 cf. III γ — Harl.[2] cont. Kn. Bölte

92 Paris. 1603 saec. XV fab. 16. cont. Hsr.

93 Paris. 994 saec. XV fab. 156 — K (Mg Ch.). cont. Hsr. Ch.

33 Salm. 48 f. 108—135 cf. III γ — Salm.[3]

ex his codicibus D E J L K sunt primarii, ceteri deteriores. Accursii quoque editio — Acc. — codicis instar est, cum nondum satis constet, quonam ille codice usus sit.

V. DE COLLECTIONIS AUGUSTANAE EDITIONE ALTERA (I a)

ἐκλογὴ τῶν Αἰσωπείων μύθων

restat, ut de collectionis Augustanae editione minore disputetur, quam Byzantinis deberi ipse sermo luculenter demonstrat. hanc qui composuit, eo potissimum nomine laudandus est, quod fabulis Augustanis intermiscuit narratiunculas haud paucas, quae non aridum illum sapiunt rhetorum stilum. neque tamen in retractandis fabellis eam assecutus est elegantiam, quam Accursianae prae se ferunt fabulae, et purum illum sermonem, qui soloecismos evitat, quibus abundat Vindobonensis recensio. itaque ante editam Accursianam hunc delectum compositum esse puto.

praesto mihi fuerunt hi codices:

96 Havniensis 275 saec. XV fab. 143 — Havn.; collationem diligentissime confectam Carolo Friderico Mueller Kilionensi debeo.

97 Vat. Pal. gr. 156 saec. XV fab. 143 - K (Pf Ch.) cont. Hsr. Ch.

98 Harleianus 5543 saec. XV fab. 141 — Harl. cont. Kn. Bölte.

99 Vindob. ph. gr. 178 saec. XV fab. 144 — D. cont. Kn. Hsr.

101 Ambros. 43 (481) saec. XV fab. 181 — A (Mc Ch.). cont. Hsr. Marc Ch.

102 Paris. suppl. gr. 126 saec. XV fab. 151 — R (Mf Ch.). cont. Hsr. Ch.

103 Utinensis VI 6 saec. XV fab. 151 — U. cont. Hsr.

104 Cairensis (Alexandrinus 57) saec. XV fab. 129 — C. cont. Reitzenstein, Waddell[1]), Philipinnides (bibliothecae patriarch. Alexandrinae praefectus).

105 Vat. 1752 saec. XV fab. 75 — L. cont. Ch.

106 Paris. 2900 saec. XV fab. 151 — Q (Mj Ch.). cont. Hsr. Ch.

primariam formam exhibent Havn. Harl. K D, fabulas ex Accursiana petitas addunt, fabulas Augustanas cum Accursianis miscent reliqui. propriam quoniam prae se fert speciem haec ἐκλογή et sermonem proprium philosophicis interdum terminis ornatum, haud indigna videtur, quae seorsim tractetur. integram eam in „Aesopo" edemus.

sequuntur in editione nostra fabulae eae, quae postea additae in singulis tantum trium horum corporum libris traduntur — I, II—III, III infra 262—290. alias fabulas subministrat corpus

1 Byzantion VI 327—331.

Vaticanum F (cf. I 3) — infra 291—298 et codex Laurent. 57, 30 (M cf. III δ 26). addidit hic iocos quosdam atque facetias, quibus medii aevi temporibus monachi delectabantur et scholares.

VI. DE EDITIONIBUS

editionum numerus est innumerus ad scholarum usum maxime compositarum. eis quae de uniuscuiusque pretio diligenter et Fedde[1]) et Ch. (praef. 1—3) disputaverunt, pauca addam eos scilicet editores laudaturus, qui codices antea ignotos protulerunt aut de emendandis et interpretandis fabulis bene meriti sunt. codicum copiam quod attinet, nil auxilii apud veteres editores invenies: omnes quibus illi usi sunt codices manu tenemus.

Bonus Accursius, qui primus anno 1479 vel 1480 (iteratis curis 1482)[2]) fabulas illas, quas ab ipso Accursianas vocare perseveramus, edidit submixtis tribus Ignatii tetrastichis, quo codice usus sit, nondum dicere possum. conieceram — Unters. 270 — illum vel codicem Laurent. D (cf. III α 82) vel simillimum quendam expressisse, id quod secutus Ch. codicem D (= La Ch.) pro fundamento habuit editionis. at obstat, quod in fab. 110 (Ζεὺc καὶ αἰcχύνη) ὡc ἂν Ἔρωc μὴ εἰcέλθῃ Accursius praebet, ὡc ἂν ἕτεροc D β α (praeter I K Lucc.) et quod epimythio ornata est fabula, quod in omnibus libris praeter I K Lucc. desideratur. itaque Pisanum editorem codice Luccensi usum esse veri similius.

Manutius Aldus in editione a. 1505 in lucem emissa repetivit has fabulas, ita tamen ut nonnulla corrigeret. addidit fabulas quinque — C F Aes. 266. 60. 43. 100. 293 —, quas in Trivultiano codice — cf. I 10 — invenit Ch. sed epimythium fabulae 293, quae in Tr. epimythio caret, Aldus ipse confinxit.

Robertus Stephanus a. 1546 fabulis 144 Accursianis 23 novas addidit e codice Parisino 994 (= K III α 93) atque duas repetivit ex Aldina (Ch. p. 2).

Isaac Nicolaus Neveletus in mythologia Aesopica Francof. 1610 edita e bibliothecae Palatinae thesauris novas fabulas

1) Über eine noch nicht edierte Sammlung äsopischer Fabeln. Programm des Elisabetans zu Breslau 1877.

2) G. C. Keidel, manual of Aesopic fable literature. (Romance and other studies II.) Baltimore 1896, 1 sq.

addidit 149, quae, quomodo ad codices singulos — B B² Bo. P K L — referendae sint (paulo aliter atque censuit Ch. p. 2) in „Aesopo" exponetur.

John Hudson quoque quibus fontibus usus sit in editione Oxoniae 1718 typis mandata, quae merito olim omnium optima habebatur, accuratius definiri potest. expressit primum plurimos editoris errores corrigens Neveletanam. novas addidit fabulas 37, quibus praefixit: ex MS Gall., ex MS, ἄλλως. ex his 22 recepit e cod. Leid. Voss. (= Vo. III γ 41), 5 e Paris. 1310 (= N III δ 28), 5 e Paris. 994 (= par. Bodl.), 4 e Paris. 2902 (= S III δ 27), 1 e Paris. 1685 (= S I 15).[1]) lectiones quoque varias, quas in Addendis congessit Hudson, novi nil praebere consentaneum est, cum ex eisdem codicibus haustae sint. at multos locos corruptos felicissime ille sanavit, obscuros in notis et in versione latina quam adposuit elegantissima optime explanavit.

ad exemplar Oxoniense Hudsonis Io. Gottfr. Hauptmanni fabularum Aesopicarum collectio expressa est, quae Lipsiae prodiit anno 1741. Hauptmannum adhibuit Korais, Korain Halmius.

anno 1741 atque iterum 1776 Joh. Mich. Heusinger cum fabulas Aesopicas „quae Maximo Planudae tribuuntur" — i. e. fabulas 149 in Aldina primum compositas — „ad veterum librorum fidem emendatas, Hudsonis suisque annotationibus illustratas, indice verborum locupletissimo instructas" ederet, codicis Gothani 614 (= Go. III γ 59) quoque lectiones adiecit indiligenter saepius descriptas vel immutatas. in adnotationibus vero haud pauca recte observata invenies.

Thomas Tyrwhitt a. 1776 dissertationi celeberrimae de Babrio fabularum Aesopicarum scriptore fabulas quasdam inseruit nusquam antehac editas. ad paraphrasin Bodleianam pertinent hae et petitae sunt e Bodl. 4. 7, quem postea Pius Knoell edidit integrum (Vindob. 1871). ad eandem collectionem redeunt fabulae, quas 1789 Ch. Rochefort edidit e cod. Parisino 1277 (not. et extr. II 687—730).

---

1) parum igitur accurate Ch. p. 2 „Hudson publicavit editionem secundum codices Oxonienses excepto codice Bodl. F 4. 7, qui eum effugit". ex codicibus Oxoniensibus unius Laudiani X (= Laud. III γ 42) lectiones attulit Hudson neque eas permultas.

immerita diu laude fruebatur Franciscus de Furia, qui fabulas Aesopicas, „quales ante Planudem ferebantur, e vetusto codice abbatiae Florentinae (= Cas. I 3) erutas" edidit Flor. 1810. codicem sat indiligenter descripsit, haud pauca addidit vel immutavit neque in interpretandis in commentario fabulis rem bene expedivit. adiecit praeter alias fabulas 36 ἐκ τῆς Βατικάνης βιβλιοθήκης, quas e Vatic. 777 (= F I²) transscribendas curaverat, Babrii in his inesse choliambos nihil odoratus et in calce libri — Fu 423 — fabellam e Laur. 57, 30 descriptam (infra 301).

qui liber cum eodem anno Lipsiae quoque prodiret, egregie Car. Ern. Christoph. Schneider meritus est, qui haud paucos Furiae errores correxit et indicem addidit graecitatis. sed cum fabulas illas haud paucis locis explanatione egere intellegeret, novam paravit editionem in usum scholarum cum notis criticis (Lips. 1810). qui libellus tenuis — p. 115 — sed optimae frugis plenus ab insequentibus editoribus non sine damno neglectus est.

eodem anno Parisiis amplissimam fabularum collectionem comparabat Adamant. Korais, qua omnes quas reperire potuit versiones comprehendebat. ad libros manu scriptos ipse non accessit, sed eis, quae inde a Neveleto contulerant editores, sano iudicio usus est et in notis sermonem hunc labentium temporum ut homo neograecus optime illustravit.

casu acciderat, ut recensionis Augustanae usque ad illud tempus tenuia tantum vestigia exstarent, quae recensio quantum vetustate praestaret ceteris, primus perspexit Lessingius, cum apographum codicis Augustani (A I 9) ab Ernestina Reiske confectum manibus teneret. edidit hoc apographum Joh. Gottl. Schneider Vratisl. 1812. eiusdem familiae innotuerunt postea codices hi: Paris. 1788 (= U I 13), quem edidit E. Miller (not. et extr. XIV 225—287) et Paris. 690 (= E I 7), quem edidit Leo Sternbach 1894 (acta acad. Cracov. XXI 320—402).

sed interea apparuit, quae hodie omnium manibus teritur, fabularum Aesopicarum editio a Car. Halm procurata (Lips. inde ab anno 1852). sed virum illum clarissimum in hoc opere condendo ita se gessisse, ut studiis nostris obesset magis quam prodesset, iure statuit Crusius (Babr. XXIII 2), cuius verba nonnulla appono: „praeter Korais, Furiae, Schneideri editiones nullum fere adhibuit librum aut manu scriptum aut typis expressum ... nullum fontem exhausit, multos neglexit ... diversissima confudit atque ad unam normam correxit omnia atque corrupit."

nova igitur editio critica, quae hoc nomine digna esset, ut prodiret, ipso Crusio duce cum Pio Knoell et Paulo Marc ego me coniunxi atque per quattuor lustra indefesso studio huic operi nos dabamus. sed quae patriam oppressit summa calamitas causa fuit, ut imperfectum hoc corpus iaceret.

ita factum est, ut nos anteiret Aemilius Chambry, qui Parisiis a. 1925 Aesopi fabulas edidit eo consilio, ut colligeret „quidquid in eo genere populi Graeci ingenium protulit". ita Korain secutus omnes edidit recensiones aut integras aut varias lectiones componens in apparatu. quo de libro cum referrem — Philol. Wochenschr. 1927, 51, 52 —, summa cum industria illum codices congessisse atque contulisse, sed in diiudicando recensionum vel singulorum codicum pretio saepe errasse testatus sum. comprobavit hoc iudicium Χ. Χ. Χαριτωνίδης qui — acta acad. Thessalon. I 35—64. 108—111 — permultis exemplis rem haud feliciter editori Parisino cessisse demonstravit.

quae cum ita essent, ad opus diu sepositum redii. at desunt iam quorum opere et auxilio grato animo fruebar socii. diem supremum obiit Otto Crusius, vir ut de Babrio ita de hoc omni genere fabularum praeter ceteros meritus, obiit Pius Knoell, vir summa doctrina ornatus, qui quae ipse congesserat liberalissime mecum communicavit. castra mutavit et his studiis valedixit Paulus Marc, id quod quam maxime dolent qui literis Byzantinis operam navant. sed benigne intercedente Ludovico Radermacher contigit, ut horum in locum succederet Johannes Gerstinger fabulas versibus compositas, paraphrasin Bodleianam, Aesopi vitam et quae cetera cum his fabulis cohaerent in altero huius corporis volumine editurus.

et iam in eo erat, ut typis mandaretur corpus nostrum fabularum. sed quoniam denuo inter arma musae silent, prior tantum hic fasciculus in lucem prodit.

restat ut de huius editionis ratione pauca addam. „Aesopi" fabulae quemadmodum conformatae olim Graecorum in ore fuerint, erui hodie nequit. rhetorum tenemus exercitia, qui id egerunt, ut uniuscuiusque fabulae novam excogitarent formam atque eam elegantiorem. nihil igitur restat, nisi ut inquiramus, quinam testes ad formam primariam proxime accedere videantur. hos secutus ceteros illis modo locis attuli, ubi scripturae varietas corruptelam indicaret. sed nonnulla recepi, in quibus salis aliquid inesset et venustatis. pleniorem dedi eorum codicum scripturam, qui antehac noti non erant — Leidensis (II 21), Mosquensis (II 22), Monacensium E F (III δ 31. 32), Borbonici Planudae (III β 81), Luccensis (III α 85), Harleiani et Havniensis (I a 96. 98), ut octo enumerem e quadraginta. minima — mera scribendi vitia — et minora non curavi. ita ex gr. non indicavi, utrum librarii epimythiorum initia ὁ μῦθος δηλοῖ, ὅτι . . . an εὔκαιρος ὁ μῦθος πρὸς . . . etc. — conformaverint, in quibus enumerandis et St. et Ch. chartae non pepercerunt. persaepe ea quae ipse contuli differunt ab eis, quae St. et Ch. dederunt. hoc, ubi ex re esse videbatur, addito (sic) indicavi. in testimoniis afferendis non id egi, ut omnia enumerarem sed ut, quonam a tempore singulae fabulae notae fuerint, ostenderem. plurima transscribere licuit e Babrio Crusii, quem virum doctissimum nihil effugiebat, quod ad fabulas spectabat vel adagia, multa dabant editores inde ab Hudsone, inprimis Sternbachius, nova quaedam attulit Dora Bieber[1]), pauca ipse addidi.

VII. DE FABULIS AESOPICIS ALIIS E FONTIBUS NOTIS

(tabulae ceratae. Ps. Dosithei hermeneumata, Libanii, Themistii, Iuliani, Aphthonii, Nicephori Basilacae, Theophylacti Simocattae, Syntipae, rhetoris Brancatiani fabulae.)

fabulis his, quae libris manu scriptis traduntur, addimus fabulas Aesopicas aliunde notas. tabulas ceratas Assendelftianas, in quibus leguntur corporis nostri f. 147 d et 156 b, qui edidit D. C. Hesseling[2]) gratissimum fecit, quod adiecit imagines tabularum solis ope expressas. nam in his accuratius quaedam legere et nonnulla quoque restituere licet, quae intacta editor reliquit. sed quoniam puero illi Palmyreno modo maiores literae placuerunt modo minores, quod spatia interposuit inter voces arte coniunctas et literas in fine versuum positas volutis exornavit, quot literae perierint, pro certo

1) Studien zur Geschichte der Fabel in den ersten Jahrhunderten der Kaiserzeit, Münchener Dissertation 1906.

2) Journal of Hellenic studies XIII 292 sq.

statui nequit. eodem libro atque pueri illius Palmyreni magister usus est is, qui hermeneumata conscripsit, quae Dositheo falso attribuuntur. Pseudodositheus hic igitur ad supplendas tabularum lacunas adhiberi potest. fabula quae prima ex his in editione Parisina legitur nullis supplementis nisi quae primus editor invenerat additis, deest hoc loco, quia iambis eam compositam esse perspexit qui eam fere totam egregio acumine restituit Henricus Weil (cf. Journal des savants 1894, 228 sq.).

subsequitur unica illa quae in papyris Aegyptiacis hucusque apparuit fabula — 32 c — haec quoque me iudice non integra.

in fabulis Dositheanis recensendis Vossianum maxime secutus sum exemplar (V), quia fragmenti Parisini (P) auctorem fabulas latinas Romuli pro fundamento habuisse atque has non sine magnis erroribus in graecum convertisse luculenter demonstravit Ericus Getzlaff[1]. sed quod V textum liberius immutasse videtur, P quoque carere non possumus.

Aphthonii, quem omnium rhetorum principem habebant posteri, fabulis aequalium rhetorum Libanii, Themistii, Iuliani addimus fabulas, Foersteri, Hertlini, Dindorfi editiones secuti.

paulo accuratius de Aphthonii fabulis referendum est, quas edimus codicum 14 innisi subsidiis, e quibus 7 hucusque nemo examinavit. editio princeps, quae prodiit Lugduni Batavorum a. 1597, quem codicem reddat, nescimus. hanc secutus cum Neveletus Aphthonii fabulas in mythologiam suam reciperet, lectiones nonnullas adscripsit Palatini Vat. gr. 156 saec. XV (K = Aes. I a 97), quo etiam in Aesopo edendo usus est. simili modo Hudson e codice aliquo deterioris notae lectionem adscripsit fabulis 38, quas e Neveletana recepit. Neveletum et Hudsonem adhibuit Korais, Korain expressit Halm. Nuperrime edidit Aphthonii fabulas e duobus codicibus Vaticanis — 1692 saec. XV (A) et 949 saec. XV (B) — Franciscus Sbordone, riv. Indo-Greco-Italica XVI 47—57. praeter hos quattuor codices — A B K cod. Huds. — mihi innotuerunt codices hi: Vat. Pal. gr. 195 saec. XV (= B Aes. I 11), Vat. 777 saec. XV (= F Aes. I 2), Vat. 2278 saec. XIV (G), Havniensis 275 saec. XV

1) quaestiones Babrianae et Pseudo-Dositheanae. Marp. Chatt. MCMVII.

(H = Aes. I a 96), Vindob. ph. gr. 192 saec. XV (J = Aes. III δ 36), Luccensis 1427 saec. XV (L), Marcianus XI 10 saec. XV (M), Ambrosianus 1527 saec. XVI (N), Ottobonianus gr. 388 saec. XV (O), Paris. 2900 saec. XV (= Q Aes. I a 106). accedunt testes alii. ita decem ex his fabulis paulum immutatas pro suis vendidit Nicolaus Myrensis rhetor (rh. gr. W I 267—269, cf. Crus. Babr. XXI 1), tres leguntur in Doxapatris homiliis in Aphthonium, una apud rhetorem Brancatianum. codicum vero condicio haec est. optimae notae sunt A B ex eodem archetypo descriptae. propria quaedam dant H J K L — cf. 10, 7. 11, 1. 29, 3 — et hi artiore vinculo inter se coniuncti et cod. Huds. cf. 30, 3. 35, 4. 37, 6. 7 —. M multa recepit e Nicolao Myrensi. vulgatam dant F S O K N non dissentientes nisi in minimis. Fr. Sbordone codicem A maxime secutus est. at quamquam illum haud paucis locis verum servasse patet, multa de suo addidisse vel immutasse videtur, cf. 12, 4. 25, 1. 6. 36, 7 etc. accedit quod et Nicolai et Doxapatris codices consentiunt semper cum B, nunquam cum A. itaque codicem B ego pro fundamento habui, varias lectiones apposui ex A H J K L, rarius e reliquis.

Aphthonio cur has fabulas abiudicemus — cf. H. Rabe, Aphth. progymn. XXV — causa idonea mihi non videtur esse. at minime dubito, quin postea quaedam addita sint — cf. ad fab. 9 — praesertim epimythia quae omnem saepe stultitiae modum excedunt, supervacanea post promythia, quibus Aphthonius uti solet.

fabulatorum agmen claudit Syntipas qui vocatur (cf. RE IV A, 1464—1471). ultimis aetatis Byzantinae temporibus has fabulas conscriptas esse recte statuit Crus. Babr. XXI. edendum Syntipam Pius Knoell susceperat; qui postquam amicis et literis morte ereptus est, schedae quas reliquerat mihi traditae sunt. vidi illum textum constituisse, apparatum criticum non absolvisse. duas illas fabularum collectiones in codice Mosquensi sancti synodi 571 (saec. XIV et XV), secundum quas Chr. Frid. Matthiae a. 1781 primus Syntipam edidit, denuo conferendas curaverat Knoell. quo munere qui functus est, rem ita expedivit, ut alteram collectionem, quae in codice inde a folio 571 legitur (A = cod. 2 Matth. saec. XV), totam describeret eis fabulis exceptis, quae apud Halmium leguntur, et prioris collectionis — fol. 232 sq. — (B = cod. 1 Matth. saec. XIV) varias lectiones adscriberet. haud pauca perperam edidisse

Matthiaeum ex hac collatione accuratissima discimus. de codice Vindob. phil. gr. 166 (152 quod legitur RE 1469 errore meo factum est) saec. XVI, quod nihil adnotatum apud Knoellium inveniebam, sane mirabar. sed Johannes Gerstinger, quo socio laetor in hoc corpore edendo, edocuit me Vindobonensem (V) fere semper consentire cum Monacensi 525 saec. XV M = E Aes. III δ 31, quem Knoell ipse contulerat. minoris pretii igitur V videbatur, praesertim quia lacunis foedatus est — desunt f. 3. 6. 7 et in ceteris haud pauca, cum librarius quae in archetypo obscura erant omittere mallet quam corrigere. sed quod in M permulta murium dentibus corrosa perierunt, codicem Vindobonensem Heidelbergam comiter transmissum ipse excussi. paucis locis illum a M recedere consentientem cum AB vidi, id quod errasse codicis M scribam documento est. verum V servavit 8, 5, veri fortasse vestigia 15, 4. 25, 6. 46, 2. 48, 8. 51, 11. quae cetera novi praebet haud magni momenti et saepe corrupta.

codicum horum condicio quaenam sit, paucis exemplis illustrabo. 10, 2 ἀφ' οὗ καί τινος καὶ πολὺ ἐπεπώκει B ἀφ' οὗ ... lac. ... καὶ πολὺ A ἀφ' οὗ καὶ ἡδέως πολὺ MV. 12, 7 ὡς τὴν ἰδίαν ζωὴν ἄνθρωποι παντὸς κέρδους [προτιμοτέραν ἔχουσιν B παντὸς κέρδους (om. ἄνθρωποι) A πάντες ἄνθρωποι παντὸς κέρδους MV. — 26, 7 ὡς ὁ ἑτέρῳ παγίδας ἱστῶν αὐτὸς ἐν αὐτῇ] ὡς καὶ ὡς ἐμπεσεῖται B ὡς κακὸς ἐμπ. A ὡς σκαιὸς ἐμπ. MV. — 34, 3 δεινῶς ὑπ' αὐτοῦ ἐδήχθη δόξαν τοῖς μᾶλλον ἄνδρα [βούλεσθαι καταβυθίσαι B δόξαν αὐτοῖς τῷ A δόξαντος MV. — 54, 14 εἰς τέλος] αὐτὴν συμφθαρεῖσαν ἐπὶ νώτου ἔδετο B αὐτῇ συμφθαρείσεις (= αὐτῆς συμφθαρείσης) A αὐτῇ συμφθαρεὶς M συμφθαρεὶς V. hisce locis B mihi fidelius quae in archetypo legebantur expressisse videtur quam A, qui quae obscura erant vel omisit vel correxit. aliam recensionem secuti MV alia praebent atque ea saepe meliora. sed inseruit nonnulla haud feliciter idem B 7, 3 ἐφ' ὑψηλοῦ [καὶ μετεώρου] δωματίου. 54, 18 ἀπόγλυψον [ἵνα κουφοτέρα σοι γενήσομαι] etc. ceterum quamquam scribendi vitia plurima exhibet, nonnullis locis unus verum servavit. cf. 39, epim. οὐ χρὴ τοῖς σκαιοῖς ἀνδράσι καὶ τοῖς ἀγαθοῖς ἐπ' ἴσης ἐντυγχάνειν B, ubi καὶ τοῖς ἀγαθοῖς deest in A, τοῖς σκαιοῖς ἀνδράσι καὶ in MV. — 30, 2 ζῶν ... καὶ διάγων B ζῶ καὶ διάγω cet. — 57, 4 σοὶ πρῶτον ἐμποιήσουσι τὸν ὄλεθρον B, πρότερον cet.

A eodem modo quo B augendo variavit narrationem — cf. e. gr. 2, 3 ἰλιγγιάσας ἐκαθέσθη καὶ τὸν γόμον [τῶν ξύλων] κατέθετο. scribendi vitia etiam plura B habet quam A. sed in plurimis consentiunt AB, utpote ex eodem archetypo descripti — cf. 6, 3 ἀμηχάνως AB εὐμηχάνως MV. 15, 3 ἐπίστανται AB ἐπίσταντο MV. 29, 3 παραπολαβὼν AB παραπολαύων MV.

altera fabularum quam MV praebent recensio diasceuastae cuidam debetur, qui et soloecismos tollebat et sermonem ornatiorem reddebat rhythmo quodam conspicuum. grammaticae consuluit e. gr. his locis. 26, 2 ὁ πέρδιξ — ἡ AB. 60, 4 οἱ χῆνες — αἱ AB. 53, 3 ταώς — ταὼν AB. 55, 2 ἀμφοῖν — ἀμφοτέρων AB. 4, 7 παρίστησι — παριστᾷ AB. 55, 13 τοῦ κομπάζειν — ὑπὲρ τὸ κομπ. AB, 57, 4 εἰ αὐξήσουσι — αὐξανθῶσι AB. 62, 4 εἰ κατάσχοις — κατάσχῃς AB etc. dictionem exornavit 3, 7 ἡ ῥῶσις — ῥώμη AB. 38, 2 ἡ λύκαινα — ὁ λύκος AB. 8, 9 ἀλογίστου σπουδῆς καὶ προπετείας — ἀλογίας καὶ προπ. AB etc. rhythmo studuit 28, 4 ἀπορρίψας τὸ βρῶμα — τὸ βρ. ἀπορρ. AB. 36, 10 ἀναζητῶν τὸν χαλκόν — τὸν χ. ἀναζ. AB. 51, 1 γαλαῖς ποτε καὶ μυσὶ — γ. κ. μ. π. AB etc. servavit ille, quae exciderunt in AB 54, 14, exclusit quae e margine irrepserant 48, 8. de suo addidit haud pauca, nova epimythia praesertim solito rhetorum more cf. 19, 28. 34.

librariorum incuria non minor atque in AB. sic quod persaepe epimythium orditur οὗτος δηλοῖ quin ex ὁ λόγος δηλοῖ ortum sit minime dubito. simili modo in Casinensi ὅλως δηλοῖ legitur, quod frustra defendebat Furia.

quae cum ita sint, B codicem plerumque secutus sum sicut fecit Korais, cum Matthiae codicem A praeferret. sed haud paucis locis quae in AB corrupta leguntur, emendare licet ex MV. at multa restant eisdem literis scripta in ABMV, quae corrupta putaveris, cf. ad 6, 5. 21, 1. 29, 9 etc. novi fortasse libri lucis aliquid afferent velut Athous 1025 (saec. XV) aut Marcianus X 9 (saec. XV), cf. Perry 187, 21.

in calce libri paucas addidi fabulas, quae quam diversa exempla rhetores Byzantini secuti sint, demonstrare possunt. Theophylactus Simocattes in epistulis, quas Aelianum imitatus composuit, duas affert fabulas haud ineleganter narratas (103 e, 114 e). eo libentius has recepi, quod desunt in amplissima collectione Koraisiana. tumido contra genere dicendi atque impedito usus est rhetor ille, cuius fabulas 14 e codice Brancatiano IV A 5 edidit Sbordone (cf. RE XIX 1496 sq.). periit qua antiquis temporibus excellebant fabulae simplicitas atque venustas.

tres elegi fabulas (10 f. 103 f. 114 f.) in versus iambicos ut huius scriptoris est mos exeuntes. Christianum hominem sapit fabula ultima (346) Nicephori Basilacae narratiuncula de lupo, qui asini pelle indutus in ovium gregem irrepserat. subest enim notissima illa allegoria quae apud Matthaeum evangelistam legitur 7, 15 προςέχετε ἀπὸ τῶν ψευδοπροφητῶν, οἵτινες ἔρχονται πρὸς ὑμᾶς ἐν ἐνδύμασιν προβάτων, ἔνδοθεν δέ εἰσιν λύκοι ἅρπαγες (cf. RE XIX 1501). iam medii aevi fabulatores Graecos excipiunt.

haec fere erant quae fabulis nostris praemittenda putavi. multa quae iure desiderantur sequentur in „Aesopo". ibi qui collectionum I, II, III inter se sit nexus et quemadmodum in singulis corporibus cohaereant codices, exponetur. at non eo usque progressus sum, ut stemmata codicum componerem, in quibus excogitandis multus est Perry. tot enim perierunt membra intermedia, ut certiora statuere iam non liceat. hoc quoque causae fuit, cur in recentioribus saepe libris scripturae emergant, quae quin primariae sint dubitari nequit. argumentis praeterea e re grammatica et stilistica maxime petitis Augustanam secundo vel tertio p. Chr. n., Vindobonensem saeculo sexto, Accursianam saeculo nono ortam esse probare ibi conabor.

cum tandem aliquando huiusce corporis, in quo condendo sex lustra consumebam, fasciculum priorem e manibus emitto, temporis me subit recordatio, cum primum Aesopi edendi consilium inii. minime tum dubitabam, quin paucos post annos librum perpolitum patri et praeceptori offerre possem, quantae aleae plenum opus aggressus essem, minime mihi conscius. votum quod vivis solvere non licuit, mortuis grato animo exsolvo. perpolitum ne nunc quidem evasisse hunc librum nemo me ipso melius intellegit. attamen in plerisque recte me iudicasse atque ad fabularum Aesopicarum formam primariam recuperandam veram me monstrasse viam fore spero, ut iudices aequi concedant.

restat ut gratias agam eis, qui in hoc opere conficiendo mihi subsidio fuerunt. multifariam me adiuverunt bibliothe-

carum Italiae Galliae Helvetiae Hollandiae Germaniae, quas aut ipse adii aut quarum thesauris Heidelbergam transmissis uti licuit, praefecti. nec merita laude fraudanda officina Teubneriana, cui debetur, quod vastus hic apparatus dilucide dispositus est. optime vero de hoc corpore meriti sunt Felix Bölte et Johannes Haas amici, qui errores meos correxerunt, meliora suppeditaverunt, in plagulis corrigendis, id quod propter oculos meos infirmos quam maxime erat necessarium, me adiuverunt, quibus χάριϲ ἀντὶ χάριτοϲ ἐλθέτω. χάριϲ γάρ ἐϲτιν ἡ χάριν τίκτουϲ' ἀεί.

Scribebam Heidelbergae mense Novembri MCMXXXIX.

Augustus Hausrath.

PRAEFATIO EDITIONIS ALTERIVS

Sine dubio lector curiosus quaeret, quid sibi velit haec prioris voluminis Corporis fabularum Aesopicarum editio iam paucis annis post in locum anterioris succedens. copia librorum Aesopi in aedibus B. G. Teubneri paene exhausta editori cum redactore de ratione editionis convenit

(a) numerum linearum uniuscuiusque paginae nisi raro mutandum non esse,

(b) servandum igitur esse in universum apparatum criticum Hausrathi, quamquam multae eius lectiones correctione egerent.[1])

At ne lector de veris codicum lectionibus in dubio maneret, totus apparatus criticus editionis Perryanae adhibendus erat.[2]) quaecumque in editione nostra antea minus recte notabantur vel omnino deerant, nunc in Addendis et Corrigendis praesto erunt. ibidem lectiones „novae" istis Hausrathi

1) Cf. e. gr. quae S. A. Handford in *The Journal of Hellenic Studies* 78 (1958) 137–139, 81 (1961) 174sq. de apparatu critico Hausrathiano monuerit.

2) Aesopica, a series of texts relating to Aesop or ascribed to him or closely connected with the literary tradition that bears his name, collected and critically edited by Ben Edwin Perry, vol. I: Greek and Latin texts, The University of Illinois Press, Urbana 1952.

merito repugnantes signo (!) apposito facile apparebunt. ne quis igitur Addendis neglectis hac editione utatur, siquidem singulas codicum lectiones cognoscere volet. quisquis Addenda nostra cum apparatu et huius et anterioris editionis Teubnerianae comparabit, non solum, quam egregie Perry de textu nostro meritus sit, intelliget, sed etiam imaginem editionis Perryanae ante oculos habebit.

Signum □ tot locis editionis anterioris in margine appositum ubique sustuli, ne lector hoc signo multiplicato nimium turbaretur. simul textum ipsum denuo perscrutatus plus quam ducentos lapsus calami vel typographi in hoc priore fasciculo silentio emendavi. quaecumque nisi ordine linearum mutato corrigi non potuerunt, in Addendis et Corrigendis collocavi.

Fabula 93, cuius textum integrum antea ignotum Perry nuper e codice Atheniensi in lucem protulit,[1]) prorsus novis typis exscribenda erat (cf. p. 119 et 120). alterius fabulae textum a Perry eodem loco publici iuris factum fasciculus secundus exhibebit (editionis nostrae nr. 306).

Vindobonae, Idibus Iuliis 1965

H. HVNGER

---

1) B. E. Perry, Two fables recovered, in: *Byzantinische Zeitschrift* 54 (1961) 4–14.

CONSPECTUS CODICUM

I. AUGUSTANA

1 C	= Vat. gr. 695 saec. XIV
2 F	= Vat. gr. 777 saec. XV
3 Cas.	= Laurentian. convent. suppr. 627 saec. XIII
4 Cr.	= Novoebor. Pierponti Morgan 397 (olim Cryptoferratensis) saec. X
5 Cr.[1]	= Cryptf. A 27 saec. XVIII
6 O	= Parisin. 365 saec. XIV
7 E	= Paris. suppl. gr. 690 saec. XII
8 e	= Par. s. gr. 504 saec. XIX
9 A	= Augustanus Monacensis 564 saec. XIV

Ib paraphrastae

11 B	= Vat. Palat. 195 saec. XV
12 Ba.	= Barberinus I 47 saec. XV
33 Salm.[5]	= Salamanticensis 48 saec. XV fab. 146—220
13 U	= Par. 1788 saec. XV
14 u	= Par. 583 saec. XVI
15 S	= Par. 1685 saec. XV
16 V	= Vat. gr. 112 saec. XV
17 Tr.	= Trivultianus 775' saec. XV

II. VINDOBONENSIS

18 V	= Vindob. hist. gr. 130 saec. XIV
19 O	= Vind. h. gr. 107 saec. XIV
20 P	= Vat. Pal. 269 saec. XV
21 L	= Leidensis Vulcanius 93 saec. XV
22 Mo	= Mosquensis 436 saec. XIII—XIV
23 Br	= musei Britannici addit. 17015 saec. XV
24 R	= Vat. gr. 914 saec. XVI
3 Cas.	cf. supra

III ϑ fabulae Vindobonenses variatae

26 M	= Laur. 57, 30 saec. XVI
27 S	= Paris. 2902 saec. XVI
28 N	= Paris. 1310 saec. XV
29 W	= Paris. 2494 saec. XV
30 T	= Par. s. gr. 105 saec. XVI
31 E	= Monacensis 525 saec. XV
32 F	= Monac. 551 saec. XV
33 Salm.[1]	= Salamantic. 48 saec. XV fab. 1—44
36 J	= Vindob. phil. gr. 192 saec. XV

III. ACCURSIANA

III γ

Φ

- 39 F = Laurentian. c. s. 69 saec. XV
- 40 f = Paris. 2899 saec. XV
- 41 Vo. = Leidensis Vossii 51 saec. XV
- 42 Laud. = Laudianus X saec. XIV exeuntis
- 43 M = Ambrosianus B 47 saec. XVI
- 33 Salm.[2] = Salamant. 48 f. 45—107
- 44 L = Vat. Pal. 122 saec. XV
- 11 B[2] = Vat. Pal. 195 f. 146—166

Γ

- 45 G = Laur. 59, 33 saec. XVI
- 46 g = Karlsruhensis 507 saec. XVI
- 47 Gorl. = Gorlicianus Milichianus 83 saec. XVI
- 48 Bo. = Bodleianus 73 saec. XV
- 49 Laud. = Laudianus IX 9 saec. XV
- 33 Salm.[1] = Salam. 48 f. 1—44
- 50 O = Ambrosianus F 46 (340) saec. XV
- 51 E = Einsidlensis 577 saec. XVI
- 52 Tur.[1] = Turicensis C 136. 714 saec. XIV—XV
- 53 Jen.[1] = Jenensis ordinis provis. 25 saec. XV
- 59 Go. = Gothanus 60 saec. XV
- 62 Vi. = Vindob. phil. gr. 243 saec. XV
- 65 Harl.[1] = Harleianus 5744 saec. XV f. 1—31
- 66 Ver. = Veronensis 744 saec. XVI

III β

- 67 C = Laurent. 58, 23 saec. XV
- 68 c = Mutinensis LV saec. XIV
- 69 G = Vatic. 949 saec. XV
- 70 g = Vatic. gr. 113 saec. XV
- 71 Berol. = Berolinensis phil. 1591 saec. XV
- 73 P = Paris. 2077 saec. XV
- 72 F = Monac. 551 saec. XV
- 74 L = Paris. 2901 saec. XV
- 75 l = Ambros. A 59 saec. XV f. 1—127, l[2] = f. 128—137
- 76 λ = Marcianus XI 2 saec. XV
- 77 H = Laur. 55, 10 saec. XV
- 78 Vrat. = Vratislav. Rehdiger. 31 saec. XV
- 79 Goeth. = Jenensis Goethianus 5 saec. XVII—XVIII
- 80 M = Marcianus XI 16 saec. XV
- 53 Jen.[2] = Jenensis o. pr. 25 f. 62—135
- 106 Q = Paris. 2900 saec. XV
- 81 Plan. = Borbonicus II D 22 saec. XV
- 33 Salm.[4] = Salamant. 48 f. 136—145

III α

- 82 D = Laur. 89 sup. 79 saec. XV
- 83 E = Laur. conv. s. 97 saec. XV
- 84 J = Riccardianus 27 saec. XV
- 85 Lucc. = Luccensis 1426 saec. XV
- 90 A = Barber. I 105 saec. XV
- 91 Borb. = Borbonicus II F 23 saec. XV
- 52 Tur.[2] = Turic. C 136. 714 f. 62—150

65 Harl.[2]	= Harl. 5744 f. 32—62		99 D	= Vindob. phil. gr. 178 saec. XV
92 P	= Par. 1603 saec. XV		101 A	= Ambros. 43 (481) saec. XV
93 K	= Par. 994 saec. XV		102 R	= Par. s. gr. 126 saec. XV
33 Salm.[3]	= Salamant. 48 f. 108—135		103 U	= Utinensis VI 6 saec. XV
	I a		104 C	= Cairensis (hodie Alexandrinus 57) saec. XV
96 Havn.	= Havniensis 275 saec. XV		105 L	= Vatic. 1752 saec. XV
97 K	= Vat. Pal. 156 saec. XV		106 Q	= Paris. 2900 saec. XV
98 Harl.	= Harleianus 5543 saec. XV			

108 accedit Aesopus rhetoricus Brancatianus -Branc. IV A V saec. XVI

ORDO FABULARUM

C F Aes.		I	II [1])	III δ [1])	III γ [1]) Φ	III γ [1]) Γ	III β	III α	I a
	α								
1	ἀετὸς καὶ ἀλώπηξ	1	1	1	1		1	1	1
2	ἀετὸς καὶ κολοιός	2	2	2					
3	ἀετὸς καὶ κάνθαρος	3	3	3				2	2
4	ἀηδὼν καὶ ἱέραξ	4	4	4	2	3	2	3	3
5	ἀνὴρ χρεωφειλέτης	5							
6	αἰπόλος καὶ αἶγες	6							
7	αἴλουρος καὶ ὄρνεις	7			90 [2])				
8	Αἴσωπος ἐν ναυπηγίῳ	8							
9	ἀλώπηξ καὶ τράγος	9	5	5	3	1	3	4	
10	ἀλώπηξ καὶ λέων	10	6	6	4	2	4	5	12
11	ἁλιεὺς αὐλῶν	11	28	28	30			130	
12	ἀλώπηξ καὶ πάρδαλις	12	31	31	27				
13	ἁλιεῖς	13	32	32	12		12	13	7
14	ἀλώπηξ καὶ πίθηκος	14							
15 [3])	ἀλώπηξ καὶ βότρυς	15							
16	αἴλουρος καὶ ἀλεκτρυών	16	7	7	5	4	5	6	5
17	ἀλώπηξ κόλουρος	17	8	8	6		6	7	13
18	ἁλιεὺς καὶ μαινίς	18	9	9	15			124	
19	ἀλώπηξ καὶ βάτος	19	10	10	7		7	8	14
20	ἀλώπηξ καὶ κροκόδειλος	20	11	11	8		8	9	11
21	ἁλιεῖς	21	29	29	16	9	16	17	8
22	ἀλώπηξ καὶ δρυτόμος	22	12	12	19			127	
23	ἀλεκτρυόνες καὶ πέρδιξ	23	13	13	9	5	9	10	6
24	ἀλώπηξ ἐξογκωθεῖσα	24	27	27	26				
25	ἀλκυών	25					21	86	10
26	ἁλιεύς	26				27	22	87	9
27	ἀλώπηξ πρὸς μορμολύκειον	27	14	14	10	6	10	11	15

1) omittuntur fabulae versibus compositae 2) = par. Bodl. 111
3) 15 b = I b 1 cf. fasc. 2 p. X

C F Aes.		I	II	III δ	III γ		III β	III α	I a
					Φ	Γ			
28	ἀνὴρ φέναξ	28	30	30	17	54	17	18	
29	ἀνθρακεὺς καὶ γναφεύς	29	26	26	11	7	11	12	
30	ἀνὴρ ναυαγός	30							17
31	ἀνὴρ μεσαιπόλιος	31							
32	ἀνδροφόνος	32	20	20	28				
33	κομπαστής	33	21	21	13		13	14	
34	ἀδύνατα ἐπαγγελλόμενος	34	22	22	14		14	15	18
35	ἄνθρωπος καὶ cάτυρος	35	23	23	25			126	
36	κακοπράγμων	36	24	24	15	8	15	16	19
37	πηρός	37							
38	ἀρότης καὶ λύκος	38							
39	χελιδὼν καὶ ὄρνιθες	39							
39 b	ἄλλως								139
40	ἀcτρολόγος	40							20
41	ἀλώπηξ καὶ κύων	41							16
42	γεωργὸς καὶ παῖδες	42	25	25	29		27	22	
	β								
43	βάτραχοι	43	34	34		10	23	19	21
44	βάτραχοι αἰτοῦντες βαcιλέα	44	33	33	33				22
45	βόες καὶ ἄξονες	45	35	35					
46	Βορέας καὶ Ἥλιος	46							
47	παιδίον ἐμοῦν cπλάγχνα	47	36	36	34				
48	βωταλίc	48					24	77	23
49	βουκόλος	49	37	37	35			131	
	γ								
50	γαλῆ καὶ Ἀφροδίτη	50	38	38	36				
51	γεωργὸς καὶ ὄφις	51			93	57 1)		141	
52	γεωργὸς καὶ κύνες	52	41	41	39		18	23	
53	γεωργοῦ παῖδες	53	42	42	40				
54	κοχλίαι	54			126	42	31	78	
55	γυνὴ καὶ θεράπαιναι	55			136	32	32	79	27
56	γυνὴ μάγος	56			137		33	80	28
57	γραῦς καὶ ἰατρός	57	40	40	38		26	21	
58	γυνὴ καὶ ὄρνις	58	43	43	41	12	28	24	
59	γαλῆ καὶ ῥίνη	59				37	34	81	24
60	γέρων καὶ θάνατος	60	39	39	37	11	25	20	25
61	γεωργὸς καὶ Τύχη	61					35	82	26
62	γεωργὸς καὶ ὄφις	62							

1) = par. Bodl. 118

C F Aes	I	II	III δ	III γ Φ	III γ Γ	III β	III α	I a
δ								
63 Δημάδης	63							
64 κυνόδηκτος	64	44	44	42	13	36	25	
65 [1]) Διογένης ὁδοιπορῶν	(E, Cas)							
66 ὁδοιπόροι καὶ ἄρκτος	65	45	45	43				
67 νεανίσκοι καὶ μάγειρος	66	46	46	44	14	37	26	30
68 ὁδοιπόροι καὶ πέλεκυς	67					39	83	31
69 ἐχθροί	68	47	47	45	15	38	27	32
70 βάτραχοι γείτονες	69					40	84	33
71 δρῦς καὶ κάλαμος	70	48[2])	48[2])	46	59			
72 ἄνθρωπος εὑρὼν λέοντα χρυσοῦν	71							
73 δελφῖνες καὶ κωβιός	72							29
ε								
74 μελιττουργός	73				35	46	85	34
75 δελφὶς καὶ πίθηκος	74					47	88	
76 ἔλαφος καὶ λέων	75	53	53	51				
77 ἔλαφος πηρωθεῖσα	76					43	63	35
78 ἔλαφος καὶ λέων	77					44	64	36
79 ἔλαφος καὶ ἄμπελος	78				33	45	65	37
80 πλέοντες	79							38
81 αἴλουρος καὶ μύες	80	51	51	49		41	28	
82 μυῖαι	81					48	89	39
83 ἀλώπηξ καὶ πίθηκος	82	52	52	50		42	29	40
84 ὄνος, ἀλεκτρυὼν καὶ λέων	83				47	97	66	41
85 πίθηκος καὶ κάμηλος	84					54		
86 κάνθαροι δύο	85					84		
87 δέλφαξ καὶ πρόβατα	86							
88 κίχλα	87							42
89 ὄρνις χρυσοτόκος	88				91	45	136	
90 Ἑρμῆς καὶ ἀγαλματοποιός	89					49	90	
91 Ἑρμῆς καὶ Τειρεσίας	90					50	91	44
92 ἔχις καὶ ὕδρος	91							45
93 ὄνος παίζων	92							
94 κύνες δύο	93					51	92	47
95 ἔχις καὶ ῥίνη	94							46

1) 65 a = I b 2 cf. infra p. 89

2) κάλαμος καὶ ἐλαία cf. 239 = fas. 2 p. 59

C F Aes.	I	II	III δ	III γ		III β	III α	I a
				Φ	Γ			
96 πατὴρ (μήτηρ) καὶ θυγατέρες	95					29	(68 D)	49
97 γυνὴ ἀργαλέα.....	96					52	93	48
98 ἔχις καὶ ἀλώπηξ ..	97							
99 ἔριφος ὑστερήσας..	98					53	94	43
100 ἔριφος καὶ λύκος..	99	55	55	52	52		139	
101 ἀγαλματοπώλης ...	100							93
102 Μῶμος...........	101							
103 κολοιὸς καὶ ὄρνεις.	102	56	56	53				50
104 Ἑρμῆς καὶ Γῆ	103							51
105 Ἑρμῆς καὶ τεχνῖται	104					55	103	52
ζ								
106 Ζεὺς καὶ Ἀπόλλων	105							
107 ἵππος, βοῦς, κύων καὶ ἄνθρωπος....	106							
108 Ζεὺς καὶ χελώνη..	107					57	105	
109 Ζεὺς καὶ ἀλώπηξ .	108							53
110 Ζεὺς καὶ ἄνθρωποι	109							54
111 Ζεὺς καὶ αἰσχύνη..	110					56	104	
η								
112 ἥρως	111							
113 Ἡρακλῆς καὶ Πλοῦτος	112							55
θ								
114 μύρμηξ καὶ κάνθαρος	113			109			174	
115 θύννος..........	114	60	60	57		58	30	56
ι								
116 ἰατρὸς ἄτεχνος....	115	61	61	58	24	59	31	57
117 ἰξευτὴς καὶ ἀσπίς..	116	62	62	59	60	60	32	58
κ								
118 καρκίνος καὶ ἀλώπηξ	117					66	95	60
119 κάμηλος καὶ Ζεύς.	118							59
120 κάστωρ	119	63	63	60	16	90	33	61
121 κηπωρὸς καὶ λάχανα	120							
122 κηπωρὸς καὶ κύων.	121				36	65	67	62
123 κιθαρῳδός	122					67	96	63
124 κλέπται καὶ ἀλεκτρυών	123					68	97	64
125 κολοιὸς καὶ κόρακες	124							65
126 κόραξ καὶ ἀλώπηξ.	125	66	66	63				
127 κορώνη καὶ κόραξ.	126					69	98	66

C F Aes.	I	II	III δ	III γ Φ	III γ Γ	III β	III α	I a
128 κολοιὸς καὶ ἀλώπηξ	127							
129 κορώνη καὶ κύων .	128					70	99	69
130 κόραξ καὶ ὄφις ...	129					71	100	
131 κολοιὸς καὶ περιστεραί..........	130					72	101	68
132 κοιλία καὶ πόδες ..	131							
133 κολοιὸς φυγάς	132				26	73	102	67
134 κύων καὶ μάγειρος.	133	67	67	64	17	61	34	
135 κύων καὶ ἀλώπηξ .	134	70	70	67				70
136 κύων κρέας φέρουσα	135	71	71					
137 κύων καὶ λύκος ...	136	68	68	65	44	62	35	71
138 κύνες λιμώττουσαι.	137							72
139 κύων καὶ λαγωός..	138							
140 κώνωψ καὶ ταῦρος.	139							
141 καρύα	140							
142 κάμηλος.........	141	73	73					
λ								
143 λαγωοὶ καὶ βάτραχοι	142			88		95	57	73
144 λάρος...........								74
145 λέων ἐρασθείς.....	143	79	80					
146 λέων καὶ βάτραχος.	144	74	75	72	18	74	37	75
147 λέων γηράσας.....	145	75	76	73	50		137	
148 λέων καὶ ταῦρος ..	146	76	77	74				
149 λέων καὶ γεωργός .	147							76
150 λέων καὶ δελφίς ..	148							77
151 λέων φοβηθεὶς μῦν	149							
152 λέων καὶ ἄρκτος ..	150	78	79	76	53	76	39	79
153 λέων καὶ λαγωός..	151							78
154 λέων, ὄνος καὶ ἀλώπηξ	152	77	78		49	75	38	80
155 λέων καὶ μῦς.....	153							
156 λέων καὶ ὄνος	154							81
157 λῃστὴς καὶ συκάμινος...........	155							
158 λύκοι καὶ πρόβατα.	156							
159 λύκος καὶ ἵππος...								82
160 λύκος καὶ ἀρήν ...	157							
161 λύκος καὶ ἐρωδιός .	158							
162 λύκος καὶ αἴξ.....	159							83
163 λύκος καὶ γραῦς...	160	80	81		51			
164 λύκος καὶ πρόβατον	161			77			138	
165 λύκος καὶ ποιμήν..	162							84
166 λύκος καὶ πρόβατον	163					78	106	85
167 λέαινα	164	81	82					
168 λύκος καὶ ἀρνίον..	165							
169 λαγωοὶ καὶ ἀλώπεκες	166					79	107	

C F Aes.	I	II	III δ	III γ Φ	III γ Γ	III β	III α	I a
μ								
170 μάντις	167	86	87	80	19	81	40	86
171 παῖς καὶ κόραξ	168							
172 μέλισσαι καὶ Ζεύς	169							
173 μηναγύρται	170							87
174 μύες καὶ γαλαῖ	171							
175 μύρμηξ	172					80	108	
176 μύρμηξ καὶ περιστερά	173	87	88	82	20	82	41	88
177 μυῖα	174	92	93					
ν								
178 ναυαγὸς καὶ θάλασσα	175							
179 νέος ἄσωτος	176	93	94					
180 νοσῶν καὶ ἰατρός	177	95	96	84		86	43	89
181 νυκτερίς, βάτος καὶ αἴθυια	178	94	95	83		85	42	90

SIGNA POTIORA

Acc. = Aesopi fabulae graece et latine ... ed. Bonus Accursius Pisanus Mediolani c. 1479

Adr. = F. R. Adrados, El papiro Rylands 493 y la tradición fabulistica antigua, Emérita 20, 1952, 337–388

Ald. = Aes. fab. ed. Aldus Manutius Venetiis 1505

Ch. = Aes. fab. rec. Aemil. Chambry Paris. 1925

Char. = *Χ. Χ. Χαριτωνίδης, εἰς τοὺς Αἰσωπείους μύθους, ἔκδοσις* Budé, *ἐπετηρὶς ἐπιστημονικὴ τῆς φιλοσ. σχολῆς τοῦ πανεπιστημίου Θεσσαλ. ἔτος Α'* 35—64. 108—111

Crus. = Babrius ed. O. Crusius Lips. 1897

Ern. = Aes. fab. gr. et lat. cum notis ed. Jo. Aug. Ernesti Lips. 1781

Fu. = Aesopus cura et studio Fr. de Furia Florentiae et Lipsiae 1810

Halm = fab. Aes. e recognitione Car. Halmii Lips. 1852

Hsr. = Aug. Hausrath

Hsr. Unters. = Untersuchungen zur Überlieferung der aes. Fabeln Fleckeisens Jahrb. Suppl. XXI 1894

Hsr. probl. = Das Problem der aes. Fabel N. Jahrb. 1898

Heus. = fab. Aes. quae Maximo Planudae tribuuntur ed. Jo. Mich. Heusinger Lips. 1776

Hudson = *μύθων Αἰσωπ. συναγωγή* comp. Marianus Oxonii 1718

Hptm. = *μύθ. Αἰσ. συναγ.* exemplar Oxoniense emend. Jo. Gottfr. Hauptmann Lips. 1741

Kn.	= Pius Knoell cf. par.
Kor.	= (Adamant. Korais) μύθων Αἰσωπείων συναγωγή Paris. 1810
Marc	= Paul Marc, Die Überlieferung des Äsopromans Byz. Ztschr. XIX 1910, 382sq.
Miller	= E. Miller, une rédaction inédite des fables d'Ésope. notices et extraits XIV 1843, 325sq.
Nev.	= Isaac Nicolaus Neveletus mythol. Aesop. Francof. 1610
par.	= paraphrasis Bodleiana fabularum Babrianarum ed. Pius Knoell Vindob. 1877
Perry	= B. E. Perry, studies in the text history of the life and the fables of Aesop Haverford Penns. 1936 — Aesopica vol. I: Greek and Latin Texts. Univ. of Illinois Press Urbana 1952, cf. infra fasc. II p. XVII
Sbord.	= Franc. Sbordone, recensioni rhetoriche delle favole esopiane riv. Indo-Greco-Italica XVI 1932, 35—68.
Schn.	= fab. Aes. e codice Augustano rec. Jo. Gottl. Schneider Vratislav. 1812
Schn. Chr.	= fab. Aes. a Fr. de Furia editae ... in usum scholarum ed. Car. Ern. Christoph. Schneider Lips. 1810
St.	= Fab. Aes. sylloge e cod. Paris. suppl. gr. 650 ed. Leo Sternbach Cracov. 1894
St. dil.	= dilucidationes Aesopicae scr. L. St. acta acad, Cracov. XXIII 1894
St. comment. Horat.	= commentationes Horatianae Cracov. 1935 158sq.
tetr.	= Ignatii Diaconi eiusque imitatorum tetrasticha iambica ed. Crusius in editione Babrii p. 264sqq.
Ursing	= Urban Ursing, Studien zur griech. Fabel Lund 1930
Weinberger	= Wilhelm Weinberger, adnotationes ad graecos Italiae codices spectantes, Programm des Wiener Staatsgymnasiums im XIX. Bezirk 1897.

Praeterea, quod ad copiam verborum fabularum Aesopicarum attinet, magni momenti est hic liber: F. R. Adrados, Estudios sobre el léxico de las Fábulas Esópicas. Salamanca 1948.

1. ἀετὸς καὶ ἀλώπηξ

(Halm 5 Ch. 3)

ἀετὸς καὶ ἀλώπηξ φιλίαν πρὸς ἀλλήλους σπεισάμενοι (*I*) πλησίον ἑαυτῶν οἰκεῖν διέγνωσαν βεβαίωσιν φιλίας τὴν συνήθειαν ποιούμενοι. καὶ δὴ ὁ μὲν ἀναβὰς ἐπί τι περίμηκες δένδρον ἐνεοττοποιήσατο, ἡ δὲ εἰς τὸν ὑποκείμενον θάμνον ἔτεκεν. ἐξελθούσης δέ ποτε αὐτῆς ἐπὶ νομὴν ὁ ἀετὸς ἀπορῶν τροφῆς καταπτὰς εἰς τὸν θάμνον καὶ τὰ γεννήματα ἀναρπάσας μετὰ τῶν αὐτοῦ νεοττῶν κατεθοινήσατο. ἡ δὲ ἀλώπηξ ἐπανελθοῦσα ὡς ἔγνω τὸ πραχθέν, οὐ μᾶλλον ἐπὶ τῷ τῶν νεοττῶν θανάτῳ ἐλυπήθη, ὅσον ἐπὶ τῆς ἀμύνης· χερσαία γὰρ οὖσα πετεινὸν διώκειν ἠδυνάτει. διόπερ πόρρωθεν στᾶσα, ὃ μόνον τοῖς ἀσθενέσιν καὶ ἀδυνάτοις ὑπολείπεται, τῷ ἐχθρῷ κατηρᾶτο. συνέβη δὲ αὐτῷ τῆς εἰς τὴν φιλίαν ἀσεβείας οὐκ εἰς μακρὰν δίκην ὑποσχεῖν. θυόντων γάρ τινων αἶγα ἐπ' ἀγροῦ καταπτὰς ἀπὸ τοῦ βωμοῦ σπλάγχνον ἔμπυρον ἀνήνεγκεν· οὗ κομισθέντος ἐπὶ τὴν καλιὰν σφοδρὸς ἐμπεσὼν ἄνεμος ἐκ λεπτοῦ καὶ παλαιοῦ κάρφους λαμπρὰν φλόγα ἀνῆψε. καὶ διὰ τοῦτο καταφλεχθέντες οἱ νεοτ-

---

1 (*I*) Archil. fr. 89–95 D. Aristoph. av. 651 Babr. 186 Phaedr. I 28 Synt. 24 cf. fasc. 2 p. 164

---

1 (*I*) — FEACrBBaS — (*I* a)

---

1 (*I*) 1 σπεισάμενοι FBaa σπασάμενοι B ἀσπασάμενοι S ποιησάμενοι ECr cf. Vi φιλίαν πρὸς ἀλλήλους συνθέμενοι A 3 ἡγούμενοι BBaa 5 ἐξ. δὲ αὐτῆς ποτε E ποτε om. SB 7 ἀφαρπάσας Fa ἀνασπάσας BBa 8 ἐπανιοῦσα F cf. Vi οὐχ οὕτως a οὐ μόνον S οὐ τοσοῦτον Ch. ἐπὶ τὰ τῶν ν. θύματα F 9 ἐπὶ τῆς ἀμύνης] ECrBBaA in ras. ἐπὶ τῇ ἀμύνῃ FaVi ἐπὶ τῷ τῆς ἀμύνης ἀπόρῳ Schn. ex Acc. 10 πτηνὸν A διὸ A 11 ἀδυν. κ. ἀσθ. EB ἀσθενέσι om. a 13 ὑπι*** in ras. A ὑπελθεῖν Reiskia ὑπέχειν a 15 **πυρο* A ἐκ πυρὸς Reiskia οὗ καὶ a εἰς τὴν A

τοὶ — καὶ γὰρ ἦcαν ἔτι ἀτελεῖc οἱ πτηνοὶ — ἐπὶ τὴν γῆν κατέπεcον. καὶ ἡ ἀλώπηξ προcδραμοῦcα ἐν ὄψει τοῦ ἀετοῦ πάνταc αὐτοὺc κατέφαγεν.

ὁ λόγοc δηλοῖ, ὅτι οἱ φιλίαν παραcπονδοῦντεc, κἂν τὴν τῶν ἠδικημένων ἐκφύγωcι κόλαcιν, ἀλλ' οὖν γε τὴν ἐκ θεοῦ τιμωρίαν οὐ διακρούcονται.

(*II*) ἀετὸc καὶ ἀλώπηξ φιλίαν πρὸc ἀλλήλουc ποιηcάμενοι πληcίον ἑαυτῶν οἰκεῖν διέγνωcαν, βεβαίωcιν φιλίαc τὴν cυνήθειαν καὶ ἐν ταὐτῷ ἅμα εἶναι ἡγούμενοι. καὶ δὴ ὁ μὲν ἀναβὰc ἐπὶ μήκιcτον δένδρον ἐνεοττοποίηcεν, ἡ δὲ εἰcελθοῦcα κάτωθεν εἰc τὸν ὑποκείμενον θάμνον ἔτεκεν. μιᾷ οὖν τῶν ἡμερῶν ἐξελθούcηc τῆc ἀλώπεκοc ἐπὶ νομὴν ὁ ἀετὸc ἀπορῶν τροφῆc καταπτὰc εἰc τὸν θάμνον καὶ τὰ γεννήματα ἁρπάcαc μετὰ τῶν ἑαυτοῦ νεοττῶν ἐθοινήcατο. ἡ δὲ ἀλώπηξ ἐπανελθοῦcα ὡc ἔγνω τὸ πραχθέν, οὐ τοcοῦτον ἐπὶ τῷ θανάτῳ τῶν νεοττῶν ἐλυπήθη, ὅcον ἐπὶ τῆc ἀμύνηc· χερcαία γὰρ οὖcα πετεινὸν διώκειν οὐκ ἠδύνατο. διόπερ πόρρωθεν cτᾶcα, ὃ τοῖc ἀδυνάτοιc καὶ ἀcθενέcι ὑπάρχει ἔργον, τὸν ἐχθρὸν κατηρᾶτο. cυνέβη οὖν ἀντὶ τῆc πολλῆc ἀγάπηc μεγίcτην ἔχθραν μεταξὺ ἐcχηκέναι. θυόντων δέ τινων αἶγα ἐπ' ἀγρῷ ὁ ἀετὸc καταπτὰc μέροc τι τῆc αἰγὸc μετὰ καὶ ἐμπύρων ἀνθράκων ἐπὶ τὴν καλιὰν ἀνήγαγεν. cφοδρὸc οὖν ἄνεμοc ἐμπνεύcαc, ἐκ λεπτοῦ καὶ παλαιοῦ χόρτου οὖcα ἡ καλιά, λαμπρὰν φλόγα ἀνήγαγεν. κατα-

(*II*) VPLBrCas (*III δ*) MSNT(Salm.)F

18 ἔτι ἀτελεῖc οἱ πτηνοὶ E ἔτι πτῆνεc ἀτελεῖc F ἐπίπτηνοι τέλοc B ἔτι πτηνοὶ (πτῆναc Cr) ἀτελεῖc A Cr (νεοττοὶ . . . ἀτελεῖc etiam Ael. n. an. V 48). — ἄπτηνεc ἔτι τυγχάνοντεc Ba ex Acc. ἔτι πτήcεωc ἀτέλεcτοι a ἔτι ἄπτηνεc οἱ ἀετιδεῖc Halm 22 ἐκ τῶν E a τὰc κολάcειc ἀλλ' οὖν γε τῶν θεικῶν τιμωριῶν οὐ διαφεύγουcι B Ba 23 διακρούεται E διακρούονται οὐδόλωc A

(*II*) 3 τὸ ἐν ταὐτῳ Cas καὶ ἐν ταὐτὰ M καὶ ἐνταῦθα S Salm. 5 ἐπικείμενον PLMST 9 ἐλθοῦcα PLM ἐπανιοῦcα Cas τὸ γενόμενον (γιγν.) PLM 12 τοῖc ἀδυνάτοιc καὶ ἀcθενέcι PT τοῖc ἀcθ. καὶ ἀδ. Cas ἀcθ. κ. τοῖc ἀδ. S τοῖc ἀδ. καὶ τοῖc ἀcθ. rel. 13 ὑπάρχων ἔργῳ Br κατηράcατο PLMTS οὖν αὐτοὺc Br αὐτοῖc Cas MT cυν. ἐκ ταύτηc N 15 αἶγαν M αἰγῶν Br ἐπ' ἀγρὸν VP (corr. m.[1]) LMT

φλεχθέντες δὲ οἱ νεοττοί — καὶ γὰρ ἦσαν ἔτι πτηνοὶ ἀτελεῖς — ἐπὶ τὴν γῆν κατέπεσον. ἡ δὲ ἀλώπηξ προσδραμοῦσα ἐν ὄψει τοῦ ἀετοῦ πάντας αὐτοὺς κατέφαγεν.

ὁ λόγος δηλοῖ, ὅτι οἱ φιλίαν παρασπονδοῦντες, κἂν τὴν ἐκ τῶν ἠδικημένων ἐκφύγωσι κόλασιν δι᾽ ἀσθένειαν, ἀλλ᾽ οὖν γε τὴν ἐκ θεοῦ τιμωρίαν οὐ διακρούσονται.

(*III*) ἀετὸς καὶ ἀλώπηξ φιλιωθέντες πλησίον ἀλλήλων οἰκεῖν ἔγνωσαν βεβαίωσιν φιλίας ποιούμενοι τὴν συνήθειαν. ὁ μὲν οὖν ἐφ᾽ ὑψηλοῦ δένδρου τὴν καλιὰν ἐπήξατο, ἡ δ᾽ ἀλώπηξ ἐν τοῖς ἔγγιστα θάμνοις ἐτεκνοποιήσατο. ἐπὶ νομὴν οὖν ποτε τῆς ἀλώπεκος προελθούσης ὁ ἀετὸς τροφῆς ἀπορῶν καταπτὰς ἐπὶ τῶν θάμνων καὶ τὰ τέκνα ταύτης ἀναρπάσας ἅμα τοῖς αὐτοῦ νεοττοῖς ἐθοινήσατο. ἡ δ᾽ ἀλώπηξ ἐπανελθοῦσα καὶ τὸ πραχθὲν μαθοῦσα οὐ τοσοῦτον ἐπὶ τῷ τῶν τέκνων ἠνιάθη θανάτῳ ὅσον ἐπὶ τῷ τῆς ἀμύνης ἀπόρῳ· χερσαία γὰρ οὖσα πτηνὸν διώκειν οὐχ οἵα τε ἦν. διὸ καὶ πόρρωθεν στᾶσα, τοῦθ᾽ ὃ καὶ τοῖς ἀδυνάτοις ἐστὶν εὔπορον, τῷ ἐχθρῷ κατηρᾶτο. οὐ πολλῷ δ᾽ ὕστερον αἶγά τινων ἐπ᾽ ἀγροῦ θυόντων καταπτὰς ὁ ἀετὸς μέρος τι τῶν θυμάτων σὺν ἐμπύροις ἄνθραξιν ἥρπασε κἀπὶ τὴν νεοττιὰν ἤγαγεν. ἀνέμου δὲ σφοδροῦ πνεύσαντος τηνικαῦτα καὶ φλογὸς ἀναδοθείσης οἱ ἀετιδεῖς ἄπτηνες ἔτι τυγχάνοντες ὀπτηθέντες εἰς γῆν κατέπεσον. ἡ δ᾽ ἀλώπηξ ἐπιδραμοῦσα ἐν ὄψει τοῦ ἀετοῦ πάντας κατέφαγεν.

ὁ μῦθος δηλοῖ, ὅτι οἱ φιλίαν παρασπονδοῦντες, κἂν τὴν ἐκ τῶν ἠδικημένων φύγωσι τιμωρίαν, ἀλλὰ τήν γε θείαν δίκην οὐ διακρούσονται.

(*III* γ), (*III* β), (*III* α)

---

19 ἔτι πτηνοὶ ἀτελεῖς scr. ἐπίπτηνοι ἀτ. Vi δ ἔτι πτῆναι ἀτελεῖς Cas Ch. deest haec parenthesis in PNT, qui pergunt κατέπεσον ἐπὶ τὴν γῆν 20 δραμοῦσα LPBrMN 23 ἀδικουμένων PLS 24 ἐκ om. PLMT ἐκ θεῶν BrN διαφεύξονται PLMST

(*III*) 1 καὶ πλησίον γ, β 2 ποιησάμενοι γ 6 ἐπὶ τοὺς θάμνους γ ἐπὶ τὸν θάμνον β 15 καὶ τῆς φλογὸς γ 17 καταφλεχθέντες α ὀπτηθέντες καὶ καταφλεχθέντες γ

2. ἀετὸς καὶ κολοιὸς καὶ ποιμήν

(Halm 8 Ch. 5)

(*I*) ἀετὸς καταπτὰς ἀπό τινος ὑψηλῆς πέτρας ἄρνα ἥρπασε· κολοιὸς δὲ τοῦτον θεασάμενος διὰ ζῆλον [τοῦτον] μιμήσασθαι ἤθελε. καὶ δὴ καθεὶς ἑαυτὸν μετὰ πολλοῦ ῥοίζου ἐπὶ κριὸν ἠνέχθη. ἐμπαρέντων δὲ αὐτοῦ τῶν ὀνύχων τοῖς μαλλοῖς ἐξαρθῆναι μὴ δυνάμενος ἐπτερύσσετο, ἕως ὁ ποιμὴν τὸ γεγονὸς αἰσθόμενος προσδραμὼν συνέλαβεν αὐτὸν καὶ περικόψας αὐτοῦ τὰ ὠκύπτερα, ὡς ἑσπέρα κατέλαβε, τοῖς αὐτοῦ παισὶν ἐκόμισε. τῶν δὲ πυνθανομένων, τί εἴη τὸ ὄρνεον, ἔφη· „ὡς μὲν ἐγὼ σαφῶς οἶδα, κολοιός, ὡς δὲ αὐτὸς βούλεται, ἀετός."

οὕτως ἡ πρὸς τοὺς ὑπερέχοντας ἅμιλλα πρὸς τῷ μηδὲν ἀνύειν καὶ ἐπὶ συμφοραῖς προσκτᾶται γέλωτα.

(*II*) ἀετὸς καταπτὰς ἀπό τινος ὑψηλῆς πέτρας ἥρπασεν ἄρνα. κολοιὸς δὲ τοῦτον θεασάμενος, διὰ ζῆλον μιμησάμενος, καθεὶς ἑαυτὸν μετὰ πολλοῦ τοῦ ῥοίζου ἐπὶ κριὸν ἠνέχθη. ἐμπαρέντων δ' αὐτοῦ τῶν ὀνύχων ἐν τοῖς ἐκείνου μαλλοῖς ἐξαρθῆναι μὴ δυνάμενος ἐπτερύσσετο. ἐλθὼν δὲ ὁ ποιμὴν καὶ θεασάμενος αὐτὸν προσδραμὼν ἀνελάβετο αὐτὸν καὶ περικόψας αὐτοῦ τὰ ὠκύπτερα, ὡς ἑσπέρα κατέλαβε, τοῖς ἑαυτοῦ παισὶν ἐκόμισεν. τῶν δὲ πυνθανομένων, τί εἴη τὸ ὄρνεον, ἔφη· „ὡς μὲν ἐγὼ σαφῶς οἶδα, κολοιός, ὡς δὲ αὐτὸς βούλεται, ἀετός."

2(*I*) Babr. 137 tetr. I 55 Aphth. 19 cf. fasc. 2 p. 141 Synt. 9 cf. fasc. 2 p. 158

---

2 (*I*) CFEeACrBBaU (*II*) VPLBrCas (*III δ*) MS NTJ

---

2 (*I*) 2 τοῦτο ACr ἐπὶ τοῦτον Ba alt. τοῦτον seclusi coll. Vind. 3 καθῆσαι αὐτῷ F καθεσθεὶς BBa καταθεὶς E corr. m.[1] 4 ἐμπλακέντων Lessing ἐμπαγέντων Min. cf. Vind. αὐτῷ FA, deest in BBa 5 μαλοῖς FE μαλίοις A 7 τὰ εἰς ὀξυπτερὰ E ὀξὺ <λήγοντα> St. comm. Horat. Cracov. 212 ὠκύπτερα Halm praef. V St. 8 ἂν εἴη FA τι εἶ B τι ἡ Ba τί ἐστι U 12 προσκαταγελᾶται CF (*II*) 4 ἐμπαγέντων M ἐμπλακέντων S μέλεσιν pro μαλλοῖς Br NJ ἐν τῷ τοῦ κριοῦ ἐρίῳ M 7 ταχύπτερα T 8 εἴη om. PLBr δ

ὁ μῦθος ⟨δηλοῖ τὴν⟩ πρὸς τοὺς ὑπερέχοντας ἅμιλλαν πρὸς τῷ μηδὲν ἀνύειν καὶ ἐπὶ ϲυμφοραῖς προϲκτᾶϲθαι γέλωτα.

3. ἀετὸς καὶ κάνθαρος

(Halm 7 Ch. 4)

(*I*) ἀετὸϲ λαγωὸν ἐδίωκεν. ὁ δὲ ἐν ἐρημίᾳ τῶν βοηθηϲόντων ὑπάρχων, ὃν μόνον ὁ καιρὸϲ παρέϲχεν, κάνθαρον ἰδὼν τοῦτον ἱκέτευεν, ὁ δὲ παραθαρϲύναϲ αὐτὸν ὡϲ ἐγγὺϲ ἐλθόντα τὸν ἀετὸν ἐθεάϲατο, παρεκάλει μὴ ἀπάγειν αὐτοῦ τὸν ἱκέτην. κἀκεῖνοϲ ὑπεριδὼν τῆϲ ϲμικρότητοϲ ἐν ὄψει τοῦ κανθάρου τὸν λαγωὸν κατεθοινήϲατο. ὁ δὲ ἀπ᾽ ἐκείνου μνηϲικακῶν διετέλει παρατηρούμενοϲ τοῦ ἀετοῦ τὰϲ καλιὰϲ καί, εἴ ποτε ἐκεῖνοϲ ἔτικτε, μετάρϲιοϲ αἰρόμενοϲ ἐκύλιε τὰ ᾠὰ καὶ κατέαϲϲε, μέχριϲ οὗ πανταχόθεν ἐλαυνόμενοϲ ὁ ἀετὸϲ ἐπὶ τὸν Δία κατέφυγεν καὶ αὐτοῦ ἐδεήθη τόπον αὐτῷ πρὸϲ νεοττοποιίαν ἀϲφαλῆ παραϲχεῖν. τοῦ δὲ Διὸϲ ἐν τοῖϲ ἑαυτοῦ κόλποιϲ τίκτειν ἐπιτρέψαντοϲ αὐτῷ ὁ κάνθαροϲ τοῦτο ἑωρακὼϲ κόπρου ϲφαῖραν ποιήϲαϲ ἀνέπτη

---

3 (*I*) Semon. fr. 11 D Aristoph. pac. 127—30 cum scholio, vesp. 1448. Luc. Icaromen. 761, deor. conc. 532. pseudol. 164. proverbium ἀετὸν κάνθαροϲ μαιεύεται Zenob. I 20

---

3 (*I*) AECrBaUS (*I*a) vita Aesopi p. 54 W, p. 301 Eb

---

11 δηλοῖ τὴν inserui ὁ μῦθοϲ πρὸϲ ... προϲκτᾶϲθαι (προϲκτῶνται Cas) Viδ δηλοῖ, ὅτι ἡ ἅμιλλα προϲκτᾶται Kor. similia Fu. 12 πρὸϲ τὸ παρὸν μ. ἀνύϲειν ἀλλὰ μᾶλλον ἐπὶ ταῖϲ ϲυμφ. οἱ ἁμιλλώμενοι προϲκτῶνται καὶ γέλωτα J

3 (*I*) 1 βοηθηϲόντων CrBBaUa βοηθηϲάντων (-ϲάτων A) AS βοηθούντων EVi 4 μὴ ἁρπαγῆναι BBa 5 τῆϲ ϲμικρότητοϲ] Ba τῆϲ μικρότητοϲ BS τῇ μικρότητι E τὴν ϲμικρότητα CrA περὶ τὴν τοῦ κ. ϲμικρότητα U 10 ἐπὶ Δία ACrEBa post κατέφυγεν in omnibus libris praeter E scholion hoc, quod παρένθεϲιν hominis Christiani recte vocat Heus., inseritur ἔϲτι δὲ τοῦ θεοῦ ἱερὸϲ ὁ ὄρνιϲ ACr ὁ ἱερ. ὄ. BBa τοῦ θεοῦ ὁ ὄ. U οὗτοϲ τοῦ θεοῦ ἱ. ὄ. a ἔϲτη δὲ ἐνώπιον τοῦ θεοῦ ὁ ὄρνιϲ S quod in E turbato sententiarum ordine legitur κατέφυγεν. ᾔτει δὲ τὸν [E[1], τοῦ E] θεὸν ὁ ὄρνιϲ τόπον αὐτῷ κτλ., equidem hoc in codice genuinam lectionem ᾔτει servatam esse, quae in ἔτι—ἐϲτὶ abierit, haud crediderim 12 ἐπιτρ. αὐτὸν EU αὐτοῦ a 13 τοῦτο ἑωρακὼϲ αἰϲθόμενοϲ E τούτουϲ ἑωρακὼϲ καὶ αἰϲθ. U ταῦτα αἰϲθόμενοϲ a

καὶ γενόμενος κατὰ τοὺς τοῦ Διὸς κόλπους ἐνταῦθα καθῆκεν. ὁ δὲ Ζεὺς ἀποσείσασθαι τὴν κόπρον βουλόμενος ὡς διανέστη, ἔλαθεν ἀπορρίψας τὰ ᾠά. ἀπ᾽ ἐκείνου τέ φασιν, περὶ ὃν καιρὸν οἱ κάνθαροι γίνονται, τοὺς ἀετοὺς μὴ νεοττεύειν.

ὁ λόγος διδάσκει μηδενὸς καταφρονεῖν λογιζομένους, ὅτι οὐδεὶς οὕτως ἐστὶν ἀδύνατος, ὡς προπηλακισθεὶς μὴ δύνασθαι ἑαυτὸν ἐκδικῆσαι.

(*II*) ἀετὸς λαγωὸν ἐδίωκεν. ὁ δὲ ἐν ἐρημίᾳ τῶν βοηθούντων ὑπάρχων, ὃν μόνον ὁ καιρὸς ὑπέσχεν, κάνθαρον ἰδὼν τοῦτον ἱκέτευεν. ὁ δὲ παραθαρρύνας αὐτὸν ὡς ἐγγὺς ἐλθόντα τὸν ἀετὸν ἐθεάσατο, παρεκάλει αὐτὸν ὁ κάνθαρος μὴ ἀπάγειν αὐτοῦ τὸν ἱκέτην. κἀκεῖνος ὑπεριδὼν τῆς σμικρότητος ἐν ὄψει τοῦ κανθάρου τὸν λαγωὸν κατέφαγεν. ὁ δὲ ἀπ᾽ ἐκείνου μνησικακῶν διετέλει παρατηρούμενος τοῦ ἀετοῦ τὰς καλιάς. καὶ εἴ ποτε ἐκεῖνος ἔτικτε, μετάρσιος αἰρόμενος ἐκύλιε τὰ ᾠὰ καὶ κατέασσε, μέχρις οὗ πανταχόθεν ἐλαυνόμενος ὁ ἀετὸς ἐπὶ τὸν Δία κατέφυγεν — ἔστι δὲ τοῦ θεοῦ ἱερὸς ὁ ὄρνις — καὶ ἐδεήθη αὐτοῦ τόπον αὐτῷ ἀσφαλῆ πρὸς νεοττοποιίαν παρασχεῖν. τοῦ δὲ Διὸς ἐν τοῖς ἑαυτοῦ κόλποις ἐπιτρέψαντος αὐτῷ νεοττοποιεῖν ὁ κάνθαρος τοῦτο ἑωρακὼς κόπρου σφαῖραν ποιήσας ἀνέπτη καὶ γενόμενος κατὰ τοὺς κόλπους τοῦ Διὸς καθῆκε τὴν κόπρον. ὁ δὲ Ζεὺς ἀποσείσασθαι τὴν κόπρον βουλόμενος ὡς ἐξανέστη, ἔλαθε τὰ ᾠὰ ἀπορρίψας. ἀπ᾽ ἐκείνου τέ φασι, περὶ ὃν καιρὸν οἱ κάνθαροι γίνονται, τοὺς ἀετοὺς μὴ νεοττεύειν.

(*II*) VPLBrR (*III δ*) M¹SNWTF e quibus M et F coloribus e vita Aesopi petitis hanc fabulam exornaverunt

---

16 τὰ ᾠὰ om. EACr **18** μὴ νεοττ. τοὺς ἀετούς. E **19** λογιζόμενον Ba λογιζόμενος B λογιζομένου E **21** ἐκδικεῖν BBa

(*II*) **8** μεταρσίως VBrN **9** κατέαττε F κατέαζε Br κατέαγε P RS **10** ἔστι δὲ ἱερὸν τοῦ θεοῦ ὁ ὄρνις PLT ἔστι δὲ τοῦ θεοῦ ὁ ὄ. V **13** αὐτὸν νεοττ. V αὐτῷ τὸ νεοττ. T αὐτοῦ τὸ νεοττ. P **14** τοῦτον PBrTF **15** τοῦ κόλπου PBrTWF **17** δέ φασι R ἀπ᾽ ἐκείνης δέ φησι Br

ὁ μῦθος δηλοῖ μηδενὸς καταφρονεῖν λογιζομένους, ὅτι οὐδείς ἐστιν, ὅς προπηλακισθεὶς ἑαυτόν ποτε οὐκ ἐκδικήσει.

λαγωὸς ὑπ' ἀετοῦ διωκόμενος πρὸς κοίτην κανθάρου κατ- (*III*)
έφυγε δεόμενος ὑπ' αὐτοῦ σωθῆναι. ὁ δὲ κάνθαρος ἠξίου τὸν ἀετὸν μὴ ἀνελεῖν τὸν ἱκέτην ὁρκίζων αὐτὸν κατὰ τοῦ μεγίστου Διὸς ἦ μὴν μὴ καταφρονῆσαι τῆς μικρότητος αὐτοῦ. ὁ δὲ μετ' ὀργῆς τῇ πτέρυγι ῥαπίσας τὸν κάνθαρον τὸν λαγωὸν ἁρπάσας κατέφαγεν. ὁ δὲ κάνθαρος τῷ ἀετῷ συναπέπτη ὡς τὴν καλιὰν τούτου καταμαθεῖν. καὶ δὴ προσελθὼν τὰ ᾠὰ τούτου κατακυλίσας διέφθειρε. τοῦ δὲ δεινὸν ποιησαμένου, εἴ τις τοῦτο τολμήσειε, κἀπὶ μετεωροτέρου τόπου τὸ δεύτερον νεοττοποιησαμένου κἀκεῖ πάλιν ὁ κάνθαρος τὰ ἴσα τοῦτον διέθηκεν. ὁ δὲ ἀετὸς ἀμηχανήσας τοῖς ὅλοις ἀναβὰς ἐπὶ τὸν Δία — τούτου γὰρ ἱερὸς λέγεται — τοῖς αὐτοῦ γόνασι τὴν τρίτην γονὴν τῶν ᾠῶν ἔθηκεν τῷ θεῷ ταῦτα παραθέμενος καὶ ἱκετεύσας φυλάττειν. ὁ κάνθαρος δὲ κόπρου σφαῖραν ποιήσας καὶ ἀναβὰς ἐπὶ τοῦ κόλπου τοῦ Διὸς ταύτην καθῆκεν. ὁ δὲ Ζεὺς ἀναστὰς ἐφ' ᾧ τὴν ὄνθον ἀποτινάξασθαι καὶ τὰ ᾠὰ διέρριψεν ἐκλαθόμενος· ἃ καὶ συνετρίβη πεσόντα. μαθὼν δὲ πρὸς τοῦ κανθάρου, ὅτι ταῦτ' ἔδρασε τὸν ἀετὸν ἀμυνόμενος, οὐ γὰρ δὴ τὸν κάνθαρον ἐκεῖνος μόνον ἠδίκησεν ἀλλὰ καὶ εἰς τὸν Δία αὐτὸν ἠσέβησε, πρὸς τὸν ἀετὸν εἶπεν ἐλθόντα κάνθαρον εἶναι τὸν λυποῦντα καὶ δὴ καὶ δικαίως λυπεῖν. μὴ βουλόμενος οὖν τὸ γένος τὸ τῶν ἀετῶν σπανισθῆναι συνεβούλευε τῷ κανθάρῳ διαλλαγὰς πρὸς τὸν ἀετὸν θέσθαι. τοῦ δὲ μὴ

(*III α*)—in (*III β*) hanc fabulam plerique codd. omittunt totam. prima tantum verba λαγ. ὑπ. ἀετ. διωκόμενος exhibent Llλ, Jen. Goeth. Marc. qui addunt γέγραπται ἐν τῷ βίῳ Αἰσώπου. accedit J (*III γ*)

---

20 ποτε ἐκδικήσει] V (in ras.), R. ποτὲ ἐκδικῆσαι Br μήποτε ἐκδικῆσαι θελήσει ceteri

(*III*) **11** τὰ ἴσα τούτων διέφθειρε J(*γ*) **17** ἀποτεινάξασθαι DE JLucc JTur² Acc.

πειθομένου ἐκεῖνος εἰς καιρὸν ἕτερον τὸν τῶν ἀετῶν μετέθηκε τοκετόν, ἡνίκα ἂν μὴ φαίνωνται κάνθαροι.

ὁ μῦθος δηλοῖ μηδενὸς καταφρονεῖν λογιζομένους, ὅτι οὐδείς ἐστιν, ὃς προπηλακισθεὶς οὐκ ἂν δυνηθείη ἑαυτῷ ἐπαμῦναι.

4. ἀηδὼν καὶ ἱέραξ

(Halm 9 Ch. 8)

(*I*) ἀηδὼν ἐπί τινος ὑψηλῆς δρυὸς καθημένη κατὰ τὸ σύνηθες ᾖδεν. ἱέραξ δὲ αὐτὴν θεασάμενος, ὡς ἠπόρει τροφῆς, ἐπιπτὰς συνέλαβεν. ἡ δὲ μέλλουσα ἀναιρεῖσθαι ἐδέετο αὐτοῦ μεθεῖναι λέγουσα, ὡς οὐχ ἱκανή ἐστιν ἱέρακος γαστέρα αὐτὴ πληρῶσαι, δεῖ δὲ αὐτόν, εἰ τροφῆς ἀπορεῖ, ἐπὶ τὰ μείζονα τῶν ὀρνέων τρέπεσθαι. καὶ ὃς ὑποτυχὼν εἶπεν· „ἀλλ' ἔγωγε ἀπόπληκτος ἂν εἴην, εἰ τὴν ἐν χερσὶν ἑτοίμην βορὰν παρεὶς τὰ μηδέπω φαινόμενα διώκοιμι."

ὁ λόγος δηλοῖ, ὅτι οὕτω καὶ τῶν ἀνθρώπων ἀλόγιστοί εἰσιν, οἳ δι' ἐλπίδα μειζόνων τὰ ἐν χερσὶν ὄντα προίενται.

(*II*) ἀηδὼν ἐπί τινος δρυὸς ὑψηλῆς καθημένη κατὰ τὸ σύνηθες ᾖδεν. ἱέραξ δὲ αὐτὴν θεασάμενος ἀπορῶν τροφῆς ἐπιπτὰς ἀνελάβετο αὐτήν. ἡ δὲ μέλλουσα ἀναιρεῖσθαι ἐδέετο αὐτοῦ λέγουσα μὴ βρωθῆναι αὐτήν, ἐπειδὴ οὐχ ἱκανή ἐστιν ἱέρακος πληρῶσαι γαστέρα, δεῖ δὲ αὐτόν, εἰ τροφῆς ἀπορεῖ,

---

4 (*I*) Hesiodus op. et d. 201 s.

---

4 (*I*) — CEACrBBaUS — (*Ia*) (*II*) VPLBrRCas (*III δ*) MSNWTEF (*III γ*)

---

4 (*I*) **1** ὑψηλοῦ C **2** ἐπιστὰς E καταπτὰς S **3** αὐτοῦ μεθεῖναι λέγουσα C αὐτοῦ μαθεῖν αἰτοῦσα καὶ λέγουσα E αὐτοῦ λέγουσα U αὐτοῦ μεθεῖναι (μὴ θῦναι Ba μὴ θοινηθῆναι S) αὐτὴν λέγουσα B BaSa μεθεῖναι αὐτὴν λέγουσα CrA **4** αὕτη A ἱέρακος αὕτη γ. E αὐτὴ om. BBaUa **6** ἐπιτυχὼν CEACrBBa **7** ἀφεὶς A **8** διώκειν E ἐκδιώκειν U **10** οἱ . . . προιέμενοι C ὅσοι δι' BBaUa
(*II*) **1** κατὰ τὸ σύνηθες· εἶδεν ἱέραξ αὐτὴν θεας. P κατὰ τὸ σύνηθες. ἱέραξ δὲ (om. ᾖδεν) BrNT ᾖδε κ. τ. σύν. CasR καταπτὰς R **3** ἐδέετο αὐτῇ P **5** δεῖν δὲ M(δ)Kor. αὐτὸν om. PLS μὴ γὰρ ἱκανὴν (ἱκανὴ γ) εἶναι Rγ εἰ τροφῆς ἀπορεῖν LM τροφῆς (-φὴν N) ἀποροῦντα BrN

ἐπὶ τὰ μείζονα τῶν ὀρνέων τρέπεσθαι. ὑπολαβὼν δὲ ὁ ἱέραξ ἔφη· „ἀλλ' ἔγωγε ἄφρων ἂν εἴην, τὴν ἐν χερσὶν ἑτοίμην βορὰν παρεὶς τὰ μηδέπω φαινόμενα διώκειν.“

ὁ μῦθος δηλοῖ, ὅτι οὕτω καὶ τῶν ἀνθρώπων ἀλόγιστοί εἰσιν, οἳ δι' ἐλπίδα μειζόνων τὰ ἐν χερσὶν ὄντα προίενται.

(*III*) ἀηδὼν ἐπὶ δένδρου καθεζομένη κατὰ τὸ εἰωθὸς ᾖδεν· ἱέραξ δὲ θεασάμενος καὶ τροφῆς ἀπορῶν συνείληφεν ἐπιπτάς. ἡ δ' ἀναιρεῖσθαι μέλλουσα ἐδεῖτο τοῦ ἱέρακος μὴ βρωθῆναι· μηδὲ γὰρ ἱκανὴν εἶναι ἱέρακος γαστέρα πληροῦν, δεῖν δὲ αὐτὸν τροφῆς προσδεόμενον ἐπὶ τὰ μείζω τῶν ὀρνέων τραπέσθαι. καὶ ὁ ἱέραξ ὑπολαβὼν εἶπεν· „ἀλλ' ἔγωγε ἄφρων ἂν εἴην, εἰ τὴν ἐν χερσὶν ἑτοίμην τροφὴν ἀφεὶς τὰ μὴ φαινόμενά πω διώκοιμι.“

ὁ μῦθος δηλοῖ, ὅτι καὶ τῶν ἀνθρώπων οὕτως ἀλόγιστοί εἰσιν οἱ δι' ἐλπίδα πλειόνων ἀδήλων τὰ ἐν χερσὶν προιέμενοι.

5. χρεωφειλέτης

(Halm 11 Ch. 10)

Ἀθήνησιν ἀνὴρ χρεωφειλέτης ἀπαιτούμενος ὑπὸ τοῦ δανειστοῦ τὸ χρέος τὸ μὲν πρῶτον παρεκάλει ἀναβολὴν αὐτῷ παρασχέσθαι ἀπορεῖν φάσκων. ὡς δ' οὐκ ἔπειθε, προσαγαγὼν ἣν μόνην εἶχεν ὗν παρόντος αὐτοῦ ἐπώλει. ὠνητοῦ δὲ προσελθόντος καὶ διερωτῶντος, εἰ τοκὰς ἡ ὗς εἴη,

---

5 in hac fabula prae ceteris male habita editionis minoris libros maxime secutus sum

---

(*III γ*) (*III β*) (*III α*) 5 CEACrU — (*I* a)

---

8 φαινόμενά μοι PT εἰ . . . διώκοιμι CasRSFCh. **10** πλειόνων Br πλειόνων ἄρα τὰ *γ*

(*III*) **2** συνειλήφει *γ* **4** μὴ γὰρ ἱκανὴ εἶναι γαστ. ἱερ. πλ. *γ* **8** πω om. *γ* P(*β*) K(*α*) **10** ἄρα pro ἀδήλων *γ* (ἄρα ἀδήλων F[1]Tur)

5 1 Ἀθ. χρεωφ. ἀνὴρ CE παρὰ τοῦ a **2** δανειστοῦ χρέως A **3** αὐτῷ παρασχέσθαι] CraU αὐτὸν ἀνασχέσθαι A αὐτῷ δοῦναι CE **4** ἣν μόνον εἶχεν ὗν] a ἣν μόνον εἶχεν ὕαιναν U ὗν ὃν μόνον εἶχεν A ἣν εἶχε μόνην CCr ὕνην μόνον ἣν E **5** εἰ τέτοκεν ἡ ὗς C εἴη om. a

ἐκεῖνοϲ ἔφη μὴ μόνον αὐτὴν τίκτειν ἀλλὰ καὶ παραδόξωϲ· τοῖϲ μὲν γὰρ μυϲτηρίοιϲ θήλεα ἀποκύειν, τοῖϲ δὲ Παναθηναίοιϲ ἄρϲενα. τοῦ δὲ ἐκπλαγέντοϲ πρὸϲ τὸν λόγον ὁ δανειϲτὴϲ εἶπεν· „ἀλλὰ μὴ θαύμαζε· αὕτη γάρ ϲοι καὶ Διονυϲίοιϲ ἐρίφουϲ τέξεται.“

ὁ λόγοϲ δηλοῖ, ὅτι πολλοὶ διὰ τὸ ἴδιον κέρδοϲ οὐκ ὀκνοῦϲιν οὐδὲ τοῖϲ ἀδυνάτοιϲ ψευδομαρτυρεῖν.

6. αἶγες ἄγριαι καὶ αἰπόλος

(Halm 12 Ch. 17)

αἰπόλοϲ τὰϲ αἶγαϲ αὐτοῦ ἐπὶ νομὴν ἀπελάϲαϲ ὡϲ ἐθεάϲατο ἀγρίαιϲ αὐτὰϲ ἀναμιγείϲαϲ, ἑϲπέραϲ ἐπιλαβούϲηϲ πάϲαϲ εἰϲ τὸ ἑαυτοῦ ϲπήλαιον εἰϲήλαϲε. τῇ δὲ ὑϲτεραίᾳ χειμῶνοϲ πολλοῦ γενομένου μὴ δυνάμενοϲ ἐπὶ τὴν ϲυνήθη νομὴν αὐτὰϲ παραγαγεῖν ἔνδον ἐτημέλει, ταῖϲ μὲν ἰδίαιϲ μετρίαν τροφὴν παραβάλλων πρὸϲ μόνον τὸ μὴ λιμώττειν, ταῖϲ δὲ ὀθνείαιϲ πλείονα παραϲωρεύων πρὸϲ τὸ καὶ αὐτὰϲ ἰδιοποιήϲαϲθαι. παυϲαμένου δὲ τοῦ χειμῶνοϲ ἐπειδὴ πάϲαϲ ἐπὶ νομὴν ἐξήγαγεν, αἱ ἄγριαι ἐπιλαβόμεναι τῶν ὀρῶν ἔφευγον. τοῦ δὲ ποιμένοϲ ἀχαριϲτίαν αὐτῶν κατηγοροῦντοϲ, εἴ γε περιϲϲοτέραϲ αὐταὶ τημελείαϲ ἐπιτυχοῦϲαι καταλείπουϲιν αὐτόν, ἔφαϲαν ἐπιϲτραφεῖϲαι· „ἀλλὰ δι᾽ αὐτὸ τοῦτο μᾶλλον φυλαττόμεθα· εἰ γὰρ ἡμᾶϲ τὰϲ χθὲϲ προϲεληλυθυίαϲ μειζόνωϲ τῶν πάλαι ϲὺ προετίμηϲαϲ, δῆλον ὅτι, εἰ καὶ ἕτεραί ϲοι μετὰ ταῦτα προϲπελάϲουϲιν, ἐκείναϲ ἡμῶν προκρινεῖϲ.“

---

6 Babr. 45 tetr. II 14

---

6 CEACrU

---

6 ἐκεῖνοϲ δὲ ἔφη μόνον om. μὴ E in U post παραδόξωϲ scriba aberravit in fabulam insequentem 7 μυϲτηρίοιϲ θήλεα] a μυϲτηρίοιϲ ἐϲτὶ θήλεα (θήλεια A) AECr μυρίοιϲ ἐϲτὶ θήλεα C 9 αὐτὴ E 10 Διονυϲίουϲ E 12 ψευδομαρτυρεῖ E

6 1 αὐτοῦ ἀπελ. ἐ. ν. E ἐθεᾶτο A 5 ἐτημέλει] E ἔϲτηϲε μένειν CA 6 παραβάλλων] St. περιβάλλων CCr παραβαλὼν EA 7 περιϲωρεύων CACr ἐξιδιοποιήϲαϲθαι ACr 10 εἰ A 11 ἐπιμελείαϲ CA 14 πάλαι ϲύν ϲοι πρ. E, quod receperunt St Ch. παραληλυθ. τούτων ϲὺν ϲοὶ U εἰ om. E κἂν . . . προϲπελάϲωϲιν C κἂν ἑτέραϲ ϲοι μετὰ ταῦτα προτρέπουϲι U 15 ταῦτα εἰ E προκρίνειϲ A

ὁ λόγος δηλοῖ μὴ δεῖν τούτων ἀσμενίζεσθαι τὰς φιλίας, οἳ τῶν παλαιῶν φίλων ἡμᾶς τοὺς προσφάτους προτιμῶσι, λογιζομένους, ὅτι καί, ἂν ἡμῶν ἐγχρονιζόντων ἑτέροις φιλιάσωσιν, ἐκείνους προκρινοῦσιν.

7. αἴλουρος καὶ ὄρνεις

(Halm 16 Ch. 14)

(*I*) αἴλουρος ἀκούσας ὅτι ἔν τινι ἐπαύλει ὄρνεις νοσοῦσι, σχηματίσας ἑαυτὸν εἰς ἰατρὸν καὶ τὰ τῆς ἐπιστήμης πρόσφορα ἀναλαβὼν ἐργαλεῖα παρεγένετο καὶ στὰς πρὸ τῆς ἐπαύλεως ἐπυνθάνετο αὐτῶν, πῶς ἔχοιεν. αἱ δὲ ὑποτυχοῦσαι· „καλῶς", ἔφασαν, „ἐὰν σὺ ἐντεῦθεν ἀπαλλαγῇς."
οὕτω καὶ τῶν ἀνθρώπων οἱ πονηροὶ τοὺς φρονίμους οὐ λανθάνουσι, κἂν τὰ μάλιστα χρηστότητα ὑποκρίνωνται.

(*III*) ὄρνις ποτὲ ἠσθένει. αἴλουρος δὲ προκύψας ἔφη· „πῶς ἔχεις; εἰ χρῄζεις τινός, ἐγώ σοι δώσω· μόνον ὑγίαινε." ἡ δὲ ἔφη· „ἐὰν ἀπέλθῃς [σὺ] αὐτὸς τῶν ὧδε, ἐγώ σοι λέγω· οὐδαμῶς ἀποθνῄσκω."
ὁ μῦθος ἐλέγχει τοὺς λέγοντας φιλεῖν δολίως καὶ μετὰ ὑποκρίσεως.

---

7 (*I*) Babr. 121 tetr. II 24 Plut. de frat. am. 19 490 C (*III*) paraphr. Bodl. 111 Kn.

---

7 (*I*) C F Cas A E Cr B Ba U Br N (*III γ*) 90 — F f. Vo (= cod. Hudsonis Hptm. p. 103 Kor. 152 b) Laud Salm — accedit W (*III δ*)

---

16 μὴ δεῖν] Salm μὴ δὲ C A μηδὲν Cr E quod tuetur St. dil. Aes. 416 μὴ ἀσμ. U ἐνα∗∗συνίζεσθαι (= ἐνασμενίζεσθαι) A 17 οἱ.. προτιμῶντες E 18 ὅτι καί, ἂν] scr. ὅτι καὶ κἂν A ὅτι κἂν C F Cr ὅτι καὶ ἡμῶν διαφρονήσωσι κτλ. U

7 (*I*) 1 ἔν τι ἐπαύλει F ἔν τινι τόπῳ ἐπ' αὐλῇ Cas ἔν τινι αὐλαίᾳ ὡς ἔπαυλαι B Ba ἔν τινι πόλει πολλαὶ ποικίλαι Br 2 σχηματισθεὶς ἑ. B Ba 4 αὐτὰς Cas παρ' αὐτῶν N αὐτ. om. B Ba ἀποτυχ. F ἀποκριθεῖσαι C Cas 7 χρ. ἐπαγγέλλονται C

(*III*) 2 εἴ τι χρῄζεις Ch. 3 σὺ seclusi 4 ἀποθνήξω Huds. Kor. in his dissentit par. 1 εἶπεν· πῶς ἔχεις, τί χρῄζεις; ἐγὼ δὲ σ. δ. 2 ἐὰν ἀπέλθῃς, οὐκ ἀποθνήσκω 5 τοὺς ὑποκριτὰς δολίους φιλεῖν λέγοντας

8. Αἴσωπος ἐν ναυπηγίῳ

(Halm 19 Ch. 19)

Αἴcωπός ποτε ὁ λογοποιὸc cχολὴν ἄγων εἰc ναυπήγιον εἰcῆλθε. τῶν δὲ ναυπηγῶν cκωπτόντων τε αὐτὸν καὶ ἐκκαλουμένων εἰc ἀπόκριcιν ὁ Αἴcωποc ἔλεγε τὸ παλαιὸν χάοc καὶ ὕδωρ γενέcθαι, τὸν δὲ Δία βουλόμενον καὶ τὸ τῆc γῆc cτοιχεῖον ἀναδεῖξαι παραινέcαι αὐτῇ, ὅπωc ἐπὶ τρὶc ἐκροφήcῃ τὴν θάλαccαν. κἀκείνη ἀρξαμένη τὸ μὲν πρῶτον τὰ ὄρη ἐξέφηνεν, ἐκ δευτέρου δὲ ἐκροφήcαcα καὶ τὰ πεδία ἀπεγύμνωcεν. „ἐὰν δὲ δόξῃ αὐτῇ καὶ τὸ τρίτον ἐκπιεῖν τὸ ὕδωρ, ἄχρηcτοc ὑμῶν ἡ τέχνη γενήcεται."

ὁ λόγοc δηλοῖ, ὅτι οἱ τοὺc κρείττοναc χλευάζοντεc λανθάνουcι μείζοναc ἑαυτοῖc τὰc ἀνίαc ἐξ αὐτῶν ἐπιcπώμενοι.

9. ἀλώπηξ καὶ τράγος

(Halm 45 Ch. 40)

(*I*) ἀλώπηξ πεcοῦcα εἰc φρέαρ ἐπάναγκεc ἔμενε πρὸc τὴν ἀνάβαcιν ἀμηχανοῦcα. τράγοc δὲ δίψῃ cυνεχόμενοc ὡc

---

8 Aristot. meteor. II 3, 356 b 11 **Babr.** iamb. 8 Cr. p. 236
9 (*I*) Babr. 182 tetr. II 15. 31. Synt. 10 λαγωὸc καὶ ἀλώπηξ cf. fasc. 2 p. 159 Phaedr. IV 9
duae exstant huius fabulae formae. alteram dedit C, exornaverunt Cr A O, alteram praebent E V, utramque adhibuerunt paraphrastae

---

8 FEACrUS (= cod. Huds. Hptm. p. 248) **9** (*I*) CACrO SU — EVBBa aberravit in U scriba a φρέατοc (12) in fabulam 118; in O initium modo fabulae (1) et finis (9—15) in foliis laceratis 131 et 131[vs] exstant

---

8 1 μυθοποιὸc A ναυπήγιον] S ναυπηγίαν U ναυπηγεῖον FACr ναυπ. ... δὲ om. E **2** εἰcῆχθαι S εἰcήχθη Huds. cκωπτόντων] Huds. cκοπούντων libri **3** τὸ πάλαι S **4** γεγενεῖcθαι S γεγενῆcθαι Huds. διανοούμενον S τῶν δὲ διανοουμένων U τὸν δὲ Δία νοούμενον Crus. **5** παρήνεcεν A παρένεcεν F παρήνεcαν U ἐπὶ τρὶc ἐκροφήcῃ] Schn. ἐ. τρεῖc ἐκροφήcει F ἐ. τρεῖc ἐκροφήcη Cr ἐκροφήcη (om. ἐ. τρ.) E ἐ. τρεῖc ἐκροφήται A ἐ. τρεῖc ἐκροφῆcαι SU δὶc ἢ τρὶc ἐκροφῆcαι Huds. **7** ἐξέφαγεν A ἐξέβανε S ἐξέβαινεν Huds. **8** ἐπεγύμνωcεν. εἰ δὲ δόξειεν S τὸ τρίτον] F τρίτον rel. **9** ὑμῶν] Schn. ἡμῶν EACrUS ἡμῖν F **10** λαμβάνουcι E μανθάνουcι F **11** μειζόνωc S τὰc ἀνοίαc ASU
9 (*I*) **1** ἐμπεcοῦcα A ὑπ' ἀνάγκηc (ἐπάναγκεc U) ἔμεινε EVU ἐπ' ἀνάγκηc ἦν Ba ἐπ' ἀνάγκηc. B **2** cυνεχόμενοc ἐγένετο κ. τὸ αὐτὸ φρ. θεαcάμενοc δὲ ESBBa

ἐγένετο κατὰ τὸ αὐτὸ φρέαρ, θεασάμενος αὐτὴν ἐπυνθάνετο, εἰ καλὸν εἴη τὸ ὕδωρ. ἡ δὲ τὴν συντυχίαν ἀσμενισαμένη πολὺν ἔπαινον τοῦ ὕδατος κατέτεινε λέγουσα ὡς χρηστὸν εἴη καὶ δὴ καὶ αὐτὸν καταβῆναι παρῄνει. τοῦ δὲ ἀμελετήτως καθαλλομένου διὰ τὸ μόνην ὁρᾶν τότε τὴν ἐπιθυμίαν καὶ ἅμα τῷ τὴν δίψαν σβέσαι ἀναδῦναι μετὰ τῆς ἀλώπεκος σκοποῦντος χρήσιμόν τι ἡ ἀλώπηξ ἔφη ἐπινενοηκέναι εἰς τὴν ἀμφοτέρων σωτηρίαν. „ἐὰν γὰρ θελήσῃς τοὺς ἐμπροσθίους πόδας τῷ τοίχῳ προσερείσας ἐγκλῖναι καὶ τὰ κέρατα, ἀναδραμοῦσα αὐτὴ διὰ τοῦ σοῦ νώτου καὶ σὲ ἀνασπάσω.“ τοῦ δὲ καὶ πρὸς τὴν δευτέραν παραίνεσιν ἑτοίμως ὑπηρετήσαντος ἡ ἀλώπηξ ἀναλλομένη διὰ τῶν σκελῶν αὐτοῦ ἐπὶ τὸν νῶτον ἀνέβη καὶ ἀπ᾿ ἐκείνου ἐπὶ τὰ κέρατα διερεισαμένη ἐπὶ τὸ στόμα τοῦ φρέατος ηὑρέθη καὶ ἀνελθοῦσα ἀπηλλάττετο. τοῦ δὲ τράγου μεμφομένου αὐτὴν ὡς τὰς ὁμολογίας παραβαίνουσαν ἡ ἀλώπηξ ἐπιστρα-

---

4 ἐστὶ EVBBa δυστυχίαν A ἀσμεν. εἰς ἔπαινον τοῦ ὕδ. EVBBa κατεμήνιε BBa 6 καταβαίνειν αὐτὸν ESBBa 7 ἀτημελήτως Char. τὸ μόνον (μόνην Cr) ὁρᾶν CCr διὰ μόνην ἐπιθυμίαν AS διὰ τὴν ἐπ. EV 8 ἐπιθυμίας ἕνεκα BBa καὶ ἅμα] ACrS ἅμα CEVBBa τὴν ante δίψαν om. ACr ἀναδῦναι κτλ.] C, sed μετὰ ex AE inserui. μετὰ τῆς ἀλ. ἐσκόπτει τὴν ἄνοδον AECrVBBa ἐσκοπεῖτο περὶ τῆς ἀνόδου S τὸ πῶς ἀναβῶσι U 9 καὶ ἡ ἀλώπηξ ὑποτυχοῦσα εἶπεν· χρήσιμον οἶδα ⟨εἰς SV⟩ τὴν ἀμφ. σωτ. ESBBa κ. ἡ ἀλ. χρήσιμόν τι ἔφη ἐπινενοηκέναι εἰς τ. λ. σ. ACr 10 ἐὰν μόνον θελήσῃς (θέλῃς BBa θελήσω S) SBBa εἰ γὰρ θελήσειε τοὺς ἐμπρ. π. τῷ τοίχῳ προσερεῖσαι ἐγκλίνας τὰ κέρ. ACr. θέλησον οὖν τοὺς ἐμπρ. πόδας (σου BBa) ἐρεῖσαι τῷ τ. ὀρθῶσαι δὲ (καὶ BBa) τὰ κέρατα EBBa similia US — θελήσω τὴν ἡμετέραν σωτ. V 12 νώτου] ACrU νότου C νόμου S ἀναδρ. δὲ ἐγὼ καὶ (om. διὰ τοῦ σ. νώτου) EVBBa ἀναδρ. πρώτη καὶ U 13 παραίν. αὐτῆς EV ὁ δὲ πρὸς τὴν παρ. προθύμως ὑπακούσας BBa ὁ δὲ τράγος τὴν παρ. τῆς ἀλώπεκος ἀκούσας καὶ ὑπηρετήσας U 16 κέρατα εἶτα διερ. ὑπερεισαμένη O] bis, scriba ad fab. 118 aberraverat. κέρατα [οὐ προσέθηκε ... ἀφείλετο] εἶτα ἡ ἀλ. ἀνελομένη (-αλομ. St.) διὰ τ. σκ. αὐτ. καὶ τῶν ὤμων καὶ τῶν κεράτων ἐπὶ EV σκελ. αὐτ. καὶ τῶν νώτων καὶ τῶν κεράτων ἐπὶ BBa σκ. αὐτ. ἐπὶ τῶν νώτων ἀν. καὶ οὕτως ἐξέβη τοῦ φρέατος U pro εὑρέθη (vel ηὑρέθη) C habet ἠγγίσθη (? -γισεν legit Ch.). an fuit ἤρθη? cf. Vi 17 ἀν. ἐπελάθετο EVBBa 18 παραβαίνουσαν] A παραβαινούσας C παραβαινούσης Cr αὐτῇ ... παραβαινούσῃ O ἀθετήσασαν V αὐτῆς ... ἀθετησάσης EBBa

φεῖςα εἶπεν· „ὦ οὗτος, ἀλλ' εἰ τοςαύτας φρένας εἶχες, ὅςας ἐν τῷ πώγωνι τρίχας, οὐ πρότερον ἂν καταβεβήκεις πρὶν ἢ τὴν ἄνοδον ἐςκέψω."

οὕτω καὶ τῶν ἀνθρώπων τοὺς φρονίμους δεῖ πρότερον τὰ τέλη τῶν πραγμάτων ςκοπεῖν, εἶθ' οὕτως αὐτοῖς ἐγχειρεῖν.

(*II*) ἀλώπηξ καὶ τράγος ἐν φρέατι ἐνέπεςον. τοῦ δὲ τράγου ςκοπουμένου τὴν ἄνοδον ἡ ἀλώπηξ „χρήςιμόν τι", ἔφη, „θάρςει, ἐπινενόηκα εἰς τὴν ἀμφοτέρων ςωτηρίαν." ὁ τράγος ἔφη· „πῶς"; ἡ ἀλώπηξ εἶπε· „τοὺς ἐμπροςθίους ςου πόδας τῷ τοίχῳ προςερείςας καὶ ὀρθῶς ςταθεὶς ἔγκλινον καὶ τὰ κέρατα. ἀναδραμοῦςα τοίνυν ἐγὼ διὰ τοῦ ςοῦ νώτου καὶ ἀρθεῖςα ἄνωθεν εὐθέως καὶ παραχρῆμα ἀναγάγω ςε ἔνθεν." τοῦ δὲ ἑτοίμως πρὸς τὴν παραίνεςιν ὑπηρετήςαντος ἡ ἀλώπηξ ἁλλομένη διὰ τῶν ςκελῶν αὐτοῦ ἐπὶ τὰ νῶτα ἀνέβη καὶ ἀπ' ἐκείνου ἐπὶ τὰ κέρατα διερειςαμένη καὶ γενναίως ἐκτιναχθεῖςα ἐπὶ τοῦ ςτόματος τοῦ φρέατος εὑρέθη καὶ ἀνελθοῦςα ἀπηλλάττετο. ὀρχουμένης δὲ αὐτῆς καὶ παιζούςης ὁ τράγος μεμφόμενος αὐτὴν καὶ ὀνειδίζων ὡς τὰς ὁμο-

---

(*II*) L et F Accursianam maxime sequuntur. cum Augustana haec confundit Cas, quem sequitur Ch.

(*II*) VPBrCasR(L) (*III δ*) MSNWT(F)

---

19 εἶπεν τῷ τράγῳ EVBBa ἀλλ' om. EVBBa εἶχες ἐν τῇ κεφαλῇ BBa **20** πώγωνι ςου EVBBa προτ. δὴ (= ἂν, exempla dat Char., p. 37) CA, deest in ceteris, δὴ ⟨ἂν⟩ perperam Ch. πρ. ⟨ἂν⟩ St. καταβεβήκεις] CA -βέβηκας rel., κατεβεβήκεις Halm

(*II*) **2** ςκεπτομένου NW ςκωπτ. — Br **3** θάρςει κτλ.] V εἰς τὴν ἡμετέραν ςωτ. BrN ςωτ. ἡμῖν ἀμφοῖν W εἰς τὴν ἄνοδον τῶν ἀμφ. PMS ἐπὶ τῇ ἀνόδῳ τ. ἀμφ. T ἐπινεν. τι χρήςιμον ἀμφοτέροις· τοῦ δὲ τὸν τρόπον ἐρωτήςαντος αὕτη ἔφη· τοὺς R **4** ἐμπροςθείους VCasR ἔμπροςθεν ςου Br **5** προςεγγίςας N προςερείςεις LT cf. Acc. ἔγκλινον (ἔκκλινον) καὶ] V δὲ καὶ Cas καὶ om. ceteri **7** εὐθέως κ. παρ. om. NS εὐθέως om. T ἀναγάγω] V ἀγάγω cet. sed ἂν ἄξω καὶ cὲ W ἀνελκύςω ἔξω RCas ἀντιλάβω ςοι N μετὰ τοῦ πηδήματος ἀναςπάςω N ἐντεῦθεν PT **8** πρὸς ταῦτα NS Cas πρὸς τοῦτο (= Acc.) MWL **11** ἐκτειναχθεῖςα VN ἐκτεινάξαςα BrCas ἐπὶ τὸ ςτόμα BrN **12** ἐπελάθετο καὶ ἀρχουμένης καὶ παιζούςης αὐτῆς BrN **13** μυκτηρίζων αὐτὴν Cas

λογίας παραβαίνουσαν ἐπιστραφεῖσα εἶπεν· „ὦ οὗτος, ἀλλ' εἰ τοσαύτας φρένας εἶχες, ὁπόσας ἐν τῷ πώγωνί σου τρίχας, οὐ πρότερον καταβέβηκας, πρὶν τὴν ἄνοδον ἂν ἐσκέψω."

ὁ μῦθος δηλοῖ, ὅτι οὕτω καὶ τὸν φρόνιμον ἄνθρωπον δεῖ πρότερον τὰ τέλη τῶν πραγμάτων σκοπεῖν, εἶθ' οὕτως αὐτοῖς ἐγχειρεῖν.

(*III*) ἀλώπηξ καὶ τράγος διψῶντες εἰς φρέαρ κατέβησαν. μετὰ δὲ τὸ πιεῖν τοῦ τράγου σκεπτομένου τὴν ἄνοδον ἡ ἀλώπηξ ἔφη· „θάρσει, χρησιμόν τι καὶ εἰς τὴν ἀμφοτέρων σωτηρίαν ἐπινενόηκα. εἰ γὰρ ὄρθιος σταθεὶς τοὺς ἐμπροσθίους τῶν ποδῶν τῷ τοίχῳ προσερείσεις καὶ τὰ κέρατα ὁμοίως εἰς τοὔμπροσθεν κλινεῖς, ἀναδραμοῦσα διὰ τῶν σῶν αὐτὴ νώτων καὶ κεράτων καὶ ἔξω τοῦ φρέατος ἐκεῖθεν πηδήσασα καὶ σὲ μετὰ τοῦτο ἀνασπάσω ἐντεῦθεν." τοῦ δὲ τράγου πρὸς τοῦτο ἑτοίμως ὑπηρετησαμένου ἐκείνη τοῦ φρέατος οὕτως ἐκπηδήσασα ἐσκίρτα περὶ τὸ στόμιον ἡδομένη. ὁ δὲ τράγος αὐτὴν ἐμέμφετο ὡς παραβαίνουσαν τὰς συνθήκας. ἡ δὲ „ἀλλ' εἰ τοσαύτας", εἶπε, „φρένας ἐκέκτησο, ὁπόσας ἐν τῷ πώγωνι τρίχας, οὐ πρότερον ἂν κατέβης πρὶν ἢ τὴν ἄνοδον σκέψασθαι."

ὁ μῦθος δηλοῖ, ὅτι οὕτω καὶ τὸν φρόνιμον ἄνδρα δεῖ πρότερον τὰ τέλη σκοποῦντα τῶν πραγμάτων, εἶθ' οὕτως αὐτοῖς ἐγχειρεῖν.

(*III γ*) (*III β*) (*III α*)

---

14 παραβαίνουσαν] MSLCas παραβαίνουσα R παραβαινούσης VPBrNT ἀλλ' om. P 16 καταβέβηκας „βαρβάρως ἀντὶ τοῦ ἂν κατέβης" Kor. cf. Acc. ἂν κατεβεβήκεις Ch. ἄνοδον ἂν] V πρὶν ἂν τὴν ἄν. RCasW ἂν omittunt ceteri 17 δὴ καὶ dittographia e δεῖ ortum VBr τῶν φρονίμων ἀνθρώπων VPBr τοὺς φρονίμους NW οἱ φρόνιμοι T 18 πρῶτον BrNW

(*III*) 3 τῶν ἀμφοτέρων *γ* 4 καὶ τοὺς *γ* 8 δὲ om. *γ* 12 ἐκέκτητο O, et codd. plurimi in *α* Acc. 13 κατέβη J et codd. plurimi in *α* Acc. 13 πώγωνι σου F L Laud 30. Jen (*γ*) 16 σκοπεῖν *γ β*

10. ἀλώπηξ καὶ λέων

(Halm 39 Ch. 42)

(*I*) ἀλώπηξ μηδέποτε θεαcαμένη λέοντα ἐπειδὴ κατά τινα cυντυχίαν ὑπήντηcε, τὸ μὲν πρῶτον ἰδοῦcα οὕτωc ἐξεταράχθη, ὡc μικροῦ ἀποθανεῖν. ἐκ δευτέρου δὲ αὐτῷ ἐπιτυχοῦcα ἐφοβήθη μέν, ἀλλ' οὐχ οὕτωc ὡc τὸ πρότερον. ἐκ τρίτου δὲ θεαcαμένη οὕτω κατεθάρρηcεν ὡc καὶ προcελθοῦcα αὐτῷ διαλέγεcθαι.

ὁ λόγοc δηλοῖ, ὅτι ἡ cυνήθεια καὶ τὰ φοβερὰ τῶν πραγμάτων καταπραΰνει.

(*II*) ἀλώπηξ μηδέποτε θεαcαμένη λέοντα ἐπειδὴ κατά τινα τύχην ὑπήντηcεν αὐτῷ, τὸ μὲν πρῶτον ἰδοῦcα αὐτὸν οὕτωc ἐφοβήθη ὡc μικροῦ καὶ ἀποθανεῖν. ἐκ δευτέρου δὲ αὐτῷ περιτυχοῦcα ἐφοβήθη μέν, ἀλλ' οὐχ ὡc τὸ πρότερον. ἐκ τρίτου δὲ θεαcαμένη αὐτὸν οὕτωc κατεθάρcηcεν ὡc προcελθοῦcα αὐτῷ διαλεχθῆναι.

ὁ μῦθοc δηλοῖ, ὅτι καὶ τὰ φοβερὰ τῶν πραγμάτων ἡ cυνήθεια καταπραΰνει.

(*III*) ἀλώπηξ μήπω θεαcαμένη λέοντα ἐπειδὴ κατά τινα τύχην αὐτῷ cυνήντηcε, τὸ μὲν πρῶτον οὕτωc ἐφοβήθη ὡc μικροῦ καὶ ἀποθανεῖν. ἔπειτα τὸ δεύτερον θεαcαμένη ἐφοβήθη μέν,

---

10 (*II*) L Acc. sequitur (*III*) F Acc. sequitur

---

10 (*I*) — CFEACrBBaUS — (*I* a) (*II*) — VPMoBrRCas — (*III γ*) — MSNWTE[o] — (*III γ*) (*III β*) (*III α*)

---

10 (*I*) 2 διεταράχθη EBBa ἐταράχθη FCr 3 καὶ ἀποθανεῖν Ea δεῖν ἀποθ. U περιτυχοῦcα EUa παρατυχοῦcα D 4 ἐφοβήθη — πρότερον om. A 6 διαλεχθῆναι SU διηλέχθη E διελ- Ba

(*II*) 2 μήπω Mo E ἀπήντηcεν VMoBrE αὐτὸν καὶ ὡc αὐτὸν ἐθεάcατο οὕτωc MoEO 3 ὡc . . . ἀποθανεῖν om. Br αὐτὸν τυχοῦcα P αὐτὸν παρατυχοῦcα MoEO ἐπιτυχοῦcα αὐτῷ W θεαcαμένη αὐτὸν BrN 4 ἐκ τρίτου δ' αὖθιc θεαcαμένη τοῦτον τοcοῦτον R 6 διαλ. αὐτῷ R αὐτόν O 7 ἡ cυνεχὴc cυνήθεια MoO 8 εὐπροcωποιεῖ Mo εὖ πρόcωπα ποιεῖ L cf. Acc. καταπραύνειν P

(*III*) 2 μικροῦ δεῖν καὶ Harl (*γ*) S (*δ*) 3 καὶ μὴ ἀποθ. LM (*γ*)

οὐ μὴν ὡς τὸ πρότερον. ἐκ τρίτου δὲ τοῦτον θεασαμένη οὕτως αὐτοῦ κατεθάρσησεν ὡς καὶ προσελθοῦσα διαλεχθῆναι.

ὁ μῦθος δηλοῖ, ὅτι ἡ συνήθεια καὶ τὰ φοβερὰ τῶν πραγμάτων καταπραΰνει.

11. ἁλιεύς

(Halm 27 Ch. 24)

(*I*) ἁλιεὺς αὐλητικῆς ἔμπειρος ἀναλαβὼν αὐλοὺς καὶ τὰ δίκτυα παρεγένετο εἰς τὴν θάλασσαν καὶ στὰς ἐπί τινος προβλῆτος πέτρας τὸ μὲν πρῶτον ᾖδε, νομίζων αὐτομάτους πρὸς τὴν ἡδυφωνίαν τοὺς ἰχθύας ἐξάλλεσθαι. ὡς δὲ αὐτοῦ ἐπὶ πολὺ διατεινομένου οὐδὲν πέρας ἠνύετο, ἀποθέμενος τοὺς αὐλοὺς ἀνείλετο τὸ ἀμφίβληστρον καὶ βαλὼν κατὰ τοῦ ὕδατος πολλοὺς ἰχθύας ἤγρευσεν. ἐκβαλὼν δὲ αὐτοὺς ἀπὸ τῶν δικτύων ἐπὶ τὴν ἠιόνα ὡς ἐθεάσατο σπαίροντας, ἔφη· „ὦ κάκιστα ζῷα, ὑμεῖς, ὅτε μὲν ηὔλουν, οὐκ ὠρχεῖσθε, νῦν δέ, ὅτε πέπαυμαι, τοῦτο πράττετε."

πρὸς τοὺς παρὰ καιρόν τι πράττοντας ὁ λόγος εὔκαιρος.

(*II*) ἁλιεὺς ἁλιευτικῆς ἄπειρος ἀναλαβὼν αὐλοὺς καὶ τὰ δίκτυα παρεγένετο εἰς τὴν θάλασσαν. καὶ στὰς ἐπί τινος πέτρας τὸ μὲν πρῶτον ηὔλει νομίζων πρὸς τὴν ἡδυφωνίαν τοὺς

---

11 (*I*) Herod. I 149 Aelian. I 39 Babr. 9 Aphth. 33 cf. fasc. 2 p. 148

---

11 (*I*) — CEA Cr B Ba U S (*II*) — V P L Mo Br R Cas (*III δ*) — M S N W T F J — (*III γ*)

---

4 δὲ αὐτὸν θεας. Laud Harl¹ Go (*γ*) 5 κατεθάρρησεν Ch. (*β*), edd. 7 εὐπρόσιτα ποιεῖ Vo (*γ*) εὐπροσωποιεῖ M (*δ*)

11 (*I*) 1 ἁλιευτικῆς CS 2 προβλήματος A Cr B U 4 ἐξάλλεσθαι] C cf. Vi ἐξελέσθαι B Ba ἐξελθεῖν πρὸς αὐτόν. E ἐξελεύσεσθαι A Cr U ἐφάλλεσθαι S ἐξαλεῖσθαι Ch. 5 οὐδὲν πλέον ἠν. C τοὺς ante αὐλοὺς om. A 6 τὸ ante ἀμφιβλ. om. A 7 ἐκ τῶν C τοῦ δικτύου E 8 πρὸς pro ἐπὶ ES ὡς om. E σπαίροντα C κυβιστεύοντας B Ba 9 νυνὶ δὲ ὅταν C ὅταν μὲν ... ὅταν δὲ S 10 τότε pro τοῦτο E

(*II*) 1 τὰ om. L R Cas N 2 παρήγετο Vo Mo Br N J τὴν om. Br R Cas

ἰχθύας ἐξάλλεσθαι. ὡς δὲ αὐτοῦ ἐπὶ πολὺ διατεινομένου οὐδὲν πέρας ἠνύετο, ἀποθέμενος τοὺς αὐλοὺς ἀνείλατο τὸ ἀμφίβληστρον καὶ βαλὼν κατὰ τοῦ ὕδατος πολλοὺς ἰχθύας ἤγρευσεν. ἐκβαλὼν δὲ αὐτοὺς ἀπὸ τοῦ δικτύου ὡς εἶδεν αὐτοὺς πηδῶντας, ἔφη· „ὦ κάκιστα ζῷα, ὅτε μὲν ηὔλουν, οὐκ ὠρχεῖσθε, νῦν δέ, ὅτε πέπαυμαι, τοῦτο πράττετε.“

ὁ μῦθος πρὸς τοὺς παρὰ λόγον καὶ παρὰ καιρόν τι πράττοντας.

(*III*) ἁλιεὺς ἁλιευτικῆς ἄπειρος λαβὼν αὐλοὺς καὶ δίκτυα παρεγένετο εἰς τὴν θάλατταν καὶ στὰς ἐπί τινος πέτρας τὸ μὲν πρῶτον ηὔλει νομίζων πρὸς τὴν ἡδυφωνίαν τοὺς ἰχθύας ἐφάλλεσθαι. ὡς δ' ἐπὶ πολὺ διατεινόμενος ἤνυεν οὐδέν, ἀποθέμενος τοὺς αὐλοὺς ἀναλαμβάνει τὸ ἀμφίβληστρον καὶ βαλὼν κατὰ τοῦ ὕδατος πολλοὺς ἰχθύας ἤγρευσεν. ἐκβαλὼν δὲ αὐτοὺς ἀπὸ τοῦ δικτύου ὡς εἶδε πηδῶντας, ἔφη· „ὦ κάκιστα ζῷα, ὅτε ηὔλουν, οὐκ ὠρχεῖσθε, ὅτε δὲ πέπαυμαι, τοῦτο ποιεῖτε.“

ὁ μῦθος πρὸς τοὺς παρὰ λόγον καὶ παρὰ καιρόν τι πράττοντας.

12. ἀλώπηξ καὶ πάρδαλις

(Halm 42 Ch. 37)

(*I*) ἀλώπηξ καὶ πάρδαλις περὶ κάλλους ἤριζον. τῆς δὲ παρδάλεως παρ' ἕκαστα τὴν τοῦ σώματος ποικιλίαν προβαλλο-

---

12 (*I*) Plut. VII sap. 12 p. 155 B animine an corp. 2 p. 500 C Cr. ad B. f. 180. — Babr. 180 tetr. II 16

(*III γ*) (*III α*) — (e γ J Jen, Jen. G., Laud Men. (F), ex β λ cum Vindob. faciunt) **12** (*I*) CEACrBaBS

---

4 ἐφάλλεσθαι (ἐφαλέσθαι) PLMTF ἐξέλεσθαι BrN ἐξελθεῖν (= Aug.) J αὐτὸς ... διατεινόμενος praeter codicem Cas ed. Furia αὐτοῦ om. MoNWγ **5** πέρας om. MoRCasSW τὸ δίκτυον ἀνελάβετο καὶ χαλάσας κατὰ Wγ **6** ἰχθ. ἐξήνεγκεν γ **7** ἀπὸ τὸ δίκτυον PMoBr δικτ. εἰς τὴν γῆν Wγ **9** οὐκ ὀρχισμοῦ (-μὸν Br) ἥπτεσθε ὅτι δὲ πέπαυμαι τοῦτο ποιεῖτε BrPLγ **10** παραλόγως FW παραλόγους BrS παραλλάσσοντας Mo παράλογον τι R
12 (*I*) **2** παρ' ἑκάστην E τὴν om. E ἡλικίαν C

μένης ἡ ἀλώπηξ ὑποτυχοῦσα ἔφη· „καὶ πόσον ἐγὼ σοῦ καλλίων ὑπάρχω, ἥτις οὐ τὸ σῶμα, τὴν δὲ ψυχὴν πεποίκιλμαι;"

ὁ λόγος δηλοῖ, ὅτι τοῦ σωματικοῦ κάλλους ἀμείνων ἐστὶν ὁ τῆς διανοίας κόσμος.

(*II*) ἀλώπηξ καὶ πάρδαλις περὶ κάλλους ἤριζον. τῆς δὲ παρδάλεως παρ' ἕκαστα τὴν τοῦ σώματος ποικιλίαν προβαλλομένης ἡ ἀλώπηξ ἀποτυχοῦσα εἶπεν· „καὶ πόσον ἐγὼ καλλίων ὑπάρχω, ἥτις οὐ τὸ σῶμα, τὴν δὲ ψυχὴν πεποικιλμένην ἔχω;"

ὁ μῦθος δηλοῖ, ὅτι τοῦ σωματικοῦ κάλλους ἀμείνων ἐστὶν ὁ τῆς διανοίας κόσμος.

13. ἁλιεῖς

(Halm 23 Ch. 23)

(*I*) ἁλιεῖς σαγήνην εἷλκον· βαρείας δὲ αὐτῆς οὔσης ἔχαιρον καὶ ὠρχοῦντο, πολλὴν εἶναι νομίζοντες τὴν ἄγραν. ὡς δὲ ἀφελκύσαντες ἐπὶ τὴν ἠιόνα τῶν μὲν ἰχθύων ὀλίγους εὗρον, λίθων δὲ καὶ ἄμμων μεστὴν τὴν σαγήνην, οὐ μετρίως ἐβαρυθύμουν, οὐχ οὕτω μᾶλλον ἐπὶ τῷ συμβεβηκότι δυσφοροῦντες, ὅσον ὅτι καὶ τὰ ἐναντία προσειλήφασιν. εἷς δέ τις ἐν αὐτοῖς γηραιὸς ὢν εἶπεν· „ἀλλὰ παυσώμεθα, ὦ ἑταῖροι·

---

13 (*I*) Luc. Hermot. 806, Tim. 135. Alciphr. I 17. tetr. II 9

(*II*) — VPL MoBrR (= Ch. 37 b) Cas — (*III δ*) — MSWT FJ — (*III γ*) 13 (*I*) — CEACrS — (*I* a)

---

3 σου om. C cf. Vi 4 τῷ σώματι BBa 6 ψυχῆς κόσμος BBa

(*II*) 3 ὑποτυχοῦσα W Huds. κρεῖττον σού εἰμι Mo 4 ἀλλὰ τὴν τὴν (sic) ψυχὴν Mo πεποικιλμένην ἔχω] PMo πεποικιλμένην τυγχάνω R πεποικιλμένη τυγχ. Cas πεποικιλμένη BrWFJ πεποίκιλμαι VLMSγ

13 (*I*) 1 αὐτῆς om. Sa 2 νομίζ. εἶναι C εἶναι om. E 3 ἑλκύσαντες A τῶν μὲν ἰχθύων ὀλίγους] ESa τὸν μὲν ἰχθὺν ὀλίγον ACr τοὺς μὲν ἰχθύας ὀλίγους C cf. Vi 4 λίθων δὲ καὶ ἄμμων] A λ. δὲ καὶ ἄλλων C λ. δὲ καὶ ἄλλης ὕλης CrESa οὐ μᾶλλον E οὐ τοσοῦτον Ch 6 ὅσον ὅτι καὶ] Schn. ὅσῳ ὅτι καὶ ESa ὅσῳ ὅτι ACCr προειλήφασιν CE προυπειλήφασιν Sa 7 ἐν ἑτέροις E

χαρᾶς γάρ, ὡς ἔοικεν, ἀδελφή ἐστιν ἡ λύπη, καὶ ἡμᾶς ἔδει τοσαῦτα προησθέντας πάντως τι καὶ λυπηθῆναι.“ ἀτὰρ οὖν καὶ ἡμᾶς δεῖ τοῦ βίου τὸ εὐμετάβλητον ὁρῶντας μὴ τοῖς αὐτοῖς ἀεὶ πράγμασιν ἐπαγάλλεσθαι λογιζομένους, ὅτι ἐκ πολλῆς εὐδίας ἀνάγκη καὶ χειμῶνα γενέσθαι.

(*II*) ἁλιεῖς σαγήνην εἷλκον. βαρείας δὲ αὐτῆς οὔσης ἔχαιρον καὶ ὠρχοῦντο πολλὴν εἶναι νομίζοντες τὴν ἄγραν. ὡς δὲ εἵλκυσαν αὐτήν, τῶν μὲν ἰχθύων εὗρον ὀλίγους, λίθον δὲ μέγιστον ἐν τῇ σαγήνῃ ἀνήγαγον. οἱ δὲ ἁλιεῖς οὐ μετρίως ἐβαρυθύμουν, οὐ τοσοῦτον ἐπὶ τῇ τῶν ἰχθύων ὀλιγότητι, ὅσον ὅτι καὶ τὰ ἐναντία προσειλήφασιν. εἷς δέ τις ἐξ αὐτῶν γεραιὸς εἶπε· „μὴ ἀχθώμεθα, ὦ ἑταῖροι. χαρᾶς γάρ, ὡς ἔοικεν, ἀδελφή ἐστιν ἡ λύπη, καὶ ἡμᾶς ἔδει τοσαῦτα προηδυνθέντας πάντως καί τι λυπηθῆναι.“ ὁ μῦθος δηλοῖ, ὅτι οὐ δεῖ λυπεῖσθαι ἐπὶ ταῖς ἀτυχίαις γινώσκοντας τὸ τοῦ βίου ἄστατον.

(*III*) ἁλιεῖς εἷλκον σαγήνην. βαρείας δὲ αὐτῆς οὔσης ἔχαιρον καὶ ἐσκίρτων πολλὴν εἶναι τὴν ἄγραν νομίζοντες. ὡς δὲ

(*II*) — VPLMonBrRCas (*III δ*) — MSNWTF — (*III γ*) (*III β*) (*III α*) — accedit B[2] ex Aug.

8 ὡς om. C ἐστὶν om. C 9 προησθέντας πρῶτον παθεῖν τι καὶ λυπηρὸν E πρ. πάντως ποτὲ καὶ λυπηθῆναι a 10 ἀμετάβλητον A 11 μὴ τοῖς ἑτέροις πράγμασιν ἀεὶ E μὴ ἀεὶ τοῖς πράγμασιν C 12 ἀνάγκην EA καὶ om. C

(*II*) 1 ἕλκοντες PLMS ταύτης Mo 2 πολλὰ νομίζοντες τ. ἄγρ. ἔχειν. ὡς δὲ τείναντες αὐτὴν τῶν Mo 3 ἰχθύων ... ὀλίγους] scripsi Aug. secutus. confusio in libris orta e siglis male solutis. τὸν μὲν ἰχθὺν εὗρον ὀλίγον V τῶν μὲν ἰχθύων εὗρον ὀλιγῶν Br τῶν μὲν ἰχθύων εὗρον ὀλίγα P τῶν μὲν ἰχθύων ὀλίγων εὗρον Mo τοὺς μὲν ἰχθύας (ἰχθύας μὲν Cas) εὗρον ὀλίγους LMNCasF τοὺς μὲν ἰχθ. εὕρισκον ὀλίγους, λίθον δὲ ἀνήγαγον μέγιστον W τοὺς μὲν ἰχθ. εἶδον ὀλίγους λίθον δὲ μέγαν ἀνειλκυσμένον S λίθους δὲ παμπόλλους συνήγειραν. διὸ καὶ οὐ Mo 6 τὰ ἐναντία V Mo M τὰ om. ceteri προειλ. MonNW προυπειλ. F 7 ἐξεῖπε Cas τῆς χαρᾶς Mo 8 προηδυνθέντας] M προσηδ. ceteri 9 πάντως καὶ V πάντως τι RCas πάντως καὶ Mo πάντως τῇ λύπῃ θεῖναι Br 10 epimythium deest in P 11 τὸ τοῦ βίου ἄστατον] VMST τὸ τ. β. ἄδηλον καὶ ἄστατον Mo τὰς τοῦ βίου τύχας ceteri

(*III*) 2 καὶ om. γ B[2]

ἐπὶ τῆς ἠιόνος ταύτην ἑλκύσαντες των μὲν ἰχθύων εὗρον ὀλίγους, λίθον δ' ἐν αὐτῇ παμμεγέθη, ἀθυμεῖν ἤρξαντο καὶ ἀλύειν, οὐ τοσοῦτον ἐπὶ τῇ τῶν ἰχθύων ὀλιγότητι, ὅσον ὅτι καὶ τἀναντία προυπειλήφασιν. εἷς δέ τις ἐν αὐτοῖς πρεσβύτερος εἶπε· „μὴ ἀχθώμεθα, ὦ ἑταῖροι. τῇ γὰρ ἡδονῇ, ὡς ἔοικεν, ἀδελφή ἐστιν ἡ λύπη. καὶ ἡμᾶς οὖν ἔδει τοσαῦτα προηδυνθέντας πάντως τι καὶ λυπηθῆναι."

ὁ μῦθος δηλοῖ, ὅτι οὐ δεῖ λυπεῖσθαι ἐπὶ ταῖς ἀποτυχίαις.

14. ἀλώπηξ καὶ πίθηκος

(Halm 43 Ch. 39)

ἀλώπηξ καὶ πίθηκος ἐν ταὐτῷ ὁδοιποροῦντες περὶ εὐγενείας ἤριζον. πολλὰ δὲ ἑκατέρου διεξιόντος ἐπειδὴ ἐγένοντο κατά τι⟨νας τύμβους⟩, ἐνταῦθα ἀποβλέψας ἀνεστέναξεν ὁ πίθηκος. τῆς δὲ ἀλώπεκος ἐρομένης τὴν αἰτίαν ὁ πίθηκος ἐπιδείξας αὐτῇ τὰ μνήματα εἶπεν· „ἀλλ οὐ μέλλω κλαίειν ὁρῶν τὰς στήλας τῶν πατρικῶν μου ἀπελευθέρων καὶ δούλων;" κἀκείνη πρὸς αὐτὸν ἔφη· „ἀλλὰ ψεύδου, ὅσα βούλει. οὐδεὶς γὰρ τούτων ἀναστὰς ἐλέγξει σε."

οὕτω καὶ τῶν ἀνθρώπων οἱ ψευδολόγοι τότε μάλιστα καταλαζονεύονται, ὅταν τοὺς ἐλέγχοντας μὴ ἔχωσι.

15a. ἀλώπηξ καὶ βότρυς

(Halm 33 Ch. 32)

ἀλώπηξ λιμώττουσα ὡς ἐθεάσατο ἀπό τινος ἀναδενδράδος βότρυας κρεμαμένους, ἠβουλήθη αὐτῶν περιγενέσθαι καὶ

---

14 Archil. fr. 81 D Babr. 81 Synt. 14 cf. fasc. 2 p. 160 15a Theocr. I 48. — Babr. 19 tetr. I 23

---

14 O (mutilus) E A Cr 15a C Cas O E A Cr

---

3 αὐτὴν γ Kor. 6 προσαπειλήφασιν Kor.
14 2 ἑκατέρων διεξιόντων A Cr 3 κατά τινας τύμβους] scr. κατά τι O E Cr κατά τινα τόπον A διὰ τινῶν μνημείων Synt. 4 ὁ πίθ. ἀνεστέναξε O ὁ πίθηκος om. E A Cr ὁ πίθηξ E 5 οὖν μέλλω A 8 σε om. E A Cr 10 ψεύδονται, ὅταν τοὺς ἐλέγχους E ἐλέγχους C quoque, ubi hoc epimythium perperam fabulae insequenti adnectitur
15a 1 λιμ. ἐθεάσατο ... καὶ ἠβουλήθη O ἐπί τινος A C[a] ἐπί τινα ἀναδενδράδα Cas

οὐκ ἠδύνατο. ἀπαλλαττομένη δὲ πρὸς ἑαυτὴν εἶπεν· „ὄμφακές εἰσιν.“ οὕτω καὶ τῶν ἀνθρώπων ἔνιοι τῶν πραγμάτων ἐφικέσθαι μὴ δυνάμενοι δι’ ἀσθένειαν τοὺς καιροὺς αἰτιῶνται.

15b. ἀλώπηξ καὶ μῦς

(Ch. 32 f.)

ἀλώπηξ ἐν κρεβαττίνῃ βότρυας πεπείρους ἰδοῦσα ἤμελλε φαγεῖν, ἐν ὕψει δὲ ὄντας οὐκ ηὐπόρει φαγεῖν. μῦς δὲ ἰδὼν ταύτην ἐμειδίασεν εἰπών· „οὐδὲν τρώγεις.“ ἡ δὲ ἀλώπηξ μὴ θέλουσα ἡττηθῆναι πρὸς τοῦ μυὸς ἔφη· „ὄμφακές εἰσιν.“ ὅτι τοὺς πονηροὺς καὶ μὴ βουλομένους πείθειν τὸν λόγον ὁ μῦθος ἐλέγχει.

16. αἴλουρος καὶ ἀλεκτρυών

(Halm 14 Ch. 12)

(*I*) αἴλουρος συλλαβὼν ἀλεκτρυόνα τοῦτον ἐβούλετο μετ’ εὐλόγου αἰτίας καταθοινήσασθαι. καὶ δὴ ἀρξάμενος κατηγόρει αὐτοῦ λέγων ὀχληρὸν αὐτὸν εἶναι τοῖς ἀνθρώποις νύκτωρ κεκραγότα καὶ οὐδὲ ὕπνου τυχεῖν αὐτοὺς ἐῶντα. τοῦ δὲ εἰπόντος ὡς ἐπ’ ὠφελείᾳ αὐτῶν τοῦτο ποιεῖ, ἐπὶ γὰρ τὰ συνήθη τῶν ἔργων διεγείρει, ἐκ δευτέρου ἔλεγεν· „ἀλλὰ

---

15 b B² Ba Salm.⁴ **16** (*I*) C O E A Cr V S B Ba (*I* a)

3 πρὸς αὐτὰς E **6** ἑαυτοὺς pro καιροὺς E

15 b 1 κρεβαττίνῃ] scr. κρεβαττίνω Ba κρεβάττινας B² κρεβάττινα Salm. „vocabulum ignotum, fortasse κρεμαστῇ ἀμπέλῳ“ Ch. sed secundum Hatzidakem gramm. neogr. p. 27 κρεββαττῖνα neograecis vitis est, quae in lecto ligneo (κράββατος cf. κρεββάτιον Etym. M 536, 20; grabatus) soli opposita extenditur. cf. praeterea quae affert Charit. p. 32 **2** ὄντες B² ἠπόρει B² **3** τρόγει B² **5** πείθεσθαι τῷ λόγῳ Ch. versibus inclusam praebent hanc fabulam in Vindob. Br N = Ch. 32 b

16 (*I*) **3** αὐτὸν om. E A Cr B Ba **4** μηδὲ E V B Ba Vi αὐτοὺς om. C O Sa ἐῶν O unde etiam priorem incriminationem recta olim oratione conformatam fuisse sumpseris: ὀχληρὸς εἶ κεκραγὼς κτλ. **5** ἐπ’ ὠφέλειαν C O Cr ὡς . . . ποιεῖ] O A Cr ποιεῖν rel. ὠφ. τούτων ποιεῖν ταῦτα B Ba **6** διεγείρει] C O Cr a ἐγείρει A διεγείρω E S ἐγείρω B Ba ἐκ δευτέρου δὲ E B Ba ἀλλὰ καὶ ἀσεβὴς] C ἀ. κ. ἀσεβὴς τε O A Cr ἀλλ’ ἀσεβὴς τε rel.

καὶ ἀcεβὴc εἰc τὴν φύcιν καθέcτηκαc καὶ ἀδελφαῖc καὶ μητρὶ ἐπεμβαίνων.“ τοῦ δὲ καὶ τοῦτο εἰc ὠφέλειαν τῶν δεcποτῶν πράττειν φήcαντοc, πολλὰ γὰρ αὐτοῖc ὠὰ τίκτεcθαι παραcκευάζει, διαπορηθεὶc ἐκεῖνοc ἔφη· „ἐὰν οὖν cὺ ἀφορμῶν ἀεὶ εὐπορῇc, ἐγώ cε οὐ κατέδομαι;“

ὁ λόγοc δηλοῖ, ὅτι καὶ πονηρὰ φύcιc πλημμελεῖν προαιρουμένη, κἂν μὴ μετ' εὐλόγου προcχήματοc δυνηθῇ, ἀπαρακαλύπτωc πονηρεύεται.

(*II*) αἴλουροc cυλλαβὼν ἀλεκτρυόνα τοῦτον ἐβούλετο μετ' εὐλόγου αἰτίαc καταθοινήcαcθαι. καὶ δὴ ἤρξατο κατηγορεῖν αὐτοῦ λέγων ὀχληρὸν αὐτὸν εἶναι τοῖc ἀνθρώποιc νύκτωρ κεκραγότα μηδὲ ὕπνου τυχεῖν ἐῶντα. τοῦ δὲ εἰπόντοc ἐπ' ὠφελείᾳ αὐτῶν τοῦτο ποιεῖν, „ἐπὶ γὰρ τὰ cυνήθη τῶν ἔργων διεγείρω“, ἐκ δευτέρου ὁ αἴλουροc ἔλεγεν· „ἀλλὰ ἀcεβὴc εἰc τὴν φύcιν τυγχάνειc ἀδελφαῖc καὶ μητρὶ ἐπεμβαίνων.“ τοῦ δὲ καὶ τοῦτο εἰc ὠφέλειαν τῶν δεcποτῶν πράττειν φήcαντοc „πολλὰ γὰρ αὐτοῖc ὠὰ τίκτεcθαι παρα-

---

(*II*) in brevius redacta in R

(*II*) — VPLMoBrR = Ch. 12c — (*III δ*) — MSNWTE —

---

8 μητράcιν AESBBa ἐπεμβαίνων] OBBaVi ἐπιβαίνων CCra ἐπεμβαίνειc EAVS **9** αὐτοῖc om. A **10** παραcκευάζει] COA Cra παραcκευάζειν S παραcκευάζω EA²BBa διαπορηθεὶc] COA Cr ἀπορηθεὶc Sa ἀποκριθεὶc EVBBa ἐὰν οὖν cὺ] OEVACr ἐὰν cὺ CBBa εἰ δὴ οὖν a **11** ἀφορμῶν ἀεὶ (ἀεὶ ἀφ. BBa) εὐπορήcειc BBa a ἀεὶ ἀφορμῶν εὐπορῇc EVS ἀεὶ (om. A) ἀφορμὰc εὑρήcειc COACr ἐγώ cε οὐ κατέδομαι] CECra ἔγωγε οὐ κατέδομαι S ἐγώ cε οὐ κατεδοῦμαι A μὴ ἐγώ cε κατέδομαι O ἐγώ coι (cου Ba cε B) οὐ φείδομαι VBBa **12** ὅτι καὶ πον. φ.] C ὅτι ἡ π. φ. A ἡ πον. φ. a ὅτι π. φ. rel. προαιρουμένη] ESBBa προελομένη rel. **13** cχηματίου BBa

(*II*). **1** μετ' εὐλογίαc Br μεθ' ἑτέρου αἰτίαc PLM μετὰ δικαίου τρώπου T **2** αἰτίαc ἐκεῖνον Mo αἰτ. τοῦτον E ἀρξάμενοc κατηγόρει PMWT **4** πολλὰ κεκρ. Mo. κεκρ. νυκτὸc καὶ ἡμέραc W καὶ μηδὲ MoW **5** ποιῶ LBrR **6** διεγείρει Fu praeter codicem ἐπεὶ . . . διεγείρων L **7** εἰc om. P τῇ φύcει MoE μητέραιc (μήτραιc T) PT μητράcιν MoE **9** ὠὰ γεννᾶcθαι Mo γενέcθαι E

σκευάζω", ἀπορηθεὶς ἐκεῖνος εἶπεν· „ἐὰν γάρ συ ἀφορμῶν πολλῶν εὐπορήσῃς, ἐγὼ τέως ἄδειπνος οὐ μενῶ", καὶ ἔφαγεν αὐτόν.

ὁ μῦθος δηλοῖ, ὅτι ἡ πονηρὰ φύσις πλημμελεῖν προαιρουμένη, κἂν μετ' εὐλόγου προσχήματος οὐ δυνηθῇ, ἀλλά γε ἀπαρακαλύπτως πονηρεύεται.

(*III*) αἴλουρος συλλαβὼν ἀλεκτρυόνα μετ' εὐλόγου τοῦτον αἰτίας ἠβουλήθη καταφαγεῖν. καὶ δὴ κατηγόρει αὐτοῦ λέγων, ὡς ὀχληρὸς εἴη τοῖς ἀνθρώποις νύκτωρ κεκραγὼς καὶ μὴ συγχωρῶν ὕπνου τυγχάνειν. τοῦ δ' ἀπολογουμένου ἐπὶ τῇ ἐκείνων ὠφελείᾳ τοῦτο ποιεῖν, ὡς ἐπὶ τὰ συνήθη τῶν ἔργων ἐγείρεσθαι, πάλιν ὁ αἴλουρος αἰτίαν ἐπέφερεν, ὡς ἀσεβὴς εἴη περὶ τὴν φύσιν μητρὶ καὶ ἀδελφαῖς συμμιγνύμενος. τοῦ δὲ καὶ τοῦτο πρὸς ὠφέλειαν τῶν δεσποτῶν πράττειν φήσαντος πολλῶν αὐτοῖς ἐντεῦθεν ᾠῶν τικτομένων, ὁ αἴλουρος εἰπών· „ἀλλ' εἰ σύ γε πολλῶν εὐπορεῖς εὐπροσώπων ἀπολογιῶν, ἔγωγε μέντοι ἄτροφος οὐ μενῶ" τοῦτον κατεθοινήσατο.

ὁ μῦθος δηλοῖ, ὅτι ἡ πονηρὰ φύσις πλημμελεῖν αἱρουμένη, εἰ μὴ μετ' εὐλόγου δυνηθείη προσχήματος, ἀπαρακαλύπτως γε μὴν πονηρεύεται.

(*III γ*) (*III β*) (*III α*)

---

10 ἀπορηθεὶς] V M ἀποκριθεὶς ceteri εἰ γὰρ Br N εἰ σὺ Mo αἱ γὰρ σοὶ L γὰρ om. R Cas **11** εὐπορῇς (-εῖς) P Mo W T E καὶ ἔφαγεν αὐτόν. om. Br Cas N S **13** πονηρὰ om. Mo **14** εἰ μετ' Mo προσχήματος συνήθους (-θη P T) P L N T correctum ex δυνηθῇ μὴ δυνηθείη Br οὐ om. Mo M W εἰ (om. Br.) δὲ μή γε (γε om. Mo) V (? evan.) P L Mo Br M W προαιρουμένη μετ' εὐλόγου αἰτίας προσχηματίζεται ἀδικεῖν, ὅταν δὲ μὴ δυνηθῇ κτλ. N

(*III*) **2** αὐτοῦ λέγων ὡς *γ* (praeter Go Gerl Laud Tur qui λέγων omittunt) *β α* Acc. λέγων om. edd.

17. ἀλώπηξ κόλουρος

(Halm 46 Ch. 41)

(*I*) ἀλώπηξ ὑπό τινος πάγης τὴν οὐρὰν ἀποκοπεῖcα ἐπειδὴ δι' αἰcχύνην ἀβίωτον ἡγεῖτο τὸν βίον ἔχειν, ἔγνω δεῖν καὶ τὰc ἄλλαc ἀλώπεκαc εἰc τὸ αὐτὸ προcαγαγεῖν, ἵνα τῷ κοινῷ πάθει τὸ ἴδιον ἐλάττωμα cυγκρύψῃ. καὶ δὴ ἁπάcαc ἀθροίcαcα παρῄνει αὐταῖc τὰc οὐρὰc ἀποκόπτειν, λέγουcα, ὡc οὐκ ἀπρεπὲc μόνον τοῦτο, ἀλλὰ καὶ περιccόν τι αὐταῖc βάροc προcήρτηται. τούτων δέ τιc ὑποτυχοῦcα ἔφη· „ὦ αὕτη, ἀλλ' εἰ μή cοι τοῦτο cυνέφερεν, οὐκ ἂν ἡμῖν τοῦτο cυνεβούλευcαc."

οὗτοc ὁ λόγοc ἁρμόττει πρὸc ἐκείνουc, οἳ τὰc cυμβουλίαc ποιοῦνται τοῖc πέλαc οὐ δι' εὔνοιαν ἀλλὰ διὰ τὸ ἑαυτοῖc cυμφέρον.

(*II*) ἀλώπηξ ὑπό τινοc παγίδοc τὴν οὐρὰν ἀποκοπεῖcα ἐξ αἰcχύνηc ἀβίωτον τὸν βίον ἡγεῖτο ἔχειν. ἔγνω δὲ καὶ τὰc ἄλλαc ἀλώπεκαc εἰc τὸ αὐτὸ περιαγαγεῖν, ἵνα τῷ κοινῷ πάθει τὸ ἴδιον ἐλάττωμα cυγκρύψῃ. καὶ δὴ ἁπάcαc ἀθροίcαcα παρῄνει αὐταῖc τὰc οὐρὰc ἀποκόπτειν λέγουcα, ὡc οὐκ ἀπρεπὲc τοῦτο μόνον ἀλλὰ καὶ περιccὸν αὐταῖc προc-

---

17 (*I*) Timocr. fr. 3 D

---

17 (*I*) CEACrBBaS — (*I* a) (*II*) — VPLMonBrRCas — (*III δ*) — MSNWTE, O (= Kor. 76 p. 284) — (*III γ*)

---

17 (*I*) 1 ὑπό τινοc πληγεῖcα τὴν οὐρὰν ἀπεκόπη S ἀλ. ὑ. τ. παγίδοc ληφθεῖcα τὴν οὐρὰν ἀκεκόπη Cr παγίδοc AaCr 3 προαγαγεῖν CEa προάγειν S 6 ὡc om. C τοῦτο μόνον E τοῦτο μᾶλλον BBa 7 τοῦτο δὲ E ταύτῃ δὲ a 8 αὐτὴ A μὴ] praeter codicem Fu. edd., omissum in codicibus αὐτὸ pro τοῦτο A cf. Vi 11 πρὸc τοὺc πέλαc C

(*II*) 1 τὴν κέρκον E 2 εἶχεν PT ἔχειν om. Cas ἔχειν ἐδόκει MonO ἔγνω δὲ τρόπῳ (τρόπον Kor.) ὡc καὶ τὰc ἄλλαc εἰc τὴν αὐτὴν παγῖδα προcαγαγεῖν, ἵνα τὸ ἴδιον πάθοc κοινὸν ἐλάττομα γένηται καὶ αὐταῖc. καὶ δὲ ἀπ. cυναθροίcαcα MoO 3 ἐπὶ τὸ PLMT εἰc τοῦτο ... προcαγαγ. E 4 καὶ τὸ ἴδιον PLMS κρύψῃ PMT 5 αὐτὰc PLMoBrNTO ἀποκόψαι MoEO ἀποκοπῆναι PLMT

ἤρτηται βάρος. τούτων δέ τις ὑπολαβοῦσα ἔφη· „ὦ αὕτη, ἀλλ᾽ εἴ σοι οὐ τοῦτο συνέφερεν, οὐκ ἂν ἡμῖν αὐτὸ συνεβούλευες.“

οὗτος ὁ λόγος ἁρμόζει πρὸς ἐκείνους, οἳ τὰς συμβουλίας ποιοῦνται τοῖς πέλας οὐ δι᾽ εὔνοιαν ἀλλὰ διὰ τὸ αὐτοῖς συμφέρον.

(*III*) ἀλώπηξ παγίδι ληφθεῖσα καὶ ἀποκοπείσης τῆς οὐρᾶς διαδρᾶσα ἀβίωτον ὑπ᾽ αἰσχύνης ἡγεῖτο τὸν βίον. ἔγνω οὖν τὰς ἄλλας ἀλώπεκας τοῦτ᾽ αὐτὸ νουθετῆσαι, ὡς ἂν τῷ κοινῷ πάθει τὸ ἴδιον συγκαλύψειεν αἶσχος. καὶ δὴ πάσας ἀθροίσασα παρῄνει τὰς οὐρὰς ἀποκόπτειν, ὡς οὐκ ἀπρεπὲς μόνον τοῦτο τὸ μέλος ὂν ἀλλὰ καὶ περιττὸν βάρος προσηρτημένον. ὑπολαβοῦσα δέ τις αὐτῶν εἶπεν· „ὦ αὕτη, ἀλλ᾽ εἰ οὐ σοὶ τοῦτο προσέφερεν, οὐκ ἂν ἡμῖν αὐτὸ συνεβούλευες.“

ὁ μῦθος δηλοῖ, ὅτι οἱ πονηροὶ τῶν ἀνθρώπων οὐ δι᾽ εὔνοιαν τὰς πρὸς τοὺς πέλας ποιοῦνται συμβουλίας, διὰ δὲ τὸ αὐτοῖς συμφέρον.

18. ἁλιεὺς καὶ μαινίς

(Halm 28 Ch. 26)

(*I*) ἁλιεὺς καθεὶς τὸ δίκτυον ἀνήνεγκε μαινίδα. τῆς δὲ ἱκετευούσης αὐτὸν πρὸς τὸ παρὸν μεθεῖναι αὐτήν, ἐπειδὴ

---

18 (*I*) Babr. 6 Av. 21

(*III γ*) (*III β*) (*III α*) 18 (*I*) — E V (mutilus) A Cr B Ba —

---

7 τὸ βάρος P T ὑπολαβὼν P Br N W E ὦ οὗτος S ὦ φίλη M R Cas nulla allocutio in V Mo O 8 ἀλλ᾽ om. Mo O οὐ τοῦτο] R τοῦτο rel. τοῦτο αὐτὸ *γ* μὴ τοῦτο praeter codicem Fu. συνεβούλευσας V ἐσυμβούλευες M συμβουλεῦσαι M συμβούλευε P 10 initium affabulationis variatur in libris; ὁ μ. δ., ὅτι τινὲς τῶν ἀνθρώπων τὰς V ὅτι οἱ πονηροὶ τ. ἀ. N ὅτι αἱ παρὰ τῶν πολλῶν γινόμενοι συμβουλίαι οὐ δι᾽ εὔνοιάν τινα ἀλλ᾽ ἢ διὰ τὸ αὐτῶν συμφέρον Mo O — τὰς συμβ. ποιοῦντας P S W

(*III*) 2 γοῦν *γ* 8 εἰ οὐ] D E J K Barb(*α*) μὴ σοὶ Jen — om. rel. συνέφερεν *β* Kor. τοῦτ᾽ αὐτὸ *γ*

18 (*I*) 1 ἀνήγαγε A Cr 2 μὴ θῆναι (θῦναι Ba) B Ba μὴ θοινηθῆναι E ἐᾶσαι αὐτὴν V

μικρὰ τυγχάνει, ὕςτερον δὲ αὐξηθεῖcαν cυλλαβεῖν εἰc μείζονα ὠφέλειαν, ὁ ἁλιεὺc εἶπεν· „ἀλλ' ἔγωγε εὐηθέcτατοc ἂν εἴην, εἰ τὸ ἐν χερcὶ παρεὶc κέρδοc ἄδηλον ἐλπίδα διώκοιμι."

ὁ λόγοc δηλοῖ, ὅτι αἱρετώτερόν ἐcτι τὸ παρὸν κέρδοc, κἂν μικρὸν ᾖ, τοῦ προcδοκωμένου, κἂν μέγα ὑπάρχῃ.

ἁλιεὺc καὶ cμαρίc

(*II*) ἁλιεὺc τὸ δίκτυον καθεὶc ἀνήνεγκε cμαρίδα. cμικρὰ δὲ οὖcα ἱκέτευεν αὐτὸν πρὸc τὸ παρὸν μὴ λαβεῖν αὐτήν, ἀλλ' ἐᾶcαι, ἐπειδήπερ cμικρὰ τυγχάνει· „ἀλλ' ἐὰν αὐξηθῶ καὶ μεγάλη γένωμαι, cυλλαβεῖν με, ἐπεὶ καὶ εἰc μείζονά coι ὠφέλειάν ἐcτι." καὶ ὁ ἁλιεὺc εἶπεν· „ἀλλ' ἔγωγε ἔξηχοc ἂν εἴην, εἰ τὸ ἐν χερcὶ παρεὶc κέρδοc ἄδηλα διώκοιμι."

ὁ μῦθοc δηλοῖ, ὅτι αἱρετώτερόν ἐcτι τὸ παρὸν κέρδοc κρατεῖν, κἂν μικρὸν ᾖ, ἢ τὸ προcδοκώμενον, κἂν μέγα ὑπάρχῃ.

(*III*) ἁλιεὺc τὸ δίκτυον χαλάcαc ἐν τῇ θαλάττῃ ἀνήνεγκε cμαρίδα. cμικρὰ δὲ οὖcα ἱκέτευεν αὐτὸν νῦν μὲν μὴ λαβεῖν

(*II*) L Accursianam sequitur

(*II*) — V P Mo Br Cas — (*III δ*) M S N W T E F J
(*III γ*) (*III α*) — accedunt ex (*III β*) l λ Jen J G Vrat

---

3 μικρὰ παροῦcα Cr δὲ om. E αὐξυνθείcηc A αὐξυνθεῖcαν B BA Halm cυλλαμβάνειν E **4** ὁ ἁλιεὺc εἶπεν om. E B Ba **5** ἀντέφηcεν ἀνόητοc ἂν B Ba ἂν om. E A Cr τὸ ἐμπαρὸν κέρδοc A **8** μικρὸν εἴη A τοῦ προcδοκωμένου] A μικρὸν ἢ τὸ προcδοκόμενον E Cr ᾖ ⟨ἢ⟩ τὸ προcδοκώμενον St. καὶ μικρὸν. ἢ το B Ba ὑπάρχῃ om. E

(*II*) **1** μικρὰ Mo Br E **3** τυγχάνω Br F μὴ λάβηc με ἀλλ' ἔαcον ἐπ. cμ. τυγχάνω Cas τοῦ μὴ λαβεῖν ἀλλ' ἐᾶcαι μέχριc ἂν αὐξυνθῇ καὶ εἰc μείζονα ὠφέλειαν ἔλθῃ ὑπολαβὼν δὲ ὁ ἁλ. εἶπε Mo ὅτε δὲ Cas ἀλλ' ὅτε V αὐξηνθῶ P S αὐξυνθῶ Br T αὐξηνθεῖ κ. μεγ. γένοιται N **4** coι ὠφ. ἔcται Cas N W E ἔcομαι F Acc. **5** ἔξη Br ἔξω φρενῶν J ἄφρων N μωρὸc Cas **6** ἄλλο P διώκοιμι M S edd., deest in W. κέρδοc μετέπειτα ἐλπίζειν F ex epimythio nonnulla huc transtulerunt Br N Cas — κέρδοc παρεὶc κἂν μικρὸν εἴη ἢ τὸ προcδοκώμενον κἂν μέγα ὑπάρχῃ Br N κ. π. κἂν μ. ἢ τὸ ἐν ἐλπίcι διώκοιμι κἂν μ. ὑπ. Cas **8** cμικρὸν W μικρὸν εἴη ἢ Br N

(*III*) **2** πρὸc τὸ παρὸν μὴ γ

αὐτήν, ἀλλ' ἐᾶcαι διὰ τὸ cμικρὰν τυγχάνειν. „ἀλλ' ὅταν αὔξηθῶ καὶ μεγάλη", φηcί, „γένωμαι, cυλλαβεῖν με δυνήcῃ, ἐπεὶ καὶ εἰc μείζονά coι ὠφέλειαν ἔcομαι." καὶ ὁ ἁλιεὺc εἶπεν· „ἀλλ' ἔγωγε ἄνουc ἂν εἴην, εἰ τὸ ἐν χερcὶ παρεὶc κέρδοc, κἂν cμικρὸν ᾖ, τὸ προcδοκώμενον, κἂν μέγα ὑπάρχῃ, ἐλπίζοιμι."

ὁ μῦθοc δηλοῖ, ὅτι ἀλόγιcτοc ἂν εἴη ὁ δι' ἐλπίδα μείζονοc τὰ ἐν χερcὶν ἀφεὶc cμικρὰ ὄντα.

19. ἀλώπηξ καὶ βάτος

(Halm 32 Ch. 31)

(*I*) ἀλώπηξ φραγμὸν ἀναβαίνουcα ἐπειδὴ ὀλιcθαίνειν ἔμελλε, βάτου ἐπελάβετο. ξυcθεῖcα δὲ τὸ πέλμα καὶ δεινῶc διατεθεῖcα ᾐτιᾶτο αὐτήν, εἴ γε καταφυγοῦcαν ἐπ' αὐτὴν ὡc ἐπὶ βοηθὸν χεῖρον αὐτῇ ἐχρήcατο καὶ αὐτοῦ τοῦ προκειμένου. καὶ ἡ βάτοc ὑποτυχοῦcα εἶπεν· „ἀλλ' ἐcφάληc τῶν φρενῶν, ὦ αὕτη, ἐμοῦ ἐπιλαβέcθαι βουληθεῖcα, ἥτιc αὐτὴ πάντων ἐπιλαμβάνεcθαι εἴωθα."

οὕτω καὶ τῶν ἀνθρώπων μάταιοί εἰcιν, ὅcοι τούτοιc ὡc βοηθοῖc προcφεύγουcιν, οἷc τὸ ἀδικεῖν μᾶλλόν ἐcτιν ἔμφυτον.

(*II*) ἀλώπηξ φραγμὸν ἀναβαίνουcα ἐπειδὴ ὀλιcθαίνειν ἔμελλε, βάτου ἐπελάβετο πρὸc βοήθειαν. ξυcθεῖcα δὲ τὸ πέλμα καὶ δεινῶc πληγωθεῖcα εἶπε πρὸc αὐτήν· „αἴ ἐμέ. καταφυγοῦcα

---

19 (*I*) — C F Cr O E N S B Ba — (*I* a) (*II*) — V P L Br R Cas (*III δ*) — M S N W T —

---

4 αὔξηθῶ] *γ* αὐξανθῶ *α* αὐξηνθῶ *β* (praeter l J G) Kor αὐξυνθῶ *β* (l J G) Acc. 6 ἔξηχοc ἂν *χ* εἴη codices plures in *γ β* 8 ἐλπίζειν] *γ β* Plan *α* Acc. ἐλπίζοιμεν edd. 10 μικρὰ *γ*

19 (*I*) 2 τὸ πέλμα τὸ κάτω τῆc πτέρνηc O 3 αὐτὴν ὅτε E B Ba καταφυγοῦcα E A καταφυγοῦcαν αὐτῇ C ὡc om. V ὡc βοηθῷ B Ba S 4 χείρονι A χείρονα E V αὐτοῦ om. A καὶ — προκειμένου om. E V S B Ba 5 ὑποτυχοῦcα] A Cr a ἐπιτυχοῦcα C F deest haec vox in rell. ἀλλ' om. E B Ba 6 αὐτὴ F A αὐτὴ om. A 7 ἐπὶ τῶν E προcπίπτουcιν F πρὸc βοήθειαν cπεύδουcιν B Ba 9 τοῖc . . . ἔχουcιν S

(*II*) 2 εἰc βοήθειαν P M S T πρὸc βοηθὸν Br ξυcθεῖcα — πληγωθεῖcα om. Br N, qui pergunt εἶπὲ δὲ 3 αἴ αἴ με N T ἰὼ ἐμοὶ R αἴ ἐμοί *δ*

γὰρ ἐπὶ cὲ ὡc ἐπὶ βοηθὸν χεῖρόν μοι ἐχρήcω.“ „ἀλλ’ ἐcφάλης, ὦ αὕτη“, φηcὶν ἡ βάτος, „ἐμοῦ ἐπιλαβέcθαι βουληθεῖcα, ἥτιc πάντων ἐπιλαμβάνεcθαι εἴωθα.“

ὁ μῦθοc δηλοῖ, ὅτι οὕτω καὶ τῶν ἀνθρώπων μάταιοί εἰcιν, ὅcοι βοηθοῖc προcτρέχουcιν, οἷc τὸ ἀδικεῖν μᾶλλον ἔμφυτον.

ἀλώπηξ φραγμὸν ἀναβαίνουcα ἐπειδὴ ὀλιcθήcαcα καταπίπτειν ἔμελλεν, ἐπελάβετο πρὸc βοήθειαν βάτου. καὶ δὴ τοὺc πόδαc ἐπὶ τοῖc ἐκείνηc κέντροιc αἱμάξαcα καὶ ἀλγήcαcα πρὸc αὐτὴν εἶπεν· „οἴμοι· καταφυγοῦcάν με γὰρ ἐπὶ cὲ ὡc ἐπὶ βοηθὸν cὺ χεῖρον διέθηκαc.“ „ἀλλ’ ἐcφάληc, ὦ αὕτη“, φηcὶν ἡ βάτοc, „ἐμοῦ βουληθεῖcα ἐπιλαβέcθαι, ἥτιc πάντων ἐπιλαμβάνεcθαι εἴωθα.“ (*III*)

ὁ μῦθοc δηλοῖ, ὅτι οὕτω καὶ τῶν ἀνθρώπων μάταιοι, ὅcοι βοηθοῖc προcτρέχουcιν, οἷc τὸ ἀδικεῖν μᾶλλον ἔμφυτον.

20. ἀλώπηξ καὶ κροκόδειλος

(Halm 37 Ch. 35)

ἀλώπηξ καὶ κροκόδειλοc περὶ εὐγενείαc ἤριζον. πολλὰ δὲ τοῦ κροκοδείλου διεξιόντοc περὶ τῆc τῶν προγόνων λαμπρότητοc καὶ τὸ τελευταῖον λέγοντοc, ὡc γεγυμναcιαρχηκότων ἐcτὶ πατέρων, ἡ ἀλώπηξ ὑποτυχοῦcα ἔφη· „ἀλλὰ κἂν cὺ μὴ εἴπηc, ἀπὸ τοῦ δέρματοc φαίνῃ, ὅτι ἀπὸ πολλῶν εἶ γυμναcμάτων.“ (*I*)

οὕτω καὶ τῶν ψευδολόγων ἀνθρώπων ἔλεγχόc ἐcτι τὰ πράγματα.

(*III γ*) (*III β*) (*III α*) **20** (*I*) — C F Cr O E S A B Ba — (*I* a)

---

4 ἐπὶ cὲ ὡc ἐπὶ βοηθὸν Br ἐπὶ cὲ ὡc ἐπὶ βοήθειαν R Cas N W ἐπὶ coὶ ὡc ἐπὶ βοηθῷ (ἐ coὶ P) P L M S T 5 ὦ οὗτοc W ὦ φίλη R Cas M 8 pro οἷc τὸ ἀδ.: εἰc τὸ ἀδικεῖν L Br M

(*III*) 3 ἐπὶ τοὺc ἐκείνου πόδαc F Vo Laud (*γ*), correxerunt rel. ἐκείνηc τῆc βάτου Q (*β*)

20 (*I*) 3 ὅτι A γυμναcιαρχηκότων B Ba γυμναcιαρχῶν F -άρχων C 4 λέγων ὡc ἐcτὶ πατέρων εὐγενῶν O ὑπολαβοῦcα F deest in E S B Ba 5 μὴ cὺ F 6 εἶ γυμναcμάτων] E A S B Ba εἶ ἀναλωμάτων C Cr a ἀναλωμάτων εἶ O ἦν ἀναλωμάτων F

(*II*) ἀλώπηξ καὶ κροκόδειλος περὶ εὐγενείας ἤριζον. πολλὰ δὲ τοῦ κροκοδείλου διεξιόντος καὶ ὑπερηφανευομένου περὶ τῆς τῶν προγόνων λαμπρότητος ἡ ἀλώπηξ ὑπολαβοῦσα ἔφη· „ὦ οὗτος, ἀλλὰ κἂν σὺ μὴ εἴπῃς, ἀπὸ τοῦ δέρματος φαίνῃ, ὅτι ἀπὸ πολλῶν ἐτῶν εἶ γεγυμνασμένος."

ὁ λόγος δηλοῖ, ὅτι τῶν ψευδομύθων ἀνδρῶν ἔλεγχός ἐστι τὰ πράγματα.

(*III*) ἀλώπηξ καὶ κροκόδειλος ἠμφισβήτουν περὶ εὐγενείας. πολλὰ δὲ τοῦ κροκοδείλου ὑπερήφανα περὶ τῆς τῶν προγόνων διεξιόντός λαμπρότητος ὡς γεγυμνασιαρχηκότων ἡ ἀλώπηξ ὑπολαβοῦσα· „ὦ τάν", εἶπεν, „ἀλλὰ κἂν μὴ σὺ λέγῃς, ἀλλ' ἀπὸ τοῦ δέρματός γε φαίνῃ, ὡς ἐκ παλαιῶν ἐτῶν εἶ γεγυμνασμένος."

ὁ μῦθος δηλοῖ, ὅτι τῶν ψευδομένων ἀνδρῶν ἔλεγχος τὰ πράγματα γίνεται.

21. ἁλιεῖς

(Halm 24 Ch. 22)

(*I*) ἁλιεῖς ἐπ' ἄγραν ἐξελθόντες καὶ πολὺν χρόνον κακοπαθήσαντες οὐδὲν συνέλαβον, καθεζόμενοι δὲ ἐν τῇ νηὶ ἠθύμουν. ἐν τοσούτῳ δὲ θύννος διωκόμενος καὶ πολλῷ τῷ ῥοίζῳ φερόμενος ἔλαθεν εἰς τὸ σκάφος ἐναλλόμενος. οἱ δὲ συλλαβόντες αὐτὸν καὶ εἰς τὴν πόλιν ἐλάσαντες ἀπημπόλησαν.

(*II*) — V P L Mo Br R Cas — (*III δ*) — M S N W T E — (*III γ*) (*III β*) (*III α*) **21** — A O E Cr B Ba S — (*I* a)

(*II*) 1 ἐρίζοντες LM ἐρίζοντες ἦσαν S 4 ἀπὸ τοῦ δέρματος φαίνῃ] V Mon Br W E ἀπὸ τοῦ δέρματός σου φαίνει L R N S τὸ γοῦν δέρμα σου δείκνυσιν (δεικνύει R) R Cas T desunt haec in P 5 γεγυμνασμένος] R Cas ἐγνωσμένος T γεγυμνωμένος (-ομένος V P L) ceteri 6 ψευδομύθων] Knoell ψευδομένων T ψευδωνύμων (ψευδονύμων Mo M N) ceteri

(*III*) 5 πολλῶν ἐτῶν Char. coll. Vi 8 γίνεται om. Fl Vo

21 (*I*) 2 οὐδὲν ἐπῆραν O Cr α δὲ om. A Cr a 3 ἠθύμουν om. a ἠθύμουν ἐντὸς dittographia ortum A 5 συλλαβόμενοι O συνέλαβον (λάβοντο Ba) αὐτὸν B Ba καὶ ... ἐλάσαντες desunt in E secundum St.

οὕτω πολλάκις ἃ μὴ τέχνη παρέςχε, ταῦτα τύχη διεβράβευςεν.

(*II*) ἁλιεῖς ἐπὶ ἄγραν ἐξελθόντες καὶ πολὺν χρόνον κακοπαθήςαντες καθεζόμενοι ἐτήκοντο τῷ λιμῷ μηδὲν τὸ πέρας δυνάμενοι ἀνύςαι, λυπούμενοι δὲ ἐβούλοντο ἀναχωρῆςαι ἄπρακτοι. καὶ ἰδοὺ θύννος διωκόμενος παρὰ μεγίςτου ἰχθύος ἀναπηδήςας εἰςῆλθεν ἐν τῷ πλοίῳ αὐτῶν. λαβόντες δὲ αὐτὸν οἱ ἁλιεῖς μετὰ χαρᾶς εἰςῆλθον ἐν τῇ πόλει καὶ ἐπώληςαν αὐτίκα.

ὁ μῦθος δηλοῖ, ὅτι πολλάκις, ἃ μὴ τέχνη παρέςχε, τοῦτο τύχη διεβράβευςεν.

(*III*) ἁλιεῖς ἐξελθόντες εἰς ἄγραν ἐπειδὴ πολὺν χρόνον ταλαιπωρήςαντες οὐδὲν εἶλον, ςφόδρα τε ἠθύμουν καὶ ἀναχωρῆςαι παρεςκευάζοντο. εὐθὺς δὲ θύννος ὑπό του τῶν μεγίςτων διωκόμενος ἰχθύων εἰς τὸ πλοῖον αὐτῶν εἰςήλατο. οἱ δὲ τοῦτον λαβόντες μεθ' ἡδονῆς ἀνεχώρηςαν.

ὁ μῦθος δηλοῖ, ὅτι πολλάκις, ἃ μὴ τέχνη παρέςχε, ταῦτα τύχη ἐδωρήςατο.

(*II*) — V L P Mo Br R Cas (*III δ*) — M S N W T — (*III γ*) (*III β*) (*III α*)

(*II*) 1 καὶ πολλὰ κακοπ. Mo 2 τῇ λύπῃ (pro τῷ λιμῷ) καὶ μ. τὸ cύνολον δυν. βαδῆςαι (?) Mo ἀναλῦςαι Br N μηδέν τι πέραν δυν. ἐκτελέςαι Cas Ch. τὸ πέρας om. S μηδὲν—ἀνύςαι om. R 3 ἀνύςαι ἄπρακτοι (ἄπρ. om. P) καὶ ἰδοὺ P L καὶ ἱςτάμενοι ἄπρακτοι ἰδὼν M ἠβουλήθηςαν Mo ἠβούλοντο Br 4 διωκόμενος μικρὸς ἰχθὺς παρὰ P L διωκόμενα μικρὰ ἰχθύδια π. μεγ. ἰχθύος, ὃς κατὰ τὸ διώκειν ὁρμήςας ἀναπ. M 5 εἰς τὸ πλοῖον om. αὐτῶν Mo M ὃν καὶ λαβ. Mo 6 εἰς τὴν πόλιν Mo 7 αὐτὸν αὐτίκα M αὐτίκα καὶ κέρδος ἔςχον R 8 τοῦτο] V P Mo Br τούτους Br ταῦτα L R Cas N T M S ταύτῃ W παρέδωκε Mo

(*III*) 1 εἰς] *α* ἐπ' *β γ* 3 εὐθὺς] *α* ἐξαίφνης *β γ* του om. *α* Acc.

22. ἀλώπηξ καὶ δρυτόμος

(Halm 35 Ch. 34)

(*I*) ἀλώπηξ κυνηγοὺς φεύγουσα ὡς ἐθεάσατό τινα δρυτόμον, τοῦτον ἱκέτευσε κατακρύψαι αὐτήν. ὁ δὲ αὐτῇ παρῄνεσεν εἰς τὴν ἑαυτοῦ καλύβην εἰσελθοῦσαν κρυβῆναι. μετ' οὐ πολὺ δὲ παραγενομένων τῶν κυνηγῶν καὶ τοῦ δρυτόμου πυνθανομένων, εἰ τεθέαται ἀλώπεκα τῇδε παριοῦσαν, ἐκεῖνος τῇ μὲν φωνῇ ἠρνεῖτο ἑωρακέναι, τῇ δὲ χειρὶ νεύων ἐσήμαινεν, ὅπου κατεκρύπτετο. τῶν δὲ οὐχ οἷς ἔνευε προσσχόντων, οἷς δὲ ἔλεγε πιστευσάντων, ἡ ἀλώπηξ ἰδοῦσα αὐτοὺς ἀπαλλαγέντας ἐξελθοῦσα ἀπροσφωνητὶ ἐπορεύετο. μεμφομένου δὲ αὐτὴν τοῦ δρυτόμου, εἴ γε διασωθεῖσα ὑπ' αὐτοῦ οὐδὲ διὰ φωνῆς αὐτῷ ἐμαρτύρησεν, ἔφη· „ἀλλ' ἔγωγε ηὐχαρίστησα ἄν σοι, εἰ τοῖς λόγοις ὅμοια τὰ ἔργα τῆς χειρὸς [καὶ τοὺς τρόπους] εἶχες."

τούτῳ τῷ λόγῳ χρήσαιτο ἄν τις πρὸς ἐκείνους τοὺς ἀνθρώπους τοὺς χρηστὰ μὲν σαφῶς ἐπαγγελλομένους, δι' ἔργων δὲ φαῦλα δρῶντας.

---

22 (*I*) Maxim. Tyr. I 3. 1 Babr. 50

---

22 (*I*) C O E A Cr B Ba S (= cod. Hudsonis Hptm. p. 294 Kor. 127 b)

---

22 (*I*) **1** κυνηγὸν O, qui in sequentibus quoque unum tantum agnovit venatorem. τινα om. B Ba S **2** καθικέτευε Cr καὶ ἱκέτευε S ἱκέτευσε A αὐτὴν παρ. O B Ba S **4** τὸν δρυτόμον O S **5** αὐτόθι pro τῇδε O τήνδε περιοῦσαν B Ba κακεῖνος A **7** ἐσήμανε S Huds. τὸ ποῦ B Ba qui ἐσήμανε omittunt κατακέκρυπτο Cr κατεκέκρυπτο A κατακέκρυπται C S προσσχόντων] Schn. προσχόντων C E A Cr προσχόντος O προσεσχηκότων B Ba S **8** ἀλλ' οἷς A B Ba S **9** ἀπροσφώνητος O **11** ἀλλ' οὐδὲ C E οὐδὲ φωνῆς αὐτὸν ἠξίωσεν A S B Ba ἀ. ἔ. ὑπὸ σοῦ ἐσώθην οὐδαμῶς, ηὐχ. δ' ἂν O **12** τοὺς λόγους ὁμοίους τοῖς ἔργοις χειρὸς καὶ τοῖς τρόποις C τὰ ἔργα καὶ τῆς χ. τρόπους εἰ S **13** καὶ τοὺς τρόπους seclusi coll. Vi **14** τούτῳ κτλ.] O Cr τοὺς τὰ χρηστὰ μὲν . . . ἔργα δὲ φαῦλα S τοὺς χρ. μ. σ. ἐπ. δι' ἔ. δὲ φ. δρῶντες C τοὺς μὲν χρ. σαφ. ἐπ. δι' ἔ. δὲ φ. δρῶνται E τοὺς χρ. μ. ἐπ. δι' ἔργων δὲ φαύλους διδόντας B Ba ἐκείνους τῶν ἀνθρώπων, οἵτινες τὰ μὲν χρηστὰ σαφ. ἐπαγγέλλ** (ἐπαγγέλλουσι dedit Reiskia) ἔργα δὲ φαῦλα δρῶσιν A

ἀλώπηξ κυνηγοὺϲ φεύγουϲα καὶ ἐν ἐρήμῳ πολὺν δρόμον ἀνύουϲα αὐτίκα ἄνδρα εὑρίϲκει δρυοτόμον ἐνταῦθα, ὃν καθικέτευε τοῦ κρύψαι αὐτήν. ὁ δὲ ὑπέδειξεν αὐτῇ τὴν ἑαυτοῦ καλύβην. ἡ δὲ εἰϲελθοῦϲα ἐκρύπτετο ἐν τῇ γωνίᾳ. τῶν δὲ κυνηγῶν ἐλθόντων καὶ ἐρωτώντων τὸν ἄνδρα τῇ μὲν φωνῇ ἠρνεῖτο μηδὲν εἰδέναι, τῇ δὲ χειρὶ αὐτοῦ τὸν τόπον ὑπεδείκνυεν. αὐτοὶ δὲ μὴ προϲέχοντεϲ ἀπῆλθον παραχρῆμα. ὡϲ οὖν εἶδεν αὐτοὺϲ ἡ ἀλώπηξ ἀπελθόνταϲ, ἐξῆλθε⟨ν οὐ⟩ προϲφωνοῦϲα. ἐμέμφετο δὲ αὐτὴν ὁ ἄνθρωποϲ ἐκεῖνοϲ λέγων· „δι' ἐμοῦ πάντωϲ ἐϲώθηϲ καὶ χάριν μοι οὐκ ἔχειϲ." ἡ δὲ ἀλώπηξ ἐπαναϲτραφεῖϲα ἔφη πρὸϲ αὐτόν· „ὦ οὗτοϲ, ἀλλ' ἔγωγε ηὐχαρίϲτηϲα ἄν ϲοι, εἰ τοῖϲ λόγοιϲ ὅμοια καὶ τὰ ἔργα τῆϲ χειρὸϲ [καὶ τοὺϲ τρόπουϲ] εἶχεϲ." (*II*)

ὁ μῦθοϲ πρὸϲ ἐκείνουϲ τοὺϲ ἀνθρώπουϲ τοὺϲ χρηϲτὰ μὲν ἐπαγγελλομένουϲ διὰ λόγων, δι' ἔργων δὲ φαῦλα δρῶνταϲ.

formam intermediam inter *II* et *III* praebet.

ἀλώπηξ κυνηγοὺϲ φεύγουϲα καὶ ἐν ἐρημίᾳ πολλῇ τὸν δρόμον ἀνύουϲα αὐτίκα εὑρίϲκει ἄνδρα δρυοτόμον, ὃν κατ- (*III γ*)

(*II*) fabulam hanc, quae praeter ceteras inconcinna videtur, versibus primum scazontibus inclusam fuisse voces praeter rem additae. — 1 αὐτίκα 8 παραχρῆμα 10 ἐκεῖνοϲ — et sententiarum exitus — 1 αὐτίκα 3 τῇ γωνίᾳ 10 ἐκεῖνοϲ λέγων etc. indicant

---

(*II*) — VPLMoBrRCas — (*III δ*) — MSNWTEFJ — (*III γ*) (deest in ML) accedunt W(*δ*), *λ* Vi Vrat Jen Jen Goeth. F(*β*) = *β*¹

---

1 ἐν ἐρημία PLMTF*γ* πολὺν δρόμον] MEF πολὺν τὸν δρ. V πολλῇ τὸν δρ. CasSW*γ* πολλὴν δρ. PLMOT πολλοὺϲ τὸν δρ. Br πολλοὺϲ τοὺϲ δρόμουϲ N ἐρήμω ἰοῦϲα R 2 αὐτῇ pro αὐτίκα S; αὐτίκα = subito? Chr. Schneider in indice graec. ὃν καὶ MoR CasN 4 καλιὰν PT ἥτιϲ καὶ εἰϲ. MoE ἐν τῇ γωνίᾳ] scr. τῇ γωνία Mo ἐν γωνία Cas *δ* praeter EFT γωνίαϲι V εἰϲ τὰϲ γωνίαϲ rel. 8 ἐπανελθοῦϲα δὲ (om. ἡ ἀλώπηξ) ἐξῆλθεν (om. προϲφ.). ἔλεγεν δὲ πρὸϲ αὐτὴν Mo 9 οὐ om. libri 10 ἐκεῖνοϲ om. SW (*δ*)*γ* 13 καὶ τοὺϲ τρόπουϲ om. BrRNEJ εἶχεν Cas 15 δρῶνταϲ] restitui ex Aug. χρῶνταϲ P ἔργων τε χρῶνται LF ἔργων δὲ φαῦλα χρωμένουϲ V δι' ἔργοιϲ δὲ φαῦλα χρῶνται BrMT φαῦλα δὲ δι' ἔργων πραττομένουϲ E δι' ἔργων δὲ φαῦλα ποιοῦνταϲ R CasSW

ελιπάρει τοῦ κρύψαι αὐτήν. ὁ δὲ ὑπέδειξεν αὐτῇ τὴν ἑαυτοῦ καλύβην, εἰcελθοῦcα δὲ ἐκρύπτετο εἰc τὰc γωνίαc. τῶν δὲ κυνηγῶν ἐλθόντων τὸν ἄνδρα ἠρώτων καὶ τῇ μὲν φωνῇ ἠρνεῖτο μηδὲν εἶναι, νεύcει δὲ ὑπεδείκνυ τὸν τόπον. αὐτοὶ δὲ μὴ προc⟨c⟩χόντεc παραχρῆμα ἀπῆλθον. ὡc οὖν εἶδεν αὐτοὺc ἀπελθόνταc, ἡ ἀλώπηξ ἦλθεν ⟨οὐ⟩ προcφωνοῦcα. ἐμέμφετο αὐτὴν ὁ ἄνθρωποc λέγων ὡc „δι' ἐμοῦ πάντωc ἐcώθηc καὶ χάριν μοι οὐκ ἔχειc." ἡ δὲ ἐπιcτραφεῖcα ἔφη πρὸc αὐτόν· „ὦ οὗτοc, ἀλλ' ἔγωγε ηὐχαρίcτηcά ἄν coι, εἰ τοῖc λόγοιc ὁμοίωc καὶ τοὺc τρόπουc εἶχεc τῆc cῆc χειρόc."

ὁ μῦθοc [δηλοῖ] πρὸc ἀνθρώπουc τοὺc χρηcτὰ μὲν ἐπαγγελλομένουc, δι' ἔργων δὲ φαύλοιc χρωμένουc.

(*III*) ἀλώπηξ κυνηγοὺc φεύγουcα καὶ ἐν ἐρημίᾳ πολὺν δρόμον ἀνύουcα ἄνδρα δρυοτόμον εὗρε, ὃν καθικέτευε τοῦ κρύψαι αὐτήν. τοῦ δὲ ὑποδείξαντοc αὐτῇ τὴν ἑαυτοῦ καλύβην εἰcελθοῦcα ἐκρύπτετο εἰc τὰc γωνίαc. τῶν δὲ κυνηγετῶν ἐλθόντων καὶ ἐρωτώντων τὸν ἄνδρα οὗτοc τῇ μὲν φωνῇ ἠρνεῖτο μηδὲν εἰδέναι, τῇ δὲ χειρὶ αὐτοῦ τὸν τόπον ὑπεδείκνυ. οἱ δὲ μὴ προccχόντεc ἀπῆλθον παραχρῆμα. ὡc οὖν εἶδεν αὐτοὺc ἡ ἀλώπηξ παρελθόνταc, ἐξῆλθεν οὐ προcφωνοῦcα. μεμφομένου δὲ αὐτὴν ἐκείνου ὡc cωθεῖcαν δι' αὐτοῦ, χάριταc δὲ αὐτῷ οὐχ ὁμολογοῦcαν, ἡ ἀλώπηξ ἐπιcτραφεῖcα ἔφη· „ὦ οὗτοc, ἀλλ' ἔγωγε ᾔδειν ἄν coι χάριταc, εἰ τοῖc λόγοιc ὅμοια καὶ τὰ ἔργα τῆc χειρὸc καὶ τοὺc τρόπουc εἶχεc."

ὁ μῦθοc πρὸc τοὺc χρηcτὰ μὲν ἐπαγγελλομένουc τοῖc λόγοιc, ἐναντία δὲ ποιοῦνταc τοῖc ἔργοιc.

(*III α*) 127

(*III γ*) 8 προcφωνοῦcα om. W F f 9 ὡc om. β¹ 10 δὲ om. β¹ praeter Vi ἐπαναcτραφεῖcα β¹ 12 ὅμοια καὶ τοὺc τρόπουc εἶχεc f εἰ τὰ ἔργα τῆc χειρὸc εἶχεc ὅμοια τοῖc λόγοιc Jen 14 φαύλωc F f Vo

(*III*) 12 εἰ τὰ ἔργα τῆc χειρὸc εἶχεc ὅμοια τοῖc λόγοιc Vrat. (= *III γ*)

23. ἀλεκτρυόνες καὶ πέρδιξ

(Halm 22 Ch. 21)

(*I*) ἀλεκτρυόνας τις ἐπὶ τῆς οἰκίας ἔχων ὡς περιέτυχε πέρδικι τιθασσῷ πωλουμένῳ, τοῦτον ἀγοράσας ἐκόμισεν οἴκαδε ὡς συντραφησόμενον. τῶν δὲ τυπτόντων αὐτὸν καὶ ἐκδιωκόντων ὁ πέρδιξ ἐβαρυθύμει νομίζων διὰ τοῦτο αὐτὸν καταφρονεῖσθαι, ὅτι ἀλλόφυλός ἐστι. μικρὸν δὲ διαλιπὼν ὡς ἐθεάσατο τοὺς ἀλεκτρυόνας πρὸς ἑαυτοὺς μαχομένους καὶ οὐ πρότερον ἀποστάντας πρὶν ἢ ἀλλήλους αἱμάξαι, ἔφη πρὸς ἑαυτόν· „ἀλλ' ἔγωγε οὐκέτι ἄχθομαι ὑπὸ τούτων τυπτόμενος. ὁρῶ γὰρ αὐτοὺς οὐδὲ αὑτῶν ἀπεχομένους.“

ὁ λόγος δηλοῖ, ὅτι ῥᾳδίον τὰς ἐκ τῶν πέλας ὕβρεις οἱ φρόνιμοι δέχονται, ὅταν ἴδωσιν αὐτοὺς μηδὲ τῶν οἰκείων ἀπεχομένους.

(*II*) ἀλεκτρυόνας τις ἐν τῇ οἰκίᾳ ἔχων περιτυχὼν πέρδικι καὶ τοῦτον ἐπαγοράσας εἰσήνεγκεν ἐν τῇ οἰκίᾳ αὐτοῦ τοῦ συνανατραφῆναι τοῖς ὀρνίθοις. τῶν δὲ τυπτόντων αὐτὸν καὶ ἐκδιωκόντων ὁ πέρδιξ ἐλυπεῖτο σφόδρα νομίζων διὰ τὸ εἶναι αὐτὸν ἀλλόφυλον, τούτου χάριν διώκεσθαι παρὰ τῶν ἀλεκτρυόνων. μικρὸν δὲ ὅσον ὑποχωρήσας θεωρεῖ τοὺς

---

23 (*II*) hac quoque in fabula cum versus solverent, liberius se gesserunt rhetores

---

23 (*I*) — Cr (bis 23 et 202) E A B Ba (*I* a) (*II*) — V P L Mo Br R Cas — (*III δ*) — M S N W T E F (*III γ*)

---

23 (*I*) **1** Cr² inc. πέρδιξ πιπρασκομένη τοῦτον ὡσπερεὶ ἔχε E **2** ἀτιθάσσω A **5** διαλιπὼν ὡς om. A **7** ἀλλὰ αἱμάξαι in A legit St. ἀλλὰ κατεάξαι Hsr ἀλλήλους πατάξαι dedit Reiskia **8** οὐκ pro οὐκέτι A ὑπὸ τούτων] Cr a ὑπ' αὐτῶν A E τούτων B K a **9** ὁρῶ κτλ. om. E **10** ὅτι ῥάδιον φέρουσι τὰς τῶν . . . οἱ φρόνιμοι, ὅταν E ἐκ om. Cr

(*II*) **1** ἔχων αὐτοῦ P Cas T W καὶ ταύτην ἐπαγρεύσας P T insequentibus quoque P Mo Br T W femininum genus praeferunt **2** ἤνεγκεν καὶ ταύτην εἰς τὴν οἰκίαν Mo E F ἐπὶ τὴν οἰκίαν *γ* **3** ὀρνίθοις] V P Mo Br N W ὄρνισιν rel. **5** διώκεται V P Br T, fuit ὅτι . . . διώκεται. οὕτω κακίζεται E **6** μικρόν τι καὶ ἑωρακὼς ὁ πέρδ. τοὺς ἀλ. cet. om. Br N κατὰ μικρὸν δὲ *γ*

ἀλεκτρυόνας σφοδρῶς μαχομένους καὶ ἀλλήλους συγκόπτοντας. ταῦτα ὁ πέρδιξ ὁρῶν ἀποθεραπευθεὶς τῆς λύπης ἔφη· „ἀλλ' ἔγωγε ἀπὸ τοῦ νῦν οὐ λυποῦμαι· ὁρῶ γὰρ αὐτοὺς καὶ ἐπ' ἀλλήλων μαχομένους.“

ὁ μῦθος δηλοῖ, ὅτι οἱ φρόνιμοι τῶν ἀνθρώπων τότε ῥᾳδίως φέρουσι τὰς ἐκ τῶν πέλας ὕβρεις, ὅταν ἴδωσιν αὐτοὺς μηδὲ τῶν οἰκείων ἀπεχομένους.

(*III*) ἀλεκτρύονας τις ἔχων ἐπὶ τῆς οἰκίας πριάμενος καὶ πέρδικα σὺν ἐκείνοις ἀφῆκε νέμεσθαι. τῶν δὲ τυπτόντων αὐτὸν καὶ ἀπελαυνόντων ἐκεῖνος ἠθύμει σφόδρα νομίζων ὡς ἀλλόφυλος ταῦτα πάσχειν ὑπὸ τῶν ἀλεκτρυόνων. ὡς δὲ μετὰ μικρὸν κἀκείνους ἑώρακε μαχομένους καὶ ἀλλήλους κόπτοντας, τῆς λύπης ἀπολυθεὶς εἶπεν· „ἀλλ' ἔγωγε ἀπὸ τοῦ νῦν οὐ λυπήσομαι ὁρῶν καὶ αὐτοὺς μαχομένους ἀλλήλοις.“

ὁ μῦθος δηλοῖ, ὅτι οἱ φρόνιμοι ῥᾳδίως φέρουσι τὰς παρὰ τῶν ἀλλοτρίων ὕβρεις, ὅταν αὐτοὺς ἴδωσι μηδὲ τῶν οἰκείων ἀπεχομένους.

24. ἀλώπηξ ἐξογκωθεῖσα τὴν γαστέρα

(Halm 31 Ch. 30)

(*I*) ἀλώπηξ λιμώττουσα ὡς ἐθεάσατο ἔν τινι δρυὸς κοιλώματι ἄρτους καὶ κρέα ὑπό τινων ποιμένων καταλελειμμένα,

---

24 (*I*) Hor. ep. I 7, 29 Gregor. Tur. IV 9 p. 147 R Cyrill. spec. sap. III 11 p. 85 Graesse

---

(*III γ*) (*III β*) (*III α*) **24** (*I*) — O E A Cr B Ba S —

---

7 σφόδρα V μαχομένους καὶ διαχειριζομένους ἀλλήλους (-οις T) καὶ συγκ. V Mo T E ἀλλήλοις συγκ. P συγκ. ἕτερος ἕτερον Br N **8** τὴν λύπην E, om. Cas **10** ὑπ' ἀλλήλων Mo R Cas S T παρ' ἀλλήλους P ἀπ' ἀλλήλων ἀπεχομένους ex epimythio V **11** πρὸς τοὺς φρονίμους τῶν ἀ., οἵτινες (ὅτι P Br) P Br Cas **12** τῶν πλησίων Mo **13** ἀντεχομένων P Br N ἀντιλαμβανομένους Mo F ἀπομαχομένους E

(*III*) **1** ἐπὶ τὴν οἰκίαν *γ* **2** αὐτὸν del. Kor. **3** αὐτὸς pro ἐκεῖνος *γ* **4** πρὸς τῶν *β*

24 (*I*) ἐπί τινος δρυὸς κοιλώματα ἄρτον καὶ κρέη B Ba

ταῦτα εἰcελθοῦcα κατέφαγεν. ἐξογκωθεῖcα δὲ τὴν γαcτέρα ἐπειδὴ οὐκ ἠδύνατο ἐξελθεῖν, ἐcτέναζε καὶ ὠδύρετο. ἑτέρα δὲ ἀλώπηξ τῇδε παριοῦcα ὡc ἤκουcεν αὐτῆc τὸν cτεναγμόν, προcελθοῦcα ἐπυνθάνετο τὴν αἰτίαν. μαθοῦcα δὲ τὰ γεγενημένα ἔφη πρὸc αὐτήν· „ἀλλὰ μενετέον coι ἐνταῦθα, ἕωc ἂν τοιαύτη γένῃ, ὁποία οὖcα εἰcῆλθεc, καὶ οὕτω ῥᾳδίωc ἐξελεύcῃ."

ὁ λόγοc δηλοῖ, ὅτι τὰ χαλεπὰ τῶν πραγμάτων ὁ χρόνοc διαλύει.

ἀλώπηξ λιμώττουcα [ἐν πείνῃ] ἐθεάcατο ἐπί τινα καλύβην (*II*) βοcκοῦ κρέαc καὶ ἄρτον ὑπ' αὐτοῦ καταλειφθέντα· εἰcελθοῦcα δὲ ἔφαγεν αὐτὰ ἡδέωc. ἐξογκωθεῖcα δὲ τὴν γαcτέρα καὶ μὴ δυναμένη ἐξελθεῖν τῆc καλύβηc ἔcτενε καὶ ἐπωδύρετο. ἑτέρα δὲ ἀλώπηξ διερχομένη ἤκουcεν αὐτῆc τῶν cτεναγμῶν καὶ προcελθοῦcα ἐπυνθάνετο, δι' ἣν αἰτίαν τοῦτο ποιεῖ. μαθοῦcα δὲ τὸ γεγονὸc ἡ ἀλώπηξ ἔφη· „ἀλλὰ μένε τέωc cὺ ἐνταῦθα, ἕωc ἂν τοιαύτη γένῃ, ὁποία οὖcα εἰcῆλθεc."

ὁ μῦθοc δηλοῖ, ὅτι τὰ χαλεπὰ τῶν πραγμάτων ὁ χρόνοc διαλύει.

(*II*) — V P L Mo Br Cas — (*III δ*) — M S N W T J — (*III γ*)

---

5 τήνδε B Ba, om. O παρ. εἰcήκουcεν αὐτῆc τῶν cτεναγμῶν καὶ A 6 τὸ γενόμενον O 7 μενετέον cὺ A μενετέον νῦν B Ba μένε τέωc cὺ E Cr μένε cὺ τέωc S

(*II*) 1 ἐν πείνῃ mutandum in ἐν πήρᾳ censet Kor., del. Ch. ἐπεὶ ἐθεάcατο καλύβην καὶ Mo ὑπό τινα καλ. Zaggogiannes apud Char. p. 37 2 κρέη V Cas κρέα Mo Br γ ἄρτουc J καὶ εἰcελθ. Cas S T καὶ εἰc. διὰ cτενοτάτηc ὀπῆc T W γ 3 ἐξογκωθεῖcα δὲ τὴν V αὐτὴ (αὐτῇ L, om. S) τὴν L S T γ αὐτῆc τὴν P M τὴν ταύτηc Mo αὐτῆc τῆc γαcτρὸc Cas N W ἐξογκωθεῖcα δὲ καὶ μὴ S γ 4 καὶ διὰ τοῦτο Cas W T J δυναμένηc Cas ἀπωδύρετο V ὠλοφύρετο W γ 5 τοὺc cτεναγμοὺc P L M T S alterius vulpeculae loco pastorem inducunt L M S γ: τοὺc δὲ cτεναγμοὺc ὁ βοcκὸc ἀκούcαc . , . προcελθὼν δὲ ὁ βοcκὸc . . . ἐπυνθάνετο δι' ἣν αἰτίαν τοῦτο ποιεῖc. μαθὼν δὲ κτλ. 7 ἔφη αὐτὴν (= αὐτῇ?) ἀνάμενε Mo ἀλλὰ om γ 8 cὺ om. P Mo T S W γ ἕωc cυ Mo καὶ οὕτωc ῥαδίωc ἐξελεύcῃ addunt P T 10 τὰ λεπτὰ V Br Cas τὰ πολλὰ J τὰ πάχη T γ

25. ἀλκυών

(Halm 29 Ch. 28)

(*I*) ἀλκυὼν ὄρνεόν ἐστι φιλέρημον διὰ παντὸς ἐν θαλάττῃ διαιτώμενον. ταύτην λέγεται τὰς τῶν ἀνθρώπων θήρας φυλαττομένην ἐν σκοπέλοις παραθαλαττίοις νεοττοποιεῖσθαι. καὶ δήποτε τίκτειν μέλλουσα παρεγένετο εἴς τι ἀκρωτήριον καὶ θεασαμένη πέτραν ἐπιθαλάσσιον ἐνεοττοποιεῖτο ἐνταῦθα. ἐξελθούσης δὲ αὐτῆς ποτε ἐπὶ νομὴν συνέβη τὴν θάλασσαν ὑπὸ λάβρου πνεύματος κυματωθεῖσαν ἐξαρθῆναι μέχρι τῆς καλιᾶς καὶ ταύτην ἐπικλύσασαν τοὺς νεοττοὺς διαφθεῖραι. καὶ ἡ ἀλκυὼν ἐπανελθοῦσα ὡς ἔγνω τὸ γεγονός, εἶπεν· „ἀλλ' ἔγωγε δειλαία, ἥτις τὴν γῆν ὡς ἐπίβουλον φυλαττομένη ἐπὶ ταύτην κατέφυγον, ἣ πολλῷ μοι γέγονεν ἀπιστοτέρα."

οὕτω καὶ τῶν ἀνθρώπων ἔνιοι τοὺς ἐχθροὺς φυλαττόμενοι λανθάνουσι πολλῷ χαλεπωτέροις τῶν ἐχθρῶν φίλοις ἐμπίπτοντες.

(*III*) ἀλκυὼν ὄρνις ἐστὶ φιλέρημος ἀεὶ τῇ θαλάττῃ ἐνδιαιτωμένη. ταύτην λέγεται τὰς τῶν ἀνθρώπων θήρας φυλαττομένην ἐν σκοπέλοις παραθαλαττίοις νεοττοποιεῖσθαι. καὶ δήποτε τίκτειν μέλλουσα ἐν πέτρᾳ παραλίῳ ἐνεοττοποιήσατο. ἐξελθούσης δέ ποτε αὐτῆς εἰς νομὴν συνέβη τὴν θάλατταν ὑπὸ λάβρου κυματωθεῖσαν πνεύματος ὑπεραρθῆναι τῆς καλιᾶς καὶ ταύτην ἐπικλύσασαν τοὺς νεοττοὺς διαφθεῖραι. ἡ δὲ ἐπανελθοῦσα καὶ γνοῦσα τὸ πραχθὲν εἶπε „δειλαία

---

25 (*I*) — C E A Cr S — (*I* a) (*III β*) (*III α*)

---

25 (*I*) **1** φίλυαρον S **5** ἐπιθαλάσσιον Hsr.]· ἐπὶ θάλασσαν A εἰς [τὴν S] θάλασσαν C E Cr S a ἐπὶ θαλάττῃ Schn. εἰς θάλασσαν προβάλλουσαν Ch. **6** ἐπὶ νομὰς E **7** λαύρων πνευμάτων A **8** καὶ ταύτην ἐπικλύσασαν] (-σα S, -κλύσαν Cr E) C Cr S a καὶ κατ' αὐτὴν ἐπικυκλώσασαν A

(*III*) **1** ἐνδιαιτωμένη] Crus. διαιτ. libri **4** ἐν πέτρα παραλίῳ om. *α*. totum versum excidisse conieceris ex Aug. **5** ἐπὶ νομὴν *β*

ἔγωγε, ἥτιϲ τὴν γῆν ὡϲ ἐπίβουλον φυλαττομένη ἐπὶ ταύτην κατέφυγον, ἥ μοι πολλῷ γέγονεν ἀπιϲτοτέρα.“

ὁ μῦθοϲ δηλοῖ, ὅτι καὶ τῶν ἀνθρώπων ἔνιοι τοὺϲ ἐχθροὺϲ φυλαττόμενοι λανθάνουϲι πολλῷ χαλεπωτέροιϲ τῶν ἐχθρῶν φίλοιϲ ἐμπίπτοντεϲ.

26. ἁλιεύς

(Halm 25 Ch. 27)

ἁλιεὺϲ ἔν τινι ποταμῷ ἡλίευε. καὶ δὴ κατατείναϲ τὰ δίκτυα ὡϲ ἐμπεριέλαβεν ἑκατέρωθεν τὸ ῥεῦμα, προϲδήϲαϲ κάλῳ λίθον ἔτυπτε τὸ ὕδωρ, ὅπωϲ οἱ ἰχθύεϲ φεύγοντεϲ ἀπροφυλάκτωϲ τοῖϲ βρόχοιϲ ἐμπέϲωϲι. τῶν δὲ περὶ τὸν τόπον οἰκούντων τιϲ θεαϲάμενοϲ αὐτὸν τοῦτο ποιοῦντα ἐμέμφετο αὐτὸν ὡϲ τὸν ποταμὸν θολοῦντα καὶ μὴ ἐῶντα αὐτοὺϲ διαυγὲϲ ὕδωρ πίνειν. ὁ δὲ ἀπεκρίνατο· „ἀλλ’ ἐὰν μὴ οὕτωϲ ὁ ποταμὸϲ ταράϲϲηται, ἐμὲ δεήϲει λιμώττοντα ἀποθανεῖν.“ (*I*)

οὕτω καὶ τῶν πόλεων οἱ δημαγωγοὶ τότε μάλιϲτα ἐνεργάζονται, ὅταν τὰϲ πατρίδαϲ εἰϲ ϲτάϲειϲ περιάγωϲιν.

ἁλιεὺϲ ἔν τινι ποταμῷ ἡλίευεν. διατείναϲ δὲ τὰ δίκτυα καὶ τὸ ῥεῦμα περιλαβὼν ἑκατέρωθεν, καλωδίῳ προϲδήϲαϲ λίθον τὸ ὕδωρ ἔτυπτεν, ὅπωϲ οἱ ἰχθύεϲ φεύγοντεϲ ἀπαραφυλάκτωϲ τοῖϲ βρόχοιϲ ἐμπέϲωϲι. τῶν δὲ περὶ τὸν τόπον οἰκούντων τιϲ θεαϲάμενοϲ τοῦτο ποιοῦντα ἐμέμφετο ὡϲ τὸν ποταμὸν θολοῦντα καὶ διειδὲϲ ὕδωρ μὴ ϲυγχωροῦντα πίνειν. καὶ ὃϲ ἀπεκρίνατο· „ἀλλ’ εἰ μὴ οὕτωϲ ὁ ποταμὸϲ ταράττεται, ἐμὲ δεήϲει λιμώττοντα ἀποθανεῖν.“ (*III*)

---

26 (*I*) Arist. equit. 864 Aphth. 33 cf. fasc. 2 p. 148

---

26 (*I*) — E Cr A S — (*I* a) (*III* γ) (Γ 27) β 25 α 87

---

26 (*I*) 2 περιέλαβεν A προϲδήϲαϲ κάλω λίνω λίθον E καλῷ λινῷ λ. Ch. 4 ἀπαραφυλάκτωϲ A 5 οἰκῶν τιϲ E Cr 6 ἐμέμφετο ἐπὶ τῷ τὸν ποταμὸν θολοῦντα (θολοῦν St.) καὶ μὴ ἐὰν αὐτοὺϲ E 8 οὗτοϲ ὁ Kor. 10 ἐργάζονται E S

(*III*) 7 οὗτοϲ Γ Kor.

ὁ μῦθος δηλοῖ, ὅτι καὶ τῶν πόλεων οἱ δημαγωγοὶ τότε μάλιστα ἐργάζονται, ὅταν τὰς πατρίδας εἰς στάσιν περιάγωσιν.

27. ἀλώπηξ πρὸς μορμολύκειον

(Halm 47 Ch. 43)

(*I*) ἀλώπηξ εἰσελθοῦσα εἰς πλάστου ἐργαστήριον καὶ ἕκαστον τῶν ἐνόντων διερευνῶσα ὡς περιέτυχε τραγῳδοῦ προσωπείῳ, τοῦτο ἐπάρασα εἶπεν· „οἵα κεφαλὴ ἐγκέφαλον οὐκ ἔχει.“

ὁ λόγος εὔκαιρος πρὸς ἄνδρα μεγαλοπρεπῆ μὲν σώματι, κατὰ ψυχὴν δὲ ἀλόγιστον.

(*II*) ἀλώπηξ εἰσελθοῦσα εἰς οἰκίαν κιθαρῳδοῦ καὶ ἕκαστον τῶν αὐτοῦ σκευῶν ἐρευνησαμένη εὗρε κεφαλὴν μορμολυκίου εὐφυῶς κατεσκευασμένην. ἀναλαβοῦσα δὲ αὐτὴν ταῖς οἰκείαις χερσὶν ἔφη· „ὢ οἵα κεφαλὴ καὶ ἐγκέφαλον οὐκ ἔχει.“

ὁ μῦθος πρὸς ἄνδρας μεγαλοπρεπεῖς μὲν τῷ σώματι, κατὰ ψυχὴν δὲ ἀλογίστους.

(*III*) ἀλώπηξ εἰς οἰκίαν ἐλθοῦσα ὑποκριτοῦ καὶ ἕκαστα τῶν αὐτοῦ σκευῶν διερευνωμένη εὗρε καὶ κεφαλὴν μορμολυκίου

---

27 (*I*) Phaedr. I 7 Apostol. XVIII 60

---

27 (*I*) — O E (bis) A Cr B Ba — (*I* a) (*II*) — V P L Br R (mutilus) Cas — (*III δ*) — M S N W T F — (*III γ*) (*III γ*) (*III β*) (*III α*)

---

10 στάσεις *Γ* editores εἰς στάσιν om. Pl

27 (*I*) 1 διελθοῦσα A 2 τραγωδῷ O τραγωδῶν O[2] A προσώπῳ A 3 ὢ οἵα E[2] a οἵα κεφαλή· ἐγκέφ. δὲ οὐκ ἔχει Halm 4 τῷ σώματι O a μὲν σῶμα B Ba

(*II*) 1 ἐλθοῦσα L Br N 2 ἑαυτοῦ Cas Br τούτου W μορμολευκίου L μορμολυκείου P R Cas M S T 4 ποία P L T καὶ om. Cas R 5 τὸ σῶμα ἀλογίστους δὲ τὴν ψυχήν R Cas F 6 ἀλλοκότους M *γ*

(*III*) 1 εἰς οἰκ. ἐλθοῦσα] Vo (*γ*) l Berol (*β*) E Lucc (*α*) Acc. ὑπελθοῦσα L (*α*) ἀνελθοῦσα Bo (*α*) εἰς οἰκ. εἰσελθοῦσα rel. „ἦλθεν εἰς οἰκίαν κοινὸν καὶ εἰσῆλθον εἰς οἰκίαν τῆς μιᾶς προθέσεως ἀργῆς οὔσης. εἰσῆλθεν οἰκίαν ἀναττικῶς“ Plan ὑποκριτοῦ *α* κιθαρωδοῦ *β* κιθαρωδοῦ correctum in ὑποκριτοῦ a manu prima *γ* 2 μορμολυκίου codd., Acc., μορμολυκείου editores. rec.

εὐφυῶς κατεσκευασμένην, ἣν καὶ ἀναλαβοῦσα ταῖς χερσὶν ἔφη· „ὦ οἵα κεφαλή, καὶ ἐγκέφαλον οὐκ ἔχει.“

ὁ μῦθος πρὸς ἄνδρας μεγαλοπρεπεῖς μὲν τῷ σώματι, κατὰ δὲ ψυχὴν ἀλογίστους.

28. ἀνὴρ φέναξ

(Halm 58 Ch. 55)

(*I*) ἀνὴρ πένης νοσῶν καὶ κακῶς διακείμενος ηὔξατο τοῖς θεοῖς ἑκατόμβην τελέσαι, εἰ περισώσειαν αὐτόν. οἱ δὲ ἀπόπειραν αὐτοῦ ποιήσασθαι βουλόμενοι ῥαῖσαι τάχιστα αὐτὸν παρεσκεύασαν. κἀκεῖνος ἐξαναστὰς ἐπειδὴ ἀληθινῶν βοῶν ἠπόρει, στεατίνους ἑκατὸν πλάσας ἐπί τινος βωμοῦ κατέκαυσεν εἰπών· „ἀπέχετε τὴν εὐχήν, ὦ δαίμονες.“ οἱ δὲ θεοὶ βουλόμενοι αὐτὸν ἐν μέρει ἀντιβουκολῆσαι ὄναρ αὐτῷ ἔπεμψαν, παραινοῦντες ἐλθεῖν εἰς τὸν αἰγιαλόν· ἐκεῖ γὰρ εὑρήσει Ἀττικὰς χιλίας. καὶ ὃς περιχαρὴς γενόμενος δρομαῖος ἧκεν ἐπὶ τὴν ἠιόνα. ἔνθα δὴ λῃσταῖς περιπεσὼν ἀπήχθη καὶ ὑπ᾽ αὐτῶν πωλούμενος εὗρε δραχμὰς χιλίας.

ὁ λόγος εὔκαιρος πρὸς ἄνδρα ψευδολόγον.

(*II*) ἀνὴρ πένης νοσῶν ηὔξατο τοῖς θεοῖς λέγων ὅτι „ἐὰν ὑγιάνω ἑκατὸν βόας προσάξω ὑμῖν εἰς θυσίαν.“ οἱ δὲ πειρᾶσαι αὐτὸν βουλόμενοι ῥᾴδιον ὑγιῆ αὐτὸν ἀπεκατέστησαν. ἐξαναστὰς οὖν ὁ ἄνθρωπος ἐπειδὴ βοῶν ἠπόρει, στεατίνους

---

28 (*I*) — E A Cr (*II*) — V P L Mo Br R Cas (*III δ*) — M S W T F

---

6 κατὰ ψυχὴν δὲ *β* ἀλλοκότους *γ*

28 (*I*) 1 πένης ὢν καὶ Cr τῷ θεῷ ἑκατὸν βόας τελέσειν E 5 σταιτίνας scribendum videtur κατέκαυσεν] Fu. cf. Vi, κατεσκεύασεν E Cr κατεσκήνωσεν A 8 γὰρ αὐτὸν εὑρήσειν E εὑρήσεις Nev. 9 μυρίας A καὶ ὡς E 10 περιτυχὼν A

(*II*) 2 ὑγίαν οἶδω (= ἴδω?) Br προσάξω] L R S W Cas προσφέρω V Mo Br προσοίσω T προσοίσει F προσθήσω P M πειράζειν Br R Cas W 3 ῥᾴδιον om. W, delet Char. 4 στεατίνους V Mo ὥστε ἅτινας P ὁ στεατίνους M S T W ξυλίνους W

ἑκατὸν ποιήcαc βόαc ἐπὶ τοῦ βωμοῦ κατέκαυcεν εἰπών· „ὦ δαίμονεc, ἰδοὺ τὴν εὐχὴν ἀπετέλεcα.“ οἱ δὲ θεοὶ βουλόμενοι αὐτὸν ἀνταμύνεcθαι ὄναρ ἐπιcτάντεc αὐτῷ εἶπον· „ἄπελθε εἰc τὸν αἰγιαλὸν εἰc τόνδε τὸν τόπον καὶ εὑρήcειc ἐκεῖcε χρυcίου τάλαντα ἑκατόν.“ ὁ δὲ ἔξυπνοc γενόμενοc μετὰ πολλῆc χαρᾶc κατῆλθεν εἰc τὸν ὑποδειχθέντα αὐτῷ τόπον δρομαίωc ψηλαφῶν τὸ χρυcίον. περιτυχὼν δὲ ἐκεῖcε ληcταῖc cυνελήφθη ὑπ’ αὐτῶν. ὁ δὲ παρεκάλει αὐτοὺc λέγων· „ἄφετέ με καὶ ἐπιδώcω ὑμῖν χρυcίου χίλια τάλαντα.“

ὁ μῦθοc δηλοῖ, ὅτι οἱ ψευδεῖc τῶν ἀνθρώπων ἐχθραίνουcι τὸ θεῖον.

(*III*) ἀνὴρ πένηc νοcῶν εὔξατο τοῖc θεοῖc, εἰ διαcωθείη, βοῦc ἑκατὸν εἰc θυcίαν προcοίcειν. οἱ δὲ θεοὶ πειρᾶcαι τοῦτον βουλόμενοι τοῦ πάθουc ἀπήλλαξαν. ὁ δ’ ἀναcτὰc ἐπειδὴ βοῶν ἠπόρει, cτεατίνουc βοῦc ἑκατὸν πλάcαc ἐπὶ τοῦ βωμοῦ θεὶc ὡλοκαύτωcεν. οἱ δὲ θεοὶ βουλόμενοι αὐτὸν ἀμύναcθαι ὄναρ ἐπιcτάντεc αὐτῷ εἶπον· „ἄπελθε εἰc τὸν αἰγιαλὸν εἰc τόνδε τὸν τόπον. ἐκεῖ γὰρ Ἀττικὰc χιλίαc εὑρήcειc.“ ἐκεῖνοc δὲ διυπνιcθεὶc cὺν ἡδονῇ καὶ cπουδῇ πρὸc τὸν ὑποδειχθέντα τόπον ἀφίκετο. ἐκεῖ δὲ δὴ πειραταῖc περιτυχὼν ὑπ’ αὐτῶν cυνελήφθη. ἁλοὺc δὲ ἀφεθῆναι τῶν πειρα-

---

28 (*III*) tantum *III α* integram praebet hanc fabulam. desunt in *β* 4—9, in *γ*, ubi 4—8 in brevius redacti sunt, 9—10

(*III γ*) (*III β*) (*III α*)

---

5 κατέκαυcεν] Fu. κατέκαψεν R Cas κατεκάλυψεν V P Mo T κατέκαμψεν Br κατέλειψεν L M S ὁλοκαύτωcεν F cf. Acc. 7 κατ’ ὄναρ P T qui ἄπελθε ... τόπον omittunt 8 καὶ ἐκεῖ Mo 11 δρομαῖοc Cas S W T περὶ τοῦ χρυcίου M F τῷ χρυcίῳ M περιπεcὼν R Cas 12 ληcτὰc cυνελάβοντο αὐτὸν V P L Mo Br M F ληcταὶ cυνέλαβον αὐτὸν αὐτὸν T an fuit περιτυχὼν ἐκεῖcε ληcταὶ cυνελάβοντο αὐτὸν? 15 θεῖον καὶ κινδυνεύουcι μεγάλωc Mo

(*III*) 5 βουλευcάμενοι *γ β*. tum λείπει in margine c Go. spatium vacuum relictum in omnibus. in C m² ex *α* finem supplevit. βουλ. ἐχθραίνοντο Plan. βουλ. τοῦτον ἀπώλεcαν ὡc ψευδόμενον Q 10 ἁλοὺc δὲ ἤδη *α*, quod ex ἐδεήθη ortum ut dittographiam omisi *γ* inde a 4 ita confirmatam fabulam praebet: καὶ ὄναρ ἐπιcτάντεc κελεύουcι πρὸc τόνδε τὸν αἰγιαλὸν αὐτὸν ἀφικέcθαι· ἐκεῖ γὰρ αὐτίκα

τῶν ἐδεῖτο χίλια χρυσίου τάλαντα δώσειν αὐτοῖς ὑπισχνούμενος. ὡς δ' οὐκ ἐπιστεύετο, ἀπαχθεὶς ἀπ' αὐτῶν ἀπημπολήθη χιλίων δραχμῶν.

ὁ μῦθος δηλοῖ, ὅτι τοῖς ψευδέσιν τῶν ἀνθρώπων ἐχθραίνει τὸ θεῖον.

29. ἀνθρακεὺς καὶ γναφεύς

(Halm 59 Ch. 56)

(*I*) ἀνθρακεὺς ἐπί τινος οἰκίας ἐργαζόμενος ὡς ἐθεάσατο γναφέα προσελθόντα, παρεκάλει αὐτόν, ὅπως αὐτῷ σύνοικος γένηται διεξιών, ὡς οἰκειότεροι ἀλλήλοις ἔσονται καὶ λυσιτελέστερον διάξουσι μίαν ἔπαυλιν οἰκοῦντες. καὶ ὁ γναφεὺς ὑποτυχὼν ἔφη· „ἀλλ' ἔμοιγε τοῦτο παντελῶς ἐστιν ἀδύνατον. ἃ γὰρ ἐγὼ λευκανῶ, σὺ ἀσβολώσεις."

ὁ λόγος δηλοῖ, ὅτι πᾶν τὸ ἀνόμοιον ἀκοινώνητόν ἐστιν.

(*II*) ἀνθρακεὺς ἐπί τινος οἰκίας κατοικῶν ὡς ἐθεάσατο γναφέα παρεκάλει αὐτὸν ἐν τῷ ἅμα κατοικῆσαι ἀμφοτέρους. καὶ ὁ γναφεὺς ὑπολαβὼν ἔφη· „ἀλλ' ἔγωγε παντελῶς πρᾶξαι τοῦτο οὐ δύναμαι." τοῦ δὲ πυνθανομένου, δι' ἣν αἰτίαν,

---

29 (*I*) F O E A Cr B Ba S (*II*) — V P L Mo Br Cas — (*III δ*) — M S W N T —

χρυσίου χιλίας δραχμὰς (λίτρας ἀττικὰς χρυσίου χιλίας J) εὑρήσειν. διυπν. οὖν καὶ τὸν ὑποδ. τόπ. καταλαβὼν αἴφνης πειραταῖς ἐκεῖσε περιτ. ὑπ' αὐτ. συνελήφθη. cetera desunt in plurimis, sed ex Augustana et *α* hunc finem addunt ἀλοὺς δὲ κτλ. usque ὑπισχνούμενος, ἀπαχθεὶς δὲ καὶ ἀπεμποληθεὶς εὗρε δραχμὰς χιλίας. Vrat. Jen. G

29 (*I*) 1 ὡς ἐθεάσατο γναφέα προσελθόντα] E ὡς ἐθ. [τὸν O] γναφέα αὐτῷ παροικισθέντα [καὶ S] προσελθὼν F A Cr O B Ba S 3 γένηται, οὕτω γὰρ οἰκειότερον F S οἰκειότερον O A B Ba S 4 λυσιτελέστεροι F διάξουσι] Cr B Ba S διάζουσι E διεξιοῦσι O δι' ἕξουσι F διὰ μίαν A 5 ἔφη πρὸς αὐτόν A 6 ὃ A λευκαίνω . . . ἀσβολεῖς S ἀσβολήσεις A

(*II*) 1 ἄνθραξ W θρακεὺς Br ἐθεάσατο καὶ (om. ὡς) Mo οἰκῶν θεασάμενος W 2 ἀμφοτέρους om. Mo 3 ὁ γν. δὲ Mo W ἀλλ' ἔγ. τοῦτο πρ. παντελῶς οὐκ ἐπίσταμαι Mo 4 τοῦτο πρ. etiam Br N

ἔφη· „φοβοῦμαι, μήπως, ἃ ἐγὼ λευκαίνω, cὺ ἀcβολώνῃc ταῦτα.“

ὁ μῦθοc δηλοῖ, ὅτι πᾶν τὸ ἀνόμοιον ἀκοινώνητον.

(*III*) ἀνθρακεὺc ἐπί τινοc οἰκῶν οἰκίαc ἠξίου καὶ κναφέα παραγενόμενον αὐτῷ cυνοικῆcαι. ὁ δὲ κναφεὺc ὑπολαβὼν ἔφη· „ἀλλ' οὐκ ἂν τοῦτο δυναίμην ἔγωγε πρᾶξαι. δέδια γάρ, μήπωc, ἃ ἐγὼ λευκαίνω, αὐτὸc ἀcβόληc πληροῖc.“

ὁ μῦθοc δηλοῖ, ὅτι πᾶν τὸ ἀνόμοιον ἀκοινώνητον.

30. ναυαγός

(Halm 300 Ch. 53)

(*I*) ἀνὴρ πλούcιοc Ἀθηναῖοc μεθ' ἑτέρων τινῶν ἔπλει. καὶ δὴ χειμῶνοc cφοδροῦ γενομένου καὶ τῆc νηὸc περιτραπείcηc οἱ μὲν λοιποὶ πάντεc διενήχοντο, ὁ δὲ Ἀθηναῖοc παρ' ἕκαcτα τὴν Ἀθηνᾶν ἐπικαλούμενοc μυρία ἐπηγγέλλετο, εἰ περιcωθείη. εἷc δέ τιc τῶν cυννεναυαγηκότων παρανηχόμενοc ἔφη πρὸc αὐτόν· „cὺν Ἀθηνᾷ καὶ χεῖρα κίνει.“

ἀτὰρ οὖν καὶ ἡμᾶc μετὰ τῆc τῶν θεῶν παρακλήcεωc χρὴ καὶ αὐτούc τι ὑπὲρ αὐτῶν λογιζομένουc δρᾶν.

---

30 Eurip. Hippol. fr. 432 N proverbium cὺν Ἀθηνᾷ καὶ χεῖρα κίνει Zenob. V 93

(*III γ*) (*III β*) (*III α*) **30** — O E A Cr B Ba — (*I* a)

---

5 ἀcβολώνηc ταῦτα] P Br N T ἀcβολώcηc τ. Mo W ἀcβόλα βάλληc V ἀcβόληc τεφροῖc L (= Acc.) ἀποτεφροῖc Cas

(*III*) 1. 2 κναφεύc, κναφέα *γ α* γναφεύc, γναφέα *β*. „τὸ μὲν διὰ τοῦ κ̄ ἀττικόν, τὸ δὲ διὰ τοῦ γ̄ κοινόν“ Plan 3 δυν. ἔγωγε τοῦτο Q (*β*) 4 ἀcβόλωc πλυνοῖc (= ἀcβόληc πληροῖc) Vo (*γ*)

30 4 εἰ περιcωθείη] B Ba ἂν περιcωθείη O E A Cr ἐὰν περιcωθῇ a ἂν περιcωθῇ Schn. 5 τιc om. A 6 καὶ χεῖρα κίνει] O Cr a καὶ χεῖρα cὺ κ. E καὶ cὺ κίνει χεῖρα B Ba καὶ cὺ τὰc χεῖραc κίνει A 7 δεῖ γὰρ καὶ . . . παρακλ. τί καὶ περὶ αὐτῶν ἀνενέγκαι B Ba 8 λογιζομένουc corruptum — an ἀγωνιζομένουc?

duplex epimythium in O E triplex in a ὅτι ἀγαπητόν ἐcτι καὶ εὐεργετοῦνταc (εὖ ἐρέττονταc a — ἐνεργοῦνταc Hsr. Ch. ἐργοπονοῦνταc? St.) θεῶν εὐνοίαc τυγχάνειν ἢ ἑαυτῶν ἀμελοῦνταc ὑπὸ τῶν δαιμόνων περιcώζεcθαι O E a, ubi μᾶλλον ante ἀγαπητὸν supplendum videtur. — in editionis minoris libris fabula usque ad περιcώζεcθαι continuatur et hoc epimythium adnectitur τοὺc εἰc cυμφορὰc ἐμπί-

31. ἀνὴρ μεσαιπόλιος καὶ ἑταῖραι

(Halm 56 Ch. 52)

ἀνὴρ μεcαιπόλιοc δύο ἐρωμέναc εἶχεν, ὧν ἡ μὲν νέα, ἡ δὲ πρεcβῦτιc. καὶ ἡ μὲν προβεβηκυῖα αἰδουμένη νεωτέρῳ αὐτῆc πληcιάζειν, διετέλει, εἴποτε πρὸc αὐτὴν παρεγένετο, τὰc μελαίναc αὐτοῦ τρίχαc περιαιρουμένη. ἡ δὲ νεωτέρα ὑποcτελλομένη γέροντα ἐραcτὴν ἔχειν τὰc πολιὰc αὐτοῦ ἀπέcπα. οὕτω τε cυνέβη ὑπὸ ἀμφοτέρων ἐν μέρει τιλλόμενον φαλακρὸν γενέcθαι.

οὕτω πανταχοῦ τὸ ἀνώμαλον ἐπιβλαβέc ἐcτιν.

32. ἀνδροφόνος

(Halm 48 Ch. 45)

ἄνθρωπόν τιc ἀποκτείναc ὑπὸ τῶν ἐκείνου cυγγενῶν (*I*) ἐδιώκετο. γενόμενοc δὲ κατὰ τὸν Νεῖλον ποταμὸν λύκου αὐτῷ ἀπαντήcαντοc φοβηθεὶc ἀνέβη ἐπί τι δένδρον τῷ ποταμῷ παρακείμενον κἀκεῖ ἐκρύπτετο. θεαcάμενοc δὲ ἐνταῦθα ἔχιν κατ' αὐτοῦ αἰωρούμενον ἑαυτὸν εἰc τὸν ποτα-

31 Diod. XXXIII 7 Doxop. rhet. gr. W. II 189, 33 — Babr. 22 tetr. I 54 (Ph. II 2) **32** (*I*) anthol. Pal. XI 348 (Antiph.) pap. Aepypt. cf. fasc 2 p. 119

31 — E A Cr B Ba — versibus scazontibus inclusam praebent C Cr (in fine collectionis additam) S B Ba Salm. et in Vind. P Mo Cas, cf. Ch. 52 d e **32** (*I*) — C O Cr E A B Ba —

πτονταc χρὴ καὶ αὐτοὺc ὑπὲρ ἑαυτῶν κοπιᾶν καὶ εἶθ' οὕτω τοῦ θεοῦ περὶ βοηθείαc δέεcθαι

31 1 μεcοπόλιοc E B Ba νεανίc ἡ δὲ ἄλλη B Ba νέα ὑπῆρχεν E 3 καὶ εἴποτε A B Ba αὐτὰc E 6 ἀπέcπαcεν B Ba καὶ οὕτω cυνέβη ὑπ' ἀμφ. αὐτὸν περιτιλλόμενον A 7 φαλακρότερον Cr βλαβερόν B Ba

32 (*I*) 1 ἀπὸ τῶν ἐκείνων A τῶν αὐτοῦ cυγγ. Schn. 2 κατὰ Νεῖλον τὸν ποτ. A κ. τὸν Νεῖλον τὸν ποτ. O 3 ἐπί τι δένδρον τῷ ποταμῷ παρακείμενον] C Cr B Ba ἐ. τι δ. τῷ ποτ. περικείμενον A ἐπὶ δένδρου τῷ ποτ. παρακειμένου E ἀπαντήcαντοc ἐπί τι δένδρον ἀνέβη φοβηθεὶc παρακείμενον (fuit -oc) O 5 ἔχιν κατ' αὐτοῦ αἰωρούμενον] St. ἔχιν (δράκοντα suprascr. m[2]) κατ' αὐτοῦ αἰρόμενον C ἔχιν κατ' αὐτοῦ διαιρόμενον O Cr ἔχιν κατ' αὐτοῦ ἐρχόμενον A δράκοντα κατ' αὐτοῦ αἱρούμενον (αἰωρούμενον St.) E δράκ. κατ' αὐτοῦ διαιρούμενον B Ba

μὸν καθῆκεν. ἐν δὲ τούτῳ ὑποδεξάμενος αὐτὸν κροκόδειλος κατεθοινήσατο.

ὁ λόγος δηλοῖ, ὅτι τοῖς ἐναγέσι τῶν ἀνθρώπων οὔτε γῆς οὔτε ἀέρος οὔτε ὕδατος στοιχεῖον ἀσφαλές ἐστιν.

(*II*) ἄνθρωπός τις φόνον ποιήσας ἐδιώκετο ὑπὸ τῶν συγγενῶν τοῦ φονευθέντος. γενομένου δὲ αὐτοῦ κατὰ τὸν Νεῖλον ποταμὸν λέοντα ἰδὼν καὶ φοβηθεὶς ἀνέβη εἰς δένδρον. εὗρε δὲ δράκοντα ἐπάνω τοῦ δένδρου καὶ πάλιν τοῦτον φοβηθεὶς ἔρριψεν ἑαυτὸν εἰς τὸν ποταμόν. ἐν δὲ τῷ ποταμῷ κροκόδειλος αὐτὸν κατεθοινήσατο.

ὁ μῦθος δηλοῖ, ὅτι τοὺς φονεῖς τῶν ἀνθρώπων οὔτε γῆς οὔτε ἀέρος οὔτε ὕδατος στοιχεῖον οὔτε τόπος ἄλλος φυλάττει.

33. πένταθλος κομπαστής

(Halm 203 b Ch. 51)

(*I*) ἀνὴρ πένταθλος ἐπ' ἀνανδρίᾳ ἑκάστοτε ὑπὸ τῶν πολιτῶν ὀνειδιζόμενος ἀποδημήσας ποτὲ καὶ μετὰ χρόνον ἐπανελθὼν ἀλαζονευόμενος ἔλεγεν, ὡς πολλὰ μὲν καὶ ἐν ἄλλαις πόλεσιν ἀνδραγαθήσας ἐν τῇ Ῥόδῳ τοιοῦτον ἥλατο

---

33 (*I*) proverbium αὐτοῦ Ῥόδος, αὐτοῦ πήδημα vel ἰδοὺ Ῥόδος, ἰδοὺ πήδημα. Apost. VIII 100

(*II*) — V Mo Br R (= Ch. 45 c) Cas (*III δ*) — N W E — (*III γ*)
33 (*I*) — E A Cr B Ba U —

---

6 ἐνῆκεν O ἐν δὲ τούτῳ κτλ.] C O A Cr ἐν δὲ τῷ ποταμῷ κροκόδειλος αὐτὸν κατ. E B Ba **9** ἐστιν om. O A

(*II*) **1** δέ τις Mo φόνον δεινὸν E, qui etiam sequentibus plurima addit συγγενῶν αὐτοῦ Mo **2** αὐτοῦ om. Mo **3** τοῦ ποταμοῦ Br κατὰ τὸν νεῖλον ποταμὸν R κ. τὸν ποτ. τὸν νεῖλον Cas κατὰ τὴν ἀκτὴν τοῦ ποταμοῦ ἐπεὶ λέοντα ἴδεν N ἀνῆλθε Mo γ **4** καὶ αὐτὸν φοβ. W γ **5** ἐν τῷ ποταμῷ, ἐν ᾧ αὐτὸν οἱ κροκόδειλοι ἐπιθηνήσαντο Mo **6** κροκόδειλος κατέφαγεν αὐτὸν W γ **8** ὑδάτων Mo ὕδωρ (om. στοιχεῖον) N γ **9** φυλάξαι δύναται Mo δύν. φυλ. τοῦ μὴ λαβεῖν τήσιν τοῦ κακοῦ N

33 (*I*) ἀνὴρ πλούσιος ἐπὶ ἀνανδρίαν B Ba ἐπ' ἀνδρεία U **3** μὲν codd. secludunt editores

πήδημα ὡς μηδένα τῶν Ὀλυμπιονικῶν ἐφικέσθαι. καὶ τούτου μάρτυρας ἔφη παρέξεσθαι τοὺς παρατετυχηκότας, ἂν ἄρα ποτὲ ἐπιδημήσωσι. τῶν δὲ παρόντων τις ὑποτυχὼν ἔφη πρὸς αὐτόν· „ἀλλ', ὦ οὗτος, εἰ τοῦτο ἀληθές ἐστιν, οὐδὲν δεῖ σοι μαρτύρων· αὐτοῦ γὰρ Ῥόδος καὶ πήδημα.“

ὁ λόγος δηλοῖ, ὅτι ὧν πρόχειρος ἡ δι' ἔργων πεῖρα, περὶ τούτων πᾶς λόγος περιττός ἐστιν.

(*II*) ἄνθρωπός τις ἀποδημήσας ἧκε πάλιν εἰς τὴν ἰδίαν χώραν. φρυαττόμενος δὲ ἐκαυχᾶτο μεγάλως, ὡς ἀνδραγαθήσας εἰς διαφόρους τόπους· ἐν δὲ τῇ Ῥόδῳ ἔφασκε πήδημα μέγα πηδήσας, ὅπερ οὐδεὶς τῶν ἀνθρώπων δύναται πηδῆσαι, καὶ μάρτυρας ἔφασκεν ἔχειν εἰς τοῦτο. τῶν δὲ παρόντων τις ὑπολαβὼν ἔφη αὐτῷ· „ὦ οὗτος, εἰ τοῦτο ἀληθές ἐστι, ἰδοὺ Ῥόδος καὶ πήδημα.“

ὁ μῦθος δηλοῖ, ὅτι, ἐὰν μὴ πρόχειρος ἡ πεῖρα τοῦ πράγματος, πᾶς λόγος περιττός ἐστιν.

(*III*) ἀνήρ τις ἀποδημήσας εἶτα δὲ πάλιν πρὸς τὴν ἑαυτοῦ γῆν ἐπανελθὼν ἄλλα τε πολλὰ ἐν διαφόροις ἠνδραγαθηκέναι χώραις ἐκόμπαζε καὶ δὴ κἀν τῇ Ῥόδῳ πεπηδηκέναι πήδημα, οἷον οὐδεὶς τῶν ἐπ' αὐτοῦ δυνατὸς ἂν πηδῆσαι.

(*II*) — V Mo Br R Cas — (*III δ*) — M S N·W E — (*III γ*) (*III β*) (*III α*)

---

5 Ὀλυμπιονικαίων A τούτου τοὺς μ. E 6 ἄνδρας ἂν ἄρα A 8 ἀλλ', ὦ οὗτος] E ὦ οὗτος B Ba λέγε, ὦ οὗτος U ἀλλ', ὦ φίλε A 9 αὐτὸν γὰρ A αὕτη γὰρ dedit Reiskia αὐτοῦ γὰρ St. ὧδε [γὰρ Ba] Ρόδος B Ba ἰδοὺ γὰρ P. U cf. Vi 10 ὅτι om. A 11 ἐστιν om. E

(*II*) 1 ἀποδ. δς καὶ πάλ. εἰς τ. ἰ. χ. ἐπανελθὼν φρ. ἐκαυχ. μεγάλα ἀνδραγ. Mo ἀπ. καὶ πάλιν κτλ. Br N καὶ αὖθις . . . ἐπαναλύσας φρ. E 2 ὡς ἐν διαφόροις ἀνδρ. τόποις W 4 πηδῆσαι Cas Ch. πήδημα ποιήσας καὶ μάρτυρας εἰς τοῦτο ἔφ. ἔχ. cet. om. Mo 6 ὑπολ. αὐτὸν εἶπεν Mo 7 ἰδοὺ Ρόδος καὶ πήδημα] V W ἰδοὺ καὶ ἡ Ῥ. καὶ τὸ πήδ. Mo ἰδοὺ Ρ. ἰδοὺ πήδημα R ἰδ. Ρ. ἰδοὺ καὶ πήδημα N ἰδοὺ Ρ. καὶ πήδησον Br ἰδ. Ρ. καὶ ἀποπήδησον Cas Ch. 8 ᾖ πεῖρα contra codicem Fu. Ch. κἂν . . . ἦν Mo fuisse videtur ἐὰν ᾖ πρόχ. ἡ π. 9 λόγος ἀργός R ἀργὸς περιττός C Br

(*III*) 4 ἐπ' αὐτοῖς γ

πρὸϲ τοῦτο δὲ καὶ μάρτυραϲ τοὺϲ ἐκεῖ παρόνταϲ ἔλεγεν ἔχειν. τῶν δὲ παρόντων τιϲ ὑπολαβὼν ἔφη· „ὦ οὗτοϲ, εἰ ἀληθὲϲ τοῦτ' ἐϲτίν, οὐδὲν δεῖ ϲοι μαρτύρων. ἰδοὺ Ῥόδοϲ, ἰδοὺ καὶ πήδημα."

ὁ μῦθοϲ δηλοῖ, ὅτι, ἐὰν μὴ πρόχειροϲ ἡ τοῦ πράγματοϲ ἀπόδειξιϲ ᾖ, πᾶϲ λόγοϲ περιττόϲ ἐϲτιν.

34. ἀδύνατα ἐπαγγελλόμενος

(Halm 49 Ch. 46)

(*I*) ἀνὴρ πένηϲ νοϲῶν καὶ κακῶϲ διακείμενοϲ ἐπειδὴ ὑπὸ τῶν ἰατρῶν ἀπηλπίϲθη, τοῖϲ θεοῖϲ ηὔχετο ἑκατόμβην ποιήϲειν ἐπαγγελλόμενοϲ καὶ ἀναθήματα καθιερώϲειν, ἐὰν ἐξαναϲτῇ. τῆϲ δὲ γυναικὸϲ [ἐτύγχανε γὰρ αὐτῷ παρεϲτῶϲα] πυνθανομένηϲ· „καὶ πόθεν αὐτὰ ἀποδώϲειϲ"; ἔφη· „νομίζειϲ γάρ με ἐξαναϲτήϲεϲθαι, ἵνα καὶ ταῦτά με οἱ θεοὶ ἀπαιτήϲωϲιν;"

ὁ λόγοϲ δηλοῖ, ὅτι ταῦτα ῥᾴδιον οἱ ἄνθρωποι κατεπαγγέλλονται, ἃ τελέϲειν ἔργῳ οὐ προϲδοκῶϲιν.

(*II*) ἄνθρωπόϲ τιϲ πένηϲ νοϲῶν καὶ κακῶϲ διακείμενοϲ ἐπειδὴ ἀπηλπίϲθη παρὰ τῶν ἰατρῶν διὰ τὸ μηδὲν ἔχειν δοῦναι αὐτοῖϲ, τοὺϲ θεοὺϲ παρεκάλει καὶ ὑπιϲχνεῖτο αὐτοῖϲ λέγων· „ὦ θεοὶ λαμπροί τε καὶ μέγιϲτοι, ἐὰν τὴν ὑγείαν μοι παράϲχητε, ἑκατὸν βόαϲ προϲάξω ὑμῖν εἰϲ θυϲίαν." τῆϲ δὲ

---

34 (*I*) — O E Cr A B Ba U — (*I* a) (*II*) — V Mo Br R (= Ch. 46 c) Cas — (*III δ*) — N W E (mut.)

---

5 πρὸϲ ταῦτα Kor. μάρτ. ἔχ. τοὺϲ ἐκ. παρόνταϲ *γ* 7 ἡ Ῥόδοϲ Kor. 8 τὸ πήδημα *α* Acc. Kor. 9 μὴ delet Lessing., Naber mnemos. XVII 102

34 (*I*) 1 ἐπεὶ ὑπ' ἀπείρων ἰατρῶν B Ba ὑπὸ] O ἀπὸ E Cr U a παρὰ A 2 ποιῆϲαι A B Ba 4 post γυναικὸϲ quod in E A a inseritur glossema seclusi — αὐτῇ A 5 ἀποδώϲει = ϲῃ O A U 6 alt. με om. A U οἱ θεοὶ ταῦτα με O καὶ ταῦτα οἱ θεοί με B Ba 8 οἱ om. E B Ba a

(*II*) 2 ἀφηλπίϲθη V Mo Br ἀπελπ. Cas ἀπεῖπε E μὴ ἔχειν Mo τοῦ δοῦναι Mo Br N 4 ὢ Mo 5 παράϲχοιτε Mo N W

γυναικὸς αὐτοῦ πυνθανομένης· „πόθεν σοι ταῦτα, ἐὰν συμβῇ ὑγιᾶναί σε"; πρὸς αὐτὴν ἐκεῖνος ἔφη· „καὶ νομίζεις ἀναστῆναί με, ἵνα με καὶ ταῦτα οἱ θεοὶ ἀπαιτήσωσιν;"

ὁ μῦθος δηλοῖ, ὅτι πολλοὶ ῥᾴδιον κατεπαγγέλλονται, ἃ τελέσαι ἔργῳ οὐ προσδοκῶσιν.

ἀνὴρ πένης νοσῶν καὶ κακῶς διακείμενος ἐπειδὴ πρὸς (*III*) τῶν ἰατρῶν ἀπεγνώσθη, τῶν θεῶν ἐδεῖτο ὡς, εἰ τὴν ὑγίειαν αὐτῷ πάλιν ἐπανελθεῖν ποιήσειαν, ἑκατὸν βόας αὐτοῖς προσοίσειν ὑπισχνούμενος εἰς θυσίαν. τῆς δὲ γυναικὸς αὐτοῦ πυθομένης· „καὶ ποῦ σοι ταῦτα, ἢν ὑγιάνῃς;" ἐκεῖνος ἔφη· „οἴει γὰρ ἀναστῆναί με ἐντεῦθεν, ἵν' οἱ θεοὶ ταῦτά με ἀπαιτήσωσιν;"

ὁ μῦθος δηλοῖ, ὅτι πολλοὶ ῥᾳδίως κατεπαγγέλλονται, ἅπερ τελέσαι ἔργῳ οὐ προσδοκῶσιν.

35. ἄνθρωπος καὶ σάτυρος

(Halm 64 Ch. 60)

ἄνθρωπόν ποτε λέγεται πρὸς σάτυρον φιλίαν σπείσασθαι. (*I*) καὶ δὴ χειμῶνος καταλαβόντος καὶ ψύχους γενομένου ὁ ἄνθρωπος προσφέρων τὰς χεῖρας τῷ στόματι ἐπέπνει. τοῦ

---

35 (*I*) Aesch. fr. 207 Nck² Sextus Empir. VIII 103 — Babr. 192 Avian. 29

(*III γ*) (*III β*) (*III α*) **35** — E Cr A B Ba U (= Ch. 60 b) —

---

6 αὐτοῦ om. Br N ποῦ σοι Br N σοι om. Mo εἰ Mo **7** ὑγειάναι σοι τοῦ ἀποδοῦναι· πρὸς ἣν ἐκ. Mo καὶ ἐλπίζεις ἀναστ. μοι Mo ἐξαν. V ⟨ἂν⟩ ἀναστ. Ch. μετὰ τὸ ὑγιᾶναι pro ἀναστ. W **8** ἵνα με καὶ (καὶ om. Mo R) ταῦτα οἱ θεοὶ] V Mo R ἵνα οἱ θεοὶ W ἵνα τοιαῦτα οἱ θ. N ἵνα με ταῦτα μετὰ τοιαῦτα ὡς θεοὶ Br ἵνα ταῦτα ὡς θεοὶ Cas **9** ῥᾳδίως Mo R Cas W N πολλοὶ τῶν ἀνθρώπων ἐκεῖνα ῥ. Mo. **10** ἐν ἔργω Mo κατ. ἀποτελέσαι δὲ ἔργον οὐ πρ. Cas κατ. ἀποτελοῦσι δ' οὐδὲν ἔργω R ὅτι ἐν καιρῷ περιστάσεως πολλοὶ πολλὰ ῥᾳδίως κατ. ἅτινα ἔργω μετὰ ταῦτα πληρῶσαι οὐ δύνανται W

(*III*) **2** ὑγείαν *γ β* ἐδεῖτο καὶ ὑπισχνεῖτο ὡς προσοίσει Char. **6** ἂν ἀναστῆναι C (*β*), Ch. fortasse recte

35 (*I*) **8** προσφέρων om. A ἐπέπνει θερμαίνων U τῷ στόματι ἔλεγεν ὅτι θερμαίνει τὰς χεῖρας διὰ τὸ κρύος, τοῦ σατύρου τὴν αἰτίαν ἐρομένου, δι' ἣν τοῦτο πράττοι. ὕστ. δὲ E τῷ στόματι ἀπέπνει, τοῦ δὲ σατύρου τὴν αἰτίαν πυνθανομένου δι' ἣν αἰτίαν τοῦτο πράττειν B Ba

δὲ σατύρου τὴν αἰτίαν ἐρομένου δι' ἣν τοῦτο πράττει, ἔλεγεν, ὅτι θερμαίνει τὰς χεῖρας διὰ τὸ κρύος. ὕστερον δὲ παρατεθείσης αὐτοῖς τραπέζης καὶ προσφαγήματος θερμοῦ σφόδρα ὄντος ὁ ἄνθρωπος ἀναιρούμενος κατὰ μικρὸν τῷ στόματι προσέφερε καὶ ἐφύσα. πυνθανομένου δὲ πάλιν τοῦ σατύρου, τί τοῦτο ποιεῖ, ἔφασκε καταψύχειν τὸ ἔδεσμα, ἐπεὶ λίαν θερμόν ἐστι. κἀκεῖνος ἔφη πρὸς αὐτόν· „ἀλλ' ἀποτάσσομαί σου τῇ φιλίᾳ, ὦ οὗτος, ὅτι ἐκ τοῦ αὐτοῦ στόματος τὸ θερμὸν καὶ τὸ ψυχρὸν ἐξιεῖς."

ἀτὰρ οὖν καὶ ἡμᾶς περιφεύγειν δεῖ τὴν φιλίαν, ὧν ἀμφίβολός ἐστιν ἡ διάθεσις.

(*II*) ἄνθρωπός τις πρὸς τὸν σάτυρον φιλίαν ποιησάμενος ἐκάθισαν ἀμφότεροι τοῦ ἐσθίειν. χειμῶνος δὲ καταλαβόντος καὶ ψύχους γενομένου ὁ ἄνθρωπος προσφέρων τὰς χεῖρας τῷ στόματι αὐτοῦ ἀπέπνει. τοῦ δὲ σατύρου ἐπερωτήσαντος, „δι' ἣν αἰτίαν τοῦτο πράττεις, φίλε;" ἔφη „τὰς χεῖράς μου θερμαίνω ἐκ τοῦ κρύους." μετὰ μικρὸν δὲ ἐδέσματος θερμοῦ προσενεχθέντος ὁ ἄνθρωπος πάλιν ἐπιφέρων τῷ στόματι τὸ βρῶμα ἐφύσα τοῦτο. πυνθανομένου δὲ πάλιν τοῦ σατύρου· „δι' ἣν αἰτίαν τοῦτο πάλιν πράττεις;" ἔφη· „τὸ ἔδεσμα καταψύχω." ὑπολαβὼν δὲ ἐκεῖνος ἔφη· „ἀλλ' ἔγωγε

(*II*) hanc fabulam versibus olim inclusam fuisse restant indicia — ἐκάθισαν ... τοῦ ἐσθίειν | τὰς χεῖρας ... ἐκ τοῦ κρύους | ... τοῦτο πάλιν πράττεις

(*II*) — V L Mo R Cas — (*III δ*) — M S W J (*γ*) —

---

6 θερμοῦ πάνυ E 7 ὄντος om. B Ba κατὰ μικρὸν ἀναιρόμενος τῷ στόματι κατέφυσα (-σαι Ba) B Ba 10 φλογερόν ἐστι B Ba ἀλλ'—φιλίᾳ om. B Ba 12 καὶ τὸ θερμὸν E epimythium om. E

(*II*) 1 τὸν om. V τις καὶ σ. φ. πρὸς ἀλλήλους ποιησάμενοι R Cas ποιησόμενος L 2 φαγεῖν L M S. ἠνάγκασεν ἀμφοτέρους καθίσαι καὶ φαγεῖν W 3 ψύχους δὲ ὄντος ὁ R προσέφερε ἐν τῷ Mo 4 ἀπεπήγνυτο W περιεθέρμαινε S 5 τοῦτο πράττει L M S W αὐτὸ πράττει Mo μου om. R Cas Mo cf. infra κατεψυγμένας ὑπὸ τοῦ κρύους θερμαίνω S 8 πάλιν om. V J

ἀπὸ τοῦ νῦν ἀποτάσσομαί σου τῇ φιλίᾳ, ὅτι ἐκ τοῦ αὐτοῦ στόματος τὸ θερμὸν καὶ τὸ ψυχρὸν ἐξάγεις“.

ὁ μῦθος δηλοῖ, ὅτι οὕτω δεῖ καὶ ἡμᾶς ἀποφεύγειν τὰς φιλίας, ὧν ἀμφίβολός ἐστιν ἡ διάθεσις.

ἄνθρωπός τις πρὸς σάτυρον φιλίαν ποιησάμενος συνεσθίων (*III*) ἦν αὐτῷ. χειμῶνος δὲ καὶ ψύχους γενομένου ὁ ἄνθρωπος τὰς χεῖρας αὐτοῦ προσφέρων τῷ στόματι ἀπέπνει. τοῦ δὲ σατύρου ἐπερωτήσαντος, δι᾽ ἣν αἰτίαν τοῦτο πράττει, ἔφη· „τὰς χεῖράς μου θερμαίνω ἐκ τοῦ κρύους.“ μετὰ μικρὸν δὲ ἐδέσματος θερμοῦ προσενεχθέντος ὁ ἄνθρωπος προσφέρων τῷ στόματι ἐφύσα αὐτό. πυνθανομένου δὲ πάλιν τοῦ σατύρου, δι᾽ ἣν αἰτίαν τοῦτο πράττει, ἔφη· „τὸ ἔδεσμα καταψύχω.“ ὑπολαβὼν δὲ ὁ σάτυρος „ἀλλ᾽ ἔγωγε“, ἔφη, „ἀπὸ τοῦ νῦν ἀποτάσσομαί σου τῆς φιλίας, ὅτι ἐκ τοῦ αὐτοῦ στόματος τὸ θερμὸν καὶ τὸ ψυχρὸν ἐξάγεις.“

ὁ μῦθος δηλοῖ, ὅτι δεῖ φεύγειν ἡμᾶς τὰς φιλίας, ὧν ἀμφίβολός ἐστιν ἡ διάθεσις.

36. ἀνὴρ κακοπράγμων

(Halm 55 Ch. 50)

ἀνὴρ κακοπράγμων συνορισάμενος πρός τινα ψευδὲς ἐπιδείξειν τὸ ἐν Δελφοῖς μαντεῖον ὡς ἐνέστη ἡ προθεσμία, (*I*)

---

36 (*I*) de pictura vascularia huc referenda cf. Crus. Festschr. f. Joh. Overbeck p. 105 sequ.

(*III γ*) (*III α*) **36** (*I*) — E A Cr U — (*I* a)

---

12 τὸ θερμὸν καὶ ψ. R τὸ ψ. κ. τὸ θ. Cas Ch. variata haec in Mo μετὰ δὲ καὶ τοῦ ἐδέσματος (καί του?) παρατεθέντος ὄντος θερμοῦ πάλιν καὶ τὸ βρῶμα τῷ στόμ. προσφέρων ἐφύσα αὐτό. αὖθις τοῦ σατ. πυνθ., δι᾽ ἣν αἰτ. καὶ τοῦτο πράττεις, ἔφη ὅτι τὸ ἔδ κατ. ὁ δὲ σάτ. ἔφη· ἀπὸ τοῦ νῦν ἀποτ. σου τῆς φιλίας διὰ τὸ ἐξ αὐτοῦ σου τοῦ στόμ. τὸ θερμὸν καὶ τὸ ψυχρὸν ἐξάγειν **13** ὁ μῦθος οὕτω καὶ ἡμεῖς φύγωμεν V **14** ἀντίθεσις R Cas M S J ὁ διάθ. V

(*III*) **1** ἐκάθισαν ἀμφότεροι τοῦ φαγεῖν *γ* (= Vi) **3** ἀπεπήγνυ Vo Laud M (*γ*) **6** πάλιν ἐπιφέρων *γ* **7** τοῦ σατύρου om. *α* Acc. Kor. **8** διὰ τί πράττει τοῦτο *γ* **13** ἀντίθεσις *γ*, cod. deteriores in *α*

36 (*I*) **1** συνερισάμενος Char. **2** ὡς om. E qui λαβὼν οὖν pergit

λαβὼν στρουθίον εἰς τὴν χεῖρα καὶ τοῦτο τῷ ἱματίῳ σκεπάσας ἧκεν εἰς τὸ ἱερὸν καὶ στὰς ἄντικρυς ἐπηρώτα, πότερόν τι ἔμπνουν ἔχει μετὰ χεῖρας ἢ ἄπνουν, βουλόμενος, ἐὰν μὲν ἄψυχον εἴπῃ, ζῶν τὸ στρουθίον ἐπιδεῖξαι, ἐὰν δὲ ἔμπνουν, ἀποπνίξας προενεγκεῖν. καὶ ὁ θεὸς συνεὶς αὐτοῦ τὴν κακοτεχνίαν εἶπεν· „ἀλλ', ὦ οὗτος, πέπαυσο. ἐν σοὶ γάρ ἐστι τοῦτο, ὃ ἔχεις, ἢ νεκρὸν εἶναι ἢ ἔμψυχον.“

ὁ λόγος δηλοῖ, ὅτι τὸ θεῖον ἀπαρεγχείρητόν ἐστι.

(*II*) ἀνὴρ κακοπράγμων πρὸς τὴν γνῶσιν τοῦ ἐν Δελφοῖς μαντείου ἧκε βουλόμενος ἐκπειρᾶσαι τοῦτο. καὶ δὴ λαβὼν στρουθίον ἐν τῇ χειρὶ καὶ τοῦτο σκεπάσας τῷ ἱματίῳ αὐτοῦ καὶ σταθεὶς ἄντικρυς αὐτοῦ ἐν τῷ ἱερῷ ἐπηρώτησεν αὐτόν· „τί ἔχω εἰς τὰς χεῖράς μου, ἔμπνουν ἢ ἄπνουν;“ βουλόμενος ὅτι, ἐὰν ἄπνουν εἴπῃ, ζῶν τὸ στρουθίον ὑποδείξῃ, εἰ δὲ ἔμπνουν ἀποπνίξας προενέγκῃ. γνοὺς δὲ ὁ θεὸς τὴν

(*II*) hac quoque in fabula exponenda liberius se gesserunt rhetores

---

(*II*) V L Mo Br R Cas (*III δ*) W N (= cod. Gall. Hudsonis). M S F Accursianam sequuntur

---

3 λαβὼν γὰρ U συνωρίσατο. λαβὼν οὖν E 5 ἢ ἄπνουν] Schn. ἢ ἄπνουν ἢ ἄψυχον A 6 ἢ ἄψυχον E Cr a ἢ ἔμψυχον U scilicet in X e versu insequenti ἄψυχον ad ἄπνουν adscriptum erat a rhetore, qui eadem voce et in interrogando utendum esse censuit ζῷον τὸν στρουθὸν E a, unde ζωὸν St. ζῷον τὸ στρουθίον U 7 προενεγκεῖν] Schn. ex Acc., προσ- codd. 8 τὴν κακότεχνον γνώμην E 9 ὃ ἔχεις om. E 10 ἀπαρεγχείριστον A ἀπαραχάρακτον U

(*II*) 1 ἀνὴρ . . . τοῦτο] V Mo ἀ. κ. εἰς τὴν γν. ἐν Δ. μέντοι ἧκε μουλόγιος ἐκπ. τοῦτον Br. ἀν. κ. πρὸς τ. γν. ἐν Δ. ἧκε βουλ. τὸν θεὸν ἐκπ. Cas ἀν κ. ἐν γνώσει ἧκε εἰς τὸ ἐν Δ. μαντ. ἐρωτήσων πανούργως N ἀν. κ. εἰς τὸν ἐν Δ. ἦλθεν Ἀπόλλωνα πειρ. τοῦτον βουλ. L ἀνήρ τις ἐν Δελφοῖς ἧ. βουλ. τὸν θεὸν ἐκπ. R 3 τῇ ἐσθῆτι σκεπ. L 4 ἀντικρὺ Mo N W Cas τοῦ ἱεροῦ N W ἀ. αὐτοῦ στὰς Cas αὐτοῦ om. R ἐπερ. αὐτῷ Mo ἐπ. τὸν Ἀπόλλωνα N 5 μετὰ χεῖρας φέρω L 6 ἐπιδείξῃ αὐτῷ ζῶντα Br 7 ἔμπνουν εἴπῃ ἀποπν. ὑποδείξει, εἰ δὲ ἄπν. πάλιν ὑποδείξει αὐτῷ ζῶντα Mo εἰ μὲν ἄπν. εἴποι ζῆν ἀναδεῖξαι τὸ στρ. εἰ δὲ ἔμπν. εὐθὺς ἀποπν. νεκρὸν ἐκεῖνο προσενεγκεῖν L -ὑποδεῖξαι . ΄. . προενεγκεῖν deleto ὅτι Fu. Ch. προενέγκῃ editores inde ab Aldo προσεν. libri γνοὺς ἐπίνοιαν L ὁ θεὸς om. Mo

κακότεχνον αὐτοῦ γνώμην εἶπεν· „ὡς θέλεις ποίησον, ὦ οὗτος. ἐν σοὶ γάρ ἐστι τοῦτο πρᾶξαι. θέλεις νεκρόν, θέλεις ζῶν ἀπόδειξον τοῦτο."

ὁ μῦθος δηλοῖ, ὅτι τὸ θεῖον ἀπαρεγχείρητον καὶ ἀλάθητόν ἐστι.

(*III*) ἀνὴρ κακοπράγμων εἰς τὸν ἐν Δελφοῖς ἧκεν Ἀπόλλωνα πειρᾶσαι τοῦτον βουλόμενος. καὶ δὴ λαβὼν στρουθίον ἐν τῇ χειρὶ καὶ τοῦτο τῇ ἐσθῆτι σκεπάσας ἔστη τε τοῦ τρίποδος ἔγγιστα καὶ ἤρετο τὸν θεὸν λέγων· „Ἄπολλον, ὃ μετὰ χεῖρας φέρω, πότερον ἔμπνουν ἐστὶν ἢ ἄπνουν;" βουλόμενος ὡς, εἰ μὲν ἄπνουν εἴποι, ζῶν ἀναδεῖξαι τὸ στρουθίον, εἰ δ' ἔμπνουν, εὐθὺς ἀποπνίξας νεκρὸν ἐκεῖνο προενεγκεῖν. ὁ δέ γε θεὸς τὴν κακότεχνον αὐτοῦ γνοὺς ἐπίνοιαν εἶπεν· „ὁπότερον, ὦ οὗτος, βούλει ποιῆσαι, ποίησον. παρὰ σοὶ γὰρ κεῖται τοῦτο πρᾶξαι, ἤτοι ζῶν, ὃ κατέχεις, ἢ νεκρὸν ὑποδεῖξαι."

ὁ μῦθος δηλοῖ, ὅτι τὸ θεῖον ἀπαραλόγιστον καὶ ἀλάθητον.

37. ἀνὴρ πηρός

(Halm 57 Ch. 54)

ἀνὴρ πηρὸς εἰώθει πᾶν τὸ ἐπιθέμενον εἰς τὰς χεῖρας αὐτοῦ ζῷον ἐφαπτόμενος λέγειν, ὁποῖόν τί ἐστι. καὶ δήποτε λυγκιδίου αὐτῷ ἐπιδοθέντος ψηλαφήσας καὶ ἀμφιγνοῶν εἶπεν·

(*III* γ) (*III* β) (*III* α) **37** — C Cas E A Cr B Ba S U

---

8 τὸ κακότεχνον αὐτοῦ καὶ τὴν πονηρὰν γνώμην N ὡς θ. δεῖξον. ἐν σοὶ N ἐπὶ σοὶ Mo **9** τὸ πρᾶξαι Br Cas θέλεις ν. ὑπόδειξαι θέλεις ζῶντα Mo **10** ὑπόδειξον V Cas ζῶντα τοῦτον ὑπόδειξον Br καὶ ζῶν ἀπόδ. R **11** ἀπαρατήρητον (= ἀπαραίτητον Char.) N

(*III*) **1** ἦλθεν γ **4** ὦ Ἄπολλον O Tur (γ) Kor. Ἄπολλον om. γ **5** χεῖρα G g (γ) G C (β) **6** ὡς delet Ch. **10** ἀποδεῖξαι E Tur (γ) J (α) ἀναδεῖξαι c Berol (β) ἐπιδεῖξαι Goth Harl[1] (γ)

37 1 ἀνὴρ προσεθισθεὶς πᾶν . . . ἔλεγε B Ba πυρὸς προσειώθη U εἰς τὰς αὐτοῦ C Cas E **2** αὐτῷ ex A dedit Reiskia **3** λυγκιδίου] Bölte λυκιδίου libri ἀμφιγνοὺς A U B Ba ἀμφαγνοῶν Cas

„οὐκ οἶδα, πότερον λύκου εἶ ἢ ἀλώπεκος ἢ τοιούτου τινὸς ζῴου γέννημα. τοῦτο μέντοι σαφῶς ἐπίσταμαι, ὅτι οὐκ ἐπιτήδειον τοῦτο τὸ ζῷον προβάτων ποίμνῃ συνιέναι.“

οὕτω τῶν πονηρῶν ἡ διάθεσις πολλάκις καὶ ἀπὸ τοῦ σώματος καταφαίνεται.

38. ἀρότης καὶ λύκος

(Halm 70 Ch. 64)

ἀρότης λύσας τὸ ζεῦγος ἐπὶ πότον ἀπήγαγε. λύκος δὲ λιμώττων καὶ τροφὴν ζητῶν ὡς περιέτυχε τῷ ἀρότρῳ, τὸ μὲν πρῶτον τὰς τῶν ταύρων ζεύγλας περιέλειχε, λαθὼν δὲ κατὰ μικρὸν ἐπειδὴ καθῆκε τὸν αὐχένα, ἀνασπᾶν μὴ δυνάμενος ἐπὶ τὴν ἄρουραν τὸ ἄροτρον ἔσυρεν. ὁ δὲ ἀρότης ἐπανελθὼν καὶ θεασάμενος αὐτὸν ἔλεγεν· „εἴθε γάρ, ὦ κακὴ κεφαλή, καταλιπὼν τὰς ἁρπαγὰς καὶ τὸ ἀδικεῖν ἐπὶ τὸ γεωπονεῖν τραπείης.“

οὕτως οἱ πονηροὶ τῶν ἀνθρώπων, κἂν χρηστότητα ἐπαγγέλλωνται, [διὰ τὸν τρόπον] οὐ πιστεύονται.

39 a. χελιδὼν καὶ ὄρνιθες

(Halm 417 Ch. 350)

ἄρτι τοῦ ἰξοῦ φυομένου ἡ χελιδὼν αἰσθομένη τὸν ἐνιστάμενον τοῖς πτηνοῖς κίνδυνον συναθροίσασα πάντα τὰ

---

39 a Babr. 164 Ph. app. II 11 Dr. Dio Chrysost. XII 7—9, LXXII 14. 15 Rom. XXIV Th.

---

38 — E Cr A S U — **39 a** — E A Cr, cf. b

---

4 λύκου] Lessing κυνὸς libri εἶ ἢ] St. εἰ ἢ A εἴη Cr Cas B Ba S εἴη ἢ E ἢ CU ἐστιν Ch. τὶ τοιούτου ζώου C τινὸς om. Cas B Ba 6 πρόβατον ποίμνης E εἰς προβάτων ποίμνην U συνεῖναι C S, quod praefert Char. 7 διὰ τοῦ B Ba 8 φαίνεται Cas B Ba S U

38 1 ἐπὶ τὸν ποταμὸν ἀπῆλθε U ἀπῆγε E ἀπῆγε ἐπὶ ποταμὸν S 4 ἐπεὶ A καὶ ἀνασπᾶν μὴ U ἀνασπᾶν καὶ μὴ E 5 ἀροτὴρ E Cr, sed cf. St. acad. 409 8 τὸ γέωργιον ἐπετράπης (ἐτράπης S) S U 9 in ἐπαγγέλλωνται des E ἐπ. ψεύδονται A 10 διὰ τὸν τρόπον addunt paraphrastae

39 a 1 ἡ om. E Cr 2 πετεινοῖς E

ὄρνεα συνεβούλευεν αὐτοῖς μάλιστα μὲν τὰς ἰξοφόρους δρῦς ἐκκόψαι, εἰ δ' ἄρα τοῦτο αὐτοῖς ἀδύνατον, ἐπὶ τοὺς ἀνθρώπους καταφυγεῖν καὶ τούτους ἱκετεῦσαι, ὅπως μὴ χρησάμενοι τῇ τοῦ ἰξοῦ ἐνεργείᾳ συλλαμβάνωσιν αὐτά. τῶν δὲ γελασάντων αὐτὴν ὡς ματαιολογοῦσαν αὕτη παραγενομένη ἱκέτις τῶν ἀνθρώπων ἐγένετο. οἱ δὲ ἀποδεξάμενοι αὐτὴν ἐπὶ τῇ συνέσει καὶ σύνοικον αὐτοῖς προσελάβοντο. οὕτω συνέβη τὰ μὲν λοιπὰ ὄρνεα ἀγρευόμενα ὑπὸ τῶν ἀνθρώπων κατεσθίεσθαι, μόνην δὲ τὴν χελιδόνα ὡς πρόσφυγα καὶ ἐν ταῖς αὐτῶν οἰκίαις ἀδεῶς νεοττοποιεῖσθαι.

ὁ λόγος δηλοῖ, ὅτι οἱ τὰ μέλλοντα προορώμενοι εἰκότως τοὺς κινδύνους διακρούονται.

39 b.

χελιδὼν ἐκκλησίαν τῶν ὀρνέων κινήσασα παρῄνει φάσκουσα κράτιστον εἶναι τὸ μὴ προσκόπτειν τοῖς ἀνθρώποις, ἀλλὰ φιλίαν συνθεμένους οἰκείως διακεῖσθαι πρὸς αὐτούς. τῶν δὲ ὀρνέων τις τὰ ἐναντία αὐτῇ ἔλεγεν· „ἀλλ' εἰ τὸ σπέρμα

---

39 b dedi hanc fabulam non talem qualis in editionis minoris libris exstat — sed qualem in Augustanam C F (O) eam receperunt

---

39 b C F O (*I* a) 139 U

---

3 συνεβούλευσεν E μὲν om. E ταῖς ἰξοφόροις δρυσὶν ἐκκόψαι A ubi τὸν ἰξὸν addidit Halm 6 συλλαμβάνωσι] Schn. συλλάβωσι E συλλαμβάνονται A Cr συλλαμβάνωνται Min. τῶν δὲ ἐγκαλεσάντων (ἐγγελασάντων Cr) αὐτῇ ὡς ματαιολογούσῃ A Cr 7 αὐτῇ Ch. 8 ἱκέτης E 9 προσλαβόμενοι A 10 τὰ λοιπὰ ὄρνεα ἀγρευόμενα] scr. τὰ μὲν λοιπὰ ἀγρευόμενα E τὰ λοιπὰ ὄρνεα A Cr 11 πρόσφυγον A

39 a hirundini hac in fabula tribui quod, ut noctuae apud ceteras aves famam comprobaret, Dio — vel potius quem Dio expressit fabulator — narravit XII 7 et LXXII 14 vidit Schn. p. 168. ceterum ad hirundinis naturam hominibus consociatam finis fabulae apte accomodatur. mirum in modum avium partes confusae et totius fabulae argumentum corruptum est in altera huius fabulae recensione, quam praeter editionis minoris libros sub litera X insertam praebent C F O U

39 b 1 συναθροίσασα a O U 2 τοῖς om. a O U 4 αὐτῇ ἔλεγεν] scr. αὐτὴν (om. F) φάσκειν ἔλεγεν C F τῇ χελιδόνι τὰ ἐναντία λέγει O τὰ ἐν. τὴν χελιδόνα λέγειν a U ἀλλ' εἰ (εἰς C) C F ἀλλὰ ἤ vel ἀλλ' ἤ a — an ἄγε δή?

τοῦ λίνου μᾶλλον κατεcθίωμεν καὶ ἀφανὲc ποιῶμεν, ἵνα μηκέτι ἔχωcι δίκτυα καθ' ἡμῶν." ἡ μὲν οὖν χελιδὼν ἀρίcτην γνώμην ἔχουcα ἐγένετο ἐν ταῖc πόλεcι διατρίβουcα καὶ ἐν ταῖc οἰκίαιc τίκτουcα παρ' ἀνθρώποιc καὶ οὐδὲν ὑπ' αὐτῶν πάcχει δεινόν. τὰ δὲ λοιπὰ ὄρνεα ὑπομείναντα κατεcθίειν τὸ cπέρμα ὡc πάντων ὄντοc κακῶν αἰτίου, cυμβαίνει λιπαρὰc γενέcθαι οὕτω τε ἁλίcκεcθαι καὶ κατεcθίεcθαι. ταύτην οὖν τὴν κακογνωμοcύνην ὑπομένοντα μετενόηcαν μὴ μετ' ἀνθρώπων μένειν, ἀλλ' ἐν ἀέρι ἵπταcθαι.

οὕτω καὶ τῶν ἀνθρώπων ὅcοι βιωτικοῖc πράγμαcι τῷ τῆc ἀγχινοίαc βουλεύματι ἐχρήcαντο, ἀκίνδυνοι διεφυλάχθηcαν.

40. ἀστρολόγος

(Halm 72 Ch. 65)

ἀcτρολόγοc ἐξιὼν ἑκάcτοτε ἑcπέραc ἔθοc εἶχε τοὺc ἀcτέραc ἐπιcκοπεῖcθαι. καὶ δήποτε περιιὼν εἰc τὸ προάcτειον καὶ τὸν νοῦν ὅλον ἔχων πρὸc τὸν οὐρανὸν ἔλαθε καταπεcὼν εἰc φρέαρ. ὀδυρομένου δὲ αὐτοῦ καὶ βοῶντοc παριών τιc ὡc ἤκουcε τῶν cτεναγμῶν, προcελθὼν καὶ μαθὼν τὰ

---

40 Plato Theaet. 174 a Diog. La. I 34 Antip. AP VII 172, 5 sq. tetr. I 52

---

40 (*I*) — Cr E A Cas — (*I* a)

---

5 ποιῶμεν ἁλίcκοντεc C **6** πλέκειν δίκτυα a O U **7** ἀκίνδυνοc ἐγένετο a O U **8** ἀνθρώποιc οὐδὲν ὑπ' αὐτ. π. κακὸν a O οὐδ. πάcχειν δεινὸν ὑπ' αὐτῶν U **9** ὄρνεα ὡc μᾶλλον ὑπομείναντα a O U **10** ὄντοc τοῦ λίνου a O U τὸ cπέρμα τοῦ λίνου ὡc ὄντοc κακῶν αἰτίου Kor. πάντωc Nev. edd. **11** γεν. καὶ μάλα δικαίωc ὑπὸ τῶν ἀνθρώπων cυλλαμβανόμενα δαπανᾶcθαι a O U **12** τὴν οὖν F οὕτωc τε (οὖν O) ταύτην a O οὔτε ταύτην τὴν κακ. ὑπομ. μὴ U μετενόηcε a U **13** ἀέρια C πέτεcθαι a O U **14** ὅcοι om. F ἐν τοῖc O, edd. τῆc βιωτικῆc U **15** ἀcβόληc ἀγχωνίcματι (= ἀγωνίcματι Mill.) U

40 1 ἑκάcτοτε ἑcπέραν Cr E ἑκάcτην ἑcπέραν a ἐν ἑκάcτῃ ἑcπέρᾳ Cas **2** ἐπιcκοπεῖcθαι] Cr E ἐπιcκοπῆcαι A ἐπιcκοπεῖν Cas a εἰc τὸν οὐρανὸν Cas ἐν τῷ οὐρανῷ A **3** καταπεcεῖν E **4** τὸ φρέαρ Cas a

cυμβεβηκότα ἔφη πρὸc αὐτόν· „ὦ οὗτοc, cὺ τὰ ἐν οὐρανῷ βλέπειν πειρώμενοc τὰ ἐπὶ τῆc γῆc οὐχ ὁρᾷc;"

τούτῳ τῷ λόγῳ χρήcαιτο ἄν τιc πρὸc ἐκείνουc τῶν ἀνθρώπων, οἳ παραδόξωc ἀλαζονεύοντεc οὐδὲ τὰ κοινὰ τοῖc ἀνθρώποιc ἐπιτελεῖν δύνανται.

41. ἀλώπηξ καὶ κύων

(Halm 38 Ch. 36)

ἀλώπηξ εἰc ἀγέλην προβάτων εἰcελθοῦcα θηλαζόντων τῶν ἀρνίων ἓν ἀναλαβομένη προcεποιεῖτο καταφιλεῖν. ἐρωτηθεῖcα δὲ ὑπὸ κυνόc· „τί τοῦτο ποιεῖc;" „τιθηνοῦμαι αὐτό", ἔφη, „καὶ προcπαίζω." καὶ ὁ κύων ἔφη· „καὶ νῦν, ἂν μὴ ἀφῇc τὸ ἀρνίον, τὰ κυνῶν cοι προcοίcω."

πρὸc ἄνδρα ῥᾳδιουργὸν καὶ μωροκλέπτην ὁ λόγοc εὔκαιροc.

42. γεωργὸς καὶ παῖδες αὐτοῦ

(Halm 98 b Ch. 83)

ἀνὴρ γεωργὸc μέλλων τελευτᾶν καὶ βουλόμενοc τοὺc (*I*) αὐτοῦ παῖδαc ἐμπείρουc εἶναι τῆc γεωργίαc μετακαλεcάμενοc αὐτοὺc ἔφη· „τεκνία, ἐν μιᾷ τῶν ἀμπέλων μου θηcαυ-

---

41 — C F Cas O E A Cr (*I* a) **42** (*I*) — F E A Cr V S U —

---

7 ἐπὶ γῆc E 8 ἐπ' ἐκείνουc τοὺc ἀνθρώπουc Cas ἐπ' ἐκείνων τῶν Cr E 9 οἱ περὶ δόξηc A παραδόξοιc E δυνάμενοι Cas ἀλαζονεύονται καὶ μηδὲ ... δυνάμενοι E Πρὸc τοὺc παρ. ἀλαζονευομένουc καὶ μηδὲ ... δυναμένουc a

41 2 ἀρνίων ἓν ἀναλαβομένη] Nev. ἀρνῶν (ἀρνίων Cas) ἕνα λαβομένη C F Cas E A Cr τῶν ἀρνίων εὐλαβουμένη O τὸν ἀρνὸν ἀναλαβομένη a 3 αὐτῷ C Cas a αὐτὸν Cr 4 Ὁ δὲ ἐὰν μὴ F 5 post ἀρνίον inserunt ἀφ' ἑαυτῆc C Cas O E Cr a dittographia ex ἀφῇc ortum τάχα cοι νῦν τὰ voluit Ernesti προcπαίξω L (*I* a) προcπαίcω Mehler Mnem. 6 μωροκλέπτην] A καὶ μωρὸν κλέπτην C F E Cr καὶ κλέπτην Cas a καὶ πανοῦργον O

42 (*I*) 2 ἐμπείρουc ποιῆcαι A Cr 3 τεκνία μου A S U μιᾷ τῶν ἀμπέλων (ἀμπελίων F) μου F S μιᾷ τῶν ἐμῶν ἀμπέλων U ἑνί μου τῶν ἀμπέλων A (ἀμπελώνων Schn.)

ρὸϲ ἀπόκειται.“ οἱ δὲ μετὰ τὴν αὐτοῦ τελευτὴν ὕνναϲ τε καὶ δικέλλαϲ λαβόντεϲ πᾶϲαν αὐτῶν τὴν γεωργίαν ὤρυξαν. καὶ τὸν μὲν θηϲαυρὸν οὐχ εὗρον, ἡ δὲ ἄμπελοϲ πολυπλαϲίωϲ τὴν φορὰν αὐτοῖϲ ἀπεδίδου.

ὁ λόγοϲ δηλοῖ, ὅτι ὁ κάματοϲ θηϲαυρόϲ ἐϲτι τοῖϲ ἀνθρώποιϲ.

(*II*) ἀνὴρ τῇ τέχνῃ γεωργὸϲ ὑπάρχων μέλλων καταλῦϲαι τὸν βίον καὶ βουλόμενοϲ τοὺϲ παῖδαϲ αὐτοῦ ἐμπείρουϲ ποιῆϲαι ἐν τῇ γεωργικῇ προϲκαλεϲάμενοϲ αὐτοὺϲ ἔφη· „τεκνία, ἐγὼ τοῦ βίου ὑπεξέρχομαι· πλὴν ἅπερ ὑπάρχει μοι, ἐν τῇ ἀμπέλῳ εὑρήϲετε πάντα.“ οἱ δὲ νομίϲαντεϲ θηϲαυρόν τινα ἐνταῦθα ἔχειν μετὰ τὴν ἀποβίωϲιν τοῦ πατρὸϲ αὐτῶν λαβόντεϲ δικέλλαϲ καὶ ἀξίναϲ καὶ δρέπανα κατέϲκαψαν πᾶϲαν τὴν γῆν ἐκ πόθου. καὶ τὸν μὲν θηϲαυρὸν οὐχ εὗρον, ἡ δὲ ἄμπελοϲ καλῶϲ καταϲκαφεῖϲα καὶ ὠφεληθεῖϲα πολυπλαϲίονα ἀπέδωκε τὸν καρπὸν καὶ πλοῦτον ἀνήνεγκεν.

ὁ μῦθοϲ δηλοῖ, ὅτι ὁ κάματοϲ θηϲαυρόϲ ἐϲτι τοῖϲ ἀνθρώποιϲ.

(*II*) — V P L Mo Br R Cas (*III δ*) — M S N W T (Salm.) (*III γ*)

---

4 ἑαυτοῦ A ἐκείνου F U ὕναϲ E V St. ὕνειϲ U **5** αὐτοῖϲ F **6** πολυπλαϲίωϲ] (πολαπλ. F) F S U πολυπλαϲίαν V πολλαπλαϲίαν E A (πολυπλαϲίονα St.) **7** τὸν καρπὸν αὐτῆϲ F ἀντεδίδου A Cr ἐπεδ. E

42 (*I*) insolito more cum argumento historiolae epimythium iungitur in E V S U τότε ἔγνωϲαν ὅτι S U τοῦτο μὲν ἔγνωϲαν ὅτι E V (τοῦτο τοίνυν St.)

(*II*) **1** ἀνήρ τιϲ T Salm. *γ* ὑπάρχων deest in Mo *γ* τυγχάνων Br N **3** ἐν τῇ γεωργικῇ] P L M ἐν τῇ γεωργίᾳ V T τῇ γεωργικῇ Mo Br N τῆϲ γεωργικῆϲ R S W Cas τῆϲ γεωργίαϲ *γ* **4** ὑπεξ. ἤδη Mo ὑπεξανίϲταμαι *γ* **5** τῷ ἀμπελῶνι R Br N Cas ἐρρήϲεται P ἐπιμελῶϲ ἐρευνήϲατε N **6** ἐκεῖ ἔχειν Mo ἔχ. ἐκεῖϲε R *γ* **7** δικέλλαϲ καὶ ἀξίναϲ καὶ δρέπανα (δρεπάναϲ V)] V R Br δικέλλαϲ (δικέλαι P) κ. δρ. κ. ἀξ. P L M T δικ. κ. ἀξ. S W *γ* δικ. κ. ϲκαπάναϲ N ἀξ. κ. ϲκαπάναϲ Mo δίκελλαν ὕνναϲ τε Cas **8** καὶ θηϲαυρὸν μὲν Mo N W *γ* **9** καταϲκαφθεῖϲα Cas Ch. ὠφελ. μεγάλωϲ Mo **10** τὸν om. R W *γ* πλοῦτον πολὺν Mo

(*II*) aliud epimythium ὅτι ὁ ἔχων τὴν ὑπακοὴν διὰ μικρὰν ταπείνωϲιν πολυπλούϲιον εὑρήϲεται τὸ κέρδοϲ Mo et ὅτι τὸ κοπιᾶν θηϲαυρὸν τίκτει τοῖϲ ἀν. S

γεωργός τις μέλλων καταλύειν τὸν βίον καὶ βουλόμενος (*III*) τοὺς ἑαυτοῦ παῖδας πεῖραν λαβεῖν τῆς γεωργίας προσκαλεσάμενος αὐτοὺς ἔφη· „παῖδες ἐμοί, ἐγὼ μὲν ἤδη τὸν βίον ὑπέξειμι, ὑμεῖς δ', ἅπερ ἐν τῇ ἀμπέλῳ μοι κέκρυπται, ζητήσαντες εὑρήσετε πάντα." οἱ μὲν οὖν οἰηθέντες θησαυρὸν ἐκεῖ που κατορωρύχθαι πᾶσαν τὴν τῆς ἀμπέλου γῆν μετὰ τὴν ἀποβίωσιν τοῦ πατρὸς κατέσκαψαν. καὶ θησαυρῷ μὲν οὐ περιέτυχον, ἡ δὲ ἄμπελος καλῶς σκαφεῖσα πολλαπλασίονα τὸν καρπὸν ἀνέδωκεν.

ὁ μῦθος δηλοῖ, ὅτι ὁ κάματος θησαυρός ἐστι τοῖς ἀνθρώποις.

43. βάτραχοι

(Halm 74 Ch. 68)

βάτραχοι δύο ξηρανθείσης αὐτῶν τῆς λίμνης περιῄεσαν (*I*) ζητοῦντες ποῦ καταμεῖναι. ὡς δὲ ἐγένοντο κατά τι φρέαρ, ὁ ἕτερος συνεβούλευεν ἀμελετήτως καθάλλεσθαι. ὁ δὲ ἕτερος ἔλεγεν· „ἐὰν οὖν καὶ τὸ ἐνθάδε ὕδωρ ξηρανθῇ, πῶς δυνησόμεθα ἀναβῆναι;"

ὁ λόγος ἡμᾶς διδάσκει μὴ ἀπερισκέπτως προσέρχεσθαι τοῖς πράγμασιν.

haec ita variata in cod. Trivultiano (Ch. 68 d)

... τῆς λίμνης, ἐν ᾗ κατῴκουν. 2 καὶ ἐλθόντες εἰς φρέαρ βαθὺ καὶ κύψαντες κάτω καὶ ἰδόντες τὸ ὕδωρ, ὁ μὲν εἷς συνεβούλευσε, ἵνα πηδήσωσι παρευθὺς κάτω. ὁ δὲ ἕτερος εἶπεν· „εἰ δὲ καὶ τοῦτο ξηρανθῇ, π. δ. ἀν."

ὁ μῦθος δηλοῖ ἄνευ συμβουλῆς μὴ ποιεῖν τι.

primus hanc fabulam edidit Neveletus

---

43 (*I*) Babr. 211 tetr. II 20

(*III β*) (*III α*) **43** (*I*) — C O E A Cr S B Ba U — (*I* a)

(*III*) 3 τὸν βίον] libri Acc. Huds. Heus. τοῦ βίου Kor. Halm Ch. 9 ἀπέδωκεν P[1] G (*β*)

43 (*I*) 1 αὐτῶν deest in A Cr αὐτοῖς praebent B Ba — variant edit. minoris libri 2 τὸ ποῦ B 3 συνεβούλευσεν Cr O B Ba ἀμελετήτως] C ἀμελήτως O Cr a ἀμελέτως B Ba ἀμελῶς A ἀμελητὶ E U ἀμελητί πως S ἀμελλητὶ Char. καθάλλεσθαι] Schn. κατελθεῖν B Ba ἅλλεσθαι vel ἅλεσθαι rell. 4 ἐὰν δὲ B Ba 5 ἀνελθεῖν B Ba 7 τοῖς τοῦ βίου O 13 δηλοῖ ὅτι ἄνευ Nev.

(*II*) βάτραχοι δύο ἐνέμοντο ἐν λίμνῃ. ἐν ἡμέραις δὲ τοῦ θέρους ἐξηράνθη ἡ λίμνη καὶ καταλείψαντες ἐκείνην ἄλλην ἐπεζήτουν. παραχρῆμα δὲ συνήντησαν φρέατι βαθεῖ. εἶπε δὲ ὁ ἕτερος τῷ ἑτέρῳ· „συγκατέλθωμεν ἐνταῦθα, ὦ φίλε." ὑπολαβὼν δὲ ὁ ἕτερος ἀντεῖπεν· „ἐὰν οὖν καὶ τὸ ἐνθάδε ὕδωρ ξηρανθῇ, πῶς δυνησόμεθα ἀνελθεῖν;"

ὁ μῦθος δηλοῖ, ὅτι οὐ δεῖ ἀπερισκέπτως προσέρχεσθαι τοῖς πράγμασιν.

(*III*) βάτραχοι δύο ἐν λίμνῃ ἐνέμοντο. θέρους δὲ ξηρανθείσης τῆς λίμνης ἐκείνην καταλιπόντες ἐπεζήτουν ἑτέραν. καὶ δὴ βαθεῖ περιέτυχον φρέατι, ὅπερ ἰδὼν ἅτερος θατέρῳ φησί· „συγκατέλθωμεν, ὦ οὗτος, εἰς τόδε τὸ φρέαρ." ὁ δὲ ὑπολαβὼν εἶπεν· „ἂν οὖν καὶ τὸ ἐνθάδε ὕδωρ ξηρανθῇ, πῶς ἀναβησόμεθα;"

ὁ μῦθος δηλοῖ, ὅτι οὐ δεῖ ἀπερισκέπτως προσιέναι τοῖς πράγμασιν.

44. βάτραχοι αἰτοῦντες βασιλέα

(Halm 76 Ch. 66)

(*I*) βάτραχοι λυπούμενοι ἐπὶ τῇ ἑαυτῶν ἀναρχίᾳ πρέσβεις ἔπεμψαν πρὸς τὸν Δία δεόμενοι βασιλέα αὐτοῖς παρασχεῖν. ὁ δὲ συνιδὼν αὐτῶν τὴν εὐήθειαν ξύλον εἰς τὴν λίμνην

---

44 (*I*) Dio Chrysost. or. VIII 36 Babr. 174 Ph. I 2

(*II*) — V P L Br Cas — (*III δ*) — M S N T — (*III β*) (*III α*) **44** (*I*) — C O E A Cr B Ba U — (*I* a)

(*II*) 1 ἐν τῇ λ. P M S ἡμέρα Br N θερισμοῦ P 3 παρ. οὖν V Cas Ch. om. Br καὶ παραχρ. N ἐνέτυχον S Cas Ch. φρέαρτι (τι om. P N) βαθὺ P N T 5 ἐνταῦθα τὸ (τὸ om. P) ὕδωρ P T ἐντεῦθεν M ἐν αὐτῷ S 7 ὅτι οἱ τῶν ἀνθρώπων ἐχέφρονες πρῶτον τὰ τέλη σκοποῦσι τῶν πραγμάτων, εἶτα εἰσέρχονται N, petita ex epimythio fab. 9 epimythium insequentis fabulae (C F A 45) huic adscriptum in Br

(*III*) 1 ἐτρέφοντο K (a)

44 (*I*) 1 δύο λυπούμενοι C O E διαλυπούμενοι C[1] 2 εἰς τὸν Δ. O ἐπὶ A 3 τὴν εὐήθειαν αὐτῶν C E O τὴν εὐήθειαν A Cr

καθῆκε. καὶ οἱ βάτραχοι τὸ μὲν πρῶτον καταπλαγέντες τὸν ψόφον εἰς τὰ βάθη τῆς λίμνης ἐνέδυσαν, ὕστερον δέ, ὡς ἀκίνητον ἦν τὸ ξύλον, ἀναδύντες εἰς τοσοῦτο καταφρονήσεως ἦλθον ὡς καὶ ἐπιβαίνοντες αὐτῷ ἐπικαθέζεσθαι. ἀναξιοπαθοῦντες δὲ τοιοῦτον ἔχειν βασιλέα ἧκον ἐκ δευτέρου πρὸς τὸν Δία καὶ τοῦτον παρεκάλουν ἀλλάξαι αὐτοῖς τὸν ἄρχοντα. τὸν γὰρ πρῶτον λίαν εἶναι νωχελῆ. καὶ ὁ Ζεὺς ἀγανακτήσας κατ' αὐτῶν ὕδραν αὐτοῖς ἔπεμψεν, ὑφ' ἧς συλλαμβανόμενοι κατησθίοντο.

ὁ λόγος δηλοῖ, ὅτι ἄμεινόν ἐστι νωθεῖς ἔχειν ἄρχοντας ἢ ταρακτικούς.

(*II*) βάτραχοι λυπούμενοι ἐπὶ τῇ ἑαυτῶν ἀναρχίᾳ πρέσβεις ἔπεμψαν ἱκετεύοντες τὸν Δία, ὅπως αὐτοῖς βασιλέα παράσχῃ. ὁ δὲ συνιδὼν αὐτῶν τὴν εὐήθειαν ξύλον μέσον τῆς λίμνης ἔπηξεν. παραυτίκα δὲ οἱ βάτραχοι τῷ φόβῳ συστελλόμενοι εἰς τὰ βάθη ἑαυτοὺς κατέδυον. χρόνου δὲ πολλοῦ

(*II*) — V P L Mo Br R Cas (*III δ*) — M S N T F J —

---

5 ἐνέδυσαν] O ἑαυτοὺς εἰς τὰ β. τ. λ. ἐνέδυσαν C ἑαυτοὺς . . . ἐδίδοσαν E A Cr B Ba ἑαυτοὺς καθῆκαν U ἔδυσαν (om. ἑαυτοὺς) a 6 ἀναδύνοντες A εἰς τοσοῦτο κατεφρόνησαν B Ba 7 ὡς καὶ ἐπιβαίνοντες] Cr a ὡς ἐπιβαίνοντες C E ὡς ἐπιβαίνοντας A ὥστε ἐπιβαίνοντας B Ba ὡς καὶ εἰσβαίνοντες αὐτῷ ἐπεκαθέζοντο O ὡς ἀκίνητον ἀναβαίνειν ἐπάνω αὐτοῦ καθέζεσθαι U 10 τὸν—νωχελῆ om. E 11 ὕδρον . . . ὑφ οὗ E Cr C a ἐπέπεμψεν A 12 κατεσθίονται E Cr 13 νωθεῖς κτλ.] Hsr. ὅτι ἄμεινόν ἐστι νωθεῖς καὶ μὴ πονηροὺς ἔχειν ἄρχοντας ἢ ταρακτικοὺς καὶ κακούργους O A ὅτι ἄμεινον ὅτι ἄμεινον (sic) εἶναι (ἄμ. ἐστι Cr.) νωθ. κ. μὴ πον. ἔχ. ἀρχ. ἢ τακτικοὺς κ. κακ. C Cr ὅτι ἄμεινον νωθ. κ. μὴ πον. ἔχ. ἀρχ. (ἢ ins. St.) ἀτάκτους κ. κακ. E ὅτι ἄμεινόν ἐστι θεῷ πείθεσθαι (cf. Vi.) καὶ μὴ πον. ἔχ. ἀρχ. καὶ ἀτάκτους B Ba ὅτι ἄμ. ἐ. τῷ θεῷ πείθεσθαι ἢ πονηροὺς ἔχειν ἄρχοντας U ὁ λ. δ. ἄμεινον εἶναι εὐήθεις ἄρχοντας ἔχειν καὶ ἐπιεικεῖς ἢ ταρακτικοὺς καὶ κακούργους a

(*II*) 1 ἐπὶ τὴν ἀναρχίαν B J ἐπὶ om. Mo καὶ πρ. Br 2 παράσχοι Mo M T γ 3 εὐθείαν P βοήθειαν L βοὴν M. ἱκετείαν S μὴ παριδὼν τὴν αὐτῶν αἴτησιν F

---

44 (*II*)
haec immutavit (*III γ*) — F f Vo (= cod. Hudsonis, Huds. Hauptm. p. 126 Kor. 167 b) L —

2 παράσχοι 4 ἔπηξεν. συστελλόμενοι δὲ τῷ φόβῳ οἱ βάτραχοι

παρῳχηκότος ὡς ἀκίνητον τὸ ξύλον ἑώρων, ἀπεβάλοντο τὸν φόβον καὶ εἰς τοσοῦτον κατεφρόνησαν αὐτοῦ, ὥστε ἐπιβαίνειν καὶ ἐπικαθέζεσθαι τούτῳ. μὴ ἀξιοῦντες δὲ τοῦτον ἔχειν βασιλέα ἐκ δευτέρου ἦλθον πρὸς τὸν Δία παρακαλοῦντες αὖθις ἀλλάξαι αὐτόν. ὁ δὲ δέδωκεν αὐτοῖς ἔγχελυν εἰς βασιλέα. ἰδόντες δὲ καὶ τούτου τὴν εὐήθειαν οὐκ ἀπεδέξαντο αὐτόν. ἦλθον οὖν ἐκ τρίτου πρὸς τὸν Δία, ὅπως καὶ τοῦτον ἀλλάξῃ. ὁ δὲ Ζεὺς ἀγανακτήσας κατ᾿ αὐτῶν ὕδραν ἔπεμψεν αὐτοῖς, ὑφ᾿ ἧς συλληφθέντες οἱ βάτραχοι καθ᾿ ἕνα ἠσθίοντο.

ὁ μῦθος δηλοῖ, ὅτι ἄμεινόν ἐστι θεῷ πείθεσθαι καὶ μὴ πονηροὺς ἔχειν ἄρχοντας καὶ ταραχοποιούς.

---

6 ἀπεβάλλοντο Br δ (ἐπεβ- N) Cas Ch. **8** ἐπιβαίνειν ἐπ᾿ αὐτὸ Mo ἔχειν τοιοῦτον R τοῦτο ἔχειν Mo Br M S J **9** παρακαλοῦντες αὖθις ἀλλάξαι αὐτὸν] scr. παρεκάλουν αὖθις τὸν Δ. ἀλλάξαι αὐτόν R παρακαλοῦντες αὐτὸν (αὐτ. om. F) ἀλλάξαι αὐτόν V L P παρ. ἀλλ. αὐτό Mo παρακαλ. δὲ αὐτὸν ἀλλ. αὐτοῦ P παρακαλ. δὲ αὐτὸν (αὐτ. om. T) ἀλλάξαι T M S παρακ. δὲ ἀλλάξαι αὐτοῖς (αὐτ. om. Br) βασιλέα Br M N **10** δέδωκεν δὲ P δεδ. οὖν V Mo **11** εἰς βασιλέα] V Mo Br M βασιλέα P F deest in ceteris αὐτοῖς εὐθὺς Br Cas Ch. αὐτοῖς ἐγχέλυν τοῦ αὐθεντεύειν T **12** ἐλθόντων οὖν αὐτῶν Mo **14** ὕδρον S J ὕδραν δέδωκεν Mo ὑφ᾿ ἧς συλληφθέντες οἱ β. καθ᾿ ἕνα ἠσθίοντο] V συλλ. οὖν οἱ β. εἷς καὶ εἷς ἠσθίοντο παρὰ ταύτης Cas Ch. καὶ συλληφθέντες εἷς καὶ εἷς ἠσθίετο παρ᾿ αὐτῆς R ὑφ᾿ ἧς συλλαβόμενοι (συλληπτόμενοι Mo συλληφθέντες F) οἱ βάτραχοι ἕνα καθ᾿ ἕνα ἤσθιεν P L Mo M T F συλληφθ. οὖν οἱ β. ἕνα καθ᾿ ἕνα ἤσθιεν Br συλληφθέντων οὖν τῶν βατράχων καθ᾿ ἡμέραν εἷς καὶ εἷς κατησθίοντο N ἥτις εὐθὺς συλλαβοῦσα τούτους (ὃς τοὺς βατρ. συλλαμβάνων S) ἕνα καθ᾿ ἕνα ἤσθιεν S J **16** θεῷ ὑπακούειν καὶ Mo **17** ἄρχ. καὶ ὀχλοποιούς. L M S F καὶ ταρ. om. R

---

6 ὡς (ἕως F) ἑώρων τὸ ξύλον ἀκίνητον, ἀπεβάλοντο τὸν φόβον καὶ τοσοῦτον κατεφρόνησαν αὐτοῦ, ὡς **8** μὴ ἀξιοῦντες δὲ αὐτὸ ἔχειν εἰς βασιλέα **10** δεδώκει δὲ αὐτοῖς βασιλέα ἔγχελυν **11** οὐ κατεδέξαντο αὐτόν **12** πρὸς τὸν Δία καὶ παρεκάλουν, ὅπως καὶ τοῦτον αὐτοῖς ἀλλάξῃ **14** ὕδραν ἔπεμψε, ἥτις ἕνα καθ᾿ ἕνα τῶν βατράχων ἤσθιεν

45. βόες καὶ ἄξονες

(Halm 79 Ch. 70)

(*I*) βόες ἅμαξαν εἷλκον. τοῦ δὲ ἄξονος τρίζοντος ἐπιστραφέντες οὗτοι ἔφασαν πρὸς αὐτόν· „ὦ οὗτος, ἡμῶν τὸ ὅλον βάρος φερόντων σὺ κέκραγας;“

οὕτω καὶ τῶν ἀνθρώπων ἔνιοι ἑτέρων μοχθούντων αὐτοὶ προσποιοῦνται κάμνειν.

(*II*) βόες ἅμαξαν εἷλκον. τοῦ δὲ ἄξονος τρίζοντος ἐπιστραφέντες οἱ βόες εἶπον αὐτῷ· „ἡμῶν ὅλον τὸ βάρος φερόντων σὺ τί κράζεις;“

ὁ μῦθος δηλοῖ, ὅτι πολλοὶ τῶν ἀνθρώπων ἄλλων μοχθούντων ἕτεροι βάρος προσποιοῦνται.

46. Βορέας καὶ Ἥλιος

(Halm 82 Ch. 73)

Βορέας καὶ Ἥλιος περὶ δυνάμεως ἤριζον· ἔδοξε δὲ αὐτοῖς ἐκείνῳ τὴν νίκην ἀπονεῖμαι, ὃς ἂν αὐτῶν ἄνθρωπον ὁδοιπόρον ἐκδύσῃ. καὶ ὁ Βορέας ἀρξάμενος σφοδρὸς ἦν· τοῦ δὲ ἀνθρώπου ἀντεχομένου τῆς ἐσθῆτος μᾶλλον ἐπέκειτο. ὁ δὲ ὑπὸ τοῦ ψύχους καταπονούμενος ἔτι μᾶλλον καὶ περιττοτέραν ἐσθῆτα προσελάμβανεν, ἕως ἀποκαμὼν ⟨ὁ

---

45 (*I*) Philogelos Ebh. 48 — Babr. 52 tetr. II 10 **46** Plut. praec. coni. 12. 139 D Them. XVI p. 208 A Babr. 18

---

45 (*I*) — C F O E A Cr B Ba U (Salm.) (*II*) — V P L C Br — (*III δ*) — M S N W F — **46** — C O E Cr A U

---

45 (*I*) 1 εἵλκοντο οἱ δὲ ἄξονες τρίζοντες B Ba Salm. 2 οὗτοι] scr. οὕτως libri πρὸς τὴν ἅμαξαν ὦ αὕτη U 3 τί κράζεις Cas A Cr τί κραυγάζεις B Ba U 4 epimythium nullum in F A

(*II*) 1 ἕλκοντες N 2 αὐτῷ οὕτως L Br S F φέροντες N 3 τί om. L Br M S 5 αὐτοὶ βάρος Br N

46 2 ἀποδοῦναι, ὃς αὐτῶν . . . ἐκδύσει O Cr ἐκδῦσαι U ἀποδύσῃ E 3 ὁ om. O 4 τῇ ἐσθῆτι, μᾶλλον O 6 περιττότερον Cr O E ἕως ἂν O περιελ. ὃς C ὁ Βορέας inseruit Schn.

Βορ̣έας⟩ τῷ Ἡλίῳ μεταπαρέδωκε. κἀκεῖνος τὸ μὲν πρῶτον μετρίως προσέλαμψε· τοῦ δὲ ἀνθρώπου τὰ περισσὰ τῶν ἱματίων ἀποτιθεμένου σφοδρότερον τὸ καῦμα ἐπέτεινε, μέχρις οὗ πρὸς τὴν ἀλέαν ἀντέχειν μὴ δυνάμενος ἀποδυσάμενος ποταμοῦ παραῤῥέοντος ἐπὶ λουτρὸν ἀπ̣ήει.

ὁ λόγος δηλοῖ, ὅτι πολλάκις τὸ πείθειν τοῦ βιάζεσθαι ἀνυστικώτερόν ἐστι.

47. παιδίον ἐμοῦν σπλάγχνα

(Halm 348 Ch. 293)

(*I*) βοῦν τινες ἐπ' ἀγροῦ θύοντες τοὺς σύνεγγυς ἐκάλεσαν. ἐν δὲ τούτοις ἦν τις καὶ γυνὴ πενιχρά, μεθ' ἧς καὶ ὁ αὐτῆς παῖς εἰσῆλθε. προιούσης δὲ τῆς εὐωχίας τὸ παιδίον διὰ χρόνου πληρωθὲν τῶν σπλάγχνων καὶ τοῦ οἴνου, ἐπειδὴ ἐξωδήκει αὐτῷ ⟨ἡ γαστὴρ⟩, βασανιζόμενον ἔλεγεν· „ὦ μη-

---

47 (*I*) Plut. de vit. aere al. 8. 831 c Cr. de B. aet. 207. Babr. 34 tetr. I 28

---

47 (*I*) — C O E A B Ba U

---

7 μετεπαρέδωκε Cr E μετὰ τοῦτο παρέδωκε A παρέδωκε O αὐτὸν παρέδωκε U Ch. 11 ῥέοντος A παρήει E 13 ἀνυτικώτερον A

47 (*I*) 1 ἐπ' ἀγρῷ O B Ba τοὺς σύνεγγυς] recepi e Vi συγγενεῖς libri sed τοὺς γειτνιῶντας U 2 ὁ αὐτῆς παῖς] scripsi coll. Vi ἀλλότριος παῖς C E ἀλλοτρίας παῖς O A ἀλλότριος πᾶς U καὶ ὁ παῖς προσῆλθεν εἰς εὐωχίαν B Ba ὁ παῖς Ch. 3 προσιούσης O A U τὸ παιδίον om. C 4 τοῦ χρόνου O χρόνου πολλοῦ C U 4 sqq. vario modo quae in X corrupta exstabant interpretati sunt rhetores ἐπειδὴ ἐξωδήκει ⟨ἡ γαστὴρ⟩ βασανιζόμενον (i. e. doloribus cruciatus) ἔλεγε] interim scripsi C maxime secutus, qui ἐπειδὴ ἐξωδήκει καὶ δὴ βασανιζόμενος praebet, quocum consentit Vi ὀγκωθὲν τὴν γαστέρα. accedunt paraphrastae πληρώσαντος τοῦ παιδίου τὴν γαστέρα καὶ βασανιζόμενον U τὸ δὲ παιδίον τῶν κρεῶν πλῆσαν (πλήσας τοῦ οἴνου B) τὴν γ. καὶ ὀδυρόμενον B Ba. ad Babrii versum 34, 6 γαστρὸς ὄγκον ἀλγήσας haec redire videntur. sed plane alia praebent ceteri ἐπειδὴ προεστιᾶτο καὶ διαβασανιζόμενος (-ον St.) ἔλ. E „ἐπειδὴ προειστιᾶτο glossema“ Ch. ἐπ. προέστη αὐτὸ (-τῷ Schn.) καὶ δὴ βασανιζόμενον A ἐπ. προέστη αὐτὴ καὶ διαβασανιζομένη ἔλ. O — unde προσέστη αὐτῷ ⟨ἡ μήτηρ⟩ διαβασανιζομένη (i. e. oculis perlustrans) efficere possis

τερ, ἐμῶ τὰ σπλάγχνα.“ ἡ δὲ εἶπεν· „οὐχὶ τὰ σά, τέκνον, ἃ δὲ κατέφαγες.“

οὗτος ὁ λόγος ἁρμόττει πρὸς ἄνδρα χρεωφειλέτην, ὅστις ἑτοίμως τὰ ἀλλότρια λαμβάνων, ὅταν ἀποτίνειν δέῃ, οὕτως ἐπάχθεται ὡς οἴκοθεν προιέμενος.

(*II*) βουτῆρες ἐπ' ἀγροῦ θύοντες αἶγα τοὺς σύνεγγυς ἐκάλεσαν. ἐν δὲ τούτοις ἦν καὶ γυνὴ πενιχρά, μεθ' ἧς καὶ ὁ παῖς αὐτῆς. προιούσης δὲ τῆς εὐωχίας τὸ παιδίον ὀγκωθὲν τὴν γαστέρα ἐκ τῶν κρεῶν ὀδυνόμενον ἔλεγεν· „ὦ μῆτερ, ⟨ἐμῶ⟩ τὰ σπλάγχνα μου.“ ἡ δὲ μήτηρ αὐτοῦ εἶπεν· „οὐχὶ τὰ σά, τέκνον, ἃ δὲ κατέφαγες.“

ὁ μῦθος πρὸς ἄνδρα χρεωφειλέτην, ὅστις ἑτοίμως τὰ ἀλλότρια λαμβάνων ὅταν ἀπαιτηθῇ, οὕτως ἄχθεται ὡς οἴκοθεν αὐτὰ προδιδούς.

(*III γ*) βοτῆρες ἐν ἀγρῷ ἔθυον αἶγα. συνῆν δὲ αὐτοῖς καὶ γυνὴ πενιχρὰ μετὰ τοῦ ἑαυτῆς παιδός. τῆς δὲ εὐωχίας προιούσης καὶ ἐξογκωθείσης τῆς γαστρὸς τοῦ παιδὸς ἀπὸ τῶν κρεῶν ὀδυνώμενον ἔλεγεν· „ὦ μῆτερ, τὰ σπλάγχνα ἐμῶ.“ ἡ δὲ μήτηρ αὐτοῦ εἶπεν· „οὐχὶ τὰ σά, τέκνον, ἀλλ' ἃ κατέφαγες.“

(*II*) — V P L Br R Cas — (*III δ*) — M S N T F J — (*III γ*) — F f Vo (= cod. Hudsonis Hptm. 263 b Kor. 262 b) Laud (= Ch. 293 c)

---

6 ἐμῶ om. C E B Ba U ὁ δὲ εἶπεν C ὦ τέκνον A τέκνον om. C 9 ὅταν ἀπαιτηθῇ ταῦτα B Ba 10 ἐπάχθεται] Char. ἀπέχθηται libri ἄχθεται Vi

(*II*) 1 βοτήρων ἐπ' ἀγρῷ θυόντων R Cas βοτῆρες γ ἐπ' ἀγρὸν P L S T F τοὺς συνέγγυς . . . τούτοις om. R Br N J 2 σὺν αὐτοῖς δὲ ἦν R Cas 4 ὀδυνώμενον T γ ὀδυρόμενον L M S F 5 ἐμῶ inserui ex Aug., ἤμεσεν ante ὀδυνόμενον Fu., μου in fine sententiae in ἐμῶ commutat Ch. 8 λαμβάνων κατεσθήειν (= ἤσθιες) M ὅταν δ' ἀπέλθη Br τοῦ δανειστοῦ ἐλθόντος καὶ τὸ χρέος αἰτοῦντος ἄχθ. ὡς οἴκ. αὐτὰ ἀποδώσων J ἀπαιτ. ταῦτα R Cas ὡς . . . προδιδοὺς] V M T γ αὐτῶ (αὐτὰ F) προδίδωσιν P L F αὐτὰ προσδιδόναι Br F ὥσπερ ἐὰν (εἰ S) οἴκ. ταῦτα (αὐτὰ S) ἐδίδου (ἀπεδ. S) R S Cas

(*III γ*) 4 σπλάγχνα ἐμῶ] ut in Vi Ch. σπλάγχνα μου libri

ὁ μῦθος [δηλοῖ] πρὸς ἄνδρα χρεωφειλέτην, ὅςτις τὰ ἀλλότρια ἑτοίμως ἀπολαμβάνων, ὅταν ταῦτα ἀπαιτηθῇ, οὕτως ἄχθεται ὡς οἴκοθεν αὐτὰ προδιδούς.

48. βωταλίς

(Halm 85 Ch. 75)

(*I*) βωταλὶς ἀπό τινος θυρίδος κρεμαμένη νυκτὸς †ἀφείλετο ἀπ᾿ αὐτῆς τὴν φωνὴν καὶ προςελθοῦςα ἡ νυκτερὶς ἐπυνθάνετο αὐτῆς τὴν αἰτίαν, δι᾿ ἣν ἡμέρας μὲν ἡςυχάζει, νύκτωρ δὲ ᾄδει. τῆς δὲ λεγούςης ὡς οὐ μάτην τοῦτο πράττει, ἡμέρας γάρ ποτε ᾄδουςα ςυνελήφθη, διὸ ἀπ᾿ ἐκείνου ἐςωφρονίςθη, [καὶ] ἡ νυκτερὶς εἶπεν· „ἀλλ᾿ οὐ νῦν ςε δεῖ φυλάττεςθαι, ὅτε οὐδὲν ὄφελός ἐςτι, τότε δὲ πρὶν καὶ ςυλληφθῆναι."

ὁ λόγος δηλοῖ, ὅτι ἐπὶ τοῖς ἀτυχήμαςι μετάνοια ἀνωφελὴς καθέςτηκεν.

(*III*) βουταλὶς ἀπό τινος θυρίδος ἐκρέματο. νυκτερὶς δὲ προςελθοῦςα ἐπυνθάνετο τὴν αἰτίαν, δι᾿ ἣν ἡμέρας μὲν ἡςυχάζει, νύκτωρ δὲ ᾄδει. τῆς δὲ μὴ μάτην τοῦτο ποιεῖν λεγούςης,

---

48 (*I*) hanc quoque in fabulam cadit, quod ad antecedentem adnotavi; codicem C maxime secutus sum, quocum iterum consentiunt paraphrastae

---

48 (*I*) — C B Ba U E A — (*I* a) (*III γ*) (*III β*) (*III α*)

---

7 δηλοῖ seclusi

48 (*I*) 1 βωταλίς quaenam avis vocetur inexploratum — οὔταλις praefert Huds. βωταλὶς ... νυκτὸς ἀφείλετο ἀπ᾿ αὐτῆς τὴν φωνὴν καὶ προςελθ. ἡ νυκτ.] C β ... κρεμαμένη νυκτ. ἀφηρῆτο αὐτῆς τὴν φ. καὶ προς. ἐπ. B Ba βοτάλης (cf. *I α*) ... κρεμάμενος νυκτ. ἀφείλετο αὐτῆς τὴν φ. κ. προς. ἐπ. ἀπ᾿ αὐτῆς U. in quibus quae sensu carent ἀφείλετο ἀπ᾿ αὐτῆς τὴν φωνὴν in ἀφίει ἁπαλὴν τὴν φωνὴν mutanda puto. ἀφεῖτο ἀπ᾿ αὐτῆς τ. φ. Haas dissentiunt E A βωταλὶς (βοτ. E) ἀπό τινος (ἀ. τ. bis E) θυρ. κρεμαμένη (-ωμένη E) νυκτὸς ἦδε· νυκτερὶς δὲ ἀφείλετο (ἀπ᾿ A) αὐτῆς τὴν φωνὴν καὶ προςελθ. αὐτῇ ἐπυνθ. E A in brevius redacta et immutata haec in *I α* leguntur βοτάλην κρεμαμένην εἶδεν νυκτερίς ἀφείλετο δ᾿ ἀπ᾿ αὐτῆς τὴν φ καὶ προςελθ. αὐτῇ ἐπυνθ. 4 ἡμέρας μὲν γὰρ πότον ᾄδ. C 5 ςυνελήφθην A U a ἐςωφρονίςθην U a καὶ διὰ τούτου ἀπ᾿ B Ba U 6 καὶ seclusit Halm ἀλλὰ δεῖ ςε νῦν C 7 πρὶν ἢ E πρὸ τοῦ ςυλλ. B Ba U 8 ἡ μετάνοια B Ba U

ἡμέρας γάρ ποτε ᾄδουσα συνελήφθη καὶ διὰ τοῦτο ἀπ' ἐκείνου ἐσωφρονίσθη, ἡ νυκτερὶς εἶπεν· „ἀλλ' οὐ νῦν σε φυλάττεσθαι δεῖ, ὅτε μηδὲν ὄφελος, ἀλλὰ πρὶν ἢ συλληφθῆναι."

ὁ μῦθος δηλοῖ, ὅτι ἐπὶ τοῖς ἀτυχήμασιν ἀνόνητος ἡ μετάνοια.

49. βουκόλος

(Halm 83 Ch. 74)

(*I*) βουκόλος βόσκων ἀγέλην ταύρων ἀπώλεσε μόσχον. περιελθὼν δὲ καὶ μὴ εὑρὼν ηὔξατο τῷ Διί, ἐὰν τὸν κλέπτην εὕρῃ, ἔριφον αὐτῷ θῦσαι. ἐλθὼν δὲ εἴς τινα δρυμῶνα καὶ θεασάμενος λέοντα κατεσθίοντα τὸν μόσχον περίφοβος γενόμενος ἐπάρας τὰς χεῖρας εἰς τὸν οὐρανὸν εἶπε· „Ζεῦ δέσποτα, πάλαι μέν σοι ηὐξάμην ἔριφον θῦσαι, ἂν τὸν κλέπτην εὕρω, νῦν δὲ ταῦρόν σοι θύσω, ἐὰν τὰς τοῦ κλέπτου χεῖρας ἐκφύγω."

οὗτος ὁ λόγος λεχθείη ἂν ἐπ' ἀνδρῶν δυστυχούντων, οἵτινες ἀπορούμενοι εὔχονται εὑρεῖν, εὑρόντες δὲ ζητοῦσιν ἀποφυγεῖν.

(*II*) βουκόλος ἀγέλην ταύρων βόσκων ἀπώλεσε μόσχον. περιελθὼν δὲ πᾶσαν τὴν ἔρημον διέτριβεν ἐρευνῶν. ὡς δὲ οὐδὲν εὑρεῖν ἠδυνήθη, ηὔξατο τῷ Διὶ οὕτως, ὅτι, „ἐὰν τὸν κλέπτην τὸν λαβόντα τὸν μόσχον ὑποδείξῃς μοι, ἔριφόν

---

49 (*I*) Babr. 23 Synt. 12 cf. fasc. 2 p. 159

---

49 (*I*) — C O E A B Ba U (*II*) — V P L Br R Cas — (*III δ*) — M S N W T F J (*III γ*)

(*III*) 4. 5 συνελήφθην — ἐσωφρονίσθην *β* (praeter P) Kor. (cf. Aug.) 8 ἀνόητος *γ* excepto Vo

49 (*I*) 3 θύσειν B Ba atque idem 6 6 ὦ δέσποτα Ζεῦ O U πολλὰ pro πάλαι C εἰ pro ἂν B Ba U 7 σοι om. A προσενέγκω O

(*II*) 2 πᾶσαν om. V 3 οὐδὲν ὤνατο N οὐκ ἠδ. τοῦτον εὑρ. S αὐτὸν pro ἐὰν τὸν P M S 4 αὖθίς μοι ὑποδ. V Br N J μοι (μου J) ὑποδ. M T

σοι εἰς θυσίαν προσάξω.“ καὶ δὴ ἐρχομένου αὐτοῦ εἴς τινα δρυμὸν εὑρίσκει λέοντα κατεσθίοντα τὸν τοιοῦτον μόσχον. ἔμφοβος οὖν γενόμενος καὶ μεγάλως δειλιάσας, ἐπάρας τὰς χεῖρας αὐτοῦ εἰς τὸν οὐρανὸν εἶπεν· „ὦ δέσποτα Ζεῦ, ἐπηγγειλάμην σοι ἔριφον δοῦναι, ἐὰν τὸν κλέπτην εὕρω, νῦν δὲ ταῦρόν σοι θύσω, ἐὰν τούτου τὰς χεῖρας ἐκφύγω.“

ὁ μῦθος ἐπὶ ἀνδρῶν δυστυχούντων, οἵτινες ἀπορούμενοι εὔχονται εὑρεῖν, εὑρόντες δὲ ζητοῦσιν ἀποφυγεῖν.

(*III*) βουκόλος ἀγέλην ταύρων βόσκων ἀπώλεσε μόσχον. περιελθὼν δὲ πᾶσαν τὴν ἔρημον διέτριβεν ἐρευνῶν. ὡς δὲ οὐδὲν εὑρεῖν ἐδυνήθη, ηὔξατο τῷ Διί, ἂν τὸν λαβόντα τὸν μόσχον κλέπτην ὑποδείξῃ, ἔριφον εἰς θυσίαν προσάξειν. καὶ δὴ ἐρχόμενος εἴς τινα δρυμὸν εὑρίσκει λέοντα κατεσθίοντα τὸν μόσχον. ἔμφοβος οὖν γενόμενος καὶ μέγα δειλιάσας ἐπάρας τὰς χεῖρας αὐτοῦ εἰς τὸν οὐρανὸν εἶπεν· „ὦ δέσποτα Ζεῦ, ἐπηγγειλάμην σοι ἔριφον δώσειν, ἐὰν τὸν κλέπτην εὕρω, νῦν ταῦρόν σοι δώσειν ὑπισχνοῦμαι, ἐὰν τούτου τὰς χεῖρας ἐκφύγω.“

ὁ μῦθος πρὸς ἄνδρας δυστυχεῖς, οἵτινες ἀποροῦντες μὲν εὔχονται εὑρεῖν, εὑρόντες δὲ ζητοῦσιν ἀποφυγεῖν.

(*III* α) (*III* β L l λ Jen J G Mo, qui cum Vind. faciunt)

---

5 σοι om. PR post προσάξω collocant LMS δὴ ἐρχομένου] VL διερχομένου P Br T J γ δὴ διερχόμενος αὐτὸς εὑρ. R δὴ διερχομένου S W Cas Ch. 6 δρυμόνα LMSN δρόμον Cas τοῦτον τὸν μόσχον Ch. τὸν μόσχον γ 8 Ζεὺς MN ὦ Ζεῦ βασιλεῦ γ 9 εὑρήσω R Cas δ (praeter NJ) 10 θῦσαι γ ἐὰν τούτου (τοῦ-του P) τὰς χεῖρας ἐκφύγω] VPLST ἐὰν τούτου ἐκφ. M ἐὰν τ. χ. αὐτοῦ ἐκφ. Br NJ ἐ. τ. χ. ἐκφύγω τοῦ κλέπτου (λέοντος B) B W γ ἐ. τ. χ. τοῦ κλ. ἤγουν τοῦ λέοντος ἐκφύγω Cas ἐ. τὰς χεῖρας τοῦ κλέπτου ἐκφύγω Ch. 11 epimythium nullum in R. οἵτινες ... εὑρεῖν om. Br N ἀπορούμενοι μὲν Kor. οἵτ. ὑπ᾿ ἀπορίας εὔχ. πολλάκις τὸ αἴτιον εὑρεῖν S οἳ καὶ τὰς αἰτήσεις εὑρ. ζητ. ἀποφ. J 12 εὔχ. τοῦ εὑρεῖν PMT ἀποροῦντές τινος ... ἐπὰν δὲ εὕρωσι, ζητ. ἀπαλλαγῆναι γ

(*III*) 3 λαβόντα μόσχον α Acc. τὸν suprascr. K λ. τὸν μ. β. (= Vi) 8 δώσειν] α Acc. θύσω β (= Vi) θύσειν editores 9 νῦν δὲ Ch.

50. γαλῆ καὶ Ἀφροδίτη

(Halm 88 Ch. 76)

(*I*) γαλῆ ἐραcθεῖcα νεανίcκου εὐπρεποῦc ηὔξατο τῇ Ἀφροδίτῃ, ὅπωc αὐτὴν μεταμορφώcῃ εἰc γυναῖκα. καὶ ἡ θεὸc ἐλεήcαcα αὐτῆc τὸ πάθοc μετετύπωcεν αὐτὴν εἰc κόρην εὐειδῆ. καὶ οὕτωc ὁ νεανίcκοc θεαcάμενοc αὐτὴν καὶ ἐραcθεὶc οἴκαδε ὡc ἑαυτὸν ἀπήγαγε. καθημένων δ' αὐτῶν ἐν τῷ θαλάμῳ ἡ Ἀφροδίτη γνῶναι βουλομένη, εἰ μεταβαλοῦcα τὸ cῶμα ἡ γαλῆ καὶ τὸν τρόπον ἤλλαξε, μῦν εἰc τὸ μέcον καθῆκεν. ἡ δὲ ἐπιλαθομένη τῶν παρόντων ἐξαναcτᾶcα ἀπὸ τῆc κοίτηc τὸν μῦν ἐδίωκε καταφαγεῖν ἐθέλουcα. καὶ ἡ θεὸc ἀγανακτήcαcα κατ' αὐτῆc πάλιν αὐτὴν εἰc τὴν ἀρχαίαν φύcιν ἀποκατέcτηcεν.

οὕτω καὶ τῶν ἀνθρώπων οἱ φύcει πονηροί, κἂν φύcιν ἀλλάξωcι, τὸν γοῦν τρόπον οὐ μεταβάλλονται.

(*II*) γαλῆ ἐραcθεῖcα νεανίcκου τινὸc εὐπρεποῦc ηὔξατο τῇ Ἀφροδίτῃ, ὅπωc αὐτὴν μεταμορφώcῃ εἰc γυναῖκα. καὶ δὴ ἐλεήcαcα αὐτὴν ἡ θεὸc μετεποίηcεν αὐτὴν εἰc κόρην εὐειδῆ. ἐραcθεὶc οὖν ὁ νεανίαc τοῦ κάλλουc αὐτῆc ἀπήγαγεν αὐτὴν εἰc τὸν οἶκον αὐτοῦ. καθεζομένων δὲ αὐτῶν ἐν τῷ θαλάμῳ ἡ Ἀφροδίτη γνῶναι βουλομένη, εἰ μεταβαλοῦcα τὸ cῶμα καὶ τὸν τρόπον ἤλλαξεν, μῦν εἰc τὸ μέcον καθῆκεν. ἡ δὲ

---

50 (*I*) Gregor. Naz. III 1218 M Tzetzes chil. IV 941 Rutherf. XLIV, 5 — Babr. 32 tetr. I 39

---

50 (*I*) — C F O E A B Ba U — (*II*) — V P L Br Cas — (*III δ*) — M S (mutilus) N W T F J — (*III γ*)

---

50 (*I*) 2 αὐτὴν om. A 7 μόνον ἡ γ. B Ba καθήλλαξε A καὶ μῦν E 8 τοῦ νυμφίου καὶ τῶν παρόντων C 9 θέλουcα O A U 10 αὐτὴν om. C F 12 πονηροὶ κατὰ πάντα A 12 μεταλλάccουcι A

(*II*) 1 τινὸc om. V T N F J ἠράcθη τινὸc νεωτέρου εὐπρ καὶ *γ* 3 εὐθὺc pro ἡ θεὸc T μετεποιήcατο *δ* praeter N J *γ* Cas Ch. 4 νεανίcκοc L Br, *δ* praeter T Cas Ch. 7 τρόπον καὶ τὴν γνώμην P T τῷ τρόπῳ τὴν γνώμην om. ἤλλαξε F

ἐπιλαθομένη τῶν παρόντων ἀναστᾶσα ἀπὸ τῆς κοίτης τὸν μῦν κατεδίωκεν καταφαγεῖν ἐθέλουσα. ἀγανακτήσασα οὖν ἡ θεὸς πάλιν αὐτὴν εἰς τὴν ἰδίαν φύσιν ἀπεκατέστησεν.

ὁ μῦθος δηλοῖ, ὅτι οὕτω καὶ τῶν ἀνθρώπων οἱ φύσει πονηροί, κἂν τὴν φύσιν ἀλλάξωσι, τὸν γοῦν τρόπον οὐκ ἀλλάσσουσιν.

51. γεωργὸς καὶ ὄφις

(Halm 96 Ch. 81)

(*I*) γεωργοῦ παῖδα ὄφις ἑρπύσας ἀπέκτεινεν. ὁ δὲ ἐπὶ τούτῳ δεινοπαθήσας πέλεκυν ἀνέλαβε καὶ παραγενόμενος εἰς τὸν φωλεὸν αὐτοῦ εἱστήκει παρατηρούμενος, ὅπως, ἂν ἐξίῃ, εὐθέως αὐτὸν πατάξῃ. παρακύψαντος δὲ τοῦ ὄφεως κατενεγκὼν τὸν πέλεκυν τοῦ μὲν διήμαρτε, τὴν δὲ παρακειμένην πέτραν διέκοψεν. εὐλαβηθεὶς δὲ ὕστερον παρεκάλει αὐτόν, ὅπως αὐτῷ διαλλαγῇ. ὁ δὲ εἶπεν· „ἀλλ᾽ οὔτε ἐγὼ δύναμαι σοὶ εὐνοῆσαι ὁρῶν τὴν κεχαραγμένην πέτραν οὔτε σὺ ἐμοὶ ἀποβλέπων εἰς τὸν τοῦ παιδὸς τάφον.“

ὁ λόγος δηλοῖ, ὅτι αἱ μεγάλαι ἔχθραι οὐ ῥᾳδίας τὰς μεταλλαγὰς ἔχουσι.

(*III δ*) ὄφις γεωργοῦ παῖδα δήξας ἐν τῷ ποδὶ παραχρῆμα νεκρὸν ἔδειξεν. ὁ δὲ πατὴρ τῇ λύπῃ συσχεθεὶς καὶ πέλεκυν ἁρπά-

---

51 (*I*) Babr. 167 tetr. I 43 (*II*) versibus inclusam hanc fabulam exhibent V O P Mo Cas T W pedestri oratione enarratur ita in Br N (= Ch. 81 b) cf. Ch. 81 c

---

51 (*I*) — C F Cas Cr O E A B Ba U — (*II*) (*III δ*)

---

8 τῆς κλήνης P παρόντων καὶ αὐτοῦ τοῦ θαλάμου *γ* ἀπὸ om. *γ* 9 ἐδίωκε L Br N S *γ* ἔδραμε πρὸς τὸν μῦν F ἀγαν. δὲ ἡ Cas L Br *δ* praeter T J 10 ἀποκατ. C A ἀπεκατ. φύσιν *γ* 11 φύσει om. P L 12 οὐκ ἀλλάξουσιν V P Br variatum in *δ* hoc epim., de cuius fine nil in X annotatum fuisse videtur ὅτι οἱ πον. τ. ἀνθρ. . . . μεταβάλλουσι *γ*

51 (*I*) 1 ἕρπουσα C E ἀπὸ τούτου Cas 3 αὐτῆς E 4 καὶ εὐθέως O εὐθὺς αὐτὸν πατάξειν Cas κατήνεγκε τὸν πέλ. καὶ O τοῦ μὲν ὄφεος Cr 5 τὰς παρακειμένας πέτρας C E 6 ἔκοψεν E U 7 διαλλαγῇ αὐτῷ Cas αὐτοῦ διαλλαγείη A ἀλλ᾽ om. O B 9 ἐμοὶ om. C F 11 καταλλαγὰς B Ba U Kor. Ch.

(*III δ*) 1 δακὼν N Ch.

cας ἐπειρᾶτο φονεῦcαι τὸν ὄφιν. καὶ δὴ καταλαβὼν αὐτὸν θερείοντα cτερρῶc καταφέρει τὸ ξίφοc κατὰ τοῦ ὄφεωc. ἀcτοχήcαc δὲ τοῦ θανατῶcαι αὐτὸν τὴν οὐρὰν ἀπέτεμε μόνην· ὁ δὲ ὄφιc ἐν τῷ φωλεῷ εἰcέδυ. φοβηθεὶc οὖν ὁ γεωργόc, μή πωc ἀμύνηται αὐτὸν καὶ φονεύcῃ, λαβὼν ἄλευρον καὶ μέλι ἐξεκάλει τὸν ὄφιν πρὸc εἰρήνην. ὁ δὲ ἔνδον ὢν τοῦ φωλεοῦ ἔφηcε τῷ ἀνθρώπῳ· „ἀπὸ τοῦ νῦν μηκέτι κάμνῃc· φιλία γὰρ ἐν ἡμῖν οὐκέτι προcγενήcεται, διότι ἐγὼ μὲν τὴν οὐρὰν βλέπων λυποῦμαι, cὺ δὲ τοῦ υἱοῦ τὸν τύμβον ὁρῶν οὐκέτι εἰρηνεύcειc."

ὁ μῦθοc δηλοῖ, ὅτι οὐκ ἐπιλανθάνεταί τιc ⟨τὴν⟩ τῶν κακῶν ἀμοιβήν, ἂν τὸ μνημόcυνον βλέπῃ, περὶ οὗ ἐλυπήθη.

ὄφιc ἐν γεωργοῦ προθύροιc φωλεύων ἀνεῖλεν αὐτοῦ τὸ νήπιον παιδίον. πένθοc δὲ τοῖc γονεῦcιν ἐγένετο μέγα. ὁ δὲ πατὴρ ὑπὸ τῆc λύπηc πέλεκυν λαβὼν ἔμελλεν τὸν ὄφιν ἐξελθόντα φονεύcειν. ὡc δὲ ἔκυψε μικρόν, cπεύcαc ὁ γεωργὸc τοῦ πατάξαι αὐτὸν ἠcτόχηcε μόνον κρούcαc τὴν τῆc τρώγληc ὀπήν. ἀπελθόντοc δὲ τοῦ ὄφεωc ὁ γεωργὸc νομίcαc τὸν ὄφιν μηκέτι μνηcικακεῖν, λαβὼν ἄρτον καὶ ἅλαc ἔθηκεν ἐν τῇ τρώγλῃ. ὁ δὲ ὄφιc λεπτὸν cυρίξαc εἶπεν· „οὐκ ἔcται ἡμῖν ἀπάρτι πίcτιc ἢ φιλία, ἕωc ἂν ἐγὼ τὴν πέτραν ὁρῶ, cὺ δὲ τὸν τύμβον τοῦ τέκνου." (*III*)

ὁ μῦθοc δηλοῖ, ὅτι οὐδεὶc μίcουc ἢ ἀμύνηc ἐπιλανθάνεται, ἐφ' ὅcον βλέπει μνημόcυνον, δι' οὗ ἐλυπήθη.

(*III γ*) — *Φ Γ* acc. W (*δ*) (*III α*) cf. par. Bo Kn. 118

2 θερείοντα] Bölte, θηρεύοντα libri **4** καταφ. τὸν πέλεκυν N Ch. **6** εἰc ἔδει N **10** ἡμῖν ὅλωc οὐ προcγ. Br **11** διότι] Ch. διὰ τὸ libri βλέπων om. N οὐ δὲ pro cὺ δὲ N **12** εἰρηνείcῃ N **13** τὴν ins. Char. **14** ἀυοιβῶν Br

(*III*) **3** καὶ ὁ πατὴρ Kor. ἀπὸ τῆc *γ* **4** τῆc τρώγληc ἐξελθόντα φονεῦcαι *γ* **5** sqq. ita conformata in *γ*. κρούcαντοc (κρούcαc *Γ* W) τῇ τῆc τρώγληc ὀπῇ. ἀπῆλθε δὲ ὁ ὄφιc. λογιζόμενοc οὖν ὁ γεωργόc, ὡc (ὅπωc *Γ*) οὐ φυλάccει μνήμην ὁ ὄφιc λαβὼν ἄρτον καὶ ἅλαc ἀφῆκεν ἐφῆκεν *Γ* ἀπῆλθεν *Φ*) **9** φιλία, ἐγὼ γὰρ τὸν λίθον ὁρῶ, αὐτὸc δὲ τὸν τοῦ τέκνου τόπον *γ* **10** τύμβον] Aldus τόπον *γ α* Acc. τοῦ cοῦ τέκνου *γ* **11** ἐπιλάθεται W ἐπιλάθηται *γ*

52. γεωργὸς καὶ κύνες

(Halm 95 Ch. 80)

(*I*) γεωργὸς ὑπὸ χειμῶνος ἐναποληφθεὶς ἐν τῇ ἐπαύλει ἐπειδὴ οὐκ ἠδύνατο προελθεῖν καὶ ἑαυτῷ τροφὴν πορίσαι, τὸ μὲν πρῶτον τὰ πρόβατα κατέφαγεν. ἐπειδὴ δὲ ἔτι ὁ χειμὼν ἐπέμενε καὶ τὰς αἶγας κατεθοινήσατο. ἐκ τρίτου δέ, ὡς οὐδεμία ἄνεσις ἐγίνετο, καὶ ἐπὶ τοὺς ἀροτῆρας βοῦς ἐχώρησεν. οἱ δὲ κύνες θεασάμενοι τὰ πραττόμενα ἔφασαν πρὸς ἀλλήλους· „ἀπιτέον ἡμῖν ἐστιν ἐνθένδε· ὁ δεσπότης γάρ, εἰ οὐδὲ τῶν συνεργαζομένων βοῶν ἀπέσχετο, ἡμῶν πῶς φείσεται;"

ὁ λόγος δηλοῖ, ὅτι δεῖ τούτους μάλιστα φυλάττεσθαι, οἳ οὐδὲ τῆς κατὰ τῶν οἰκείων ἀδικίας ἀπέχονται.

(*II*) γεωργὸς ὑπὸ χειμῶνος ἐναποληφθεὶς ἐν τῷ προαστείῳ αὐτοῦ ἀπορῶν τροφῆς πρῶτον μὲν τὰ πρόβατα αὐτοῦ κατέφαγεν, ἔπειτα τὰς αἶγας. ὡς δὲ ὁ χειμὼν ἐπεκράτει, ἐπὶ τοὺς ἀροτῆρας βοῦς ἐχώρησεν. ἰδόντες δὲ ταῦτα οἱ κύνες ἔφησαν πρὸς ἀλλήλους· „πορευθῶμεν οὖν ἡμεῖς ἔνθεν.

---

52 (*II*) lacunosa haec fabula in plerisque libris traditur. integram sed satis exilem exhibent V Mo, lacunas Augustanam ut semper secutus Cas explevit, Accursianam accivit L

---

52 (*I*) — C F Cr O E A B Ba U — (*II*) — V P L Mo Br Cas (= Ch. 80 b) — (*III δ*) — M S N W —

---

52 (*I*) **2** καὶ om. A Cr B Ba ἐπ' αὐτῷ τροφὴν ἀπορῆσαι B Ba πορίσασθαι A U τὸ μὲν πρῶτον om. C F **3** ἐπεὶ δ' ἔτι O ἔτι om. C F A **5** ἐγένετο C F O B Ba καὶ om. O A B Ba **7** ἐστιν om. A E Cr U ἐστιν ἡμῖν ἐνθένδε om. O τὴν ἐνθάδε A εἰ γὰρ ὁ δεσπότης οὐδὲ O **8** εἰ om. C F οὐ pro οὐδὲ C συνεργουμένων C ἐργαζομένων E καὶ ἡμῶν C F ἡμῶν δὲ E B Ba **10** ὁ λόγος διδάσκει δεῖν C F Cr B Ba φυλάττεσθαι μάλιστα A **11** οἳ om. F κατὰ om. E A οὐ δὲ τῶν οἰκείων ἀπέχονται B Ba

(*II*) **1** γεωργός τις P L Cas W ἀναληφθεὶς Br καταλ. N **2** ἀπορῶν δὲ Br ἀποροῦντος N ἀπορῶν τροφῆς ἀπο ῶν (spatium 3 literarum) τὰ πρόβ. P **3** τὰς αἶγας ἔφαγεν Mo ἐ τὰς (spat. 4 lit.) P δὲ καὶ τὰς Br αἶγας εἶτα καὶ τοὺς βόας N ἔπ. ἔφαγεν καὶ τοὺς βόας Mo **4** ἐπὶ ἀρ. β. (spat. 4 lit.) P ἐπὶ ... ἐχώρησεν om. Br N W δὲ om. Br N W ταῦτα om. P N **5** παρέλθωμεν (πορευθῶμεν W) ἐντεῦθεν Cas W κἂν ἡμεῖς Mo

ὡς ὁρῶμεν γάρ, ὅτι ὁ κύριος ἡμῶν τοὺς ἐργάτας βόας οὐκ ἐφείσατο, ἡμῶν δὲ πῶς φείσεται;“

ὁ μῦθος δηλοῖ, ὅτι τούτους μάλιστα ἐκφεύγειν καὶ φυλάττεσθαι χρή, οἵτινες οὐδὲ τῶν οἰκείων ἀπέχονται.

δεσπότης καὶ κύνες

ἀνήρ τις ὑπὸ χειμῶνος ἐν τῷ αὐτοῦ προαστείῳ ἀπο- (*III*) ληφθεὶς πρῶτα μὲν τὰ πρόβατα κατέφαγεν, εἶτα τὰς αἶγας. τοῦ δὲ χειμῶνος ἐπικρατοῦντος καὶ τοὺς ἐργάτας βοῦς σφάξας ἐθοινήσατο. οἱ δὲ κύνες ταῦτα ἰδόντες διελέχθησαν πρὸς ἀλλήλους· „φεύγωμεν ἀλλ' ἡμεῖς γε ἐντεῦθεν· εἰ γὰρ τῶν ἐργατῶν βοῶν ὁ δεσπότης ἡμῶν οὐκ ἐφείσατο, πῶς ἡμῶν φείσεται;“

ὁ μῦθος δηλοῖ, ὅτι τούτους μάλιστα φεύγειν καὶ φυλάττεσθαι χρή, οἵτινες οὐδὲ τῶν οἰκείων ἀπέχονται.

53. γεωργοῦ παῖδες

(Halm 103 Ch. 86)

γεωργοῦ παῖδες ἐστασίαζον. ὁ δέ, ὡς πολλὰ παραινῶν (*I*) οὐκ ἠδύνατο πεῖσαι αὐτοὺς λόγοις μεταβαλέσθαι, ἔγνω δεῖν διὰ πράγματος τοῦτο πρᾶξαι καὶ παρῄνεσεν αὐτοῖς ῥάβδων δέσμην κομίσαι. τῶν δὲ τὸ προσταχθὲν ποιησάντων τὸ μὲν πρῶτον δοὺς αὐτοῖς ἀθρόας τὰς ῥάβδους ἐκέλευσε κατεάσσειν. ἐπειδὴ δὲ καίπερ βιαζόμενοι οὐκ ἠδύναντο, ἐκ δευτέρου

---

53 (*I*) Plut. de garrul. 17. 511 C Babr. 47

(*III γ*) (*III β*) (*III α*) **53** (*I*) — C F O E A Cr U (mutilus) —

6 ὅτε Char. τῶν ἐργαζομένων βοῶν W Ch. 7 δὲ delet Ch. 8 τοὺς μάλ. P ἐκείνους μάλ. Mo μάλιστα om. W παραφεύγειν Mo 9 τῶν σημείων L φείδονται pro ἀπέχονται Mo N

(*III*) 1 γεωργός τις *γ* ἀπολ. καὶ τροφῆς ἀπορῶν *γ β* Plan 5 ἐνθένδε *γ β* ἐνθένδεν L Plan 8 ἐκφεύγειν *γ β* Plan

53 (*I*) 1 ὁ δὲ om. F ὁ δὲ ὡς om. U 2 μεταβαλλέσθαι (sic) A U — μεταβάλλεσθαι Ch. δεῖν πράγματι A δεῖν πρᾶγμα F δεῖν διὰ τὰ πράγματα Cr δὴ διὰ πραγμάτων O 3 παρήγγειλεν C 4 δέσμον F δέσμια A Cr ποιησαμένων C F 5 κατεάσειν F E A κατεάξαι O 6 καίπερ βιαζόμενοι] C F καὶ περιβιαζόμενοι A Cr O κατὰ πᾶν βιαζόμενοι E

λύcαc τὴν δέcμην ἀνὰ μίαν αὐτοῖc ῥάβδον ἐδίδου. τῶν δὲ ῥᾳδίωc κατακλώντων ἔφη· „ἀτὰρ καὶ ὑμεῖc, ὦ παῖδεc, ἐὰν μὲν ὁμοφρονῆτε, ἀχείρωτοι τοῖc ἐχθροῖc ἔcεcθε, ἐὰν δὲ cταcιάζητε, εὐάλωτοι."

ὁ λόγοc δηλοῖ, ὅτι τοcοῦτον ἰcχυροτέρα ἐcτὶν ἡ ὁμόνοια, ὅcον εὐκαταγώνιcτοc ἡ cτάcιc.

haec variata in B Ba

υἱούc τιc ἔχων πολλοὺc καὶ μὴ ὁμονοοῦνταc τούτουc ἐν μιᾷ καλέcαc ὁ πατὴρ καὶ ῥάβδον αὐτοῖc ἐπιδώcαc ἔφη· „θέλω κατεάξαι ταύτην τὴν ῥάβδον" καὶ κατέαξαν αὐτήν. ὁ δὲ πάλιν ἐπέδωκεν αὐτοῖc ῥάβδουc πολλὰc κατεάξαι καὶ οὐκ ἠδυνήθηcαν κατεάξαι αὐτάc. ὁ δὲ ἔφη πρὸc αὐτούc· „βλέπετε ὡc οὐκ ηὐπορήcατε κατεάξαντεc τὰc ῥάβδουc· οὕτωc καὶ ὑμεῖc, ἐὰν ὁμονοοῦντέc ἐcτε, οὐδεὶc ὑμᾶc βλάψει."

ὅτι καλὸν ἔργον ὁμόνοια καὶ τοῖc πᾶcιν εὐάρμοcτον.

Weinb. 21. 22 Ch. 86 e

(*II*) γεωργοῦ παῖδεc ἐcταcίαζον. ὁ δὲ πατὴρ αὐτῶν πολλὰ παραινῶν αὐτοῖc οὐκ ἠδύνατο αὐτοὺc διαλλάττεcθαι ἐν λόγοιc. ἔγνω οὖν διὰ πράγματοc αὐτοὺc πεῖcαι. καὶ δὴ καθημένων αὐτῶν προcέταξεν δέcμην ῥάβδων αὐτῷ κομίcαι. ἐνεχθείcηc δὲ λαβὼν τὰc ῥάβδουc ἔδηcεν αὐτὰc δέcμην μίαν καὶ ἐκέλευcε τοὺc παῖδαc ἑνὶ ἑκάcτῳ λαβεῖν τὴν δέcμην καὶ cυνθλάcαι. οἱ δὲ δοκιμάcαντεc οὐκ ἠδυνήθηcαν.

(*II*) — V P L Mo Br Cas — (*III δ*) — M S N W F J — (*III γ*)

---

9 ἂν δὲ βιάζητε O 11 ὅcον ἰcχυρὰ ... τοcοῦτον εὐκαταφρόνητοc C F ἡ ὁμόνοια (ὁμοφωνία O) ὡc εὐκατάγνωcτοc Cr O E 15 ῥάβδον] Ch. ῥόδον B ῥάβδον ῥόδον (?) Ba ἐπιδόcαc sive ἐπιδήcαc, lectio incerta Weinb. an κατεάξαι ⟨ὑμᾶc⟩? 18 κατέαξαντεc τὰc ῥ. scr. κατεάξαντεc ῥάβδουc Ba κατέαξαν ῥ. B κατεάξαι Ch.

(*II*) 1 πολλὰ] V P F, deest in ceteris οἷc ὁ π. πολλῶ παρ. Mo 2 αὐτοὺc Cas W γ διαλλάττειν P Br J ἐν λόγοιc ποιῆcαι (= πεῖcαι) Mo πράξεωc ... νουθετῆcαι N 3 αὐτοὺc ποιῆcαι Br διαλλάττεcθαι ... πράγματοc om. L γ 4 προc. αὐτοῖc Mo δεcμὸν Mo Br N αὐτοὺc κομ. V 5 ἐνεχθέντων L δ γ ἐνεχθειcῶν Cas λαβὼν ταύτην ἔδ. δέcμη μιᾷ Mo ἐποίηcεν αὐτὰc δέcμην μίαν καὶ L Cas δ 6 ἕνα ἕκαcτον L Cas

ὕϲτερον δὲ λύϲαϲ αὐτὰϲ δέδωκεν ἀνὰ μίαν κλάϲαι. οἱ δὲ διὰ τάχουϲ τοῦτο ἐποίηϲαν. τότε λέγει αὐτοῖϲ ὁ πατὴρ αὐτῶν· „οὕτω καὶ ὑμεῖϲ, ὦ τεκνία μου, ἐάν μοι ἔϲεϲθε ὁμοφρονοῦντεϲ, ἀκαταγώνιϲτοι καὶ ἀχείρωτοι ἔϲεϲθε τοῖϲ ἐχθροῖϲ. ἐὰν δὲ μένετε ϲταϲιάζοντεϲ καὶ φιλονεικοῦντεϲ, εὐχερῶϲ ἔϲεϲθε εὐάλωτοι."

ὁ μῦθοϲ δηλοῖ, ὅτι τοϲοῦτον ἰϲχυροτέρα ἐϲτὶν ἡ ὁμόνοια, ὅϲον καταφρόνητοϲ ἡ διάϲταϲιϲ.

54. κοχλίαι

(Halm 214 Ch. 173)

γεωργοῦ παῖϲ κοχλίαϲ ὤπτει. ἀκούϲαϲ δὲ αὐτῶν τριζόντων ἔφη· „ὦ κάκιϲτα ζῷα, τῶν οἰκιῶν ὑμῶν ἐμπιπραμένων αὐτοὶ ᾄδετε;" (*I*)

ὁ λόγοϲ δηλοῖ, ὅτι πᾶν τὸ παρὰ καιρὸν δρώμενον ἐπονείδιϲτον.

γεωργοῦ παῖϲ ὤπτα κοχλίαϲ. ἀκούϲαϲ δὲ αὐτῶν τρυζόντων ἔφη· „ὦ κάκιϲτα ζῷα, τῶν οἰκιῶν ὑμῶν ἐμπιπραμένων αὐτοὶ ᾄδετε;" (*III*)

ὁ μῦθοϲ δηλοῖ, ὅτι πᾶν τὸ παρὰ καιρὸν δρώμενον ἐπονείδιϲτον.

---

54 (*I*) tetr. II 18

---

54 (*I*) — O E A Cr — (*III β*) (*III α*) accedunt e *γ* F² Laud Salm Tu Go Goth Vi Mo

---

8 ἔδωκεν Mo Cas ἀνὰ μίαν καὶ εὐκόλωϲ ϲυνέθλαϲαν N 9 τάχοϲ Mo Br τάχουϲ εὐχόλου L τάχιϲτα μετ' εὐκολίαϲ S δ καὶ τάχοϲ ἐποίουν Mo ποιήϲαντεϲ· τότε P ποιήϲαντεϲ λέγει F εὐκόλωϲ τοῦτο ἐπ. *γ* 10 ὦ om. *γ* μου om. Mo μοι ἔϲεϲθε] Cas μου ἔϲ. Br ὁμοῦ ἔϲ. V P (ἦτε Kor.) ὁμοφρ μένετε vel μένητε Mo L δ *γ* 12 μένετε V L Br Cas ἐπιμένετε P F μένετε vel μένητε δ *γ* ϲταϲιάζοντεϲ φιλονεικῆτε N 13 εὐάλωτοι ἔϲεϲθε τοῖϲ ἐχθροῖϲ *γ* 14 ἰϲχυρότερον P Br J 15 εὐκαταφρόνητον Br N J

54 (*I*) 1 ὤπτα Schn. τρυζόντων O ϲιζόντων Schn.

55. γυνὴ καὶ θεράπαιναι

(Halm 110 Ch. 89)

(*I*) γυνὴ χήρα φιλεργὸς θεραπαινίδας ἔχουσα ταύτας εἰώθει νυκτὸς ἐπὶ τὰ ἔργα ἐγείρειν πρὸς ἀλεκτοροφωνίαν. αἱ δὲ συνεχῶς καταπονούμεναι ἔγνωσαν δεῖν τὸν ἐπὶ τῆς οἰκίας ἀλέκτορα ἀποπνῖξαι· ἐκεῖνον γὰρ ᾤοντο τῶν κακῶν αἴτιον εἶναι νύκτωρ ἐγείροντα τὴν δέσποιναν. συνέβη δὲ αὐταῖς τοῦτο πραξάσαις χαλεπωτέροις τοῖς δεινοῖς περιπεσεῖν. ἡ γὰρ δέσποινα ἀγνοοῦσα τὴν τῶν ἀλεκτρυόνων ὥραν ἐννυχέστερον αὐτὰς ἐξήγειρεν.

οὕτω πολλοῖς ἀνθρώποις τὰ ἴδια βουλεύματα κακῶν αἴτια γίνεται.

(*III*) γυνὴ χήρα φιλεργὸς θεραπαινίδας ἔχουσα ταύτας εἰώθει νυκτὸς ἐγείρειν ἐπὶ τὰ ἔργα πρὸς τὰς τῶν ἀλεκτρυόνων ᾠδάς. αἱ δὲ συνεχῶς τῷ πόνῳ ταλαιπωρούμεναι ἔγνωσαν δεῖν τὸν ἐπὶ τῆς οἰκίας ἀποκτεῖναι ἀλεκτρυόνα ὡς ἐκείνου νύκτωρ ἐξανίσταντος τὴν δέσποιναν. συνέβη δ' αὐταῖς τοῦτο διαπραξαμέναις χαλεπωτέροις περιπεσεῖν τοῖς δεινοῖς. ἡ γὰρ δεσπότις ἀγνοοῦσα τὴν τῶν ἀλεκτρυόνων ὥραν ἐννυχώτερον ταύτας ἀνίστη.

ὁ μῦθος δηλοῖ, ὅτι πολλοῖς ἀνθρώποις τὰ βουλεύματα κακῶν αἴτια γίνεται.

---

55 (*I*) — C F Cas Cr O E A B Ba — (*I* a) (*III* γ) (*III* β) (*III* α) accedunt e Vi Br et N (δ)

---

55 (*I*) **1** φίλεργος C F E **2** νυκτὸς om. C F πρὸς ἀλεκτοροφωνίαν] Cas a πρὸς ἀλεκτροφωνίαν C F Cr O E A B Ba πρὸ ἀλεκτροφωνίαν O πρὸ ἀλεκτρυοφωνίας A **5** αὐτὸ τοῦτο C F **6** πραξάσας F **7** τὴν τ. ἀλ. φωνὴν A τὰς τ. ἀλ. φωνὰς E ἐννυχέστερον αὐτὰς ἐξήγειρεν] O Cr a νυχιαίτερον αὐτὰς ἐξήγειρεν (ἐξῆγε F) C F νυχινώτερον Ba (νυχυώτερον B) ταύτας ἐξήγειρεν B Ba νυκτηρινὰς ταύτας ἐξηγειρεν A νυχιέστερον ἐπὶ τὸ ἔργον ἐγείρειν (ἤγειρεν St.) E aliter hoc ultimum enuntiatum conformatum in Cas: τούτου γοῦν γενομένου ἡ κυρία αὐτῶν νυκτιώτερον ἤγουν ταχινώτερον αὐτὰς ἤγειρεν ἀγν. τ. τ. ἀλ. ὥραν **9** ἀνθρώποις om. E

(*III*) **2** ἐπὶ τὰ ἔργα om. C G Q l Mo (β) τῶν om. γ **5** ἐξαναστάντος γ Br N **7** δέσποινα γ ᾠδὴν Br **9** οὕτω πολλοῖς β N

56. γυνὴ μάγος

(Halm 112 Ch. 91)

(*I*) γυνὴ μάγος ἐπῳδὰς καὶ καταθέσεις θείων μηνιμάτων ἐπαγγελλομένη διετέλει πολλὰ τελοῦσα κἀκ τούτων οὐ μικρὰ βιοποριστοῦσα. ἐπὶ τούτοις γραψάμενοί τινες αὐτὴν ὡς καινοτομοῦσαν περὶ τὰ θεῖα εἰς δίκην ὑπήγαγον καὶ κατηγορήσαντες κατεδίκασαν αὐτὴν θανάτῳ. θεασάμενος δέ τις αὐτὴν ἀπαγομένην ἐκ τῶν δικαστηρίων ἔφη πρὸς αὐτήν· „σὺ τὰς τῶν δαιμόνων ὀργὰς ἀποτρέπειν ἐπαγγελλομένη πῶς οὐδὲ ἀνθρώπους πεῖσαι ἠδυνήθης;"

[ὁ λόγος πρὸς ἀπατεῶνας καὶ μεγάλα ὑποσχομένους· εἶτα οὗτοι ἐν μικροῖς ἐλέγχονται.]

(*III*) γυνὴ μάγος καὶ θείων μηνιμάτων ἀποτροπιασμοὺς ἐπαγγελλομένη πολλὰ διετέλει ποιοῦσα καὶ κέρδος ἐντεῦθεν ἔχουσα. γραψάμενοι δέ τινες αὐτὴν ἀσεβείας εἷλον καὶ

---

56 (*I*) — C Cr Cas O E (bis) A — (*I* a) (*III γ*) (*III β*) (*III α*) accedunt Br et N (O) e Vi

---

56 (*I*) **1** ἐπ. κ. θείων καταθ. μηνυμάτων E ἐπωδὰς θείων μηνιμ. A **2** πολλὰ ποιοῦσα A ἐκ C Cas **3** βιοποριστοῦσα] Cr O E βιοποριστεῖσα C βιοπορισθοῦσα A (-θεῖσα Schn.) βίῳ πορίζουσα Cas -τῷ βίῳ πορ. Kor. βιοπορουμένη α ἐπὶ τούτω E ἐ. τοῦτο A ἐπὶ γὰρ τούτοις C ἐγγραφόμενοι E ἀψάμενοι αὐτῆς C **4** καινοτομήσαντες A περὶ] Kor. ἐπὶ libri δίκας C E ἀπήγαγον E ἐπήγαγον O κατηγορήσαντες (κατηγοροῦντες O) καὶ O A **5** θανάτῳ] C Cas, ἐπὶ θ. rel. **6** αὐτὰς ... ἀπαγομένας E ἀπαγομένην om. A πρὸς αὐτὴν] a αὐτῇ rell. ὦ αὕτη St.? **7** σὺ τὰς τῶν δαιμόνων] Hsr. οὐ τὰς τῶν δαιμ. Cas οὐ τὰς δαιμ. C Cr O E ὅτε δαιμόνων a δαιμόνων A ὦ αὕτη. ἡ Ch. ἀποτρέπειν] C Cas τρέπειν rell. ἐπαγγελλομένη] A ἐπηγγέλλου rell. **8** ἠδυνήθη A

epimythium quia in X nullum indicatum erat — post iteratam in E fabulam epimythium non iteratur! — titutabant rhetorum discipuli. C. Cas secutus sum, qui in his dissentiunt **9** λόγος οὗτος Cas μέγα Cas. argumentum fabulae repetitur in ceteris: τούτῳ τῷ λόγῳ χρήσαιτο ἄν τις πρὸς γυναῖκα πλάνον, ἥτις τὰ μείζονα κατεπαγγελλομένη τοῖς μετρίοις ἀδύνατος ἐλέγχεται (ἀπελ.- A) Cr O E A similia in a

(*III*) **1** καὶ del. ed. vett., Kor., Halm **2** περιοῦσα G (β) πορίζουσα N

καταδικαθεῖcαν ἀπῆγον εἰc θάνατον. ἰδὼν δέ τις ἀπαγομένην αὐτὴν ἔφη· „ἡ τὰc τῶν θεῶν ὀργὰc ἀποτρέπειν ἐπαγγελλομένη πῶc οὐδὲ ἀνθρώπων βουλὴν μεταπεῖcαι ἠδυνήθηc;“

ὁ μῦθοc δηλοῖ, ὅτι πολλοὶ μεγάλα ἐπαγγέλλονται μηδὲ μικρὰ ποιῆcαι δυνάμενοι.

57. γραῦς καὶ ἰατρός

(Halm 107 Ch. 87)

I) γυνὴ πρεcβῦτιc τοὺc ὀφθαλμοὺc νοcοῦcα ἰατρὸν ἐπὶ μιcθῷ παρεκάλεcεν. ὁ δὲ εἰcιών, ὁπότε αὐτὴν ἔχριcε, διετέλει ἐκείνηc cυμμυούcηc καθ' ἓν ἕκαcτον τῶν cκευῶν ὑφαιρούμενοc. ἐπεὶ δὲ πάντα ἐκφορήcαc κἀκείνην ἐθεράπευcεν, ἀπῄτει τὸν ὡμολογημένον μιcθόν· μὴ βουλομένηc δ' αὐτῆc ἀποδοῦναι ἤγαγεν αὐτὴν ἐπὶ τοὺc ἄρχονταc. ἡ δὲ ἔλεγε τὸν μὲν μιcθὸν ὑποcχέcθαι, ἐὰν θεραπεύcῃ αὐτῆc τὰc κόραc, νῦν δὲ χεῖρον διατεθῆναι ἐκ τῆc ἰάcεωc ἢ πρότερον· „τότε μὲν γὰρ ἔβλεπον“, ἔφη, „πάντα τὰ ἐπὶ τῆc οἰκίαc μου cκεύη, νῦν δ' οὐδὲν ἰδεῖν δύναμαι.“

οὕτωc οἱ πονηροὶ τῶν ἀνθρώπων διὰ πλεονεξίαν λανθάνουcι καθ' ἑαυτῶν τὸν ἔλεγχον ἐπιcπώμενοι.

---

57 (*I*) — C F E Cr A — accedit L ex edit. min. libris

---

4 ἰδών τις δὲ γ **6** μεταποιῆcαι Plan Q (β) Br N **7** ἐδυνήθη Plan Q (β) Vo (γ) Br

57 (*I*) **2** παρεκάλεcεν ἰατρεῦcαι F ὁ δὲ χρίων αὐτὴν διετέλει καθ' ἑκάcτην L εἰcιὼν ἂν ποτὲ C F E ἔχριcε] C F ἔχριε A Cr ἐγχρήcαcθαι E (ἐγχρίcαιτο St.) διετέλει cυμβυούcηc (cυμβλυούcηc C) καὶ C F διετέλει cυμμουοῦcαν καθ' ἕκαcτον E **4** ὑφαιρούμενοc] A L ἀφαιρούμενοc A[1] ἀφῃρεῖτο C ὑφῃρεῖτο F E Cr **5** cυναχθέντα μιcθὸν A (cυνταχθέντα Halm) καὶ μὴ βουλ. αὐτῆc E **6** ἐπιδοῦναι A εἰc τοὺc C F **7** ὑπεcχῆcθαι E L ὑπιcχνεῖcθαι A αὐτῇ F **8** κόραc] C F ὁράcειc Cr E A τὰ ὄμματα L ἡ δὲ χεῖρον (an ἤδη δέ?) F E A L ἐκ — πρότερον desunt in A ἰάcεωc αὐτοῦ F **10** μου om. E **11** φθάνουcι L λαμβάνουcι C **12** ἑαυτοὺc E

(*II*) γυνὴ πρέcβυc τοὺc ὀφθαλμοὺc νοcοῦcα ἰατρόν τινα ἐπὶ μιcθῷ παρεκάλεcεν cτοιχήcαcα αὐτὸν ἐνώπιον μαρτύρων, ὅτι, ἐὰν θεραπεύcῃ αὐτῆc τοὺc ὀφθαλμούc, πολὺν λήψεται παρ' αὐτῆc τὸν μιcθόν· ἐὰν δὲ μὴ θεραπευθῇ, ἀλλ' ἐπιμείνῃ τῇ ἀρρωcτίᾳ, μηδὲν αὐτῷ παράcχῃ. καὶ οὕτω γενομένου ὅcον ὁ ἰατρὸc ἐπετίθει τοῖc ὀφθαλμοῖc αὐτῆc τὴν ἰατρείαν, κατ' ὀλίγον ὀλίγον τὰ προcόντα αὐτῇ ἔκλεπτεν. μετ' οὐ πολὺ δὲ θεραπεύcαc αὐτὴν ἐζήτει τὸν cτοιχηθέντα μιcθόν. ἀναβλέψαcα τοίνυν ἡ γραῦc οὐδὲν τῶν προcόντων αὐτῇ ἐθεάcατο ἐν τῇ οἰκίᾳ αὐτῆc. ὡc οὖν ἐπέμενεν ὁ ἰατρὸc ἐκβιάζων αὐτήν, ἐκείνη δὲ ἀνεβάλλετο, ἀπήγαγεν αὐτὴν πρὸc τοὺc ἄρχονταc. cταθεῖcα οὖν ἐνώπιον αὐτῶν ἔφη·

(*II*) V P L Br Cas (*III δ*) M (mutilus) N S (= Ch. 87 c) T W

(*II*) 1 τινα om. Br N 2 μιcθῷ ἰατρεῦcαι αὐτὸν παρεκάλει Cas Ch. cτοιχήcαc Br N Cas cτοιχήcαντα T αὐτῷ *δ* praeter T 3 ὅτι om. P T 3—5 θεραπεύcῃ αὐτῆc ... αὐτῷ παράcχῃ] V Br Cas *δ* exceptis N T in his dissentientes 4 θεραπεύcη Cas M τοὺc ὀφθαλμοὺc om. N qui pergit ἀλλ' ὑπομείνῃ τῇ ἀcθενείᾳ cf. infra *γ* ἐὰν θεραπευθῇ τοὺc ὀφθ. αὐτῆc T. recta oratione utentem faciunt anum P L ἐὰν θεραπευθῶ τ. ὀφθ. μου, πολὺν λήψῃ παρ' ἐμοὶ τὸν μιcθόν, ἐὰν δὲ μὴ θεραπευθῶ ἀλλ' ἐπιμείνω τῇ ἀρρ. μηδὲν αὐτῷ παραcχεῖν similia S 5 παραcχήcει Ch. 6 ὅcον ὅcον — quod probat Naber, mnemos. 1876, p. 390 — Cas, conformatum ad ὀλίγον ὀλίγον 7 τὰc ἰατρείαc P L τῇ ἰατρείᾳ Br τὴν θεράπειαν *δ γ* αὐτῆc V P L μετὰ πολὺ δὲ P 8 θεραπευθείcηc αὐτῆc ἐξήτει Halm, sed cf. Cobet, var. lect. p. 275 10 ἐπεγένετο ἐκβιάζων αὐτ. ὡc ἵνα λάβει N 12 εἰc τοὺc P L T cτᾶcα Cas L T ἐν. πάντων P L T

(*II*) haec immutata in
(*III γ*) — F f Vo (= cod. Hudsonis, Huds. Hptm. 20 b Kor. 21 b Laud B[2] — accedit W (*δ*)
[1] γυνὴ πρέcβιc τοὺc ὀφθ. νοc. ἰατρὸν ἐπὶ μιcθῷ (μιcθίω Laud) ἐκάλει, cτοιχήcαcα αὐτῷ (αὐτὸν f) ἐν. κτλ.
[3] λήψεται παρ' αὐτῆc τὸν μιcθὸν (om. πολύν), εἰ δὲ μὴ
[4] ἀλλ' ἐπιμείνῃ αὐτῇ ἡ νόcοc
[5] καὶ τούτου γενομένου
[6] ἐπετίθει αὐτῇ τὴν θεραπείαν κατ' ὀλίγον
[7] ὀλίγον τὰ προcόντα ἀφῄρει αὐτῆc
[8] cτοιχ. αὐτῷ μιcθόν
[9—20] ἀναβλέψαcα τοίνυν ἡ γραῦc καὶ μηδὲν τῶν προcόντων θεαcαμένη οὐδὲν ἐδίδου αὐτῷ. ὡc ἀνεβάλετο, ἐπήγαγεν αὐτὴν κριθηcομένην ἐπὶ τοὺc ἄρχονταc. ἐκείνη δὲ ἐνώπιον αὐτ. cταθ. εἶπε·

„ὁ ἄνθρωπος οὗτος, καθὼς λέγει, ἀλήθειαν λέγει. ἐπηγγειλάμην γὰρ δοῦναι αὐτῷ τὸν μισθόν, ἐὰν καλῶς ἀναβλέψω, εἰ δὲ ἐπιμείνω τῇ ἀρρωστίᾳ, ἵνα μηδὲν παρέξω αὐτῷ. νῦν οὖν αὐτὸς φάσκει, ὅτι ἐθεραπεύθην· ἐγὼ δὲ τοὐναντίον λέγω παθεῖν με. ὅταν γὰρ τοὺς ὀφθαλμοὺς τοὺς ἐμοὺς ἐνόσουν, τότε καὶ σκεύη διάφορα καὶ χρήματα ἔβλεπον ἐν τῇ οἰκίᾳ μου. νυνὶ δέ, ὅτε αὐτὸς φάσκει βλέπειν με, οὐδὲν δύναμαι ἄρτι θεάσασθαι."

ὁ μῦθος δηλοῖ, ὅτι οὕτω καὶ οἱ πονηροὶ τῶν ἀνθρώπων διὰ πλεονεξίαν λανθάνουσι καθ᾽ ἑαυτῶν τὸν ἔλεγχον ἐπισπώμενοι.

(*III*) γυνὴ γραῦς ἀλγοῦσα τοὺς ὀφθαλμοὺς εἰσκαλεῖταί τινα τῶν ἰατρῶν ἐπὶ μισθῷ συμφωνήσασα, ὡς, εἰ μὲν θεραπεύσειεν αὐτήν, τὸν ὁμολογηθέντα μισθὸν αὐτῷ δώσειν, εἰ δὲ μή, μηδὲν δώσειν. ἐνεχείρησε μὲν οὖν ὁ ἰατρὸς τῇ θεραπείᾳ. καθ᾽ ἡμέραν δὲ φοιτῶν ὡς τὴν πρεσβῦτιν καὶ τοὺς ὀφθαλμοὺς αὐτῇ χρίων ἐκείνης μηδαμῶς ἀναβλέπειν ἐχούσης τὴν ὥραν ἐκείνην ὑπὸ τοῦ χρίσματος αὐτὸς ἕν τι τῶν τῆς οἰκίας σκευῶν ὑφαιρούμενος ὁσημέραι ἀπῄει. ἡ μὲν οὖν γραῦς τὴν ἑαυτῆς περιουσίαν ἑώρα καθ᾽ ἑκάστην ἐλαττουμένην ἐπὶ τοσοῦτον, ὡς καὶ τέλος παντάπασιν αὐτῇ θεραπευθείσῃ μηδὲν ὑπολειφθῆναι. τοῦ δ᾽ ἰατροῦ τοὺς συμφωνηθέντας μισθοὺς αὐτὴν ἀπαιτοῦντος ὡς καθαρῶς βλέπουσαν ἤδη καὶ τοὺς μάρτυρας παραγαγόντος· „μᾶλλον μὲν

(*III β*) (*III α*) accedit A(mbros.) ex *I* a

---

14 αὐτὸν μισθὸν δοῦναι PT βλέψω PT 15 αὐτόν P Ἦν οὖν ὡς αὐτός φάσκει PT 16 αὐτὸς om. Cas Br 17 παθουμαι P κακοπαθεῖν με Br τοὺς ἐμ. ὀφθ. om. Br τοὺς ἐμοὺς Cas 18 καὶ ante σκεύη om. PT 21 οὕτω καὶ om. VN

(*III*) 3 παρέξειν pro δώσειν C G Q Ber. Mo (β) Acc. 5 ὀφθ. αὐτῆς χρ. C G Q Vrat. (β) Acc. 6 ἀναβλέψειν C G Ber. (β) Acc. ἀναβλέψαι Q (β)

(*II*) „μᾶλλον μὲν οὖν (οὖν om. B²) τὰ νῦν οὐδ᾽ ὁτιοῦν βλέπω. ἡνίκα γὰρ τοὺς ὀφθαλμοὺς ἐνόσουν, πολλὰ τῶν ἐμῶν κατὰ τὴν ἐμαυτῆς ἔβλεπον οἰκίαν, νυνὶ δὲ (νῦν B²), ὅτε με σὺ βλέπειν φῄς, οὐδ᾽ ὁτιοῦν ἐκείνων ὁρῶ."

21 ὅτι οἱ πονηροὶ τῶν ἀνθρώπων, ἐξ ὧν πράττουσι, λαυθ. κτλ. cf. Acc.

οὖν", εἶπεν ἐκείνη, „τὰ νῦν οὐδοτιοῦν βλέπω. ἡνίκα μὲν γὰρ τοὺς ὀφθαλμοὺς ἐνόσουν, πολλὰ τῶν ἐμῶν κατὰ τὴν ἐμαυτῆς ἔβλεπον οἰκίαν· νῦν δ' ὅτε με cὺ βλέπειν φῄς, οὐδοτιοῦν τῶν ἐκείνων ὁρῶ."

ὁ μῦθος δηλοῖ, ὅτι οἱ πονηροὶ τῶν ἀνθρώπων, ἐξ ὧν πράττουσι, λανθάνουσι καθ' ἑαυτῶν τὸν ἔλεγχον ἐπισπώμενοι.

58. γυνὴ καὶ ὄρνις

(Halm 111 Ch. 90)

(*I*) γυνὴ χήρα ὄρνιν ἔχουσα καθ' ἑκάστην ἡμέραν ᾠὸν τίκτουσαν ὑπέλαβεν, ὅτι, ἐὰν πλείονα αὐτῇ τροφὴν παραβάλῃ, καὶ δὶς τῆς ἡμέρας τέξεται. καὶ δὴ τοῦτο αὐτῆς ποιούσης συνέβη τὴν ὄρνιν πίονα γενομένην μηκέτι μηδὲ ἅπαξ τεκεῖν.

ὁ λόγος δηλοῖ, ὅτι πολλοὶ τῶν ἀνθρώπων διὰ πλεονεξίαν περιττοτέρων ἐπιθυμοῦντες καὶ τὰ παρόντα ἀπόλλουσιν.

(*II*) γυνὴ χήρα ὄρνιν ἔσχεν καθ' ἑκάστην ἡμέραν ᾠὸν τίκτουσαν. ὑπέλαβεν δὲ ἡ γυνή, ὅτι, ἐὰν πλείονας κριθὰς δώσει τῇ ὄρνιθι, τέξεται δὶς τῆς ἡμέρας. ἡ δὲ τοῦτο ποιήσασα καὶ λιπαρᾶς τῆς ὄρνιθος γενομένης οὐδὲ τὸ ἅπαξ ἔτεκεν.

---

58 (*I*) — C F Cr O E A B Ba S — (*II*) — V P Mo Br Cas — L Accursianam sequitur (*III δ*) — M (mutilus) S N W —.

---

16 νυνὶ δὲ C ξ L l Vrat Jen J G (β) Acc.

58 (*I*) 1 ἡμέραν om. F ᾠὰ C E ᾠὸν τίκτ. χρύσειον O 2 πλείονας αὐτῇ τροφὰς E πλείονα τροφαῖς ἑαυτὴν A αὐτῇ om. C F 3 ποιούσης] C F Cr O E ποιησάσης rell. 4 εἰς τὴν E τὴν ὄρνιν om. O τὸ ἅπαξ B Ba S τεκεῖν] C F O E τίκτειν rell. 5 πολλοὶ] Ba — desunt haec in B — οἱ πλείονες C F Cr O E πλείονα A πλειόνων cum Lessingio editores qui περιττότερον expungunt. τινες S Ch. 6 περιττοτέρων] Cr περιττότερον C F E περιττοτέραν A S περισσότερα Ba πλειόνων O ἀπόλλουσιν] C A S ἀπόλυσιν F ἀπολλῦσιν E Cr ἀπολλύουσι Ba Schn.

(*II*) 1 ὄρνιθα W εἶχε Cas Ch. τίκτουσα Br N 2 πλείονα κρίθον V Mo πλέον κριθῆς Br N πλήθους κριθὰς (= πλῆθος κριθῆς?) W ἐπιδώσει Mo δώσω Br δωσοι P δώσῃ N quod probat Char. 3 τὴν ὄρνιν N 4 τῆς ὄρνιθος om. Mo

ὁ μῦθος δηλοῖ, ὅτι πολλοὶ τῶν ἀνθρώπων διὰ πλεονεξίαν περισσοτέρων ἐπιθυμοῦντες καὶ τὰ προσόντα ἀπόλλουσιν.

(*III*) γυνὴ χήρα τις ὄρνιν εἶχεν καθ' ἑκάστην ἡμέραν ᾠὸν αὐτῇ τίκτουσαν. νομίσασα δέ, ὡς, εἰ πλείους τῇ ὄρνιθι κριθὰς παραβάλλοι, δὶς τέξεται τῆς ἡμέρας, τοῦτο πεποίηκεν. ἡ δ' ὄρνις πιμελὴς γενομένη οὐδ' ἅπαξ τῆς ἡμέρας τεκεῖν ἠδύνατο.

ὁ μῦθος δηλοῖ, ὅτι οἱ διὰ πλεονεξίαν τῶν πλειόνων ἐπιθυμοῦντες καὶ τὰ παρόντα ἀποβάλλουσι.

59. γαλῆ

(Halm 86 Ch. 77)

(*I*) γαλῆ εἰσελθοῦσα εἰς χαλκέως ἐργαστήριον τὴν ἐκεῖ κειμένην ῥίνην περιέλειχε. συνέβη δὲ ἐκτριβομένης τῆς γλώττης πολὺ αἷμα φέρεσθαι. ἡ δὲ ἐτέρπετο ὑπονοοῦσά τι τοῦ σιδήρου ἀφαιρεῖσθαι, μέχρι παντελῶς ἀπέβαλε τὴν γλῶτταν.

ὁ λόγος εἴρηται πρὸς τοὺς ἐν φιλονεικίαις ἑαυτοὺς καταβλάπτοντας.

(*III*) γαλῆ εἰς ἐργαστήριον εἰσελθοῦσα χαλκέως τὴν ἐκεῖ κειμένην περιέλειχε ῥίνην. ξυομένης δὲ τῆς γλώσσης αἷμα πολὺ ἐφέρετο. ἡ δὲ ἥδετο νομίζουσά τι τοῦ σιδήρου ἀφαιρεῖν, ἄχρις οὗ πᾶσαν τὴν γλῶσσαν ἀνήλωσεν.

ὁ μῦθος πρὸς τοὺς ἐν φιλονεικίαις ἑαυτοὺς βλάπτοντας.

---

59 (*I*) propriam huius fabulae formam exhibet W (*δ*), quam frustra meliore graecitate donare Chambry conatus est — 77 d —

(*III γ*) (*III β*) (*III α*) accedunt ex (*I* a) (R A R U) **59** (*I*) — C F Cas A Cr B Ba U (inde a πολὺ 3) — (*I* a) (*III γ*) (*III β*) (*III α*)

---

5 epimythium evanuit in Mo πολλοὶ in fine collocat Cas **6** ἀπολοῦσι Br ἀποβάλλονται N cf. Acc. ἀπώλεσαν Cas Ch.

(*III*) **1** γυνή τις χήρα *Γ* (*γ*) **3** καταβάλλοι γ **6** τῶν om. Vo (*γ*)

59 (*I*) **2** ῥίνην] F ῥίναν C Cr ῥῖνα Cas A B Ba **3** ἡ δὲ γαλῆ A **4** γλῶτταν διέλειχεν A **5** ὁ λόγος εὔκαιρος πρὸς U περιβλέποντας B Ba καὶ ἑαυτοὺς καταβλάπτον U ἑαυτοὺς καταβάλλοντας καὶ βλαπτομένους Cr A

(*III*) **1** ἐλθοῦσα *γ* περικειμένην *γ*

60. γέρων καὶ Θάνατος

(Halm 90 Ch. 78)

γέρων ποτὲ ξύλα κόψας καὶ ταῦτα φέρων πολλὴν ὁδὸν ἐβάδιζε. διὰ δὲ τὸν κόπον τῆς ὁδοῦ ἀποθέμενος τὸ φορτίον τὸν Θάνατον ἐπεκαλεῖτο. τοῦ δὲ Θανάτου φανέντος καὶ πυθομένου, δι' ἣν αἰτίαν αὐτὸν ἐπεκαλεῖτο, ἔφη· „ἵνα τὸ φορτίον ἄρῃς." (*I*)

ὁ λόγος δηλοῖ, ὅτι πᾶς ἄνθρωπος φιλοζωεῖ, κἂν δυστυχῇ λίαν.

γέρων ποτὲ ξύλα κόψας καὶ ταῦτα ἐπὶ τῶν ὤμων ἄρας ἐπὶ πολλὴν ἐβάδισεν ὁδόν. κεκοπιακὼς δὲ καὶ ἀποθέμενος τὸν φόρτον τὸν Θάνατον ἐπεκαλεῖτο. τοῦ δὲ Θανάτου φανέντος καὶ πυνθανομένου αὐτοῦ, δι' ἣν αἰτίαν αὐτὸν ἐπεκαλεῖτο, ὁ γέρων ἔφη· „ἵνα τὸν φόρτον μοι ἐπιθήσεις." (*II*)

ὁ μῦθος δηλοῖ, ὅτι πᾶς ἄνθρωπος φιλόζωος ὤν, κἂν μυρίους κινδύνους ὑποστῇ, τὸ τοῦ θανάτου τέλος οὐ θέλει.

---

60 (*I*) Eurip. Alc. 669—72 tetr. II 21 Synt. 2 cf. fasc. 2 p. 155

---

60 (*I*) C F A Cr B Ba S U, accedit Triv. (= Froben. 146) (*Ia*) (*II*) — V P Br Cas — (*III δ*) — N T W (*III γ*)

---

60 (*I*) 1 ποτε εἰς ὄρος ἀναβὰς Fa 2 διὰ δὲ τὸν] A καὶ διὰ τὸν rel. τῆς ὁδοῦ] A, om. rel. τὸν πολὺν κόπον ἀποθ. ἔν τινι τόπῳ τὸν φόρτον Triv. 3 φαν. παραυτίκα F αὐτίκα δὲ παραςταθέντος a παριόντος (= παρόντος?) καὶ πυνθ. Triv. 4 ὁ γέρων ἔφη A δειλιάςας ὁ γ Triv. 5 ἄρῃς. θανεῖν δὲ (ἐγὼ Cr) οὐ θέλω A Cr 6 φιλόζωος ἐν τῷ βίῳ, κἂν δυστυχῇ. A φιλεῖ ζῆν, κἂν κακῶς δυστ. B Ba εἰ καὶ δυστυχεῖ S φιλοζωεῖ, εἰ καὶ δυστυχεῖ καὶ πτωχὸς ἔνι Triv.

(*II*) 1 καὶ om. γ ἐπεὶ V Br N 2 κοπιάσας ἀπέθηκε τὰ ξύλα καὶ Br ὁδὸν κοπιάσας θεὶς δὲ τὰ ξ. καὶ τὸν θ. ἐπικαλέσας N. ad prius enuntiatum trahunt κεκοπιακὼς V P quoque, qui δὲ καὶ omittunt 3 τὸν φόρτον ἀποθέμενος ἐπεκάλει τὸν θ. γ. 4 αὐτοῦ om. Cas δι' ἣν τοῦτον ἐπ. αἰτ. γ 5 ὁ γέρων om. γ φόρτον μοι ἄρῃς Cas ἄρῃς τὸν φ. W γ 6 epimythium nullum in Br φιλόζωος ὤν, κἂν μυρίους κινδύνους ὑποστῇ, τὸ τοῦ θανάτου τέλος (ψῆφος) οὐ θέλει P T V (ὤν om. V, qui in ὑποστῇ desinit). φιλοζωεῖ, εἰ καὶ δυστυχεῖ λίαν κἂν καὶ μ. κ. ὑ. T Cas 7 ψῆφος pro τέλος P ὅτι ἐν ταῖς ἀνάγκαις καὶ τὰ ἀσύμφορα ἐπικαλοῦμεν N ὅτι οἱ ἀσθενεῖς τῶν ἀνθρώπων τοὺς δυνατοὺς πρὸς ἐπικουρίαν ἐπικαλοῦνται W γ (*Φ*) .. ὑποστῇ, τὸν θάνατον ὅλως οὐ παραδέχεται γ (*Γ*)

(*III*) γέρων ποτὲ ξύλα τεμὼν ἐξ ὄρους κἀπὶ τῶν ὤμων ἀράμενος ἐπειδὴ πολλὴν ὁδὸν ἐπηχθισμένος ἐβάδισεν, ἀπειρηκὼς ἀπέθετό τε τὰ ξύλα καὶ τὸν Θάνατον ἐλθεῖν ἐπεκαλεῖτο. τοῦ δὲ Θανάτου εὐθὺς ἐπιστάντος καὶ τὴν αἰτίαν πυνθανομένου, δι' ἣν αὐτὸν καλοίη, ὁ γέρων ἔφη· „ἵνα τὸν φόρτον τοῦτον ἄρας ἐπιθῇς μοι."

ὁ μῦθος δηλοῖ, ὅτι πᾶς ἄνθρωπος φιλόζωος ὤν, κἂν μυρίοις κινδύνοις περιπεσὼν δοκῇ θανάτου ἐπιθυμεῖν, ὅμως τὸ ζῆν πολὺ πρὸ τοῦ θανάτου αἱρεῖται.

61. γεωργὸς καὶ Τύχη

(Halm 101 Ch. 84)

(*I*) γεωργός τις χρυσίον εὑρὼν ἐν γῇ σκάπτων ἔστεφε τὴν Γῆν καθ' ἡμέραν ὡς εὐεργετηθεὶς παρ' αὐτῆς. τούτῳ δὲ ἐπιστᾶσά φησιν ἡ Τύχη· „ὦ οὗτος, τί τῇ Γῇ τὰ ἐμὰ δῶρα προστιθεῖς, ἅπερ ἐγὼ σοὶ δέδωκα πλουτίσαι βουλομένη σε; ἂν γὰρ ὁ καιρὸς μεταλλάξῃ τὴν φύσιν καὶ †εἰς ἄλλας χρείας μοχθηρὰς ἀναλώσῃ, πάλιν τὴν Τύχην μέμψῃ."

ὁ λόγος δηλοῖ, ὅτι χρὴ ἐπιγιγνώσκειν τὸν εὐεργέτην καὶ τούτῳ χάριτας ἀποδιδόναι.

---

61 (*I*) [Babr. 198] Avian. 12

(*III β*) (*III α*) **61** (*I*) — C Cas E A Cr B Ba U — (*I* a)

(*III*) 7 κἂν μυρίους κινδύνους ὑποστῇ — cetera desunt β

61 (*I*) 1 γεωργὸς εὑρ. χρ. A ἐν γαίῃ C Cas a τῇ γῇ A σκάπτων εὗρε καὶ καθ' ἑκάστην ἡμ. C ἔστρεφε C Cas E 2 τῇ γῇ A αὐτὴν E Cr B Ba ὡς om. A Cr ὑπ' A Cr U 3 ἐπιστὰς A ὦ οὗτος om. E τὰ ἐμὰ δῶρα τῇ γῇ C τὸ ἐμὸν δῶρον A Cr 4 προστιθεῖς C] -τίθεις Cas Cr -τίθῃς A περιτίθεις E B Ba ἐπιτιθεὶς U ἃ E B Ba ὅπερ A ὅτι U σοι om. A E Cr B Ba πλουτίσαι (πλουτῆσαι C E B Ba) βουλομένη σε] Cas Cr E Ba πλουτεῖν σε β. A βουλ. σε πλουτίσαι a U 5 τὴν φύσιν delet Ch. εἰς κτλ. corrupta χρείας C Cas Cr B Ba U χροίας A χεῖρας (cf. Acc.) E 6 ἀναλώσῃ C Cas ἐξαναλώσῃς U (-λώσῃ Schn.) ἐξαναλωθῇ A Cr E B Ba καὶ εἰς ἑτέρας προφάσεις ἐξαναλώσῃς τὸν βίον a — πρὸς ἑτέρας χεῖρας τοῦτό σοι τὸ χρυσίον ἔλθοι Acc. καὶ εἰς ἄλλας χεῖρας τὸ χρυσίον ἐξαλλάσσῃ Ch. an καὶ εἰς χρείαν καὶ μοχθηρίαν (vel μόχθον) τὸν βίον ἐξαναλώσῃ, vitam ita consumpseris ut pauper atque miser factus sis? οὐ τὴν γῆν ἀλλὰ τὴν τ. μ. A Cr 7 γινώσκειν C Cas A Cr 8 χάριτας μεγάλας E A Cr τὰς χάριτας εὐχαρίστως B Ba ἀποδίδοσθαι A

γεωργός τις σκάπτων χρυσίῳ περιέτυχε. καθ' ἑκάστην (*III*) οὖν τὴν Γῆν ὡς ὑπ' αὐτῆς εὐεργετηθεὶς ἔστεφε. τῷ δὲ ἡ Τύχη ἐπιστᾶσά φησιν· „ὦ οὗτος, τί τῇ Γῇ τὰ ἐμὰ δῶρα προσανατίθης, ἅπερ ἐγώ σοι δέδωκα πλουτίσαι σε βουλομένη; εἰ γὰρ ὁ καιρὸς μεταβάλοι καὶ πρὸς ἑτέρας χεῖρας τοῦτό σοι τὸ χρυσίον ἔλθοι, οἶδ' ὅτι τηνικαῦτα ἐμὲ τὴν Τύχην μέμψῃ."

ὁ μῦθος δηλοῖ, ὅτι χρὴ τὸν εὐεργέτην ἐπιγινώσκειν καὶ τούτῳ χάριτας ἀποδιδόναι.

62. γεωργὸς καὶ ὄφις

(Halm 97 Ch. 82)

γεωργὸς χειμῶνος ὥραν ὄφιν εὑρὼν ὑπὸ κρύους πεπηγότα τοῦτον ἐλεήσας καὶ λαβὼν ὑπὸ κόλπον ἔθετο. θερμανθεὶς δὲ ἐκεῖνος καὶ ἀναλαβὼν τὴν ἰδίαν φύσιν ἔπληξε τὸν εὐεργέτην καὶ ἀνεῖλε. ὁ δὲ θνήσκων ἔλεγε

„δίκαια πάσχω τὸν πονηρὸν οἰκτείρας."

ὁ λόγος δηλοῖ, ὅτι ἀμετάθετοί εἰσιν αἱ πονηρίαι, κἂν τὰ μέγιστα φιλανθρωπεύωνται.

---

62 Babr. 147 tetr. I 17 Ph. IV 19 Petron. 77 proverbium ὄφιν τρέφειν Ars. XLII 12 Plut. apud Apost. 13. 79a Synt. 25

(*III γ*) (*Φ* 139) (*III β*) (*III α*) **62** — A Cr B Ba U — est fab. 186 in brevius redacta

---

(*III*) 4 οὗ ἐγὼ *Φ* (*γ*) 6 οἶδ'—τηνικαῦτα om. Vo τηνικαῦτά με *α* Acc. 8 προτιμᾶν pro ἐπιγινώσκειν *Φ* (*γ*) sed τιμᾶν ἀεὶ Laud

62 1 γεωργὸς] B Ba γέρων τις γεωργὸς A γέρον Cr γεωργός τις U ὥραν] B Ba ὥρας U ὥρα A Cr 2 τοῦτον ἐλ. κ λ.] A Cr ἐλεήσας κ. λ. om. B Ba U malim ἐλεήσας ἀνέλαβε καὶ ὑ. κ. ἔθ. κόλπον] B κόλποις Ba κόλπων A κόλπους Cr τοὺς κόλπους αὐτοῦ U κατέθετο B U 3 δὲ ὁ ὄφις U in ἔπληξε τὸν εὐεργέτην desinunt B Ba in ἔπληξε καὶ ἀνεῖλε τὸν εὐ. U 4 ὁ δὲ θν.] Schn. θνήσκων δὲ ἔλ. A Cr 5 versum agnovit Huschke 6 τὰ μέγιστα om. Cr B Ba 7 φιλανθρωπεύσονται U φιλανθρωπεύονται· οὕτω κακῶς ποιοῦσι τοῖς εὐεργέταις. B Ba

63. Δημάδης ὁ ῥήτωρ

(Halm 117 Ch. 96)

Δημάδης ὁ ῥήτωρ δημηγορῶν ποτε ἐν Ἀθήναις ἐκείνων δὲ μὴ πάνυ τι αὐτῷ προσεχόντων ἐδεήθη αὐτῶν, ὅπως ἐπιτρέψωσιν αὐτῷ Αἰσώπειον μῦθον εἰπεῖν. τῶν δὲ συγχωρησάντων αὐτῷ ἀρξάμενος ἔλεγε· „Δήμητρα καὶ χελιδὼν καὶ ἔγχελυς τὴν αὐτὴν ὁδὸν ἐβάδιζον. γενομένων δὲ αὐτῶν κατά τινα ποταμὸν ἡ μὲν χελιδὼν ἀνέπτη, ἡ δὲ ἔγχελυς κατέδυ.“ καὶ ταῦτα εἰπὼν ἐσιώπησεν. ἐρομένων δὲ αὐτῶν· „ἡ οὖν Δήμητρα τί ἔπαθεν;“ ἔφη· „κεχόλωται ὑμῖν, οἵ τινες τὰ τῆς πόλεως πράγματα ἐάσαντες Αἰσωπείων μύθων ἀκούειν ἀνέχεσθε.“

οὕτω καὶ τῶν ἀνθρώπων ἀλόγιστοί εἰσιν, ὅσοι τῶν μὲν ἀναγκαίων ὀλιγωροῦσι, τὰ δὲ πρὸς ἡδονὴν μᾶλλον αἱροῦνται.

64. κυνόδηκτος

(Halm 221 Ch. 178)

(*I*) δηχθείς τις ὑπὸ κυνὸς περιῄει ζητῶν τὸν ἰασόμενον. εἰπόντος δέ τινος [οὕτως] ὡς ἄρα δέοι αὐτὸν ἄρτῳ τὸ αἷμα

---

64 (*I*) Ph. II 3 Synt. 56 cf. fasc. 2 p. 181

---

63 — C Cr Cas O E A B Ba (Salm.) — **64** (*I*) — C O E A Cr B Ba U — accedit L (*I* a)

---

63 (*I*) Δημώδης Cr B Ba Salm. — de Demosthene cogitavit Kor. **2** μὴ πάνυ τι] E Cr μὴ πάνυ τε O μὴ πάνυ C μὴ πάντη A μὲν πάντη B Ba αὐτὸν μὴ Cas αὐτὸν A alio modo haec sententia ad finem perducitur in C Cas: προσεχόντων μᾶλλον ἐπέκειντο Αἰσώπειον μῦθον εἰπεῖν καὶ (καὶ om. Cas) ἀρξ. ἔλ., quae sic fere restituenda censet Kor.: ἐπέκειτο, ὅπως ⟨ἐπιτρέψωσιν αὐτῷ⟩ Αἰσ. μ. κτλ. sed praestat μᾶλλον δὲ ἐπικειμένων **3** τῶν δὲ συγχωρησάντων αὐτῷ ἀρξάμενος] O E Cr συγχωρησάντων δὲ αὐτῶν αὐτω ἀρξ. B Ba τῶν δὲ προτρεψάντων αὐτὸς ἀρξ. A **4** Δημητρία E (atque idem 8) **5** ἐγχέλυς (hic et 6) E Cas ἐβάδιζον ὁδὸν A ἐν ὁδῷ ἐβ Cas **6** ἀνέπτη] Char. ἔπτη libri **8** ἡ οὖν Δήμητρα τί] Cr O E ἡ δὲ Δ. τί B Ba τί οὖν ἡ Δ. A ἡ οὖν Δ. τί ἔπαθεν ἐρωτησάντων αὐτῶν ἔφη Cas **9** πόλεως ὑμῶν B Ba Αἰσωπείων om. B Ba Αἰσώπειον μῦθον Cas Schn. **10** ἀκούειν] O deest in rell. ἀντέχεσθε A Ch.

64 (*I*) **1** κυνὸς ἐζήτει A **2** οὕτως nunc molestum indicio est et in Augustana olim hoc praeceptum oratione recta exstitisse — ὦ

ἐκμάξαντα τῷ δακόντι κυνὶ βαλεῖν, ὑποτυχὼν ἔφη· „ἀλλ' ἐὰν τοῦτο πράξω, δεήσει με ὑπὸ πάντων τῶν ἐν τῇ πόλει κυνῶν δάκνεσθαι."

οὕτω καὶ ἡ τῶν ἀνθρώπων πονηρία δελεαζομένη ἔτι μᾶλλον ἀδικεῖν παροξύνεται.

(*II*) δηχθείς τις ὑπὸ κυνὸς περιῄει ζητῶν τὸν τοῦτον ἰάσασθαι δυνάμενον. καί τις τῶν παρατυχόντων ἀκούσας ἔφη αὐτῷ· „ὦ οὗτος, εἰ θέλεις σῴζεσθαι, λαβὼν ἄρτον τὸ αἷμα ἐκμάξας τῆς πληγῆς τῷ δακόντι κυνὶ ἐπίδος." ὁ δὲ γελάσας ἔφη· „ἀλλ' ἐὰν τοῦτο πράξω, δέον ἐστίν, ἵνα ὑπὸ πάντων τῶν ἐν τῇ πόλει κυνῶν δηχθήσομαι."

ὁ μῦθος δηλοῖ, ὅτι οὕτω καὶ τῶν ἀνθρώπων οἱ πονηρίᾳ δελεαζόμενοι ἔτι μᾶλλον ἀδικεῖν παροξύνονται.

(*III*) δηχθείς τις ὑπὸ κυνὸς τὸν ἰασόμενον περιῄει ζητῶν. ἐντυχὼν δέ τις αὐτῷ καὶ γνούς, ὃ ζητεῖ, „ὦ οὗτος", εἶπεν, „εἰ σῴζεσθαι βούλει, λαβὼν ἄρτον καὶ τούτῳ τὸ αἷμα τῆς πληγῆς ἐκμάξας τῷ δακόντι κυνὶ φαγεῖν ἐπίδος." κἀκεῖνος γελάσας ἔφη· „ἀλλ' εἰ τοῦτο ποιήσω, δεῖ με ὑπὸ πάντων τῶν ἐν τῇ πόλει κυνῶν δηχθῆναι."

(*II*) — V P Br Cas — L Acc. sequitur (*III δ*) — S N W T (*III γ*) (*III β*) (*III α*) accedunt ex (*I* a) R A

οὗτος, δεῖ σε — cf. Vi Acc. αὐτὸν . . . ἐκμάξαντα (αἱμάξαντα B Ba) Cr O E B αὐτῷ . . . ἐκμάξαντι A αὐτῷ τῷ αἵματι αἱμάξαντα C ἄρτον ex ἄρτι corr. O ὡς ἐὰν ἄρτον αἱματώσῃ ἐκ τοῦ δακτύλου καὶ τῷ δακόντι κυνὶ ἐπιδώσει, ὑπολαβὼν δὲ U 3 ὑπολαβὼν C ὑποτυχὼν δὲ ὁ δηχθεὶς A Cr 4 πάντων om. A B (habet Ba) 6 οὕτω καὶ ἡ . . . τ. ἀ. πονηρία] E L B Ba οὕτω ἡ τ. ἀ. πον. O οὕτω ἡ τ. ἀ. φύσις A Cr (πονηρῶν ἀ. Schn.) οὕτω τῶν ἀνθρ. ἀποδελεαζομένη C epim. deest in U

(*II*) 1 κυνὸς περιεζήτει τὸν P T W καὶ περιζητῶν τὸν Br N δυν. ἰας. V Br N T 2 παρόντων P T 3 τῷ αἵματε ἐκμ. τῆς σῆς πλ. τῷ δακ. ἐπίδος φαγεῖν W 5 τῶν ὄντων ἐν τ. π. T 6 δηχθήσωμαι Cas T Kor. Ch. 7 ἡ πονηρία . . δελεαζομένη . . παροξύνεται P (= Aug.) η τ. ἀνθρ. πονηρία ἔτι μ. παροξύνεται δελεαζ. ἢ χαρίσμασι καὶ ξενίοις T οἱ κακοὶ τ. ἀνθρ. ὑπὸ τῆς πονηρίας δελ. πλεῖον μᾶλλον ἀδικεῖν διεγείρονται W

(*III*) 5 δεήσει Kor.

ὁ μῦθος δηλοῖ, ὅτι καὶ τῶν ἀνθρώπων οἱ πονηροὶ εὐεργετούμενοι μᾶλλον ἀδικεῖν παροξύνονται.

65. Διογένης ὁδοιπορῶν

(Halm 119 Ch. 98)

Διογένης ὁ κύων ὁδοιπορῶν ὡς ἐγένετο κατά τινα ποταμὸν πλημμυροῦντα, εἱστήκει πρὸς τὰς διαβάσεις ἀμηχανῶν. εἷς δέ τις τῶν διαβιβάζειν εἰθισμένων θεασάμενος αὐτὸν διαποροῦντα προσελθὼν διεπέρασεν αὐτόν. ὁ δὲ ἀγάμενος αὐτοῦ τὴν φιλοφροσύνην εἱστήκει τὴν αὑτοῦ πενίαν μεμφόμενος δι' ἣν ἀμείψασθαι τὸν εὐεργέτην οὐ δύναται. ἔτι δὲ αὐτοῦ ταῦτα διανοουμένου ἐκεῖνος θεασάμενος ἕτερον ὁδοιπόρον διελθεῖν μὴ δυνάμενον προσδραμὼν καὶ αὐτὸν διεπέρασε. καὶ ὁ Διογένης προσελθὼν αὐτῷ εἶπεν· „ἀλλ' ἔγωγε οὐκέτι σοι χάριν ἔχω ἐπὶ τῷ γεγονότι· ὁρῶ γάρ, ὅτι οὐ κρίσει ἀλλὰ νόσῳ τοῦτο ποιεῖς.“

ὁ λόγος δηλοῖ, ὅτι ⟨οἱ⟩ μετὰ τῶν σπουδαίων καὶ τοὺς ἀνεπιτηδείους εὐεργετοῦντες οὐκ εὐεργεσίας δόξαν, ἀλογιστίαν δὲ μᾶλλον ὀφλισκάνουσι.

---

65 cf. quae attulit St. dil. p. 411, 3 Seneca de benef. 4, 18, 1, gnomolog. Vat. ed. St. 223

---

65 — E e —

---

65 **1** ὁ κυνικὸς Cas **2** πρὸ τὰς (τῆς e) σίλβας E e, omissa in Cas πρὸς τῇ βαλβῖδι Ch. προ⟨ς⟩ τὰς ⟨δ⟩ι⟨α⟩βάς(εις) Char., coll. πρὸς τὴν ἀνάβασιν ἀμηχανοῦσα supra 9, 1, quod interdum recepi **3** αὐτὸν om. E e. quae sequuntur corrupta **4** διαποροῦντα προσελθὼν καὶ ἀράμενος αὐτοῦ τὴν φιλοφροσύνην (τῇ φιλοφροσύνῃ Chr. Schn. in ind. graec. p. 119, σὺν φιλοφροσύνῃ Kor.) διεπέρασεν αὐτόν. ὁ δὲ εἱστήκει τὴν αὐτοῦ (αὑτοῦ Fu.) πενίαν μεμφόμενος κτλ. Cas προσελθὼν καὶ ἐράμενος αὐτοῦ τὴν φιλ. εἱστήκει τὴν αὐτοῦ (αὑτοῦ St.) πενίαν μεμφόμενος E, ubi ἀράμενος διεπέρασεν αὐτόν. ὁ δὲ ἐπαινῶν vel ἀποδεχόμενος αὐτοῦ τὴν κτλ. legi vult St. διαπ. καὶ ἀράμενος διεβίβησεν. ὁ δὲ κύων ἀγάμενος αὐτοῦ τὴν φιλ. εἱστ. κτλ. e, Minae scilicet e coniectura. ego Minam potissimum secutus transpositione locum sanare conatus sum **10** ἔξω St. **12** οἱ ins. Kor. **13** ἀλογιστίας E St. Ch.

65a (I 64 b) huius historiolae loco hoc apophthegma inseritur in U

Διογένης καὶ φαλακρός

(Ch. 97)

cf. Boisson. anecd. III 468

Διογένης ὁ κυνικὸς φιλόσοφος λοιδορούμενος ὑπό τινος φαλακροῦ εἶπεν· „ἐγὼ μὲν οὐ λοιδορῶ, μὴ γένοιτο. ἐπαινῶ δὲ τὰς τρίχας, ὅτι κρανίου κακοῦ (κακῶς cod., corr. Mill.) ἀπηλλάγησαν.

66. ὁδοιπόροι καὶ ἄρκτος

(Halm 311 Ch. 255)

(*I*) δύο φίλοι τὴν αὐτὴν ὁδὸν ἐβάδιζον. ἄρκτου δὲ αὐτοῖς ἐπιφανείσης ὁ μὲν ἕτερος φθάσας ἀνέβη ἐπί τι δένδρον καὶ ἐνταῦθα ἐκρύπτετο. ὁ δὲ ἕτερος μέλλων περικατάληπτος γίνεσθαι πεσὼν κατὰ τοῦ ἐδάφους τὸν νεκρὸν προσεποιεῖτο. τῆς δὲ ἄρκτου προσενεγκούσης αὐτῷ τὸ ῥύγχος καὶ περιοσφραινούσης τὰς ἀναπνοὰς συνεῖχε· φασὶ γὰρ νεκροῦ μὴ ἅπτεσθαι τὸ ζῷον. ἀπαλλαγείσης δὲ ⟨αὐτῆς ὁ ἕτερος⟩ καταβὰς ἀπὸ τοῦ δένδρου ἐπυνθάνετο αὐτοῦ, τί ἡ ἄρκτος πρὸς τὸ οὖς εἴρηκεν. ὁ δὲ εἶπε· „τοιούτοις τοῦ λοιποῦ μὴ συνοδοιπορεῖν φίλοις, οἳ ἐν κινδύνοις οὐ παραμένουσιν."

ὁ λόγος δηλοῖ, ὅτι τοὺς γνησίους τῶν φίλων αἱ συμφοραὶ δοκιμάζουσιν.

---

66 (*I*) Av. 9

---

66 (*I*) — C F O E A Cr (mutilus) B (Ba) U

---

66 (*I*) 1 τὴν ὁδὸν O μίαν ὁδὸν U τὰς ὁδοὺς E 2 ἐν τῇ ὁδῷ φανείσης A Cr μὲν εἷς A Cr B φθάσας om. A 3 κἀκεῖ κατεκρύπτετο A Cr 4 γενέσθαι F O A U ἐπὶ τοῦ A Cr B τὸ νεκρῶν E τὸ τῶν νεκρῶν U νεκρὸν ἑαυτὸν A ἑαυτ. νεκρὸν O 5 ῥύγχος] Cr E B ῥέγχος E O F A ῥάγχος C ῥάχος U 6 τὰς ἀναπνοὰς συνεῖχεν] O E B τὰς ἀν. αὐτῶ συν. C F περιοσφραινόμενος αὐτὸν τὰς ἀναπνοάς, οὗτος συνεῖχεν αὐτὰς A τὰς ἀναπν. αὐτὸς συνῆχεν αὐτὰς Cr τὰς ἀκοὰς αὐτοῦ ἀπῆλθε U 7 ὑποχωρησάσης δὲ E αὐτῆς ὁ ἕτερος inserui ex Vi 8 δὲ ὁ ἀπὸ τοῦ δένδρου καταβὰς A B δὲ ὁ (ὁ om. E Cr) ἀπὸ τοῦ δ. C F O E Cr αὐτῷ O τοῦ ἑτέρου Cr B, deest in A 9 εἶπεν pro εἴρηκεν, ἀπεκρίθη pro εἶπε C F τοῦ λοιποῦ om. C 10 παρασθένουσι A

(*II*) δύο φίλοι τὴν αὐτὴν ὁδὸν ἐβάδιζον. καὶ δὴ ἄρκοϲ αὐτοῖϲ ϲυναντήϲαϲα ὁ μὲν εἷϲ φοβηθεὶϲ ἀνῆλθεν ἐπί τι δένδρον καὶ ἐκρύβη ἐν αὐτῷ, ὁ δὲ ἕτεροϲ περιγενέϲθαι αὐτῆϲ μόνοϲ μὴ δυνηθεὶϲ ὡϲ εἶδε ἑαυτὸν κυριευόμενον παρὰ τῆϲ ἄρκου, πεϲὼν ἐπὶ τῆϲ γῆϲ προϲεποιεῖτο τεθνάναι. ἐλθούϲηϲ δὲ αὐτῆϲ ἐπὶ τῆϲ κεφαλῆϲ αὐτοῦ ὠϲφραίνετο τὰϲ ἀκοὰϲ αὐτοῦ καὶ τὰϲ ῥῖναϲ. ὁ δὲ τὰϲ ἀναπνοὰϲ αὐτοῦ ἐκράτει εὐτόνωϲ. ἡ δὲ ἄρκοϲ ὑπολαβοῦϲα νεκρὸν αὐτὸν ὑπάρχειν ἀπῄει — φαϲὶ γὰρ νεκροῦ μὴ ἅπτεϲθαι τὴν ἄρκον —, ὁ δὲ ἕτεροϲ καταβὰϲ ἀπὸ τοῦ δένδρου ἐπυνθάνετο, τί ἂν πρὸϲ τὸ οὖϲ ἐλάλει αὐτῷ ἡ ἄρκτοϲ. ὁ δὲ εἶπεν· „ἔφη πρόϲ με ἡ ἄρκτοϲ, ὅτι ἀπὸ τοῦ νῦν τοιούτοιϲ φίλοιϲ μὴ ϲυνοδεύειν.“

ὁ μῦθοϲ δηλοῖ, ὅτι ἀπέχεϲθαι χρὴ φίλοιϲ, οἵ τινεϲ ἐν κινδύνοιϲ οὐ βοηθοῦϲιν οὐδὲ παραμένουϲιν.

67. νεανίσκοι καὶ μάγειρος

(Halm 301 Ch. 248)

(*I*) δύο νεανίϲκοι ἐν ταὐτῷ κρέαϲ ὠνοῦντο. καὶ δὴ τοῦ μαγείρου περιϲπαϲθέντοϲ ὁ ἕτεροϲ ὑφελόμενοϲ ἀκροκώλιον

(*II*) — V P L Br Cas — (*III δ*) — M (mutilus) S (= Ch. 255 e) T W F J — (*III γ*) 67 (*I*) — C F E A B Ba U — (*I α*)

(*II*) 1 ἄρκοϲ, ἄρκον, ἄρκου exhibent P *δ* (praeter S T), ἄρκοϲ κτλ. et ἄρκτοϲ V L T, ἄρκτοϲ Cas Br S T *γ* τὴν ὁδὸν Br N J μίαν ὁδὸν P T F 2 ϲυναντήϲαϲ *δ γ* ἄρκτου . . ϲυναντηϲάϲηϲ L Cas ἀπῆλθεν ἐπί τινι δένδρῳ (δένδρου P) P T F ἐπὶ τὸ (τὸ om. N) δένδρον Br N J τι om. W *γ* ἀναβὰϲ ἐκρύβη Cas 3 ἐκρύβη ἐν αὐτῷ om. P T F *γ* ἐν αὐτῷ om. W J 4 δυνάμενοϲ *γ* αὐτὸν μέλλοντα κυριευθῆναι ὑπὸ P L T J *γ* 5 προϲεπ. νεκρὸν Br N 6 ἐπὶ τὴν κεφαλὴν S N W Cas 7 καὶ τὰϲ φρέναϲ L Br N *γ* διὰ τοῦ ῥύγχουϲ τῶν ἀκοῶν αὐτοῦ κ. τῶν φρενῶν Cas τοῦ δὲ κρατοῦντοϲ J αὐτὸν εἶναι M N T *γ* κατέϲχεν pro ἐκράτει *γ* 8 ἀνεχώρηϲε *γ* 9 ὅτι νεκροῦ . . ἅπτεϲθαι Br N J ὅτι . . οὐχ ἅπτεται. ἀπαλλαγείϲηϲ δὲ ὁ Cas 10 ὅτι ἂν F ἂν delent Kor. Ch. αὐτοῦ ἐλάλει P *γ* 11 εἶπεν ὅτι Cas ὅτι om. L *δ* (praeter J) *γ* ὥϲτε pro ὅτι Cas 12 ϲυνοδεύηϲ V W *γ* (praeter Laud) ϲυνοδεύϲηϲ L T Laud (*γ*) οἱ ἐν κινδύνοιϲ οὐ περιμένουϲιν (ex epimythio) Cas 13 τοῖϲ φίλοιϲ L M T φίλων V Cas 14 βοηθεῖν φίλοιϲ V ἐν καιρῷ βίαϲ N ἐν καιρῷ περιϲτάϲεωϲ οὐ παραμένουϲι βοηθεῖν L *γ*

67 (*I*) 1 τοῦ πρώτου A 2 ἀκροκώλιον] a ἀκροκόλλιν E -κολον B Ba -κώλην U τὸ κρέαϲ A deest haec vox in C F

εἰc τὸν τοῦ ἑτέρου κόλπον καθῆκεν. ἐπιcτραφέντοc δὲ τοῦ μαγείρου καὶ ἐπιζητοῦντοc αἰτιωμένου τε κἀκείνουc ὁ μὲν εἰληφὼc ὤμνυε μὴ ἔχειν, ὁ δὲ ἔχων μὴ εἰληφέναι. καὶ ὁ μάγειροc αἰcθόμενοc αὐτῶν τὴν κακοτεχνίαν ἔφη· „ἀλλὰ κἂν ἐμὲ λάθητε ἐπιορκοῦντεc, θεοὺc μέντοι οὐ λήcεcθε.“

ὁ λόγοc δηλοῖ, ὅτι ἡ αὐτή ἐcτιν ἡ ἀcέβεια τῆc ἐπιορκίαc, κἂν αὐτήν τιc καταcοφίζηται.

(*II*) δύο νεανίcκοι ἐν ταὐτῷ κρέαc ὠνήcαντο. καὶ δὴ τοῦ μαγείρου περιcπαcθέντοc εἷc ἐξ αὐτῶν ἀφελόμενοc μέροc τι τοῦ κρέωc εἰc τὸν τοῦ ἑτέρου κόλπον καθῆκεν. ἐπιcτραφεὶc δὲ ὁ μάγειροc καὶ ἐπιζητῶν αὐτὸ ὁ μὲν εἰληφὼc ὤμνυε μὴ ἔχειν, ὁ δὲ ἔχων μὴ εἰληφέναι. καὶ ὁ μάγειροc αἰcθόμενοc τὴν κακοτεχνίαν αὐτῶν ἔφη· „ἀλλὰ κἂν ἐμὲ λάθητε ἐπιορκοῦντεc, θεοὺc δή τοι οὐ λήcεcθε.“

ὁ μῦθοc δηλοῖ, ὅτι, κἂν ἀνθρώπουc διακρουcώμεθα ἐπιορκοῦντεc, θεὸν δὲ οὐδαμῶc· ἀλάθητον γὰρ τὸ θεῖον.

(*II*) — V P Br Cas L Acc. sequitur — (*III δ*) — N W T S Acc. sequitur —

---

3 εἰc τοῦ ἑτέρου τὸν κόλπον καθῆκεν αὐτό A τοῦ μαγείρου] Lessing cf. Vi Acc. αὐτοῦ libri, Ch. 4 ἐκεῖνον τε αἰτιωμένου A αἰτιώμενοc ἐκείνουc (-νηc U) B Ba U 5 μηδὲν ἔχειν B Ba 6 ἔφη ὅτι κἂν C F ἔφη κἂν B Ba 7 μέντοι γε F a μήτοι γε U λήcετε Halm 8 ἡ αὐτή ἐcτιν ἡ ἀcέβεια] Halm ἡ αὔτη ἐ. ἡ. ἀc. E αὐτή ἐ. ἡ ἀc. A ἀc. ἐcτι C F ἡ ἐπιορκία ἐcτὶν ἀc. U καὶ αὐτὴν τὴν ἀcέβειαν τιc ἐφιορκήcει (ἐπορκ. Ba) κἂν αὐτὴν (-τὰ B) καταc. B Ba ὅτι ἡ ἀc. . . . μίαν ἔχει τὴν δύναμιν a 9 κἂν τὴν ἐπιορκίαν τιc καταcοφίζηται (-εται C) C F καταcκευάζηται A

(*II*) 1 ὠνοῦντεc P T 2 ὑφελόμενοc Huds. 3 τοῦ om. Br N W — alia praebet N δύο νεαν. μαγείρῳ παρακαθήμενοι (cf Acc.) ἐκ τοῦ λέβητοc κρέαc ἀμφήρπαξαν ἐκείνου πρὸc χρείαν ἀπελθόντοc. λαβὼν δὲ ὁ εἷc ἔδωκεν τῷ ἑτέρῳ φυλάττειν. 4 ἐπιcτραφέντοc δὲ τοῦ μαγείρου καὶ ἐπιζητοῦντοc αὐτῶ (αὐτὸ W) P T W cf. Acc. 6 τῆc κακοτεχνίαc P W 7 λάθετε Br T ἐλάθεται P δή τοι scr. δέ τοι T δέ τι V P τῶ ἐπιορκοῦντι θεῶ οὐ λ. Br N τὸν -μενον θεὸν W S Acc. τῶ ἐπιορκουμένω θεῶ οὐκ ἀγνοηθήcεcθε Cas 9 ἐπ. ἀλλὰ θεὸν οὐδαμῶc Cas ἐπίορκον (ἐπὶ ὅρκον Fu.) γὰρ Cas ὅτι οἱ ἐπιορκοῦντεc κἂν ἀνθρώπουc λάθωcι, τῶ θεῶ οὐδαμῶc N

(*III*) δύο νεανίσκοι μαγείρῳ παρεκάθηντο. καὶ δὴ τοῦ μαγείρου περί τι τῶν οἰκείων ἔργων ἀσχολουμένου ἅτερος τούτων μέρος τι τῶν κρεῶν ὑφελόμενος εἰς τὸν θατέρου καθῆκε κόλπον. ἐπιστραφέντος δὲ τοῦ μαγείρου καὶ τὸ κρέας ἐπιζητοῦντος ὁ μὲν εἰληφὼς ὤμνυε μὴ ἔχειν, ὁ δ' ἔχων μὴ εἰληφέναι. ὁ δὲ μάγειρος αἰσθόμενος τὴν κακουργίαν αὐτῶν εἶπεν· „ἀλλά, κἂν ἐμὲ λάθητε, τόν γ' ἐπιορκούμενον θεὸν οὔκουν λήσετε."

ὁ μῦθος δηλοῖ, ὅτι, κἂν ἀνθρώπους ἐπιορκοῦντες λάθωμεν, ἀλλὰ τόν γε θεὸν οὐ λήσομεν.

68. ὁδοιπόροι

(Halm 309 Ch. 257)

(*I*) δύο ἐν ταὐτῷ ὡδοιπόρουν. θατέρου δὲ πέλεκυν εὑρόντος ὁ ἕτερος ἔλεγεν· „εὑρήκαμεν", ὁ δὲ ἕτερος αὐτῷ παρῄνει μὴ λέγειν „εὑρήκαμεν" ἀλλ' „εὕρηκας." μετὰ μικρὸν δὲ ἐπελθόντων αὐτοῖς τῶν ἀποβεβληκότων τὸν πέλεκυν ὁ ἔχων αὐτὸν διωκόμενος ἔλεγε πρὸς τὸν συνοδοιπόρον·

---

68 (*I*) hac in fabula recensenda O E potissimum codices secutus sum, quia quae A praebet mutila, quae in F leguntur nimium variata

---

(*III* γ) (*III* β) (*III* α) **68** (*I*) — O E A F U — (*I* a)

(*III*) **1** ἐν τῷ αὐτῷ κρέας ὠνήσαντο (= *II*) γ (γρ. μαγ. παρ. in margine f.) **2** τούτων om. γ **5** ὑφελόμενος pro εἰληφὼς β **7** τόν τ' LM(γ) **8** λήσετε] LO(γ) λήσομεν J(γ) PQ(β) λήσεσθε rel., Kor. sed cf. **10** λήσομεν. duplex epimythium in PGIR(β), qui pergunt ὅτι ἡ αὐτή ἐστιν ἀσέβεια, κἂν κατασοφίζηταί τις αὐτήν, ex Aug. petitum

68 (*I*) **1** δύο τινὲς ἐν τῇ αὐτῇ ὡδ. A ἀνθρώπων (om. U) δύο ἐν ταὐτῷ ὁδοιπορούντων F A U θατέρου A τοῦ ἑτέρου O ἑτέρου E ἕτερος πέλεκυν εὕρατο F **2** καὶ ὁ F εὑρήσαμεν F deest hoc enuntiatum in A U qui pergunt εὑρόντος τῷ ἑτέρῳ τῷ μὴ εὑρόντι (ὁ δὲ ἕτερος ὁ μὴ εὑρὼν U) αὐτὸν (om. U) παρῄνει ἕτερος om. O αὐτῷ om. E **3** μὴ λέγε εὑρήσαμεν F εὕρηκα] a U **4** ἐπανελθόντων A F **5** ἕτερον συν. O πρὸς — συνοδ. desunt in A

„ἀπολώλαμεν“, ἐκεῖνος δὲ ἔφη· „ἀλλ' ἀπόλωλα, εἰπέ. οὐδὲ γάρ, ὅτε τὸν πέλεκυν εὗρες, ἐμοὶ αὐτὸν ἀνεκοινώσω.“

ὁ λόγος δηλοῖ, ὅτι οἱ μὴ μεταλαβόντες τῶν εὐτυχημάτων οὐδὲ ἐν ταῖς συμφοραῖς βέβαιοί εἰσι φίλοι.

δύο τινὲς κατὰ ταὐτὸν ὡδοιπόρουν καὶ θατέρου πέλεκυν (*III*) εὑρόντος ἅτερος ὁ μὴ εὑρὼν παρῄνει αὐτὸν μὴ λέγειν „εὕρηκα“ ἀλλὰ „εὑρήκαμεν“. μετὰ μικρὸν δὲ ἐπελθόντων αὐτοῖς τῶν τὸν πέλεκυν ἀποβεβληκότων ὁ ἔχων αὐτὸν διωκόμενος πρὸς τὸν μὴ εὑρόντα συνοδοιπόρον ἔλεγεν· „ἀπολώλαμεν.“ ὁ δ' εἶπεν· „ἀπόλωλα“, λέγε, οὐκ „ἀπολώλαμεν“· καὶ γὰρ ὅτε τὸν πέλεκυν εὗρες, „εὕρηκα“ ἔλεγες, οὐχ "εὑρήκαμεν“.

ὁ μῦθος δηλοῖ, ὅτι οἱ μὴ μεταλαμβάνοντες τῶν εὐτυχημάτων οὐδ' ἐν ταῖς συμφοραῖς βέβαιοί εἰσι φίλοι.

69. ἐχθροί

(Halm 144 Ch. 115)

δύο ἐχθροὶ ἐν μιᾷ νηὶ ἔπλεον. βουλόμενοι δὲ πολὺ (*I*) ἀλλήλων διεζεῦχθαι, ὥρμησαν ὁ μὲν ἐπὶ τὴν πρώραν, ὁ δὲ ἐπὶ τὴν πρύμναν καὶ ἐνταῦθα ἔμενον. χειμῶνος δὲ σφοδροῦ καταλαβόντος καὶ τῆς νηὸς περιτρεπομένης ὁ ἐν τῇ πρύμνῃ

(*III γ*) (*III β*) (*III α*) accedunt ex Vi Br N   69 (*I*) — C O E A B Ba U — (*I* a)

---

6 ἐκεῖνος δὲ] F ἐκεῖνος O E κἀκεῖνος ὁ μὴ εὑρὼν A U ἀλλ' om. E ἀπόλωλα] a U ἀπόλωλας rell. ante ἀλλ' ἀπόλωλα inserit μὴ ἀπολώλαμεν εἴπῃς Ch. 7 αὐτὸν om. O ἐκοινώσω F — εὗρες ἔλεγες εὑρήκαμεν (ἀλλ' εὕρηκα U) A U 9 ἀλλ' οὐδὲ A βέβαιοι ἔσονται. F

(*III*) 1 κατὰ ταὐτὸν om. *Φ* (*γ*), τὴν αὐτὴν ὁδὸν addit Laud 2 εὑρόντος πρὸς τὸν ἕτερον λέγοντα· εὑρήκαμεν παρῄνει αὐτῷ μὴ λέγειν ὅτι εὑρήκαμεν F f Vo ὁ μὴ εὑρὼν om. Laud, fort. recte, suppl. m² αὐτῷ C G Q (*β*) *Φ* Jen Mo (*γ*) Kor. Ch. 3 ἐπανελθόντος αὐτ. τοῦ τ. π. ἀποβεβληκότος Br N 5 διωκόμενος om. *Φ* (*γ*) 7 καὶ γὰρ καὶ Vo Laud J (*γ*) K Q (*α*) Ch. 9 μεταλαβόντες *γ β*

69 (*I*) 1 καὶ βουλ. πολὺ O E βουλ. δ' ἀλλ. πολὺ A 2 ἄλλος ἀλλήλοις B διαζεῦχθαι E διαζευχθῆναι B Ba U διεξέρχεσθαι O 3 πρύμνην O A U

ἐπυνθάνετο παρὰ τοῦ κυβερνήτου, περὶ ποῖον μέρος καταδύεσθαι τὸ σκάφος πρῶτον κινδυνεύει. τοῦ δὲ εἰπόντος· „κατὰ τὴν πρώραν", ἔφη· „ἀλλ' ἔμοιγε οὐκέτι λυπηρὸς ὁ θάνατός ἐστι, εἴγε ὁρᾶν μέλλω τὸν ἐχθρόν μου προαποπνιγόμενον."

οὕτως ἔνιοι τῶν ἀνθρώπων διὰ τὴν πρὸς τοὺς πέλας δυσμένειαν αἱροῦνται καὶ αὐτοί τι δεινὸν πάσχειν ὑπὲρ τοῦ κἀκείνους ὁρᾶν δυστυχοῦντας.

(*II*) δύο τινὲς πρὸς ἀλλήλους ἔχθραν ἔχοντες ἐν μιᾷ νηὶ ἔπλεον. καὶ δὴ μὴ βουλόμενος ὁ εἷς τῷ ἑτέρῳ πλησιάσαι ὥρμησεν ὁ μὲν εἷς ἐπὶ τὴν πρύμνην, ὁ δὲ ἕτερος ἐπὶ τὴν πρώραν. χειμῶνος δὲ σφοδροῦ γενομένου καὶ τῆς νηὸς καταποντίζεσθαι ἤδη μελλούσης ὁ ἐν τῇ πρύμνῃ καθήμενος ἐπυνθάνετο τοῦ κυβερνήτου λέγων· „ὦ οὗτος, ποῖον μέρος μέλλει πρότερον καταποντίζεσθαι τοῦ σκάφους;" τοῦ δὲ εἰπόντος, „ἡ πρώρα", ἔφη· „ἀλλ' ἔμοιγε οὐκέτι λυπηρὸς ὁ θάνατος ἔσται, εἴγε ὁρᾶν μέλλω προθανατούμενόν μοι τὸν ἐχθρόν."

ὁ μῦθος δηλοῖ, ὅτι πολλοὶ τῶν ἀνθρώπων διὰ τὴν πρὸς τοὺς ἐχθροὺς μῆνιν αἱροῦνται τὸ πρῶτον ἰδεῖν αὐτοὺς ἐπὶ

(*II*) — V P L Br Cas · (*III δ*) — M S N W T —

---

5 ἐπυνθάνετό τινος περὶ A πρὸς ποῖον O **6** κινδυνεύειν O E καταδύεται ... κινδυνεῦον A **8** ἀποπνιγόμενον πρῶτον E προαπαγόμενον B Ba **10** πρὸς τοὺς ἐχθροὺς A B Ba U **11** ὑπ' αὐτοὺς κἀκείνους E περὶ τοῦ κ. B Ba χάριν τοῦ κ. A **12** συνδυστυχοῦντας E B Ba δυστυχήσαντας A

(*II*) **1** ἐν μηνίδι W ἐν μιᾷ νυκτὶ L S **2** βουλόμενοι W βουλόμενοι δὲ κτλ. ut in Aug. Cas **2** μὴ ante πλησιάσαι collocant P M S T **3** ὅρμησαν N καὶ ὁ P T ὁ μὲν εἷς κτλ. ut in Aug. Cas **4** post πρώραν addunt καὶ ἐνταῦθα ἔμενον M S W Cas δὲ πολλοῦ P M S **5** καταλαβόντος (= Aug.) Cas ἤδη om. S Cas·Ch. ἐπὶ τῇ Cas **6** τοῦ κυβερνήτου (κυβερνητείῳ T) P T Kor. τῷ κυβερνήτῃ ceteri excepto S qui ἠρώτα τὸν κυβερνήτην habet τῷ κυβερνήτῃ λέγων, Ch. **7** καταπ. πρότερον P πέφυκε καταπ. πρότερον T **9** ἔστιν L Br S, deest in V Br T προαποπνιγόμενον (= Aug.) Cas προθαν. μου τὸν ἐχθρὸν V τὸν ἐ. μου P L τὸν ἐμὸν ἐχθρὸν Br N θεάσασθαι τὸν W προαγόμενόν μοι (προηγούμενον? Miller) U **12** ἄμυναν pro μῆνιν P T S τὸ delet Fu.

συμφορᾷ διὰ τὴν δυσμένειαν, ἔπειτα καὶ αὐτοὶ μετὰ ταῦτα, ἐάν τι δεινὸν πάσχωσιν, ὑπομένουσιν.

(*III*) δύο τινὲς ἀλλήλοις ἐχθραίνοντες ἐπὶ τῆς αὐτῆς νεὼς ἔπλεον, ὧν ἅτερος μὲν ἐπὶ τῆς πρύμνης, ἅτερος δὲ ἐπὶ τῆς πρώρας ἐκάθητο. χειμῶνος δὲ ἐπιγενομένου καὶ τῆς νεὼς μελλούσης ἤδη καταποντίζεσθαι ὁ ἐπὶ τῆς πρύμνης τὸν κυβερνήτην ἤρετο, πότερον τῶν μερῶν τοῦ πλοίου πρότερον μέλλει καταβαπτίζεσθαι. τοῦ δὲ τὴν πρώραν εἰπόντος „ἀλλ' ἔμοιγε οὐκ ἔστι λυπηρός", εἶπεν, „ὁ θάνατος, εἴγε ὁρᾶν μέλλω πρὸ ἐμοῦ τὸν ἐχθρὸν ἀποθνῄσκοντα."
ὁ μῦθος δηλοῖ, ὅτι πολλοὶ τῶν ἀνθρώπων οὐδὲν τῆς ἑαυτῶν βλάβης φροντίζουσιν, εἰ τοὺς ἐχθροὺς μόνον ἴδοιεν πρὸ αὐτῶν κακουμένους.

70. βάτραχοι

(Halm 75 Ch. 67)

(*I*) δύο βάτραχοι ἀλλήλοις ἐγειτνίων. ἐνέμοντο δὲ ὁ μὲν βαθεῖαν καὶ τῆς ὁδοῦ πόρρω λίμνην, ὁ δὲ ἐν ὁδῷ μικρὸν ὕδωρ ἔχων. καὶ δὴ τοῦ ἐν τῇ λίμνῃ παραινοῦντος τὸν ἕτερον μεταβῆναι πρὸς αὐτόν, ἵνα καὶ ἀμείνονος καὶ ἀσφαλεστέρας διαίτης μεταλάβῃ, ἐκεῖνος οὐκ ἐπείθετο λέγων δυσαποσπάστως ἔχειν τῆς τοῦ τόπου συνηθείας· ἕως οὗ συνέβη ἅμαξαν τῇδε παριοῦσαν ὀλέσαι αὐτόν.

---

70 (*I*) tetr. II 20

(*III γ*) (*III β*) (*III α*) accedunt Ch. R A (*I* a) **70** (*I*) — C O E A B Ba U — (*I* a)

---

13 συμφορᾷ Br M T] συμφο sic V συμφοραὶ P συμφοραῖς N S συμφορὰν L W Cas διὰ τὴν ἀσθένειαν P T, om. S W μετὰ ταῦτα — molesta post ἔπειτα — desunt in N S W, an τὰ αὐτὰ? **14** ὑπομένοντες P, fort. recte, ὑπομένονται T ἐὰν καὶ αὐτοῖς λυπηρὸν ἐπέλθῃ, πάσχοντες ὑπομένουσιν W ἔπειτα καὶ αὐτοὶ τὰ ὅμοια, εἰ δέοι, παθεῖν S

(*III*) **6** καταποντίζεσθαι *γ* C Plan (*β*) Q (*α*) Kor. **7** λυπηρὸς C G Berl Plan (*β*) Q (*α*) R A (*I* a) **10** εἰ . . ἴδωσι L (*β* *α* Acc. ἐὰν ἴδωσι K (*α*) Ch.

70 (*I*) **1** ἐγειτνίαζον A **3** παραινοῦντος τὸν ἕτερον μεταβῆναι] C παρ. μεταβ. τὸν ἕτερον E παρ. θάτερον μεταβ. O A B Ba παρ. θατέρῳ μετ. a . . . παρῄνει τὸν ἕτερον U **4** ἄμεινον καὶ ἀσφαλέστερον Ba **5** μεταλαμβάνει U μεταλάβοι Ba a ἀπολαύῃ A **6** ἔχων pro λέγων ἔχειν C ἔχον B **7** συνθλάσαι B Ba U θλάσαι a Acc.

οὕτω καὶ τῶν ἀνθρώπων οἱ τοῖς φαύλοις ἐπιτηδεύμασιν ἐνδιατρίβοντες φθάνουσιν ἀπολλύμενοι πρὶν ἢ ἐπὶ τὰ καλλίονα τραπέσθαι.

(*III*) δύο βάτραχοι ἀλλήλοις ἐγειτνίων. ἐνέμοντο δὲ ὁ μὲν εἰς ἐν βαθείᾳ καὶ πόρρω τῆς ὁδοῦ λίμνῃ, ὁ δὲ ἐν ὁδῷ μικρὸν ὕδωρ ἔχων. καὶ δὴ τοῦ ἐν τῇ λίμνῃ θατέρῳ παραινοῦντος πρὸς αὐτὸν μεταβῆναι, ὡς ἂν ἀσφαλεστέρας διαίτης μεταλάβῃ, ἐκεῖνος οὐκ ἐπείθετο λέγων δυσαποσπάστως ἔχειν τῆς τοῦ τόπου συνηθείας· ἕως οὗ συνέβη ἅμαξαν παρελθοῦσαν αὐτὸν συνθλάσαι.

ὁ μῦθος δηλοῖ, ὅτι καὶ τῶν ἀνθρώπων οἱ τοῖς φαύλοις ἐπιχειροῦντες φθάνουσιν ἀπολλύμενοι πρὶν ἢ ἐπὶ τὸ βέλτιον τραπέσθαι.

71. δρῦς καὶ κάλαμος

(Ch. 101)

δρῦς καὶ κάλαμος ἤριζον περὶ ἰσχύος. ἀνέμου δὲ σφοδροῦ γενομένου ὁ μὲν κάλαμος σαλευόμενος καὶ συγκλινόμενος ταῖς τούτου πνοαῖς τὴν ἐκρίζωσιν ἐξέφυγεν, ἡ δὲ δρῦς δι' ὅλου ἀντιστᾶσα ἐκ ῥιζῶν κατηνέχθη.

ὁ λόγος δηλοῖ, ὅτι οὐ δεῖ τοῖς κρείττοσιν ἐρίζειν.

---

71 Lucian. epigr. 15, 5—6 Babr. 36 Aphth. 36 cf. fasc. 2 p. 149 tetr. I 45 Avian. 16

(*III γ*) (F Laud Salm Vo J) (*III β*) (*III α*) 71 — F A U, accedit T (*II*). — est fabula 239 δένδρα καὶ κάλαμος (*I*) (κάλαμος καὶ ἐλαία *II. III*) in brevius redacta. B Ba ex (*II*) fabulam κάλαμοι καὶ ἐλαία protulerunt

---

9 in ἀπολλύμενοι desinit U 10 τρέπεσθαι E τὰ κρείττω φέρεσθαι C τραπήσονται Ba aliud epim. in a

(*III*) 3 ἐχούσῃ J (γ) 6 τρόπου γ ἕως οὖν F (γ) 7 συνεθλάσθη C G (β) 8 φαύλοις ἐπιτηδεύμασι (ἐν- Vo) διατρίβοντες Vo Plan (β) Q (α) 9 τὰ βελτίονα Vo (βελτίω J) (γ) l Vrat Jen J G (β) Q (α)

71 1 σφοδροτάτου ἐκ νεύσαντος T 2 σαλευόμενος] T ἀνακλώμενος A ἀναλαβόμενος F U 3 τὰς πνοὰς U ἔφυγεν T 4 δι' ὅλου om. A U κατηνέχθη] F ἀνεσπάσθη U ἔπεσεν A 5 ἐρίζειν ἢ ἀνθίστασθαι A ἀντιπίπτειν F T

72. ἀνὴρ δειλὸς λέοντα χρυσοῦν εὑρών

(Halm 67 Ch. 62)

δειλὸς φιλάργυρος λέοντα χρυσοῦν εὑρὼν ἑαυτὸν προσαγορεύει· „οὐκ οἶδα τίς γενήσομαι ἐπὶ τοῖς παροῦσιν. ἐγὼ ἐκβέβλημαι ἐκ τῶν φρενῶν καὶ τί πράττω οὐκ ἔχω. μερίζομαι φιλοχρηματίᾳ καὶ τῇ τῆς φρενὸς δειλίᾳ. ποία γὰρ τύχη ἢ ποῖος δαίμων εἰργάσατο χρυσοῦν λέοντα; ἡ μὲν γὰρ ἐμὴ ψυχὴ πρὸς τὰ παρόντα ἑαυτῇ πολεμεῖ. ἀγαπᾷ μὲν τὸν χρυσόν, δέδοικε δὲ τοῦ χρυσοῦ τὴν ἐργασίαν· ἅπτεσθαι μὲν τοῦ εὑρήματος ἐλαύνει ὁ πόθος, ἀπέχεσθαι δὲ ὁ τρόπος. ὢ τύχης διδούσης καὶ μὴ λαβεῖν συγχωρούσης! ὢ θησαυρὸς ἡδονὴν οὐκ ἔχων! ὢ χάρις δαιμόνων ἄχαρις γενομένη! τί οὖν; ποίῳ τρόπῳ χρήσωμαι; ἐπὶ ποίαν ἔλθω μηχανήν; ἄπειμι τοὺς οἰκέτας δεῦρο κομίσων λαβεῖν ὀφείλοντας τῇ πολυπληθεῖ συμμαχίᾳ κἀγὼ πόρρω ἔσομαι θεατής."

---

72 insulsam hanc ethopoeian rhetoricam praeter A et Cr tantum B Ba et (Salm. 37) exhibent. B expressit Nev. 220

---

72 A P IX 431 εἰς κλέπτην εὑρόντα σπάθην χρυσῆν conferre iussit Cr. de Babrii aet. 228, Lib. IV 1043 τίνας ἂν εἴποι λόγους δειλὸς φιλάργυρος εὑρὼν χρύσεον ξίφος Hsr. probl. 316[1]

---

72 **1** δειλὸς ὁ καὶ φιλάργυρος B Ba Salm., Byzantinorum versum εὑρὼν λέοντα χρυσοῦν subesse credideris, quales et in sequentibus facili nègotio exsculpuntur: ἐκβέβλημαι γὰρ τῆς φρενὸς καὶ τί πράττω οὐκ ἔχω etc. ἑαυτὸν προσαγορεύει] scr. ἑαυτὸν προσαγγέλλει Ba ἑαυτὸν προσαγ (sic) B ἔλεγεν A Cr προσαιτεῖ Nev. προσλαλεῖ Kor. **2** γένομαι B γίνωμαι Nev. ἐν τοῖς A **3** πράττειν A ἔχων Huds. μερίζει με φιλοχρηματία καὶ τῆς φύσεως ἡ δειλία A Cr πολλὴ χρηματία B Ba **5** τύχη καὶ τίς (Ba[2] τί B Ba) τῶν δαιμόνων χρ. εἰργ. λ. B Ba **6** ψυχὴ] Nev. τύχη libri τὸν παρόντα A **8** καὶ ἅπτεσθαι μὲν . . . καὶ ἀπέχεσθαι B Ba; totum hoc enuntiatum praetermisit Nev. τοῦ εὑρήματος] Hsr. τοῦ σώματος B Ba omiserunt hanc vocem ut corruptam A Ch. **9** δηλούσης B Ba λαμβάνεσθαι A συγχωρούσης θησαυρόν B **10** μὴ ἔχων A **11** ἄχρηστος Ba ἀχρήστως B · τροφὴν χρ. B Ba χρήσωμαι] Nev. χρήσομαι libri **12** ἀμιμήτους pro ἄπειμι τοὺς A κόμισον libri, corr. Nev. **13** λαβεῖν μὲν B Ba — an θαρρεῖν? πολυπληθεία καὶ συμμαχία (-χίαν Ba) B Ba κἀγὼ δὲ B Ba an πόρρω⟨θεν ἑστὼς⟩ ἔσομαι θεατής.

ὁ λόγος ἁρμόζει πρός τινα πλούσιον μὴ τολμῶντα προσψαῦσαι καὶ χρήσασθαι τῷ πλούτῳ.

73. δελφῖνες καὶ κωβιός

(Halm 116 Ch. 95)

δελφῖνες καὶ φάλαιναι πρὸς ἀλλήλους ἐμάχοντο. ἐπὶ πολὺ δὲ τῆς διαφορᾶς σφοδρυνομένης κωβιὸς ἀνέδυ [ἔστι δὲ οὗτος μικρὸς ἰχθύς] καὶ αὐτοὺς ἐπειρᾶτο διαλύειν. εἷς δέ τις τῶν δελφίνων ὑπολαβὼν ἔφη πρὸς αὐτόν· „ἀλλ' ἡμῖν ἀνεκτότερον ἔσται μαχομένοις ὑπ' ἀλλήλων διαφθαρῆναι ἢ σοῦ διαλλακτοῦ τυχεῖν."

οὕτως ἔνιοι τῶν ἀνθρώπων οὐδενὸς ἄξιοι ὄντες, ὅταν ταραχῆς λάβωνται, δοκοῦσί τινες.

74. μελιττουργός

(Halm 289 Ch. 236)

(*I*) εἰς μελισσουργοῦ τις εἰσελθὼν ἐκείνου ἀπόντος τό τε μέλι καὶ τὰ κηρία ἀφείλετο. ὁ δὲ ἐπανελθὼν ἐπειδὴ ἐθεάσατο ἐρήμους τὰς κυψέλας, εἱστήκει ταύτας διερευνῶν. αἱ δὲ μέλισσαι ἐπανελθοῦσαι ἀπὸ τῆς νομῆς ὡς κατέλαβον αὐτόν, παίουσαι τοῖς κέντροις τὰ πάνδεινα διετίθεσαν. κἀκεῖνος ἔφη πρὸς αὐτάς· „ὦ κάκιστα ζῷα, ὑμεῖς τὸν μὲν κλέψαντα

---

73 Ael. nat. an. V 48 Babr. 39

---

73 — C F Cas O E A — (*I*a) 74 (*I*) — C O E A B Ba U — (*I*a)

---

15 epimythium, quo non eget ethopoeia, confinxit A. In B fabulae antecedentis epimythium adscriptum est, in cuius fine — οἱ τοῖς φαύλοις ἐπιτηδεύμασιν ἐνδιατρίβοντες φθονοῦσιν — frustra πονεῖν εἰώθασιν corrigebat Huds.

73 2 σφοδρᾶς γενομένης F τῆς μάχης κορυφουμένης Cas ἀνέβη A 3 δὲ om. C μικρὸς δὲ οὗτος ἰχθ. E glossema hoc deest in A a καὶ om. C ἐπειρᾶτο δὲ F O E καὶ αὐτὸς ἐπ. A ἐπ. αὐτὸς E διαλλάττειν Cas 5 ἔσται C F] ἐστι O Cas A deest in E μαχομένους E 7 ἄνθρώπων ὅταν ταρ. λαβ. δοκοῦσί τινες εἶναι καὶ ταῦτα μηδενὸς ἄξιοι ὄντες A 8 τινες εἶναι O εἰσι Cas

74 (*I*) 1 μελισσουργόν τις μετελθὼν A ἐκείνου αὐτοῦ O τε om. A U B Ba 2 ὑφείλετο E 3 τὰς κυψέλας] C E Ba τὰς κυψέλους O B τὰς κυψέλλας A a U αὐτὰς O 5 παίσασαι O B Ba παίουσι . . . καὶ C 6 μὲν om. A U

ὑμῶν τὰ κηρία ἀθῷον ἀφήκατε, ἐμὲ δὲ τὸν ἐπιμελούμενον ὑμῶν τύπτετε;"

οὕτως ἔνιοι τῶν ἀνθρώπων δι' ἄγνοιαν τοὺς ἐχθροὺς μὴ φυλαττόμενοι τοὺς φίλους ὡς ἐπιβούλους ἀπωθοῦνται.

εἰς μελιττουργεῖόν τις εἰσελθὼν τοῦ κεκτημένου ἀπόντος τὸ κηρίον ἀφείλετο. ὁ δὲ ἐπανελθὼν ἐπειδὴ τὰς κυψέλας εἶδεν ἐρήμους, εἱστήκει τὸ κατ' αὐτὰς διερευνώμενος. αἱ δὲ μέλισσαι ἀπὸ τῆς νομῆς ἐπανήκουσαι ὡς κατέλαβον αὐτόν, τοῖς κέντροις ἔπαιον καὶ τὰ χείριστα διετίθουν. ὁ δὲ πρὸς αὐτάς· „κάκιστα ζῷα, τὸν μὲν κλέψαντα ὑμῶν τὰ κηρία ἀθῷον ἀφήκατε, ἐμὲ δὲ τὸν ἐπιμελούμενον ὑμῶν πλήττετε;" (*III*)

ὁ μῦθος δηλοῖ, ὅτι οὕτω τῶν ἀνθρώπων τινὲς δι' ἄγνοιαν τοὺς ἐχθροὺς μὴ φυλαττόμενοι τοὺς φίλους ὡς ἐπιβούλους ἀπωθοῦνται.

75. δελφὶς καὶ πίθηκος

(Halm 363 Ch. 306)

ἔθος ἐστὶ τοῖς πλέουσιν ἐπάγεσθαι κύνας Μελιταίους καὶ πιθήκους πρὸς παραμυθίαν τοῦ πλοῦ. καὶ δή τις πλεῖν μέλλων πίθηκον συνανήνεγκε. γενομένων δὲ αὐτῶν κατὰ τὸ Σούνιον (ἐστὶ δὲ τοῦτο Ἀθηναίων ἀκρωτήριον) συνέβη χειμῶνα σφοδρὸν γενέσθαι. περιτραπείσης δὲ τῆς νηὸς καὶ πάντων διακολυμβώντων καὶ ὁ πίθηκος ἐνήχετο. δελφὶς (*I*)

---

75 (*I*) Tzetz. chil. IV 945

(*III γ*) (*III β*) (*III α*) **75** (*I*) — C F E A B Ba U —

---

7 ὑμᾶς E **8** δεινῶς τύπτ. E **10** μὴ om. O C

(*III*) **2** ὑφείλετο γ C G Q L Plan (β) τοὺς κυψέλους γ τὰς κυψέλους C G Q (β) **5** πρὸς αὐτάς φησι Plan πρ. αὐτ. ἔφη Kor. **8** δι' ἄνοιαν τοὺς ἀλλοτρίους φυλ. Laud **9** μὴ om. Laud J Go Gorl E Tur (γ) ἐπιβ. λυποῦσι (λυμαίνουσι Laud) γ

75 (*I*) **1** ἐστὶ om. C E κύνας τε καὶ Μελιτιάιους A κύνας τε Μελιταίους καὶ Schn. **4** τὸ om. E ἀκρ. δὲ τοῦτο Ἀθ. E ἐπί τι ἀκροτ. συνέβη B Ba **5** παρα(περι- C)στραφείσης C F **6** (et 14) δελφὶν A δὲ θεαcάμενοc αὐτὸν καὶ οἰόμενοc ἄνθρωπον εἶναι ὑπεξελθὼν διεκόμιζεν. ὡc δὲ ἐγένετο κατὰ τὸν Πειραιᾶ, τὸν τῶν Ἀθηναίων λιμένα, ἐπυνθάνετο τοῦ πιθήκου, εἰ τὸ γένοc Ἀθηναῖόc ἐcτι. τοῦ δὲ εἰπόντοc καὶ λαμπρῶν γε ἐνταῦθα τετυχηκέναι γονέων, ἐκ δευτέρου ἠρώτα αὐτόν, εἰ ἐπίcταται τὸν Πειραιᾶ. καὶ ὃc ὑπολαβὼν αὐτὸν ἄνθρωπον λέγειν ἔφαcκε καὶ φίλον αὐτοῦ εἶναι καὶ cυνήθη. καὶ ὁ δελφὶc ἀγανακτήcαc κατὰ τῆc αὐτοῦ ψευδολογίαc βαπτίζων αὐτὸν ἀπέπνιξεν.

πρὸc ἄνδρα ψευδολόγον.

(*III*) ἔθουc ὄντοc τοῖc πλέουcι Μελιταῖα κυνίδια καὶ πιθήκουc ἐπάγεcθαι πρὸc παραμυθίαν τοῦ πλοῦ πλέων τιc εἶχε cὺν ἑαυτῷ καὶ πίθηκον. γενομένων δ' αὐτῶν κατὰ τὸ Cούνιον, τὸ τῆc Ἀττικῆc ἀκρωτήριον, χειμῶνα cφοδρὸν cυνέβη γενέcθαι. τῆc δὲ νεὼc περιτραπείcηc καὶ πάντων διακολυμβώντων ἐνήχετο καὶ ὁ πίθηκοc. δελφὶc δέ τιc αὐτὸν θεαcάμενοc καὶ ἄνθρωπον εἶναι ὑπολαβὼν ὑπελθὼν ἀνεῖχε διακομίζων ἐπὶ τὴν χέρcον. ὡc δὲ κατὰ τὸν Πειραιᾶ ἐγένετο, τὸ τῶν Ἀθηναίων ἐπίνειον, ἐπυνθάνετο τοῦ πιθήκου, εἰ τὸ γένοc ἐcτὶν Ἀθηναῖοc. τοῦ δὲ εἰπόντοc καὶ λαμπρῶν ἐνταῦθα τετυχηκέναι γονέων ἐπανήρετο, εἰ καὶ τὸν Πειραιᾶ ἐπίcταται. ὑπολαβὼν δὲ ὁ πίθηκοc περὶ ἀνθρώπου αὐτὸν λέγειν ἔφη καὶ μάλα φίλον εἶναι αὐτῷ καὶ

(*IIIβ*) (*IIIα*) accedunt J (*γ*) Q (*I* a)

7 καὶ om. A εἶναι—13 ἔφαcκε exciderunt in A ὑπεξελθὼν] F ὑπερεξελθὼν CE ὑπερεπελθὼν (ὑπερεπθὼν B) B Ba ὑπελθὼν Schn. ex Acc. 8 διακομίζων U ἐγένοντο B Ba U 9 τὸν λιμ. τῶν E παρὰ πίθηκοc U 10 γε] C om. rell. 11 ἤρετο E ἐπανήρετο A 12 ὁ δὲ πίθηξ ὑπ. ἄνθρωπον αὐτὸν C ἄνθρωπον om. F αὐτὸν om. B Ba 13 φίλον αὐτῶ (αὐτῷ St.) καὶ cυνήθη τοῦτον E 14 μετὰ E 15 ἀπέπνιξεν] F U ἀπέπνιγεν C ἀπέκτεινε E A B Ba 16 πρ. ἄ. ψ.] C ψευδ. ὁ λόγοc F ψευδ. ὁ. λ. εὔκαιροc E πρὸc ἄνδραc, οἳ τοὺc εὐεργέταc αὐτῶν διαψεύδεcθαι βούλονται A magis etiam aucta haec in B Ba U

(*III*) 7 ὑπελθὼν] Q ἀπελθὼν *β α* Acc.

cυνήθη. καὶ ὁ δελφὶc ἐπὶ τοcούτῳ ψεύδει ἀγανακτήcαc βαπτίζων αὐτὸν ἀπέκτεινεν.

ὁ μῦθοc πρὸc ἄνδραc, οἳ τὴν ἀλήθειαν οὐκ εἰδότεc ἀπατᾶν νομίζουcιν.

76. ἔλαφος καὶ λέων

(Halm 128 Ch. 103)

ἔλαφοc δίψῃ cυcχεθεῖcα παρεγένετο ἐπί τινα πηγήν. (*I*) πιοῦcα δὲ ὡc ἐθεάcατο τὴν ἑαυτῆc cκιὰν κατὰ τοῦ ὕδατοc, ἐπὶ μὲν τοῖc κέραcιν ἠγάλλετο ὁρῶcα τὸ μέγεθοc καὶ τὴν ποικιλίαν, ἐπὶ δὲ τοῖc ποcὶ cφόδρα ἤχθετο ὡc λεπτοῖc οὖcι καὶ ἀcθενέcιν. ἔτι δὲ αὐτῆc διανοουμένηc λέων ἐπιφανεὶc ἐδίωκεν αὐτήν· κἀκείνη εἰc φυγὴν τραπεῖcα κατὰ πολὺ αὐτοῦ προεῖχεν. [ἀλκὴ γὰρ ἐλάφων μὲν ἐν τοῖc ποcί, λεόντων δὲ ἐν καρδίᾳ.] μέχρι μὲν οὖν ψιλὸν ἦν τὸ πεδίον, ἡ μὲν προθέουcα ἐcώζετο, ἐπεὶ δὲ ἐγένετο κατά τινα ὑλώδη τόπον, τηνικαῦτα cυνέβη τῶν κεράτων αὐτῆc ἐμπλακέντων τοῖc κλάδοιc μὴ δυναμένην τρέχειν cυλληφθῆναι. μέλλουcα δὲ ἀναιρεῖcθαι ἔφη πρὸc ἑαυτήν· „δειλαία ἔγωγε, ἥτιc ὑφ᾿ ὧν μὲν ᾠόμην προδοθήcεcθαι, ὑπὸ τούτων ἐcωζόμην, οἷc δὲ καὶ cφόδρα ἐπεποίθειν, ὑπὸ τούτων ἀπωλόμην.“

οὕτω πολλάκιc ἐν κινδύνοιc οἱ μὲν ὕποπτοι τῶν φίλων cωτῆρεc ἐγένοντο, οἱ δὲ cφόδρα ἐμπιcτευθέντεc προδόται.

---

76 (*I*) Babr. 43 tetr. I 14. II 11 tab. Assend. 12 Dosith. 1 cf. fasc. 2 p. 120 Aphth. 18 cf. fasc. 2 p. 141 Synt. 15 cf. fasc. 2 p. 161 Phaedr. I 12

---

76 (*I*) — C F Cr E A B Ba U

---

76 (*I*) 2 αὐτῆc A ἐπὶ τοῦ ὕδ. C F E 4 πάνυ ἤχθ. E μέγα U 7 τὸ πολὺ B Ba αὐτοῦ om. C μὲν om. B Ba U, δὲ B glossema hoc om. A. cf. Babr. 67, 2 ἀλκῇ μὲν ὁ λέων, ὁ δ᾿ ὄνοc ἐν ποcὶν κρείccων 9 διεcώζετο E B Ba U ἐπειδὴ CEF Ba 10 cυν. την. C F cυμπλακέντα F 11 μὴ . . . cυλληφθῆναι] C F Cr μὴ δυν. τρέχ. cυλληφθῆναι τῷ λέοντι A μὴ δυν. καὶ cυλληφθῆναι E μὴ δύναcθαι τρέχειν κἀκεῖcε cυλληφθῆναι B Ba καὶ μὴ δύναcθαι τρέχειν cυνελήφθη ὑπὸ τοῦ λέοντοc U 12 ὑφ᾿ ὧν προδοθήcεcθαι ἔμελλον E ὑφ᾿ ὧν ἐμεμφόμην U — an οἷc ἐμέμφόμην ὑπὸ κτλ.? 14 καὶ om. F B Ba ἀπωλόμην] C F ἀπωλλόμην E A B Ba ἀπωλώλειν U 16 γίνονται B Ba

(*II*) ἔλαφος δίψει συσχεθεῖσα παρεγένετο ἐπί τινα πηγὴν τοῦ πιεῖν. πιοῦσα δὲ εἶδεν τὴν ἑαυτῆς σκιὰν ἐπὶ τοῦ ὕδατος. καὶ ἐπὶ μὲν τοῖς κέρασιν ηὐφραίνετο, ὁρῶσα τὸ μέγεθος καὶ τὴν ποικιλίαν, ἐπὶ δὲ τοῖς ποσὶν αὐτῆς σφόδρα ἤχθετο καὶ ἐδυσφόρει, ὁρῶσα λεπτὰ καὶ ἀσθενῆ ὄντα. ἔτι δὲ αὐτῆς διανοουμένης λέων ἐπιφανεὶς ἤρξατο διώκειν αὐτήν. κἀκείνη εἰς φυγὴν τραπεῖσα κατὰ πολὺ αὐτοῦ προεῖχεν· ἀλκὴ γάρ φασι ἐλάφῳ ἐν τοῖς ποσὶν καὶ λέοντι ἐν τῇ καρδίᾳ. καὶ μέχρι μὲν ἐν πεδίῳ ἐδιώκετο, ἀκατάληπτος ἦν ἡ ἔλαφος, ἐπεὶ δὲ κατά τινα δρυμὸν παρεγένετο, συνέβη αὐτὴν τοῖς κέρασιν ἐμπλακῆναι τοῖς κλάδοις καὶ συλληφθῆναι ὑπὸ τοῦ λέοντος. μέλλουσα δὲ ἀναιρεῖσθαι ἔφη· „ἀθλία ἐγώ, ἥτις ἐπὶ κέρασιν χαίρουσα ἐξ αὐτῶν συνελήφθην."

ὁ μῦθος δηλοῖ, ὅτι πολλάκις οἱ δοκοῦντες ἔχειν τι χρήσιμον λανθάνουσι †καὶ ἐξ ἐκείνου βλάβος αὐτοῖς ἐγγίνεται.

(*II*) — V P L Mo Br Cas — (*III δ*) — M S N W T F J — (*III γ*)

(*II*) **2** πιεῖν ὕδωρ P L M S T F πίνουσα Mo W *γ* **4** ἤχητο M ηὔχετο L οἴχετο P **5** ὁρῶσα] W T F *γ* ὡς λ. κ. ἀ. ὄντα Vi *δ* praeter W T F ὡς λεπτοῖς οὖσι καὶ ἀσθενέσι (= Aug.) Cas αὐτῆς ταῦτα Mo ταῦτα pro αὐτῆς S T ταῦτα δὲ αὐτῆς W *γ* **6** διανοούσης P Br *δ* ἤρξατο ἐπεμβαίνειν αὐτῇ, ἡ δὲ εἰς φυγὴν ἐτράπετο N **7** ἐτράπη καὶ Mo ἐτράπετο καὶ Br J τὸ πολὺ F κατὰ πολὺν Br N ἀλκὴ γάρ φασι κτλ.] scr. V Mo Br maxime secutus qui tamen — sicut ceteri — φησὶν exhibent ἀλκὴ (ἀρκεῖ Br W J) γάρ φησιν (φ. om. W) ἐλάφῳ (ἔλαφος Br W J *γ*) καὶ λέοντι (λέων Br W J *γ*) ἐν τῇ (ἐν τῇ om. V, τῇ om. Br W J) καρδίᾳ V Mo Br W J γοργὸς γὰρ ἡ ἔλ. ἐν τ. π. κ. λ. ἐν τῇ κ. N — ἀλκεῖ (ἀρκεῖ F Laud, ἱκανῇ S) γ. ἔλ. ἐν τοῖς π. κ. λέων (λέοντος T) ἐν τῇ (τῇ om. T *γ*) δυνάμει P L M S T F *γ* ἀλκὴ γὰρ ἐλάφων ἐν τοῖς π., λέοντος δὲ ἐν καρδίᾳ (cf. Aug.) Cas **9** μέχρι μὲν V ἕως μὲν S μέχρις ἂν ceteri ἐπὶ πεδίῳ P T M ἄληπτος P L M T ἄληπτος πάντῃ S post ἐδιώκετο addunt S Cas ἐπεὶ προέθεεν **10** δρυμὸν καὶ ὑλώδη τόπον Cas αὐτὴν τοῖς κέρασι] P T M S F τοῖς κέρασιν αὐτῆς Mo Br Cas N J τὰ κέρατα αὐτῆς V W *γ* **13** τοῖς κέρασιν Mo Br N J χαίρουσα] V N οἷς ἔχαιρον J ἔχαιρον ceteri δειλαία ἔγωγε ἥτις κτλ. sicut in Aug. Cas Ch. ὄντως ἐγὼ W *γ* ἐξ ὧν W *γ* **14** epimythium quoque quam maxime turbatum et variatum. ὅτι πολλάκις οἱ] scr. ὅτι τι οἱ (sic) πολλ. δοκοῦντες ἔχειν κτλ. V ὅτι ὁμοίως πολλ. τινὲς δοκ. ἔχ. τι χρήσ. λανθ. ἑαυτοὺς βλαπτόμενοι δι' ἐκείνων S Cas ὅτι δοκοῦσί τινες ἔχειν τὸ χρησ. καὶ λανθάνονται ἐξ ἐκείνου βλάβην οὐ τὴν τυχοῦσαν ἐπερχομένην ὀψέ ποτε N δ. πολλ. ἔχοντές τι χρήσιμον *γ* **15** βλάβην

77. ἔλαφος

(Halm 126 Ch. 106)

(*I*) ἔλαφος πηρωθεῖcα τὸν ἕτερον τῶν ὀφθαλμῶν παρεγένετο εἴc τινα αἰγιαλὸν καὶ ἐνταῦθα ἐνέμετο τὸν μὲν ὁλόκληρον ὀφθαλμὸν πρὸc τῇ γῇ ἔχουcα καὶ τὴν τῶν κυνηγῶν ἔφοδον παρατηρουμένη, τὸν δὲ πεπηρωμένον ἐν τῇ θαλάccῃ· ἔνθεν γὰρ οὐδένα ὑφωρᾶτο κίνδυνον. καὶ δή τινεc παραπλέοντεc ἐκεῖνον τὸν τόπον καὶ θεαcάμενοι αὐτὴν κατηυcτόχηcαν. καὶ ἐπειδὴ ἐλειποψύχει, εἶπε πρὸc ἑαυτήν· „ἀλλ' ἔγωγε ἀθλία, ἥτιc τὴν γῆν ὡc ἐπίβουλον ἐφυλαττόμην πολὺ χαλεπωτέραν ἔχουcα τὴν θάλαccαν, ἐφ' ἣν κατέφυγον."

οὕτω πολλάκιc παρὰ τὴν ἡμετέραν ὑπόληψιν τὰ μὲν χαλεπὰ τῶν πραγμάτων δοκοῦντα εἶναι ὠφέλιμα εὑρίcκονται, τὰ δὲ νομιζόμενα cωτήρια ἐπιcφαλῆ.

(*III*) ἔλαφοc τὸν ἕτερον πεπηρωμένη τῶν ὀφθαλμῶν ἐπ' ἠιόνοc ἐνέμετο, τὸν μὲν ὑγιᾶ τῶν ὀφθαλμῶν πρὸc τὴν ξηρὰν διὰ τοὺc κυνηγετοῦνταc ἔχουcα, τὸν δὲ λοιπὸν πρὸc τὴν θάλατταν, ὅθεν οὐδὲν ὑπώπτευε. παραπλέοντεc δέ

---

77 (*I*) — F Cas Cr O E A B Ba U — (*I* a) (*III* γ) (*III* β) (*III* α)

ἐγγίνεcθαι οἴονται γ ὅτι ὁμοιόν ἐcτιν τινῶν (ὅτι ὁμοίων Br) πολλ. δοκούντων ἔχειν τι (τὸ Br.) χρηc. λανθ. καὶ ἐξ ἐκ. βλάβοc (βλάβαι P) αὐτ. ἐγγιν. P L Br M F ὅμοιόν ἐcτι ἀνθρώποιc· δοκοῦντεc πολλ. ἔχειν κτλ. T ὅμοιόν ἐcτι τὸ πολλ. δοκοῦντι τι (⟨τινί⟩ τι?) χρηc. ἐχ., ἐξ αὐτῶν δὲ βλάβην αὐτῷ ἐπέρχεcθαι Mo ἐγγίνεcθαι οἴονται γ (praeter Laud)

77 (*I*) 1 τὸν ἕτερον τῶν ὀφθαλμῶν] F Cas O a τὸν ἕτερον ὀφθαλμῶν (ὀφθαλμὸν Cr Schn.) A τῷ ἑτέρῳ (τῶν ἑτέρων B) ὀφθαλμῶν B Ba τὸν ἕτερον E τὸν οὐδέτερον ὀφθαλμὸν U 3 τῶν ὀφθαλμῶν F B Ba a πρὸc τῇ γῇ F E a πρὸc τὴν γῆν Cas Cr O B Ba U εἰc τὴν γῆν A 4 πρὸc τὴν θάλαccαν Cas 5 οὐδὲν κίνδυνον (an κινδύνου?) B Ba οὐδένα κίνδυνον ἐφωρ. Cas 6 πλέοντεc τὸν τόπον A Cr τὸν ποταμὸν F κατηυcτοχήcαντο Cas O ἤγουν κατετόξευcαν addit Cas 7 ἐλιποψύχει E 8 ἔγω E φυλαττομένη . . . ἔχουcα (ἔcχον Schn.) A 9 καὶ πολὺ F O πολὺ δὲ Cas ἔcχον F Cas Cr ἔχων B Ba ὑφ' ἣν O 10 περὶ Cas Cr 11 εὑρίcκεται E Cr εὑρίcκονται καὶ ἀcφαλίαc ἐπίβουλα B Ba 12 cωτηρία A τὰ δὲ ἐπιcφ. νομ. cωτηρία E τὰ δὲ cωτήρια νομ. ἐπιβλαβῆ Cas

(*III*) 3 τὸν δ' ἐλλιπῆ Haas πρὸc τὴν θάλατταν β ἐπὶ θάλατταν γ

τινες καὶ τοῦτο cτοχαcάμενοι αὐτῆc κατετόξευcαν. ἡ δ' ἑαυτὴν ὠλοφύρετο, ὡc, ὑφ' ἧc μὲν ἐδεδοίκει, μηδὲν παθοῦcα, ἣν δ' οὐκ ᾤετο κακὸν ἐπάξειν, ὑπὸ ταύτηc προδεδομένη.

ὁ μῦθοc δηλοῖ, ὅτι πολλάκιc ἡμῖν τὰ μὲν βλαβερὰ δοκοῦντα ὠφέλιμα γίνεται, τὰ δ' ὠφέλιμα βλαβερά.

78. ἔλαφος καὶ λέων

(Halm 129 Ch. 105)

(*I*) ἔλαφοc κυνηγοὺc φεύγουcα ἐγένετο κατά τι cπήλαιον, ἐν ᾧ λέων ἦν καὶ ἐνταῦθα εἰcῄει κρυβηcομένη. cυλληφθεῖcα δὲ ὑπὸ τοῦ λέοντοc καὶ ἀναιρουμένη ἔφη· „βαρυδαίμων ἐγώ, ἥτιc ἀνθρώπουc φεύγουcα ἐμαυτὴν θηρίῳ ἐνεχείριcα."

οὕτωc ἔνιοι τῶν ἀνθρώπων διὰ φόβον ἐλαττόνων κινδύνων ἑαυτοὺc εἰc μείζονα κακὰ εἰcιᾶcιν.

(*III*) ἔλαφοc κυνηγοὺc φεύγουcα εἰc ἄντρον εἰcέδυ. λέοντι δ' ἐκεῖ περιτυχοῦcα ὑπ' αὐτοῦ cυνελήφθη. θνῄcκουcα δ' ἔλεγεν· „οἴμοι, ὅτι ἀνθρώπουc φεύγουcα τῷ τῶν θηρίων ἀγριωτάτῳ περιέπεcον."

ὁ μῦθοc δηλοῖ, ὅτι πολλοὶ τῶν ἀνθρώπων μικροὺc κινδύνουc φεύγοντεc μεγάλων ἐπειράθηcαν.

---

78 (*I*) tetr. II 17

---

78 (*I*) — C F Cas O E A Cr B Ba U (= Ch. 105 b) — (*I* a) (*III γ*) (Φ 52, 9) (*III β*) (*III α*)

---

5 τούτου J Tur[2] (α) ῥᾳδίωc αὐτῆc γ 7 ἣν δὲ μηδὲν (οὐδὲν G) κακὸν ἐπάξειν om. ᾤετο G (β) γ 8 μὲν om. β (praeter Q Plan) α

78 (*I*) 2 δὲ λέων F ἦν καὶ] A ceteri consentiunt in καί particula omittenda ἦν· ἐν τούτω C F ἦν· ἐνταῦθα Cr O E B Ba a ἐνταῦθα εἰcιοῦcα Cas ἦν κατοικούμενοc· καὶ ἐνταῦθα εἰcιοῦcα καὶ νομίζουcα κρυβῆναι U εἰcῄει κρυβῆναι (κρυβεὶc B) Ba 3 δυcδαίμων A δειλαία B Ba 4 ἔγωγε E B Ba U ἑαυτὴν E θηρίον F ἐνεχειριcάμην Cas 5 ἀνθρώπων om. A καὶ ἐλαττόνων B Ba ἐλάττονοc κινδύνου U ἔλαττον (ἐλάττονοc St.) εἰc κίνδυνον μείζονα ἑαυτοὺc E 6 ἐμβάλλουcιν O E B Ba U a ἐνcείουcιν Cr

(*III*) 2 ἐκεῖcε γ cυνελ. καὶ θνήcκ. γ

79. ἔλαφος καὶ ἄμπελος

(Halm 127 Ch. 104)

(*I*) ἔλαφος διωκομένη ὑπὸ κυνηγῶν ἐκρύπτετο ὑπό τινα ἄμπελον. διελθόντων δὲ τῶν κυνηγῶν ⟨λαθεῖν ἤδη δόξαςα⟩ κατήςθιε τὰ φύλλα τῆς ἀμπέλου. εἷς δέ τις τῶν κυνηγῶν στραφεὶς καὶ θεαςάμενος ᾧ εἶχεν ἀκοντίῳ βαλὼν ἔτρωςεν αὐτήν. ἡ δὲ μέλλουςα τελευτᾶν στενάξαςα πρὸς ἑαυτὴν ἔφη· „δίκαια πάςχω, ὅτι τὴν ςώςαςάν με ἄμπελον ἠδίκηςα."
οὗτος ὁ λόγος λεχθείη ἂν κατὰ ἀνδρῶν, οἵ τινες τοὺς εὐεργέτας ἀδικοῦντες ὑπὸ θεοῦ κολάζονται.

(*III*) ἔλαφος κυνηγοὺς φεύγουςα ὑπ' ἀμπέλῳ ἐκρύβη. παρελθόντων δ' ὀλίγον ἐκείνων ἡ ἔλαφος τελέως ἤδη λαθεῖν δόξαςα τῶν τῆς ἀμπέλου φύλλων ἐςθίειν ἤρξατο. τούτων δὲ ςειομένων οἱ κυνηγοὶ ἐπιςτραφέντες καί, ὅπερ ἦν ἀληθές, νομίςαντες τῶν ζῴων ὑπὸ τοῖς φύλλοις τι κρύπτεςθαι βέλεςιν ἀνεῖλον τὴν ἔλαφον. ἡ δὲ θνῄςκουςα τοιαῦτ' ἔλεγε· „δίκαια πέπονθα· οὐ γὰρ ἔδει τὴν ςώςαςάν με λυμαίνεςθαι."
ὁ μῦθος δηλοῖ, ὅτι οἱ ἀδικοῦντες τοὺς εὐεργέτας ὑπὸ θεοῦ κολάζονται.

---

79 (*I*) tetr. I 51

---

79 (*I*) — C F Cas Cr O E bis, A B U — (*I* a) (*III γ*) (*Φ* 52, 4) (*III β*) (*III α*)

---

79 (*I*) 1 ἐκρύβετο ἐπὶ Cas ὑπὸ τὴν O 2 λαθεῖν ἤδη δόξαςα] ex Accursiana recipiendum esse vidit Crus., Babr. 203 στραφεῖςα libri praeter Casinensem qui κατήςθιεν τραπεῖςα praebet, λαθοῦςα Lessing, λαθεῖν δόξαςα Ch. excidisse quaedam C F senserunt, at satis frigidum quod addiderunt post ἀμπέλου· ὡς δὲ πᾶςαν ἐψίλωςεν, εἷς τις 3 τὰ φύλλα τ. ἀμπ. κατήςθιε A O F 4 θεαςάμενος αὐτὴν B U a ᾧ εἶχεν] O Cas, ὡς C F E A Cr U a ὃ εἶχεν ἀποβαλὼν ἔτρωςεν, om. ἀκοντίῳ B ἀκοντία E ὃ ... ἀκόντιον E[2] 6 δίκαιά γε E δίκαια ἐγὼ O ςωςαμένην με C F 8 ὑπὸ (ἐπὶ C) θεῶν E Cr θεοῦ C E[2]

(*III*) 5 τὸ ζῶον ὑπὸ τῶν φύλλων κρύπτεςθαι *γ*

80. πλέοντες

(Halm 367 Ch. 309)

ἐμβάντες τινὲς εἰς σκάφος ἔπλεον. γενομένων δὲ αὐτῶν πελαγίων συνέβη χειμῶνα ἐξαίσιον γενέσθαι καὶ τὴν ναῦν μικροῦ καταδύεσθαι. τῶν δὲ πλεόντων ἕτερος περιρρηξάμενος τοὺς πατρῴους θεοὺς ἐπεκαλεῖτο μετ' οἰμωγῆς καὶ στεναγμοῦ χαριστήρια ἀποδώσειν ἐπαγγελλόμενος, ἐὰν περισωθῶσι. παυσαμένου δὲ τοῦ χειμῶνος καὶ πάλιν γαλήνης γενομένης εἰς εὐωχίαν τραπέντες ὠρχοῦντό τε καὶ ἐσκίρτων ἅτε δὴ ἐξ ἀπροσδοκήτου διαπεφευγότες. καὶ στερρὸς ὁ κυβερνήτης ὑπάρχων ἔφη πρὸς αὐτούς· „ἀλλ', ὦ φίλοι, οὕτως ἡμᾶς γεγηθέναι δεῖ, ὡς πάλιν, ἐὰν τύχῃ, χειμῶνος ἐσομένου."

ὁ λόγος διδάσκει μὴ σφόδρα ταῖς εὐτυχίαις ἐπαίρεσθαι τῆς τύχης τὸ εὐμετάβλητον ἐννοουμένους.

81. αἴλουρος καὶ μύες

(Halm 15 Ch. 13)

(*I*) ἔν τινι οἰκίᾳ πολλοὶ μύες ἦσαν. αἴλουρος δὲ τοῦτο γνοὺς ἧκεν ἐνταῦθα καὶ συλλαμβάνων ἕνα ἕκαστον κατήσθιεν. οἱ δὲ μύες συνεχῶς ἀναλισκόμενοι κατὰ τῶν ὀπῶν ἔδυνον,

---

80 — O E A Cr B Ba — (*I* a) **81** (*I*) — C O E A B Ba U

---

80 **3** πλεόντων τις B Ba **5** ἐπαγγειλάμενος A Cr O ἂν A **6** πάλιν γαλήνης] O a πάλιν καινῆς γαλήνης E A μικρᾶς γαλήνης B Ba καινῆς an ex iterato καί ortum? **8** ἅτε δὴ ἐξ ἀπροσδοκήτου διαπεφευγότες] E Cr ἅτε δὴ ἀπροσδοκήτως διαπεφ. O ἅτε δὴ ἐξ ἀπροσδοκήτου διαπεφ. κινδύνου a καθ' ἃ ἐξ ἀπροσδοκήτου κινδύνου πεφευγότες A τὸν κίνδυνον Ba τῶν κινδύνων B πεφευγότες B Ba **9** ἕτερος δὲ κυβ. (om. καὶ) B Ba στερρός, quod in suspicionem vocavit Kor., in αὐστηρός mutandum proposuit Halm **10** τύχοι E ἡ τύχη B Ba **11** ἐσομένου] O A Cr γενομένου B Ba a γενήσεσθαι ἔχει E (γενησομένου) St. post ἐσομένου add Cr πάλιν κλαύσωμεν **13** εὐκατάβλητον B Ba ἐννοούμενοι O B Ba λογιζομένους A

81 (*I*) **2** ἐκεῖσε C **3** ἁλισκόμενοι (-ναι U) O U

καὶ ὁ αἴλουρος μηκέτι αὐτῶν ἐφικνεῖcθαι δυνάμενος δεῖν ἔγνω δι᾽ ἐπινοίας αὐτοὺς ἐκκαλεῖcθαι. διόπερ ἀναβὰς ἐπί τινα πάccαλον καὶ ἑαυτὸν ἐνθένδε ἀποκρεμάcας προcεποιεῖτο τὸν νεκρόν. τῶν δὲ μυῶν τις παρακύψας ὡς ἐθεάcατο αὐτόν, εἶπεν· „ἀλλ᾽, ὦ οὗτος, coί γε, κἂν θύλαξ γένῃ, οὐ προcελεύcομαι."

ὁ λόγος δηλοῖ, ὅτι οἱ φρόνιμοι τῶν ἀνθρώπων, ὅταν τῆς ἐνίων μοχθηρίας πειραθῶcιν, οὐκέτι αὐτῶν ταῖς ὑποκρίcεcιν ἐξαπατῶνται.

ἔν τινι οἰκίᾳ μύες πολλοὶ ὑπῆρχον. αἴλουρος δὲ τοῦτο γνοὺς ἧκεν ἐνταῦθα καὶ cυλλαβὼν ἕνα καθ᾽ ἕνα κατήcθιεν. οἱ δὲ μύες cυνεχῶς ἀναλιcκόμενοι πρὸς ἑαυτοὺς εἶπον ὅτι· „μὴ κατέλθωμεν κάτω, ἵνα μὴ παντελῶς ἀπολώμεθα καὶ ὁ αἴλουρος μηκέτι δυνάμενος ἀφικνεῖcθαι ἡμεῖς διαcωθηcόμεθα." ὁ δὲ αἴλουρος ἔγνω δι᾽ ἐπινοίας αὐτοὺς ἐκκαλεῖcθαι. ἀναβὰς γὰρ ἐπί τινα πάccαλον καὶ ἑαυτὸν ἀποκρεμάcας προcεποιεῖτο ἀπονεκρωθῆναι. τῶν δὲ μυῶν τις παρακύψας ὡς ἐθεάcατο αὐτόν, ἔφη· „ὦ οὗτος, κἂν θύλαξ γένῃ cύ, οὐ προcελευcόμεθά coι." (*II*)

ὁ μῦθος δηλοῖ, ὅτι οἱ φρόνιμοι τῶν ἀνθρώπων, ὅταν

(*II*) — V P L Mo Br Cas — (*III δ*) — M S N W T —

---

4 μηκ. δυνάμενος ἀφικνεῖcθαι B Ba U δὲ μηκέτι C 5 δεῖν ᾠήθη δι᾽ ὀπταcίας O ἔγνω om. Cr E U 6 ἐνθάδε A O ἐκεῖθεν C om. B Ba U 7 τὸν om. A B Ba ἑαυτὸν νεκρὸν St. coll. Vi τὸν αὐτὸν C 8 cύ γε libri ἂν καθέλαξ B Ba 11 τινῶν ἑταίρων (= τῶν ἑτέρων?) μοχθ. U post ὑποκρίcεcιν addit αὐτοί O οὐκέτι οὗτοι E A

(*II*) 1 μύαι Mo atque idem in sequentibus ὑπῆρχον] V W ὑπάρχοντες L P T M N πολλαὶ ὑπάρχουcαι Mo Br ἦcαν (= Aug.) Cas γαλῆ atque ita 4 — τοῦτο γνοῦcα N γνοὺς οἶκον πληcίον ἐκτήcατο καὶ S 2 cυλλαβὼν] P L Mo M T cυλλώνων (?) V cυλλέγων ceteri 4 ὅτι μὴ] P L M ἔτι μὴ V N μὴ S T ἕτοιμοι Br S W Cas (οὐκέτι μὴ Kor.) μηκέτι Mo ἀπολύμεθα T ἀπολεcθῶμεν Br N W Cas 5 διαcωθῶμεν W 6 τὰς ἐπινοίας αὐτῶν M τὰς ἐπινοίας αὐτ. ἔγνω καὶ ἀν. S γνοὺς τοῦτο ἀν. W δεῖν ᾠήθη καὶ ἔγνω Cas (cf. Aug.) 7 ἑαυτὸν ἐνθέν Cas (cf. Aug.) ἀποκρεμάcας] P L T ἀποκρημνίcας rel. ἀποκρημν. κ. κρεμάcας Cas ἑαυτὸν νεκρὸν εἶναι Cas τεθνάναι Mo ἀποθνήcκειν T 10 cὺ om. P Br N S W T coι om. P L T M

τῆς ἐνίων μοχθηρίας πειραθῶσιν, οὐκέτι αὐτῶν ταῖς ὑποκρίσεσιν ἐξαπατῶνται.

(*III*) ἐν οἰκίᾳ τινὶ πολλῶν μυῶν ὄντων αἴλουρος τοῦτο γνοὺς ἧκεν ἐνταῦθα καὶ καθ' ἕκαστον αὐτῶν συλλαμβάνων κατήσθιεν. οἱ δὲ καθ' ἑκάστην ἑαυτοὺς ἀναλισκομένους ὁρῶντες ἔφασαν πρὸς ἀλλήλους· „μηκέτι κάτω κατέλθωμεν, ἵνα μὴ παντάπασιν ἀπολώμεθα· τοῦ γὰρ αἰλούρου μὴ δυναμένου δεῦρο ἐξικνεῖσθαι ἡμεῖς σωθησόμεθα.“ ὁ δὲ αἴλουρος μηκέτι τῶν μυῶν κατιόντων ἔγνω δι' ἐπινοίας αὐτοὺς σοφιζόμενος ἐκκαλέσασθαι. καὶ δὴ ἀπὸ παττάλου τινὸς ἑαυτὸν ἀναβὰς ἀπῃώρισε καὶ προσεποιεῖτο νεκρὸς εἶναι. τῶν δὲ μυῶν τις παρακύψας καὶ ἰδὼν αὐτὸν ἔφη· „ὦ οὗτος, κἂν θύλαξ γένῃ, οὐ προσελεύσομαί σοι.“

ὁ μῦθος δηλοῖ, ὅτι τῶν ἀνθρώπων οἱ φρόνιμοι, ὅταν τῆς ἐνίων μοχθηρίας πειραθῶσιν, οὐκέτι αὐτῶν ἐξαπατῶνται ταῖς ὑποκρίσεσιν.

82. μυῖαι

(Halm 293 Ch. 241)

(*I*) ἔν τινι ταμιείῳ μέλιτος ἐκχυθέντος μυῖαι προσπτᾶσαι κατήσθιον, διὰ δὲ τὴν γλυκύτητα τοῦ καρποῦ οὐκ ἀφίσταντο. ἐμπαγέντων δὲ αὐτῶν τῶν ποδῶν ὡς οὐκ ἠδύναντο ἀναπτῆναι, ἀποπνιγόμεναι ἔφασαν· „ἄθλιαι ἡμεῖς, αἳ διὰ βραχεῖαν ἡδονὴν ἀπολλύμεθα.“

οὕτω πολλοῖς ἡ λιχνεία πολλῶν αἰτία κακῶν γίνεται.

(*III γ*) (*III β*) (*III α*) 82 (*I*) — C Cas Cr E A B Ba — (*I* a)

---

12 τις ἐνίως P τῆς τῶν ἐν. N ταῖς ἐννοίων M τῆς τῶν ἐννοίκων S τῆς τῶν πονηρῶν ἐννοιῶν μοχθ. Mo οὐκ N οὐδὲ ταῖς ὑπ. L S

(*III*) 1 ἐν οἰκ. τ. ὑπῆρχον μύες πολλοί γ 2 καθ' ἑκάστην αὐτῶν τινας Vrat. 9 ἀναβὰς ἑαυτόν ἀπ. γ Q (β) ἀπηώρησε β Plan νεκρὸν α Acc. 10 ἀλλὰ κἂν W (Laud) γ 11 φύλαξ Plan προσελευσόμεθά σοι γ C G Q Berl. (β)

82 (*I*) 1 ταμείω A ἐκχυθέντος] Cas Cr ἐκχυθέντι A ἐπεκχυθέντος C E ὑπεκχυθύντος a ἐπιχθέντος B Ba μῦαι E προστᾶσαι A περιστᾶσαι Cas προφθάσαντες B Ba 3 αὐταῖς Schn. atque ita nonnulli edit. min. codices οὐκ om. A 4 ἀποπνιγομένων δὲ ἔλεγον B Ba 5 ἀπολλούμεθα A 6 πολλῶν κακῶν αἰτία C Cas B Ba ὅτι πολλοῖς ἡ προσήλωσις (ἀπόλαυσις Ch.) τῆς ἡδονῆς πολλὰ αἴτια τῶν κακῶν ἐπεισάγει a

ἐν τινι ταμείῳ μέλιτος ἐκχυθέντος μυῖαι προσπτᾶσαι (*III*) κατήσθιον. ἐμπαγέντων δὲ τῶν ποδῶν αὐτῶν ἀναπτῆναι οὐκ εἶχον· ἀποπνιγόμεναι δ' ἔλεγον· „ἄθλιαι ἡμεῖς, ὅτι διὰ βραχεῖαν βρῶσιν ἀπολλύμεθα."

ὁ μῦθος δηλοῖ, ὅτι πολλοῖς ἡ λιχνεία πολλῶν κακῶν αἰτία γίνεται.

83. ἀλώπηξ καὶ πίθηκος

(Halm 44 Ch. 38)

ἐν συνόδῳ τῶν ἀλόγων ζῴων πίθηκος ὀρχησάμενος καὶ (*I*) εὐδοκιμήσας βασιλεὺς ὑπ' αὐτῶν ἐχειροτονήθη. ἀλώπηξ δὲ αὐτῷ φθονήσασα ὡς ἐθεάσατο ἔν τινι πάγῃ κρέας κείμενον, ἀγαγοῦσα αὐτὸν ἐνταῦθα ἔλεγεν, ὡς εὑροῦσα θησαυρὸν αὐτὴ μὲν οὐκ ἐχρήσατο, γέρας δὲ αὐτῷ τῆς βασιλείας τετήρηκε καὶ παρῄνει αὐτῷ λαβεῖν. τοῦ δὲ ἀμελετήτως ἐπελθόντος καὶ ὑπὸ τῆς παγίδος συλληφθέντος αἰτιωμένου τε τὴν ἀλώπεκα ὡς ἐνεδρεύσασαν αὐτῷ ἐκείνη ἔφη· „ὦ πίθηκε, σὺ δὲ τοιαύτην ψυχὴν ἔχων τῶν ἀλόγων ζῴων βασιλεύεις;"

οὕτως οἱ τοῖς πράγμασιν ἀπερισκέπτως ἐπιχειροῦντες πρὸς τῷ δυστυχεῖν καὶ γέλωτα ὀφλισκάνουσιν.

---

83 (*I*) Archil. fr. 83 D

(*III β*) (*III α*) accedit J (*γ*)   83 (*I*) — F Cr O E A B Ba U — (*I* a)

(*III*) 2 αὐτῶν J Kl Lucc Tur² (*α*) αὐταῖς ceteri   5 ἡ λαγνεία l Vrat Jen Jen G (*α*) J (*γ*)

83 (*I*) 1 ὀρχησάμενος καὶ om. F Cr O E a   3 αὐτὸν φθον. O B cf. Vi   παγίδι A   4 εὑροῦσα τοῦτο F O E τοῦτο οὐ κέχρημαι αὐτῷ (αὐτή St.), γέρας δέ σοι τῆς βας. τετήρηκα E εὗρον θησαυρόν, ἐγὼ δὲ κατὰ τὸν νόμον οὐκ ἐχρησάμην διὰ τὴν βασιλείαν, ἀλλ' ἐλθέ σὺ καὶ λάβε U εὑροῦσα αὐτὴ κατὰ τὸν νόμον οὐκ ἐχρήσατο διὰ τὴν βασιλείαν καὶ παρήνει αὐτὸν τοῦτο μυστὸς (τοῦ τομοτός Ba) λαβεῖν B Ba (= τούτου μεταλ.?)   6 αὐτῷ λαβεῖν] Schn. αὐτὸ λαγεῖν A αὐτὸν λαβεῖν B Ba αὐτὸ λαμβάνειν F O E αὐτῷ λαμβάνειν Cr a   ἀμελετήτως] E B Ba ἀτημελήτως A ἀμελήτως F Cr O a ἐμελητὶ U   ἐπελθόντος καὶ om. F O E a   7 πάγης E Cr U   8 δὲ τὴν F O E   αὐτὸν F O a   9 τοιαύτην ψυχὴν] Schn. τὴν αὐτὴν ψυχὴν (τύχην B) μωρὰν (μορὰν B) B Ba τοιαύτην τύχην F Cr O A τοιούτοις στοιχεῖν E τοιαύτην μωρίαν a U πυγὴν Crus. Babr. p. 226 τύλην Immisch acta acad. Heidelb. 1930, 3   11 πρὸς τῷ] O ἐπὶ τῷ Cr E B Ba a ἐπὶ τὸ F U σὺν τῷ A δυστυχεῖς εἶναι A B Ba

(*II*) ἐν συνόδῳ τῶν ἀλόγων ζῴων ὠρχήσατο πίθηκος καὶ εὐδοκιμήσας βασιλεὺς ὑπ' αὐτῶν ἐχειροτονήθη. ἀλώπηξ δὲ αὐτὸν φθονήσασα ὡς ἐθεάσατο ἔν τινι πάγῃ κρέας κείμενον, ἀγαγοῦσα αὐτὸν ἐνταῦθα ἔλεγεν, ὡς εὑροῦσα θησαυρὸν αὐτὴ οὐκ ἐχρήσατο διὰ τὴν βασιλείαν καὶ παρῄνει αὐτὸν τοῦτον αὐτὸς λαβεῖν. τοῦ δὲ ἀμεταμελήτως ἐλθόντος καὶ ὑπὸ τῆς πάγης συλληφθέντος ᾐτιᾶτο τὴν ἀλώπεκα ὡς δελεάσασαν αὐτόν. ἐκείνη δὲ πρὸς αὐτὸν ἔφη· „ὦ πίθηκε, τοιαύτην μωρὰν ψυχὴν ἔχων τῶν ἀλόγων βασιλεύεις;"
ὁ μῦθος δηλοῖ, ὅτι οἱ τοῖς πράγμασιν ἀπερισκέπτως ἐπιχειροῦντες ἐπὶ τῷ δυστυχεῖν καὶ γέλωτα ὀφλήσουσιν.

(*III*) ἐν συνόδῳ ποτὲ τῶν ἀλόγων ζῴων ὠρχήσατο πίθηκος καὶ εὐδοκιμήσας βασιλεὺς ὑπ' αὐτῶν ἐχειροτονήθη. ἀλώπηξ δ' αὐτῷ φθονήσασα ὡς ἔν τινι παγίδι κρέας ἐθεάσατο, τὸν πίθηκον λαβοῦσα ἐνταῦθα ἤγαγεν, ὡς εὕροι μὲν αὐτὴ λέγουσα θησαυρὸν τοῦτον, μὴ μέντοι καὶ χρήσασθαι αὐτῷ· τῷ βασιλεῖ γὰρ τοῦτον ὁ νόμος δίδωσι. καὶ προὐτρέπετο αὐτόν, ἅτε δὴ βασιλέα, τὸν θησαυρὸν ἀνελέσθαι. ὁ δ' ἀπερι-

---

(*II*) — V P L Mo Br Cas — (*III δ*) — M S N W T —

(*II*) **1** ὀρχησάμενος V ὁ πίθηξ Mo πίθηξ Cas **3** αὐτὴν N τοῦτον W αὐτῷ (= Aug.) Cas S ὡς (ὃ M) ἐθεάσατο . . . ἀγαγοῦσα] V P L Mo M T ἐθεάσατο καὶ ἀγ. Br ἐθεάσατο. ἀγαγοῦσα οὖν W Cas **4** ἀγαγοῦσα . . . ἐνταῦθα om. S ἐνταῦθα om. M N **5** αὐτὴ] N W Kor. αὕτη ceteri — καὶ αὐτὴ N κατὰ νόμους W κατὰ τὸν νόμον οὐκ ἐχρ. διὰ τὴν βας. Mo L διὰ τ. νόμ. τῆς βασιλείας χάριν T διὰ τὴν βας., τὸ γέρας δὲ αὐτῷ τῆς βας τετήρηκεν (cf. Aug.) Cas παρῄνει αὐτῷ λ. M Cas παρ. αὐτῷ τοῦτον αὐτὸν λ. V παρ. δὲ τοῦτο λ. αὐτὸν Mo παρ. αὐτὴν ἀπελθεῖν καὶ λ. αὐτὸν S παρ. αὐτῷ ὡς ἂν τοῦτο αὐτὸς λάβῃ Cas τοῦτο etiam P **6** ἀμελετήτως Kor. ἀτημελήτως Char. sed cf. indicem nostrum s. v. **8** δελεάσασαν] V δελεάσασα ceteri ᾐτιᾶτο παρ' αὐτοῦ ἡ ἀλ. ὡς δελεάσασα κτλ. (cf. Aug.) Cas αὐτὴν M πίθηξ Mo P S T **9** τοιαύτην μωρὰν ψυχὴν] scr. τοιαύτην μωρὰν (μοῖραν Cas) τύχην V P M, τὴν αὐτὴν μ. τ L M τοιαύτην τύχην Br N τοιαύτης μοίρας καὶ τύχης ὑπάρχων W τοιαύτην κουφότητα ἔχων S ψυχὴν Schn. τοιαύτην μωρίαν Huds. Ch. cf. ad Aug. βασιλεύσεις T W ἵνα τί βασιλεύες (= -εύεις) Mo βασιλεὺς οὐ μέλλεις εἶναι N **11** γέλως P ὀφλήσουσιν] P L M T ὄφλουσι (ὀφλοῦσι Mo) V Mo W ὀφιλοῦσιν S ὀφλισκάνουσιν Cas πίπτουσιν Br N

(*III*) **5** οὐ μέντοι γε Plan αὐτὴ Laud (γ) **6** τοῦτο γ

cκέπτωc προcελθὼν καὶ cυλληφθεὶc ὑπὸ τῆc παγίδοc ὡc ἐξαπατήcαcαν ἐμέμφετο τὴν ἀλώπεκα. ἡ δὲ πρὸc αὐτόν· „ὦ πίθηκε, τοιαύτην cὺ μωρίαν ἔχων τῶν ἀλόγων βαcιλεύcειc;"

ὁ μῦθοc δηλοῖ, ὅτι οἱ πράξεcίν τιcιν ἀπεριcκέπτωc ἐπιχειροῦντεc δυcτυχήμαcι περιπίπτουcι.

84. ὄνος, ἀλεκτρυὼν καὶ λέων

(Halm 323 Ch. 270)

(*I*) ἔν τινι ἐπαύλει ὄνοc καὶ ἀλεκτρυὼν ἦcαν. λέων δὲ λιμώττων ὡc ἐθεάcατο τὸν ὄνον, οἷόc τε ἦν εἰcελθὼν καταθοινήcαcθαι. παρὰ δὲ τὸν ψόφον τοῦ ἀλεκτρυόνοc φθεγξαμένου καταπτήξαc — φαcὶ γὰρ τοὺc λέονταc πτύρεcθαι πρὸc τὰc τῶν ἀλεκτρυόνων φωνάc — εἰc φυγὴν ἐτράπη. καὶ ὁ ὄνοc ἀναπτερωθεὶc κατ' αὐτοῦ, εἴγε ἀλεκτρυόνα ἐφοβήθη, ἐξῆλθεν ὡc ἀποδιώξων αὐτόν. ὁ δὲ ὡc μακρὰν ἐγένετο, ἐπιcτραφεὶc κατέφαγεν αὐτόν.

οὕτω καὶ τῶν ἀνθρώπων ἔνιοι ταπεινομένουc τοὺc ἑαυτῶν ἐχθροὺc ὁρῶντεc καὶ διὰ τοῦτο καταθραcυνόμενοι λανθάνουcιν ὑπ' αὐτῶν ἀναλιcκόμενοι.

(*III*) ὄνῳ ποτὲ ἀλεκτρυὼν cυνεβόcκετο. λέοντοc δὲ ἐπελθόντοc τῷ ὄνῳ ὁ ἀλεκτρυὼν ἐφώνηcε. καὶ ὁ μὲν λέων — φαcὶ γὰρ τοῦτον τὴν τοῦ ἀλεκτρυόνοc φωνὴν φοβεῖcθαι — ἔφυγεν. ο δὲ ὄνοc νομίcαc δι' αὐτὸν πεφευγέναι ἐπέδραμεν εὐθὺc

---

84 (*I*) — C F Cas Cr E A B Ba U — (*I* a) (*III γ*) (*Φ* 96, 2) (*III β*) (*III α*)

---

84 (*I*) 1 ἐπαύλη Cas ὁ λέων δὲ E 2 τοῦτον κατ. A οἷόc τε ἦν εἰcελθὼν ἔμελλε Cas ὡc οἷοc τε ἦν εἰcῆλθε τοῦ αὐτὸν καταθ. a 3 περὶ δὲ Cas A πρὸc δὲ τοῦ ψόφου E καὶ τὸν Cr τοῦ ante ἀλ. om. Cas A 4 φαcὶ δὲ A γὰρ om. Cas U πτήccεcθαι A 7 ὡc ἀποδιώκων B Ba ὡc ἀποδιῶξαι A F Cr τοῦ ἀποδιῶξαι a 8 ἐπιcτραφεὶc om. C Cas F E A Cr 9 ταπεινουμένουc ταπεινοὺc Cas) μὲν F Cas E

(*III*) 3 τὴν τοῦ] J (*γ*) F (*δ*) Einsidl. (*α*) — om. *γ β* Plan *α* Acc., inser. edit. inde ab Huds. τὴν ἀλεκτρυόνων Laud 4 εὐθέωc *γ β*

τῷ λέοντι. ὡς δὲ πόρρω τοῦτον ἐδίωξεν, ἔνθα μηκέτι ἡ τοῦ ἀλεκτρυόνος ἐφικνεῖτο φωνή, στραφεὶς ὁ λέων τοῦτον κατεθοινήσατο. ὁ δὲ θνήσκων ἐβόα· „ἄθλιος ἐγὼ καὶ ἀνόητος· πολεμιστῶν γὰρ μὴ ὢν γονέων τίνος χάριν εἰς πόλεμον ἐξωρμήθην;“

ὁ μῦθος δηλοῖ, ὅτι πολλοὶ τῶν ἀνθρώπων ταπεινουμένοις ἐπίτηδες τοῖς ἐχθροῖς ἐπιτίθενται καὶ οὕτως ὑπ᾽ ἐκείνων ἀπόλλυνται.

85. πίθηκος καὶ κάμηλος

(Halm 365 Ch. 307)

(*I*) ἐν συνόδῳ τῶν ἀλόγων ζῴων πίθηκος ἀναστὰς ὠρχεῖτο. σφόδρα δὲ αὐτοῦ εὐδοκιμοῦντος καὶ ὑπὸ πάντων ἐπισημαινομένου κάμηλος φθονήσασα ἠβουλήθη τῶν αὐτῶν ἐφικέσθαι. διόπερ ἐξαναστᾶσα ἐπειρᾶτο καὶ αὐτὴ ὀρχεῖσθαι. πολλὰ δὲ αὐτῆς ἄτοπα ποιούσης τὰ ζῷα ἀγανακτήσαντα ῥοπάλοις αὐτὴν παίοντα ἐξήλασαν.

πρὸς τοὺς διὰ φθόνον κρείττοσιν ἁμιλλωμένους καὶ σφαλλομένους ὁ λόγος εὔκαιρος.

(*III*) ἐν συνόδῳ τῶν ἀλόγων ζῴων πίθηκος ἀναστὰς ὠρχήσατο, σφόδρα δὲ εὐδοκιμήσας βασιλεὺς ὑπ᾽ αὐτῶν ἐχειροτονήθη. κάμηλος δὲ φθονήσασα ἀναστᾶσα καὶ αὐτὴ ἐπειρᾶτο ὀρχεῖσθαι. πολλὰ δὲ αὐτῆς ἄτοπα ποιούσης ἀγανακτήσαντα τὰ ζῷα ῥοπάλοις αὐτὴν παίοντα ἐξήλασαν.

ὁ μῦθος ὅτι οἱ διὰ φθόνον κρείττοσιν ἁμιλλώμενοι σφάλλονται.

---

85 (*III*) hanc fabulam inter Accursianos hi tantum codices receperunt C G g Q Plan F Salm (*III β*)

---

85 (*I*) — F Cas Cr O E A B Ba U — Q (*I* a) (*III β*)

---

6 τοῦτον om. α Acc.

85 (*I*) 1 ὠρχήσατο E 2 εὐδοκιμήσαντος B Ba ἐπισημαινομένου] Reiskia ὑποσημ. O E A σημαινομένου Cas ἐπαινουμένου F B Ba ἐπαινεθεῖσα U 3 ἠβουλήθη ... ἐφικέσθαι om. Cas 4 ὀρχήσασθαι A U Q 5 πολλῷ A ἄτοπα ἐπιχειρούσης O ποιησάσης A Q 6 παίοντα om. Cas αὐτὰς πεσόντα E 7 καὶ σφαλλομένους] Cas καὶ ἐφαλλομένους A εἶτα ἐκ τούτου σφαλλομένους Cr O B Ba καὶ φθονουμένους F desunt haec in E U

(*III*) 4 supra αὐτῆς addidit τῆς καμήλου C[2] 5 παίσαντες C

86. κάνθαροι δύο

(Halm 185 Ch. 150)

ἔν τινι νησιδίῳ ταῦρος ἐνέμετο· τῇ δὲ τούτου κόπρῳ κάνθαροι ἐτρέφοντο δύο. καὶ δὴ τοῦ χειμῶνος ἐνισταμένου ὁ ἕτερος ἔλεγε πρὸς τὸν ἕτερον, ὡς ἄρα βούλοιτο εἰς τὴν ἤπειρον διαπτάσθαι, ἵνα ἐκείνῳ μόνῳ ὄντι ἡ τροφὴ ἱκανὴ ὑπάρχῃ καὶ αὐτὸς ἐκεῖσε ἐλθὼν τὸν χειμῶνα διαγένηται. ἔλεγε δέ, ὅτι, ἐὰν πολλὴν εὕρῃ τὴν νομήν, καὶ αὐτῷ οἴσει. παραγενόμενος δὲ εἰς τὴν χέρσον καὶ καταλαβὼν πολλὴν μὲν κόπρον, ὑγρὰν δέ, μένων ἐνταῦθα ἐτρέφετο. τοῦ δὲ χειμῶνος διελθόντος πάλιν εἰς τὴν νῆσον διέπτη. ὁ δὲ ἕτερος θεασάμενος αὐτὸν λιπαρὸν καὶ εὐεκτοῦντα ᾐτιᾶτο αὐτόν, διότι προϋποσχόμενος οὐδὲν ἐκόμισεν. ὁ δὲ εἶπε· „μὴ ἐμὲ μέμφου, τὴν δὲ φύσιν τοῦ τόπου· ἐκεῖθεν γὰρ τρέφεσθαι μὲν οἷόν τε, φέρεσθαι δὲ οὐδέν.“

ὁ λόγος οὗτος ἁρμόσειεν ἂν πρὸς ἐκείνους, οἳ τὰς φιλίας μέχρις ἑστιάσεως μόνον παρέχονται, περαιτέρω δὲ οὐδὲν τοὺς φίλους ὠφελοῦσιν.

87. δέλφαξ καὶ πρόβατα

(Halm 115 Ch. 94)

ἔν τινι ποίμνῃ προβάτων δέλφαξ εἰσελθὼν ἐνέμετο. καὶ δή ποτε τοῦ ποιμένος συλλαμβάνοντος αὐτὸν ἐκεκράγει τε

---

86 narrationi nostrae Babrii subesse versus hexametros pluribus visum est, cf. Crus. p. 228

---

86 — C E Cr A B Ba U **87** — A B Ba U Cr O E Cas F — Max. Tyr. XIX, II a p. 235 Hob. Aphth. 30 cf. fasc. 2 p. 147

---

86 1 ἐγένετο νεμόμενος C² 2 ἐφισταμένου B Ba ἐπιστάντος U 3 ὁ ἕτερος ἔλεγε πρὸς τὸν ἕτερον] Crus. ὁ ἕτερος ἔλεγε πρὸς τὸν φίλον C Cr E, ubi φίλον ex ἑταῖρον = ἕτερον ortum esse perspexit St. ὁ εἷς ἔλ. πρ. τ. ἕτερον A ὁ εἷς ἔλ. πρ. τ. ἄλλον B Ba 4 ἱκανὴ ὑπάρχῃ] Schn. ἱκανῶς ὑπάρχῃ C E ἱκανὴ ὑπάρχοι A Cr ἱκανὴ γένηται B Ba 5 καὶ ὡς ἂν ἐκεῖσε A 6 εὕροι E A οἴσειν B Ba 7 πολλὴν μὲν] A μὲν πολλὴν B Ba πολλὴν μὲν τὴν C Cr πολλὴν U πολλὰς μὲν τὴν κόπρον μόνην ὑγρὰν E 10 καὶ εὐεκτοῦντα om. B Ba U ᾐτιάσατο A ᾔτει αὐτὸν μή τι φέρειν διότι E 11 ὑποσχόμενος B Ba U αὐτῷ οὐδὲν C E B Ba αὐτὸν οὐ U
87 1 προβάτων om. A

καὶ ἀντέτεινε. τῶν δὲ προβάτων αἰτιωμένων αὐτὸν ἐπὶ τῷ βοᾶν καὶ λεγόντων· „ἆρα ἡμᾶς οὐ συνεχῶς συλλαμβάνει καὶ οὐ κράζομεν;“ ἔφη πρὸς αὐτά· „ἀλλ᾽ οὐχ ὁμοία γε τῇ ὑμετέρᾳ ἡ ἐμὴ σύλληψις. ὑμᾶς γὰρ ἢ διὰ τὰ ἔρια ἀγρεύει ἢ διὰ τὸ γάλα, ἐμὲ δὲ διὰ τὸ κρέας.“

ὁ λόγος δηλοῖ, ὅτι εἰκότως ἐκεῖνοι ἀνοιμώζουσιν, οἷς ὁ κίνδυνος οὐ περὶ χρημάτων ἐστίν, ἀλλὰ περὶ σωτηρίας.

88. κίχλα

(Halm 194 Ch. 158)

ἔν τινι μυρσινῶνι κίχλα ἐνέμετο, διὰ δὲ τὴν γλυκύτητα τοῦ καρποῦ οὐκ ἀφίστατο. ἰξευτὴς δὲ παρατηρησάμενος ἐμφιλοχωροῦσαν ἰξεύσας συνέλαβε. καὶ δὴ μέλλουσα ἀναιρεῖσθαι ἔφη· „δειλαία ἐγώ, ἥτις διὰ τροφῆς γλυκύτητα σωτηρίας στερίσκομαι.“

πρὸς ἄνδρα ἄσωτον καὶ ἡδυπαθῆ.

---

88 Synt. 58 (στρουθὸς καὶ ἰξευτής) cf. fasc. 2 p 182 C F Cas O E A Cr B Ba (Salm.) U (*I*a)

---

3 ἐπὶ τὸ Cr A E U B Ba 4 ἆρα ἡμᾶς οὐ] recepi e B Ba U, quos primariam lectionem retinuisse οὐ servatum in E Cr comprobat. ἆρα abiit in γὰρ: ἡμᾶς γὰρ οὐ E Cr ἡμᾶς γὰρ O Cas ἡμᾶς μὲν substituerunt A F 5 ἀλλ᾽ οὐ κρ. Cas B Ba U αὐτὰ] A Cr U ταῦτα rel. ἔφη ... ἀλλ᾽ om. B Ba, qui ἔφη post σύλληψις collocant γε om. A Cas B Ba ἡμετέρα A B Ba E F ὁμοία μοι τῇ ὑμ. κέκτηται συλλ. (= ὁμοία ἡ ἐμή) O 6 ἡ ἡμῶν B Ba ἢ διὰ τὰ ἔρια ἀγρ. ἢ διὰ τὸ γάλα] A ἢ διὰ τὸ γάλα ἢ διὰ τὰ ἔρια ἀγρ. B Ba διὰ γάλα καὶ δι᾽ ἔρια U pro lacte agnos inducunt Cr O F ἢ διὰ τὰ ἔρια ἀγρ. ἢ διὰ τοὺς ἄρνας, utramque versionem coniungunt F Cas: ἀγρεύει ἢ διὰ τὸ γάλα ἢ διὰ τοὺς ἄρνας, cf. locum simillimum infra 189 7 τὰ κρέα B Ba Cr E 8 ἀνοιμώξουσιν O οἰμώζουσιν B Ba ὀνομάζουσιν F 9 περὶ αὐτῆς τῆς σωτηρίας A (περὶ αὐτῆς σωτ. Schn.)

88 1 μυρσινῶν ἡ E μυρσίνῳ A μυρρίνη (-ρσίνη -ρίνη) C F Cas U μυρσώνη B Ba 2 ὁ ἰξευτὴς E 3 ἐμφιλοχωροῦσαν om. B Ba U μέλλουσαν O E 4 δειλαία εἰμὶ O E A Cr γλυκυτάτης A ζωῆς πρὸ σωτηρίας A Cr U 6 epimythium dedi secutus C F Cas auctum in rell. ὁ λόγος εὔκαιρος addunt A O E B Ba ἄσωτον δι᾽ ἡδυπάθειαν ἀπολολότα Cr O E B Ba δι᾽ ἡδυπάθειαν ἀπολωλότα ἑαυτὸν A (ἀπολωλεκότα ἑ. Schn.)

89. χὴν χρυσοτόκος

(Halm 343 b Ch. 288 d)

(*I*) Ἑρμῆς θρησκευόμενος ὑπό τινος περιττῶς χῆνα αὐτῷ ἐχαρίσατο ᾠὰ χρύσεα τίκτουσαν. ὁ δὲ οὐκ ἀναμείνας τὴν κατὰ μικρὸν ὠφέλειαν, ὑπολαβὼν δέ, ὅτι πάντα τὰ ἐντὸς χρύσεα ἔχει ὁ χήν, οὐδὲν μελλήσας ἔθυσεν αὐτόν. συνέβη δὲ αὐτῷ μὴ μόνον, ὧν προσεδόκησε σφαλῆναι, ἀλλὰ καὶ τὰ ᾠὰ ἀποβαλεῖν· τὰ γὰρ ἐντὸς πάντα σαρκώδη εὗρεν.

οὕτω πολλάκις οἱ πλεονέκται δι' ἐπιθυμίαν πλειόνων καὶ τὰ ἐν χερσὶν ὄντα προΐενται.

ὄρνις χρυσοτόκος

(Halm 343 Ch. 288 c)

(*III*) ὄρνιθά τις εἶχεν ᾠὰ χρυσᾶ τίκτουσαν· καὶ νομίσας ἔνδον αὐτῆς ὄγκον χρυσίου εἶναι κτείνας εὕρηκεν ὁμοίαν τῶν λοιπῶν ὀρνίθων. ὁ δὲ ἀθρόον πλοῦτον ἐλπίσας· εὑρήσειν καὶ τοῦ μικροῦ ἐστέρηται ἐκείνου.

ὁ μῦθος δηλοῖ, ὅτι δεῖ τοῖς παροῦσιν ἀρκεῖσθαι καὶ τὴν ἀπληστίαν φεύγειν.

90. Ἑρμῆς καὶ ἀγαλματοποιός

(Halm 137 Ch. 109)

(*I*) Ἑρμῆς βουλόμενος γνῶναι, ἐν τίνι τιμῇ παρὰ ἀνθρώποις ἐστίν, ἧκεν ἀφομοιωθεὶς ἀνθρώπῳ εἰς ἀγαλματοποιοῦ ἐργα-

---

89 (*III*) versibus scazontibus inclusam exhibent hanc fabulam Vi (= Ch. 238 a. b) — Babr. 123 tab. Assend. 13 tetr. I 37 Avian. 33 Synt. 27 cf. fasc. 2 p. 165

---

89 (*I*) — Cr E A U — (*III γ*) (*III α*) = par. Bodl. Kn. 112
90 (*I*) — C Cr O E A U —

---

89 (*I*) **2** χρύσεα] Schn. χρύσεια Cr E A χρυσᾶ U Ch. **3** μικρὰν A corr. m[1] **4** χρυσᾶ E U ἔχειν ὁ χὴν οὐδὲν ἀμελήσας A αὐτὴν A Cr **5** ὃ pro ὧν A

(*III*) **1** ὄρνιν τ. εἶ. καλὴν χρ. ᾠὰ τίκτουσαν. νομίσας δὲ par. **2** εἶναι καὶ θύσας εὗρεν οὖσαν ὁμ. par. **3** νομίσας εὑρεῖν *γ* **4** τ. μικροῦ κέρδους ἐστέρητο par.

90 (*I*) **1** παρὰ τοῖς C **2** ἐστὶν] O U ἔσται C ᾗ E ἐσθίειν A καὶ ὁρᾷ pro εἰς Cr O E fuit ἧκε ... καὶ ὁρᾷ ἐλθὼν εἰς ἀγ. ἐργ. Διὸς ἄγαλμα. ἐπυνθάνετο οὖν. — ἐργ. θεασάμενος δὲ C

στήριον. καὶ θεασάμενος Διὸς ἄγαλμα ἐπυνθάνετο· „πόσου;“ τοῦ δὲ εἰπόντος „δραχμῆς“ γελάσας ἠρώτα· „τὸ τῆς Ἥρας πόσου ἐστίν;“ εἰπόντος δέ· „ἔτι μείζονος“ θεασάμενος καὶ ἑαυτοῦ ἄγαλμα ὑπέλαβεν, ὅτι αὐτόν, ἐπειδὴ καὶ ἄγγελός ἐστι καὶ ἐπικερδής, περὶ πολλοῦ οἱ ἄνθρωποι ποιοῦνται. διὸ προσεπυνθάνετο ὁ Ἑρμῆς „πόσου;“ καὶ ὁ ἀγαλματογλύφος ἔφη· „ἀλλ' ἐὰν τούτους ἀγοράσῃς, τοῦτόν σοι προσθήκην δώσω.“

πρὸς ἄνδρα κενόδοξον ἐν οὐδεμιᾷ μοίρᾳ παρὰ τοῖς ἄλλοις ὄντα ὁ λόγος ἁρμόζει.

(*III*) Ἑρμῆς γνῶναι βουλόμενος, ἐν τίνι τιμῇ παρ' ἀνθρώποις ἐστίν, ἧκεν εἰς ἀγαλματοποιοῦ ἑαυτὸν εἰκάσας ἀνθρώπῳ. καὶ θεασάμενος ἄγαλμα Διὸς ἠρώτα, πόσου τις αὐτὸ πρίασθαι δύναται. τοῦ δὲ εἰπόντος „δραχμῆς“ γελάσας „πόσου τὸ τῆς Ἥρας;“ ἔφη. εἰπόντος δὲ „πλείονος“ ἰδὼν καὶ τὸ ἑαυτοῦ ἄγαλμα καὶ νομίσας, ὡς, ἐπειδὴ ἄγγελός ἐστι θεῶν καὶ κερδῷος, πολὺν αὐτοῦ παρὰ τοῖς ἀνθρώποις εἶναι τὸν λόγον, ἤρετο περὶ αὐτοῦ. ὁ δ' ἀγαλματοποιὸς ἔφη· „ἐὰν τούτους ὠνήσῃ, καὶ τοῦτον προσθήκην σοι δίδωμι.“

ὁ μῦθος πρὸς ἄνδρα κενόδοξον οὐδεμιᾷ παρ' ἄλλοις ὄντα † μορφῇ.

(*III* β) (*III* α) accedit J(γ) et R A U (*I* a)

---

3 ἐπύθετο A πόσου τοῦδε δρ. C 4 εἰπόντος δὲ αὐτοῦ ὅτι δρ. E 5 ἔσται C, om. E ἔτι πλείονος O καὶ θεας. Cr O E 6 αὐτοῦ C O E 7 ἐστι om. E περιπολοῦ A περὶ om. O οἱ ἄν. τίθενται O 8 διὸ προς.] A διόπερ ἐπυνθ. rel. πόσου] O deest in rel. 9 ἀλλ' om. O τοῦτο ἀγ. τοῦτο C Cr 11 οὐδεμία μοίρα περὶ A οὐδεμία γὰρ μοφῇ (cf. μορφῇ Acc.) περὶ τῆς ἄλλης οἴονται U

(*III*) 4 γελάσας ἠρώτα (om. ἔφη) β πόσου καὶ τὸ β J(γ) R A U 8 καὶ περὶ β J(γ) R A U 10 παρ' ἄλλοις G(β) J(γ) Kor. παρὰ τοῖς ἄλλοις Plan R A U παρὰ ἄλλους α παρὰ ἄλλους vel τοὺς ἄλλους β 11 τιμῇ pro μορφῇ J K(α) β Kor. ἐν οὐδεμιᾷ π. τοῖς ἄλλοις φροντίσιν Plan ἐν οὐδ . . . τιμῇ Kor. an ἐν μοίρᾳ restituendum — cf. (*I*) μοφή U?

91. Ἑρμῆς καὶ Τειρεσίας

(Halm 140 Ch. 111)

(*I*) Ἑρμῆϲ βουλόμενοϲ τὴν Τειρεϲίου μαντικὴν πειρᾶϲαι, εἰ ἀληθήϲ ἐϲτι, κλέψαϲ αὐτοῦ τοὺϲ βόαϲ ἐξ ἀγροῦ ἧκε πρὸϲ αὐτὸν εἰϲ ἄϲτυ ὁμοιωθεὶϲ ἀνθρώπῳ καὶ ἐξενώθη παρ' αὐτῷ. παραγγελθείϲηϲ δὲ τῷ Τειρεϲίᾳ τῆϲ τοῦ ζεύγουϲ ἀπωλείαϲ παραλαβὼν τὸν Ἑρμῆν ἧκεν εἰϲ τὸ προάϲτειον οἰωνόν τινα περὶ τῆϲ κλοπῆϲ ϲκεψόμενοϲ καὶ τούτῳ παρῄνει λέγειν, ὅ τι ἂν θεάϲηται ὄρνεον. καὶ ὁ Ἑρμῆϲ τὸ μὲν πρῶτον θεαϲάμενοϲ ἀετὸν ἐξ ἀριϲτερῶν ἐπὶ δεξιὰ παριπτάμενον ἀπήγγειλεν αὐτῷ. τοῦ δὲ εἰπόντοϲ μὴ πρὸϲ αὐτοὺϲ τοῦτον εἶναι ἐκ δευτέρου ἰδὼν κορώνην ἐπί τινοϲ δένδρου καθημένην καὶ ποτὲ μὲν ἄνω βλέπουϲαν, ποτὲ δὲ εἰϲ τὴν γῆν κύπτουϲαν, ἐδήλωϲεν αὐτῷ. ὁ δὲ ὑποτυχὼν ἔφη· „ἀλλ' αὕτη γε ἡ κορώνη διόμνυται τόν τε οὐρανὸν καὶ τὴν γῆν, ὅτι, ἂν ϲὺ θέλῃϲ, τοὺϲ ἐμαυτοῦ βόαϲ ἀπολήψομαι."

τούτῳ τῷ λόγῳ χρήϲαιτο ἄν τιϲ πρὸϲ ἄνδρα κλέπτην.

(*III*) Ἑρμῆϲ βουλόμενοϲ τὴν Τειρεϲίου μαντικήν, εἰ ἀληθήϲ ἐϲτι, γνῶναι κλέψαϲ τὰϲ αὐτοῦ βοῦϲ ἐξ ἀγροικίαϲ ἧκεν ὡϲ αὐτὸν εἰϲ ἄϲτυ ὁμοιωθεὶϲ ἀνθρώπῳ καὶ παρ' αὐτῷ κατήχθη. τῆϲ δὲ τῶν βοῶν ἀπωλείαϲ ἀγγελθείϲηϲ τῷ Τειρεϲίᾳ ἐκεῖνοϲ παραλαβὼν τὸν Ἑρμῆν ἐξῆλθεν οἰωνόν τινα περὶ τοῦ κλέπτου ϲκεψόμενοϲ καὶ τούτῳ παρῄνει φράζειν αὐτῷ, ὅντινα ἂν τῶν ὀρνίθων θεάϲηται. ὁ δὲ Ἑρμῆϲ τὸ μὲν πρῶτον θεαϲάμενοϲ ἀετὸν ἐξ ἀριϲτερῶν ἐπὶ τὰ δεξιὰ

---

91 (*I*) — A Cr (*I* a) (*III β*) (*III α*)

---

91 (*I*) **2** ἧκε] Cr(?) Reiskia εἶχεν πρὸϲ αὐτὸν A variant editionis min. libri: ἤνεγκεν, ἤνειμεν, ἤγαγεν — an ἤλαϲεν? — ἧκεν ὡϲ Acc. **3** ἐπεξενώθη A **6** ϲκεπτόμενοϲ καὶ τοῦτον παραινεῖ λέγων A Cr corr. Schn. λέγειν αὐτῷ Cr a **7** εἴ τι ἂν A ὅτι ἂν vel ὅτι ἐὰν ed. min. libri **9** τοῦτον] Schn. sec. Acc. τοῦτο A a τοῦ Cr **11** τὴν om. A **14** ϲὺ om. A λήψομαι A **15** epimythium etiam magis absurdum in a: ὅτι ἡ θεία πρόνοια πάντα φανερὰ καθίϲτηϲιν

διιπτάμενον ἔφραcε. τοῦ δὲ φήcαντοc μὴ πρὸc αὐτοὺc εἶναι τοῦτον ἐκ δευτέρου κορώνην εἶδεν ἐπί τινοc δένδρου καθημένην καὶ ποτὲ μὲν ἄνω βλέπουcαν ποτὲ δὲ πρὸc τὴν γῆν κατακύπτουcαν καὶ τῷ μάντει φράζει. καὶ ὃc ὑποτυχὼν εἶπεν· „ἀλλ' αὕτη γε ἡ κορώνη διόμνυται τόν τε οὐρανὸν καὶ τὴν γῆν, ὡc, ἐὰν cὺ θέλῃc, τὰc ἐμὰc ἀπολήψομαι βοῦc."

τούτῳ τῷ λόγῳ χρήcαιτο ἄν τιc πρὸc ἄνδρα κλέπτην.

92. ἔχις καὶ ὕδρος

(Halm 147 Ch. 118)

ἔχιc φοιτῶν ἐπί τινα κρήνην ἔπινε. ὁ δὲ ἐνταῦθα οἰκῶν ὕδροc ἐκώλυεν αὐτὸν ἀγανακτῶν, εἴγε μὴ ἀρκεῖται τῇ ἰδίᾳ νομῇ, ἀλλὰ καὶ ἐπὶ τὴν αὐτοῦ δίαιταν ἀφικνεῖται. ἀεὶ δὲ τῆc φιλονεικίαc αὐξανομένηc cυνέθεντο, ὅπωc εἰc μάχην ἀλλήλοιc καταcτῶcι καὶ τοῦ νικῶντοc ἥ τε τοῦ ὕδατοc καὶ τῆc γῆc νομὴ γένηται. ταξαμένων δὲ αὐτῶν προθεcμίαν οἱ βάτραχοι διὰ μῖcοc τοῦ ὕδρου παραγενόμενοι πρὸc τὸν ἔχιν παρεθάρcυνον αὐτὸν ἐπαγγελλόμενοι καὶ αὐτοὶ cυμμαχήcειν αὐτῷ. ἐνcτάcηc δὲ τῆc μάχηc ὁ μὲν ἔχιc πρὸc τὸν ὕδρον ἐπολέμει, οἱ δὲ βάτραχοι μηδὲν περαιτέρω δρᾶν δυνάμενοι μεγάλα ἐκεκράγεcαν. καὶ ὁ ἔχιc νικήcαc ᾐτιᾶτο αὐτούc, εἴγε cυμμαχήcειν αὐτῷ ὑποcχόμενοι παρὰ τὴν μάχην οὐ μόνον οὐκ ἐβοήθουν, ἀλλὰ καὶ ᾖδον. οἱ δὲ ἔφαcαν

---

92 — C E Cr A — (*I* a)

(*III*) **10** εἶναι τοῦτο K

92 **1** sq. ὕδραν pro ὕδρῳ induxit A, qui tamen **3** τὴν ἑαυτοῦ δίαιταν retinuit ἔχιc ποτὸν ἐπί τινοc κρήνηc ἔπινεν E Ch — scribendum erat ἔχιc ποτὲ ἡ δὲ . . . οἰκοῦcα ὕδρα . . . ἀγανακτοῦcα A **2** ἐκώλυcεν E ὅτι μὴ E **3** ἑαυτῆc A **5** καταcταθῶcι C τῷ νικῶντι E **6** τῆc γῆc καὶ τοῦ ὕδατοc A Cr a γίνηται E τὴν προθεcμίαν A **7** διὰ μῖcοc — περαιτέρω (**10**) om. C **8** παρεθάρcυνον] a παρεθάρcυναν Cr C E παραθαρρύνουcιν A **9** ἐνcταθείcηc A Cr ὁ μὲν ἔχιc om. E **10** παρ' ἑτέρω pro περαιτέρω E **11** ἐκεκράγεcαν] a ἐκράγεcαν C κεκράγειcαν A Cr (ἐκεκρ. Schn.) ἐκραύγαcαν E ἠτιάcατο A **12** εἴ γε] a ὅτι γε C E ὅτι A Cr περὶ τὴν C A **13** αὐτῷ pro οὐκ E

πρὸς αὐτόν· „ἀλλ' εὖ ἴcθι, ὦ οὗτος, ὅτι ἡ ἡμετέρα cυμμαχία οὐ διὰ χειρῶν, ἀλλὰ διὰ φωνῆς cυνέcτηκεν."

ὁ λόγος δηλοῖ, ὅτι ἔνθα χειρῶν χρεία ἐcτίν, ἡ διὰ λόγων βοήθεια οὐδὲν λυcιτελεῖ.

93. κύων καὶ δεσπότης

(Halm 331 Ch. 276)

(*I*) ἔχων τις κύνα Μελιταῖον καὶ ὄνον διετέλει τῷ κυνὶ προcπαίζων· καὶ δὴ εἴποτε ἔξω δειπνοίη, ἐκόμιζέ τι αὐτῷ καὶ προcιόντι καὶ cαίνοντι παρέβαλλεν. ὁ δὲ ὄνος φθονήcας προcέδραμε καὶ cκιρτῶν ἐλάκτιcε τὸν δεcπότην. καὶ οὗτος ἀγανακτήcας ἐκέλευcε παίοντας αὐτὸν ἀπαγαγεῖν καὶ τῇ φάτνῃ προcδῆcαι.

ὁ λόγος δηλοῖ, ὅτι οὐ πάντες πρὸς ταὐτὰ πεφύκαcιν.

(*IIb*) □ ανός τ]ις εἶχεν ὄνον κομίζοντα ἐν τῷ οἴκῳ αὐτοῦ τὰ πρὸς τὸν] β[⟨ίον ἀναγκαῖ⟩α, ὃς ἀδιαλήπτως εἱcτήκει ἐν τῷ οἴκῳ, καὶ κύνα. ὄντων δὲ] αὐτῶν ἐν τῷ οἴκῳ ὁ κύων

---

93 (*I*) ὄνος τὰ Μελιταῖα proverbium e fabula ortum app. prov. IV 25

---

93 (*I*) — Cr O E A B Ba U — (*II*) M 2 (*III δ*)

---

14 εὖ γε E **15** διὰ δὲ E a μόνης φωνῆς dittographia ortum C E A Cr καθέcτηκεν A **16** διὰ λόγον A

93 (*I*) **2** καὶ δὲ A καὶ δήποτε U δειπνοίη] Cr O A ἐδείπνει E δεῖπνον εἶχε B Ba δειπνήcας U διεκόμιζε Cr E **3** παρέβαλλεν] B -βαλεν rell. φθονεύcας E **4** ζηλώcας προcέδραμεν αὐτὸς B Ba ζηλοτυπήcας προcέδραμε καὶ αὐτὸς U unde fortasse καὶ αὐτὸς recipiendum ἐλάκτιcε τὸν δεcπότην. καὶ οὗτος] B Ba ἐλάκτιcεν αὐτόν. καὶ ὁ δεcπότης A ἐλάκτιζεν (ἐλάκτιcεν Cr) αὐτόν. καὶ ὃς (ὡς E) Cr O E ἐλάκτιcε δὲ τὸν αὐτοῦ δεcπότην. καὶ ἀγανακτήcας U **5** ἀγαγαγεῖν A (ἀπάγειν Schn.) παίοντα αὐτὸν προcαγαγεῖν πρὸς τὸν πυλῶνα (μυλῶνα corr. Schn.) καὶ τοῦτον δῆcαι B Ba **7** ταὐτὰ] Schn ταῦτα A πάντα Cr O E B Ba πάντας U

□ (*II*) **1** quod aliquatenus pleniora haec edere possum atque feci Unters. p. 302, Henrico Rostagnoni debeo, bibliothecae Laurentianae praefecto. sed foede corrupta haec et incerta omnia. numerus literarum in singulis versibus 33—37 fuisse videtur, sed quoniam per compendia haec scripta sunt, quot literae exciderint, pro certo dici nequit. cf. Mus. Rhen. LXXXVII. 86. 89 **2** . . . β . αι κία cod. **3** αὐτὸν ἐν cod.

ἔτρεχε παίζων [περὶ τῶν τοῦ δεϲ]πότου ποδῶν καὶ τερπόμενοϲ καὶ προϲ[αίνων. ὁ δὲ ὁρῶν τὰϲ φλυαρίαϲ] τάϲδε α̣ὐ̣τ̣ο̣ῦ̣ ἀγαλ⟨λ⟩όμενοϲ τὰ τοῦ [κυνὸϲ ἔχαιρε καὶ ἐπῄνεϲ]εν αὐτόν. ταῦτα βλέπων ὁ ὄνοϲ [ἠγανάκτει καὶ πρὸϲ ἑαυτ]ὸν ἐλογίζετο λέγων ὅτι· „ἐγὼ με[τὰ πόνου μεγίϲτου κομίζω τ]ὸν οἶνον καὶ τὸ ὕδωρ καὶ πάντα [τὰ ἄλλα κακοπαθῶν. ὁ δὲ δεϲπότηϲ πό]τε παίζει μετ᾿ ἐμοῦ; ψηλαφᾶται δὲ νωθέϲτατοϲ ὢν ὁ κύ[ων ὅλην τὴν ἡμέραν.

in sequentibus ultima tantum exstant:

11 ... ἡμῶν τοῦτο 12 ... μὴ εἶναί με 13 ... τὴν ἐπα- 14 κηϲ πο(?) 15 ... τὴ ... 16 ει 17 ... οδε 18 ... αὐτῷ πέζων 19 ... οχεθεὶϲ 20 ... μαϲ προ 21 totus deest. finis legitur in folio verso 22 ὁ δεϲπότηϲ] αὐτοῦ φοβηθείϲ, μή πωϲ λακτίϲῃ αὐτὸν καὶ ἀποϲτραφεὶϲ αὐτὸν λαβὼν βάκλον ἔτυψεν αὐτὸν δεινῶϲ.

ὁ λόγοϲ δηλοῖ, ὅτι οὐ δεῖ ἀϲτειεύεϲθαι ἀπρεπῶϲ, ἀλλὰ ἐν καιρῷ καὶ μὴ βλάπτων τινά.

94. κύνες δύο

(Halm 217 Ch. 176)

(*I*) ἔχων τιϲ δύο κύναϲ τὸν μὲν θηρεύειν ἐδίδαϲκε, τὸν δὲ οἰκουρὸν ἐποίηϲε. καὶ δή, εἴποτε ὁ θηρευτικὸϲ ἐξιὼν ἐπ᾿ ἄγραν ϲυνελάμβανέ τι, ἐκ τούτου μέροϲ καὶ τῷ ἑτέρῳ παρέβαλλεν. ἀγανακτοῦντοϲ δὲ τοῦ θηρευτικοῦ καὶ τὸν ἕτερον ὀνειδίζοντοϲ, εἴγε αὐτὸϲ μὲν ἐξιὼν παρ᾿ ἕκαϲτα μοχθεῖ,

---

94 (*I*) — C Cr E A U — (*I* a)

---

6 αὐτοῦ expunctum 25 ἀϲτιέβεϲθαι cod.

94 (*I*) 1 ἐδίδαξεν Cr A U 2 καὶ δὴ ποτὲ ὁ E a καὶ δὴ ὁ A θηρευτὴϲ Cr E a U 3 πρὸϲ ἄγραν A Cr εἰϲ ἄ. U ἐκ τούτου μέροϲ] A τούτω ἐκ μέρουϲ E (τούτῳ St., scribere debuit τοῦτο) τούτου ἐκ μέρουϲ C τοῦτο δὲ ἐκ μέροϲ Cr ἐκ μέρουϲ καὶ τοῦ ἑτέρου ἔβ. U παρέβαλεν E A 5 μὲν om. C A (add. m.[1]) μηδ᾿ ἐξιὼν A παρ᾿ ἕκαϲτα μοχθεῖ] a παρ᾿ ἕκ. μοχθοίη C E παρ᾿ ἐκ.—καίων om. Cr δούλου μοχθείην (μοχθοίη Schn.) A . . ἐγὼ καθ᾿ ἑκάϲτην μοχθῶ U

ὁ δὲ οὐδὲν ποιῶν τοῖϲ ἑαυτοῦ πόνοιϲ ἐντρυφᾷ, ἐκεῖνοϲ ἔφη πρὸϲ αὐτόν· „ἀλλὰ μὴ ἐμὲ μέμφου, ἀλλὰ τὸν δεϲπότην, ὃϲ οὐ πονεῖν με ἐδίδαξεν, ἀλλοτρίουϲ δὲ πόνουϲ κατεϲθίειν.“

οὕτω καὶ τῶν παίδων οἱ ῥᾴθυμοι οὐ μεμπτέοι εἰϲίν, ὅταν αὐτοὺϲ οἱ γονεῖϲ οὕτωϲ ἄγωϲιν.

ἔχων τιϲ δύο κύναϲ τὸν μὲν ἕτερον θηρεύειν ἐδίδαξε, (*III*) τὸν δὲ λοιπὸν οἰκοφυλακεῖν. καὶ δή, εἴποτε ὁ θηρευτικὸϲ ἤγρευϲέ τι, καὶ ὁ οἰκουρὸϲ ϲυμμετεῖχεν αὐτῷ τῆϲ θοίνηϲ. ἀγανακτοῦντοϲ δὲ τοῦ θηρευτικοῦ κἀκεῖνον ὀνειδίζοντοϲ, εἴγε αὐτὸϲ μὲν καθ' ἑκάϲτην μοχθεῖ, ἐκεῖνοϲ δὲ μηδὲν πονῶν τοῖϲ αὐτοῦ τρέφεται πόνοιϲ, ὑπολαβὼν αὐτὸϲ εἶπεν· „μὴ ἐμέ, ἀλλὰ τὸν δεϲπότην μέμφου, ὃϲ οὐ πονεῖν με ἐδίδαξεν, ἀλλὰ πόνουϲ ἀλλοτρίουϲ ἐϲθίειν.“

ὁ μῦθοϲ δηλοῖ, ὅτι καὶ τῶν νέων οἱ μηδὲν ἐπιϲτάμενοι οὐ μεμπτοί εἰϲιν, ὅταν αὐτοὺϲ οἱ γονεῖϲ οὕτωϲ ἀγάγωϲιν.

95. ἔχις καὶ ῥίνη

(Halm 146 Ch. 117)

ἔχιϲ εἰϲελθὼν εἰϲ χαλκουργοῦ ἐργαϲτήριον παρὰ τῶν ϲκευῶν ἔρανον ᾔτει· λαβὼν δὲ παρ' αὐτῶν ἧκε πρὸϲ τὴν ῥίνην καὶ αὐτὴν παρεκάλει δοῦναί τι αὐτῷ. ἡ δὲ ὑποτυχοῦϲα εἶπεν· „ἀλλ' εὐήθηϲ εἶ παρ' ἐμοῦ τι ἀποίϲεϲθαι οἰόμενοϲ, ἥτιϲ οὐ διδόναι, ἀλλὰ λαμβάνειν παρὰ πάντων εἴωθα.“

ὁ λόγοϲ δηλοῖ, ὅτι μάταιοί εἰϲιν οἱ παρὰ φιλαργύρων τι κερδαίνειν προϲδοκῶντεϲ.

(*III β*) (*III α*) accedit J (*γ*) 95 — Cr F E A (*I* a)

---

6 αὐτοῦ C A 7 τὸν δεϲπότην δὲ A ἀλλ' ἢ τὸν δ. U 8 με ἔδειξεν E ἀλλ' ἀλλοτρίοιϲ πόνοιϲ ἐϲθίειν A κόπουϲ U

(*III*) 8 ἀλλοτρίων P (*β*) 10 μεμπτέοι *β*

95 1 ἐλθὼν A 2 ἦδε (i. e. ἧκε) πρὸϲ τὴν ῥίνα καὶ ταύτην A 3 αὐτὴν om. F 4 ἀπίϲεϲθαί τι F ὑποίϲεται τι A 5 περὶ πάντων A παρ' ἁπάντων οἶδα F 7 οἳ ... προϲδοκῶϲιν A 8 κερδανεῖν E κερδαίνειν τι F

96. πατὴρ καὶ θυγατέρες

(Halm 166 Ch. 300)

(*I*) ἔχων τις δύο θυγατέρας τὴν μὲν κηπουρῷ ἐξέδωκε πρὸς γάμον, τὴν δὲ ἑτέραν κεραμεῖ. χρόνου δὲ προελθόντος ἧκεν ὡς τὴν τοῦ κηπουροῦ καὶ ταύτην ἠρώτα, πῶς ἔχοι καὶ ἐν τίνι αὐτοῖς εἴη τὰ πράγματα. τῆς δὲ εἰπούσης πάντα μὲν αὐτοῖς παρεῖναι, ἓν δὲ τοῦτο εὔχεσθαι τοῖς θεοῖς, ὅπως χειμὼν γένηται καὶ ὄμβρος, ἵνα τὰ λάχανα ἀρδευθῇ, μετ' οὐ πολὺ παρεγένετο καὶ πρὸς τὴν τοῦ κεραμέως καὶ ὡσαύτως ἐπυνθάνετο, πῶς ἔχοι. τῆς δὲ τὰ μὲν ἄλλα μὴ ἐνδεῖσθαι εἰπούσης, τοῦτο δὲ μόνον εὔχεσθαι, ὅπως αἰθρία τε ἐπιμείνῃ καὶ λαμπρὸς ὁ ἥλιος, ἵνα ξηρανθῇ ὁ κέραμος, εἶπε πρὸς αὐτήν· „ἐὰν σὺ μὲν εὐδίαν ἐπιζητῇς, ἡ δὲ ἀδελφή σου χειμῶνα, ποτέρᾳ ὑμῶν συνεύξωμαι;“

οὕτως οἱ ἐν ταὐτῷ τοῖς ἀνομοίοις πράγμασιν ἐπιχειροῦντες εἰκότως περὶ τὰ ἑκάτερα πταίουσιν.

μήτηρ καὶ θυγατέρες

(*III*) γυνή τις οὖσα θυγατέρων δυοῖν μήτηρ ἀνδράσι συνῆψε ταύτας, τὴν μὲν κηπωρῷ, θατέραν δὲ κεραμεῖ. ἐλθοῦσα

---

96 (*I*) Theogn. 26 Soph. fr. 481 Luk. Icaromen. 25 Dio Cass. LVI 40, 7 Lib. III 27 „e proverbio orta“ Crus. 228 (*III*) in 11 desinunt α (praeter J), β (praeter Q Plan). J Q finem mutuati sunt ex Augustana; γ Plan nova excogitaverunt

---

96 (*I*) — C Cas Cr E A B Ba U — (*I* a) (*III* γ) (Φ 35, 4) (*III* β) (*III* α)

---

96 (*I*) **1** τὴν μὲν μίαν Cas πρὸς γάμον om. Cas B Ba U **2** προιόντος C παρελθόντος U ἧκεν ὡς] E ἧκεν εἰς C ἧκε πρός A Cr B Ba U ἦλθεν εἰς Cas **3** ἔχει B Ba U a ἔχεις Cas **4** αὐτῆς εἰσι Cas εἰσιν αὐτοῖς B Ba **5** πάρεστι C παρ' ἓν δὲ E **6** ἐὰν εὔχεσαι χειμῶνα εἶναι B Ba **7** πολὺ δὲ Cas καὶ om. C O E a **8** ὡσαύτως] Halm οὕτως A a αὐτὸς C E αὐτὴν Cas B Ba αὐτῆς St. **9** εἰπούσης] Cas om. rell. **10** τε] A E om. rell. αἰθρία τε ... καὶ λαμπρὸς ὁ ἥλιος] scr., αἰθρία τε (τε om C Cas λαμπρὰ .. καὶ λαμπρὸς ἥλιος C Cas A αἰθρία τε καὶ λαμπρὰ ἐπιμ. ἡ σελήνη καὶ λαμπρὸς ὁ ἥλιος E Cr ὁ χειμὼν ἀπογένηται καὶ λαμπρὸς ἥλιος ἥξῃ B Ba εὐδεία γένηται καὶ λ. ἥλ. U ὡς ἂν ὁ κερ. ξηρ. Cas **11** εἶπε δὲ C E B Ba μὲν σὺ Cas B Ba **12** συνεύξωμαι E -ομαι rel. **14** περὶ ἑκάτερα ἀποτυγχάνουσιν B Ba U epimythium om. Cr

τοίνυν ποτὲ πρὸς τὴν τῷ κηπωρῷ γεγαμημένην τά τε ἄλλα ὡμίλει καὶ πῶς ἂν ἔχοι διηρώτα. ἡ δὲ „τὰ μὲν ἄλλα, μῆτερ“, ἔφη, „καλῶς, εὔχου δ' ὑετῶν ἡμῖν φοράν, ὡς τοῖς λαχάνοις ἐξ ἀρδείας αὔξησις ἡ κατὰ λόγον προσγένοιτο. ἐκεῖθεν δ' ἐξελθοῦσα πρὸς τὴν συνοικοῦσαν τῷ κεραμεῖ ἀφικνεῖται. τοῖς δ' αὐτοῖς χρησαμένη καὶ πρὸς ἐκείνην ἤκουσεν, ὡς „τὰ μὲν ἄλλα καλῶς ἡμῖν, ὦ μῆτερ, ἔχει· εὔχου δ' αἰθρίαν ἡμῖν καὶ ἡλίους γίνεσθαι θερμοτέρους, ὡς ἂν θᾶττον οἱ κέραμοι ψύχοιντο.“ καὶ ἡ μήτηρ πρὸς ταῦτα ἔφη· [„ἐὰν μὲν σὺ εὐδίαν ἐπιζητεῖς, ἡ δὲ ἀδελφή σου χειμῶνα, ποίᾳ ὑμῶν συνεύξομαι;“

ὁ μῦθος δηλοῖ, ὅτι οἱ τοῖς ἀνομοίοις πράγμασιν ἐπιχειροῦντες εἰκότως περὶ ἑκάτερα πταίουσιν.]

97. ἀνὴρ καὶ γυνή

(Halm 52 Ch. 49)

ἔχων τις γυναῖκα πρὸς πάντας ἀργαλέαν τὸ ἦθος ἠβου- (*I*)
λήθη γνῶναι, εἰ καὶ πρὸς τοὺς πατρῴους οἰκέτας ὁμοίως διάκειται. ὅθεν μετὰ προφάσεως εὐλόγου πρὸς τὸν πατέρα αὐτὴν ἔπεμψε. μετὰ δὲ ὀλίγας ἡμέρας ἐπανελθούσης αὐτῆς

---

97 (*I*) — C F Cr O A — (*I* a)

(*III*) **4** ἂν del. Kor. **5** ἡμῖν γενέσθαι φορὰν *β* τὴν ὄμβρων φορὰν Huds. ὄμβρ. φορὰν Kor. δὲ ὄμβρ. φ. Halm **6** αὔξησις ἡ κατὰ νόμους *γ* **8** ταῖς δ' αὐταῖς *α β* **9** μῆτερ ἡμῖν *γ* P Q (*β*) **11** οἱ κερ. πήγνυντο Plan πήγνυντο (i. e. πηγνῦντο) καὶ ἡ μήτηρ πρὸς ταῦτα ἐξαπορήσασα καὶ δυσχεράνασα· τί δῆτα δράσω ἡ ἀθλία τῆς ὑπὲρ ἑκατέρας εὐχῆς θυγατρὸς ἑκατέραν φθειρούσης; ὁ. μ. δ. ὅτι οὐ δύναται τῆς (= τις) ἐναντίοις πράγμασιν ἅμα ὑπηρετεῖν Plan. ἔφη· σοὶ μὲν αἰθρίαν, τῇ δὲ τῷ κηπωρῷ συνοικούσῃ (τὴν -κοῦσαν Vo.) παμπόλλους ὑετοὺς δοῖεν οἱ θεοί. ὁ μῦθος ⟨ὅτι οἱ Huds. οἳ Kor.⟩ ἐκ τῶν ἰδίων ἔχουσι χαρίζεσθαι ῥαδίως τοῖς αἰτοῦσι τὰ τῶν ἄλλων ἐπαγγέλλονται, κἂν οὐδένων εἰσὶ ἐλάττω *γ* κἂν κτλ. del. Huds. **12–14** J Q secutus adscripsi. **12** οὖν σὺ Q ζητεῖς J ποτὲ ὑμῖν (= ποτέρᾳ ὑμῶν) J εὔξομαι Q **14** οἱ ἐς ταὐτὸ J **15** ὑποτυγχάνουσιν J

97 (*I*) **1** γυναῖκα τις ἔ. F πρὸς πάντας ἀργαλέαν τὸ ἦθος] O πρὸς πάντα λίαν τὸ ἦθος ἀργαλέαν C F Cr A πρὸς πᾶν λίαν τὸ ἦ. ἀργ. a, ubi λίαν dittographia — ἀργαλέαν λίαν — ortum videtur πάντας τοὺς οἰκείους Ch. ἐβ. μαθεῖν O **3** πατέρα αὐτῆς F O A **4** ἐπανελθούσης] a ἐλθούσης Cr F A ἐπελθούσης C O

ἐπυνθάνετο, πῶς αὐτὴν οἱ οἰκεῖοι προςεδέξαντο. τῆς δὲ εἰπούσης· „οἱ βουκόλοι με καὶ οἱ ποιμένες ὑπεβλέποντο“ ἔφη πρὸς αὐτήν· „ἀλλ', ὦ γύναι, εἰ τούτοις ἀπήχθου, οἳ ὄρθρου μὲν τὰς ποίμνας ἐξελαύνουσιν, ὀψὲ δὲ εἰσίασι, τί χρὴ προσδοκᾶν περὶ τούτων, οἷς πᾶσαν τὴν ἡμέραν συνδιέτριβες;“

οὕτω πολλάκις ἐκ τῶν μικρῶν τὰ μεγάλα καὶ ἐκ τῶν προδήλων τὰ ἄδηλα γνωρίζεται.

(*III*) ἔχων τις γυναῖκα πρὸς τοὺς κατ' οἶκον ἅπαντας ἀπεχθῶς ἔχουσαν ἠβουλήθη γνῶναι, εἰ καὶ πρὸς τοὺς πατρῴους οἰκέτας οὕτως διάκειται. διὸ δὴ καὶ μετ' εὐλόγου προφάσεως πρὸς τὸν αὐτῆς αὐτὴν ἀποστέλλει πατέρα. μετὰ δ' ὀλίγας ἡμέρας ἐπανελθούσης αὐτῆς ἐπυνθάνετο, πῶς πρὸς τοὺς ἐκεῖ διεγένετο. τῆς δὲ φαμένης ὡς „οἱ βουκόλοι καὶ οἱ ποιμένες με ὑπεβλέποντο“ πρὸς αὐτὴν ἔφη· „ἀλλ', ὦ γύναι, εἰ τούτοις ἀπεχθάνῃ, οἳ ὄρθρου μὲν τὰς ποίμνας ἐξελαύνουσιν, ὀψὲ δὲ εἰσίασι, τί χρὴ προσδοκᾶν περὶ τούτων, οἷς πᾶσαν συνδιέτριβες τὴν ἡμέραν;“

ὁ μῦθος δηλοῖ, ὅτι οὕτω πολλάκις ἐκ τῶν μικρῶν τὰ μεγάλα κἀκ τῶν προδήλων τὰ ἄδηλα γνωρίζεται.

98. ἔχις καὶ ἀλώπηξ

(Halm 145 Ch. 116)

ἔχις ἐπὶ δέσμῃ ἀκανθῶν εἴς τινα ποταμὸν ἐφέρετο. ἀλώπηξ δὲ θεασαμένη αὐτὴν εἶπεν· „ἄξιος τῆς νηὸς ὁ ναύκληρος.“

πρὸς ἄνδρα πονηρὸν μοχθηροῖς πράγμασιν ἐγχειρήσαντα.

---

98 Babr. 173 tetr. II 32 a. duas huius historiolae formas praebent libri, alteram C A B Ba U B², alteram O E Cr

---

(*III β*) (*III α*) accedit J(*γ*) **98** — O E Cr C A B Ba U — accedit B² (*III γ*). versibus inclusa in Vi F

---

6 με post ποιμένες collocant O A a ἀπεβλέποντο O ὑπέβλεπον a **8** εἰσιᾶσι, sc. τὰ ποίμνια Char. **9** διέτριβες C F O **11** ἐκ om. Cr F a **12** γνωρίζονται A, om. O

98 1 ἔχις κτλ.] C A B Ba U B² δέσμην C δέσμια B Ba B² δε-

99. ἔριφος καὶ λύκος

(Halm 134 Ch. 108)

ἔριφος ὑςτερήςας ἀπὸ ποίμνης ὑπὸ λύκου κατεδιώκετο. (*I*) ἐπιςτραφεὶς δὲ ὁ ἔριφος λέγει τῷ λύκῳ· „πέπειςμαι, λύκε, ὅτι ςὸν βρῶμά εἰμι. ἀλλ' ἵνα μὴ ἀδόξως ἀποθάνω, αὔληςον, ὅπως ὀρχήςομαι.“ αὐλοῦντος δὲ τοῦ λύκου καὶ ὀρχουμένου τοῦ ἐρίφου οἱ κύνες ἀκούςαντες κατεδίωκον τὸν λύκον. ἐπιςτραφεὶς δὲ ὁ λύκος λέγει τῷ ἐρίφῳ· „ταῦτα ἐμοὶ καλῶς γίνεται· ἔδει γάρ με μακελλάριον ὄντα αὐλητὴν μὴ μιμεῖςθαι.“

οὕτω οἱ παρὰ γνώμην τοῦ καιροῦ τι πράττοντες καὶ ὧν ἐν χερςὶν ἔχουςιν ὑςτεροῦνται.

ἔριφος ὑςτερήςαςα τῆς ποίμνης ὑπὸ λύκου κατεδιώκετο. (*III*) ἐπιςτραφεῖςα δὲ πρὸς αὐτὸν εἶπεν· „ὦ λύκε, ἐπεὶ πέπειςμαι, ὅτι ςὸν βρῶμα γενήςομαι, ἵνα μὴ ἀηδῶς ἀποθάνω, αὔληςον πρῶτον, ὅπως ὀρχήςωμαι.“ τοῦ δὲ λύκου αὐλοῦν-

---

99 (*I*) rhet. Brancat. 3 cf. fasc. 2 p. 185 — C F Cas Cr E A B Ba U (*Ia*) (= Ch. 108 b) (*III* β) (*III* α) accedit J (γ)

ςμοὸς U **4** ἐγκύρςαντα U ἐγκυρήςαντα O E εὐκυρήςαντα Cr dissentiunt O E Cr: **1** ἔχις ὑπὸ παλιούρων δέςμῃ ὑπὲρ ποταμὸν (ἐπὶ ποταμοῦ Cr δεςμηθεὶς ὑπὸ ποταμῶ O) παρεφέρετο. ἀλώπηξ δὲ παριοῦςα (παροῦςα Cr) ὡς ἐθεάςατο αὐτὸν κτλ.

99 (*I*) **1** ποίμνης ποτὲ C F Cas malim ἐδιώκετο **2** aucta haec in F a τοῦ δὲ ἐρίφου (τῆς δὲ a) ἀτονήςαντος (-ςάςης a) καὶ τοῦ λύκου καταλαβόντος ἐπιςτραφεὶς ὁ (-φεῖςα ἡ a) F a πέπ., ὦ λύκε U ἀληθῶς πέπειςμαι Cas πέπειςμαι C F **4** ὀρχήςωμαι Cas F U **5** ἐπακούςαντες C ἀκούςαντες ἐξελθόντες E ἀκ. καὶ ἐξελθ. A κατεδίωκον] E ἐδίωκον A Cr κατεδίωξαν rell. **7** ἐμοὶ καὶ εὖ γε δὴ C F ταῦτα ἐμοί, ὦ ἔριφε, ὅτι μακελλάριον ὄντα με αὐλητὴν μιμεῖςθαι πεποίηκας Cas **8** μὴ om. C μὴ γίνεςθαι U **9** epimythium hoc in Cr E A legitur, nullum epim. in Cas F U, πρὸς τοὺς παρὰ (fuit περὶ) τὴν ἑαυτῶν τύχην τι πράττοντας C ὅτι καιροῦ δραξάμενος πρὸς ὃ πέφυκεν (an πέφυκας?) ἐκτείνου B Ba

(*III*) **1** ὑςτερήςας α **4** ὀρχήςομαι α

τοϲ καὶ τῆϲ ἐρίφου ὀρχουμένηϲ οἱ κύνεϲ ἀκούϲαντεϲ τὸν λύκον ἐδίωκον. ὁ δὲ ἐπιϲτραφεὶϲ τῇ ἐρίφῳ φηϲί· „δικαίωϲ ταῦτά μοι γίνεται· ἔδει γάρ με μάγειρον ὄντα αὐλητὴν μὴ μιμεῖϲθαι.“

ὁ μῦθοϲ δηλοῖ, ὅτι οἱ τῶν μέν, πρὸϲ ἃ πεφύκαϲιν, ἀμελοῦντεϲ, τὰ δὲ ἑτέρων ἐπιτηδεύειν πειρώμενοι δυϲτυχίαιϲ περιπίπτουϲιν.

100. λύκος καὶ ἔριφος

(Halm 135 Ch. 107)

(*I*) ἔριφοϲ ἐπί τινοϲ δώματοϲ ἑϲτὼϲ λύκον παριόντα ἐλοιδόρει. ὁ δὲ ἔφη πρὸϲ αὐτόν· „οὐ ϲύ με λοιδορεῖϲ, ἀλλ' ὁ τόποϲ.“

ὁ λόγοϲ δηλοῖ, ὅτι οἱ καιροὶ διδόαϲι κατὰ τῶν ἀμεινόνων τὸ θάρϲοϲ.

(*II*) ἔριφοϲ ἐπί τινοϲ δώματοϲ ἑϲτὼϲ ἐπειδὴ λύκον εἶδεν παριόντα, ἐλοιδόρει αὐτόν. ὁ δὲ λύκοϲ ἔφη· „ὦ οὗτοϲ, οὐ ϲύ με λοιδορεῖϲ, ἀλλ' ὁ τόποϲ.“

---

100 (*I*) Babr. 96 tetr. I 31 ἀφ' ὑψηλοῦ μου καταγελᾷϲ proverbium e fabula natum Diogen. III 24

---

100 (*I*) — C F B Ba — (*II*) — V P L Mo Br Cas — (*III δ*) — M N S, W (= Ch. 107 c) T F J accedit Triv. (= Ch. 107 f.)

9–11 J K Luc (α) C¹ (β). Q (β) epimythium Aug. adscripsit. ὁ μῦθοϲ δηλοῖ, ὅτι οὐ χρὴ ταῖϲ εἰϲηγέλϲεϲι (= -αγγ-) τῶν ἐχθρῶν πείθεϲθαι Plan ὅτι οἱ τῶν μὴ προϲηκόντων διὰ κενοδοξίαϲ ἀντιποιούμενοι πρὸϲ τῇ αἰϲχύνῃ καὶ κινδύνοιϲ ἔϲθ' ὅτε περιπίπτουϲιν Jen. epimythium nullum in reliquis

100 (*I*) 2 ἔφη αὐτῷ F αὐτὴν B 4 ὅτι καιρὸϲ B Ba 5 τὸ om. C τὸ θράϲοϲ οἱ καιροί F

(*II*) 1 δώμ. ὑψηλοτάτου Cas ἐπεινοτάτου (= αἰπ.-) καὶ ὑψ. W ἑϲτῶϲα καὶ λ. ἰδοῦϲα παρ. J λύκον τινὰ Cas 2 παριόντα καὶ τὴν πορείαν ποιούμενον (-νοϲ S) S W ἐλ. καὶ αἱμοβόρον ἐκάλει καὶ ὠμοφάγον S καὶ ὠμὸν ἀπεκάλει αὐτὸν W λύκοϲ om. S W ὦ οὗτοϲ om. Mo οὗτοϲ οὐ om. T με om. P L M W T F 3 τόποϲ, ἐν ᾧ ἵϲταϲαι Cas. cf. infra Triv.

ὁ μῦθος δηλοῖ, ὅτι πολλάκις καὶ ὁ τόπος καὶ ὁ καιρὸς δίδωσι κατὰ τῶν ἀμεινόνων τὸ θράσος.

(*III*) ἔριφος ἐπί τινος δώματος ἑστὼς ἐπειδὴ λύκον παριόντα εἶδεν, ἐλοιδόρει καὶ ἔσκωπτεν αὐτόν· ὁ δὲ λύκος ἔφη· „οὐ σύ με λοιδορεῖς, ἀλλ' ὁ τόπος."
ὁ μῦθος δηλοῖ, ὅτι πολλάκις καὶ ὁ τόπος καὶ ὁ καιρὸς δίδωσι τὸ θράσος κατὰ τῶν ἀμεινόνων.

101. ἀγαλματοπώλης

(Halm 2 Ch. 2)

Ἑρμῆν τις ξύλινον κατασκευάσας καὶ προσενεγκὼν εἰς ἀγορὰν ἐπώλει. μηδενὸς δὲ ὠνητοῦ προσιόντος ἐκκαλέσασθαί τινας βουλόμενος ἐβόα, ὡς ἀγαθοποιὸν δαίμονα καὶ κέρδους τηρητικὸν πιπράσκει. τῶν δὲ παρατυχόντων τινὸς εἰπόντος πρὸς αὐτόν· „ὦ οὗτος, καὶ τί τοῦτον τοιοῦτον ὄντα πω-

(*III γ*) (*III α*) **101** C F Cr (bis 99 et 173) A U. sub litera ξ inserta in Cr² O E Cas — (*I* a)

4 ὁ τόπος καὶ ὁ χρόνος W οἱ καιροὶ Br N F 5 δίδωσι τοῖς ἥττοσι S ἀμείνων P L M ἀμείνω Mo μειζόνων Br N J
(*I*b) Trivultianum primus adhibuit Aldus. differt in his ἀρνὸς ἐφ' ὑψηλοῦ τόπου ἢ πύργου (πύργου del. Nev., τόπου Ch.) ἱστάμενος λύκον παριόντα τὴν ὁδὸν ἔσκωπτεν καὶ θηρίον καλὸν (κακὸν Nev.) ἀπεκάλει καὶ αἱμοβόρον (ὠμοβόρον Nev.). ὁ δὲ λ. στραφεὶς εἶπε πρὸς αὐτόν· οὐ σύ με λοιδ. ἀλλ' ὁ πύργος ἐν ᾧ ἵστασαι. ὁ μ. πρὸς τοὺς ὑπομένοντας ὕβριν ἀπὸ ἀναξίων ἀνθρώπων διὰ φόβον ὑψηλοτέρων (τόπων addit St. dil. Aes. 419)
(*III*) 1 ἑστὼς ἐπί τινος δώματος *γ*
101 1 Ἑρμῆν τις ξόανον (= Ἑρμοῦ τις) U ξύλινόν τις Ἑρμῆν Cr² O E Cas A καὶ προσενεγκὼν εἰς ἀγορὰν ἐπώλει] Cr A U καὶ προσαγαγὼν εἰς τὴν ἀγ. ἐπ. C F τοῦτον προσενεγκὼν ἐπώλει Cr² O a προσεν. ἐπώλει Cas ἐπώλει προενεγκὼν τοῦτον ἐν πόλει E. — κατασκευάσας ἐν ἀγορᾷ ἐπώλει subesse crediderim 2 προιόντος C F 3 ἀγαθὸν θεὸν C F Cr A U 4 τηρητικόν] Cas a θεωρητικὸν A δωρητικὸν C F Cr O E U Ch. θηρευτικὸν Reiskia 4 τινὸς εἰπόντος ... ἀπολαύειν] O E Cas a (ὄντα τοιοῦτον Cas) τινὸς εἰπόντος (ὑπόντος F), ὦ ἄνε, τί τοῦτον εὐεργέτην ὄντα πωλεῖς, δέον ἐστὶ (σε C) C Cr F τις ἔφη. ὦ ἄν. κτλ... σε A Cr² τις εἶπε πρὸς αὐτὸν... δέον τὸν... ἀπολαύειν U

λεῖς, δέον τῶν παρ' αὐτοῦ ὠφελειῶν ἀπολαύειν;" ἀπεκρίνατο· „ὅτι ἐγὼ μὲν ταχείας ὠφελείας τινὸς ἐπιδέομαι, αὐτὸς δὲ βραδέως εἴωθε τὰ κέρδη περιποιεῖν."

πρὸς ἄνδρα αἰσχροκερδῆ καὶ τῶν θεῶν περιφρονοῦντα.

102. Ζεύς, Προμηθεύς, Ἀθηνᾶ, Μῶμος

(Halm 155 Ch. 125)

Ζεὺς καὶ Προμηθεὺς καὶ Ἀθηνᾶ κατασκευάσαντες ὁ μὲν ταῦρον, Προμηθεὺς δὲ ἄνθρωπον, ἡ δὲ οἶκον Μῶμον κριτὴν εἵλοντο. ὁ δὲ φθονήσας τοῖς δημιουργήμασιν ἀρξάμενος ἔλεγε τὸν μὲν Δία ἡμαρτηκέναι τοῦ ταύρου τοὺς ὀφθαλμοὺς ἐπὶ τοῖς κέρασι μὴ θέντα, ἵνα βλέπῃ, ποῦ τύπτει, τὸν δὲ Προμηθέα, διότι τοῦ ἀνθρώπου τὰς φρένας οὐκ ἔξωθεν ἀπεκρέμασεν, ἵνα μὴ λανθάνωσιν οἱ πονηροί, φανερὸν δὲ ᾖ, τί ἕκαστος κατὰ νοῦν ἔχει. τρίτον δὲ ἔλεγεν, ὡς ἔδει τὴν Ἀθηνᾶν τῷ οἴκῳ τροχοὺς ὑποθεῖναι, ἵνα, ἐὰν πονηρῷ τις παροικισθῇ γείτονι, ῥᾳδίως μεταβαίνῃ. καὶ ὁ

---

102 Arist. de part. an. III 2. 662ᵃ 35 Luc. Hermot. 20, Nigrin. 32 de hist. conscr. 33 vera hist. II 3 dearum iud. 2 Icaromen. 31 Bacchus 8 Babr. 59

---

102 — O E Cr A B Ba —

---

6 δέον ἐστὶν Cr ἀπεκρ. λέγων A F δὲ πάλιν λέγων U λέγων ὅτι ταχίας τινὸς Cr² 7 ἐγὼ μὲν om. F A U ταχείας τινὸς ἄρτι ὠφ. U δέομαι E U 8 οὗτος δὲ F U ποιεῖν A Cas ἐπιτελεῖν U 9 καὶ τῶν θεῶν περιφρονοῦντα] St. τοῦ θεοῦ vel τὸν θεὸν Kor. καὶ τῷ θεῷ περιφρονοῦντα Cas καὶ τὸ θεῖον περιφρ. a καὶ μηδὲν περὶ θεοῦ πεφροντικότα C μηδὲν περὶ θεὸν φροντίζοντα F μηδὲ θεῶν πεφροντικότα E a Ch. μὴ θεῶν πεφρ. O — epimythium fab. antecedentis in A Cr nullum epimythium in U

102 1 κατεσκεύασαν E Ζεὺς μὲν B Ba 2 ὁ Προμ. ἄν. A Ἀθηνᾶ δὲ B Ba Μῶμον ... ἔλεγε om. O 3 ἀχθόμενος pro ἀρξάμενος A αὐξανόμενος E Cr 5 τὰ κέρατα O μὴ om. O E A Cr ποῦ τύπτει] B Ba τοῦ τύπτειν Cr A O τὸ τύπτειν E 6 διὰ τὴν τοῦ ἀν. E διότι ἀν. A 7 ἔξωθεν οὐ κατεκρέμασεν B Ba ἀπεκρέμασεν suspectum, ἀπεγύμνωσεν Schn. φανερὸν δὲ ᾖ, τί] Kor. φανερὸν δὲ εἴη (εἴ τι B) ἕκαστον ὧν χρείαν εἶχε B Ba φανερὸν δὲ εἴ τι E Cr φανεροὶ (= οίη) δὲ εἴ τι O φανεροῦντες εἴ τι A 9 ἐν τῷ οἴκῳ B τροχοὺς ὑποθεῖναι] Kor. τροχοὺς ἀποθῆναι B Ba τροχοὺς ἐπιθεῖναι Cr O E A τροχοῖς ἐπιθεῖναι St. Ch. 10 παροικισθείη γείτων E καταβαίνῃ B Ba

Ζεὺϲ ἀγανακτήϲαϲ κατ' αὐτοῦ ἐπὶ τῇ βαϲκανίᾳ τοῦ Ὀλύμπου αὐτὸν ἐξέβαλεν.

ὁ λόγοϲ δηλοῖ, ὅτι οὐδὲν οὕτωϲ ἐϲτὶν ἐνάρετον, ὃ μὴ πάντωϲ περί τι ψόγον ἐπιδέχεται.

103. κολοιὸς καὶ ὄρνεις

(Halm 200 b Ch. 163)

(*I*) Ζεὺϲ βουλόμενοϲ βαϲιλέα ὀρνέων καταϲτῆϲαι προθεϲμίαν αὐτοῖϲ ἔταξεν, ἐν ᾗ παραγενήϲονται. κολοιὸϲ δὲ ϲυνειδὼϲ ἑαυτῷ δυϲμορφίαν περιιὼν τὰ ἀποπίπτοντα τῶν ὀρνέων πτερὰ ἀνελάμβανε καὶ ἑαυτῷ περιῆπτεν. ὡϲ δὲ ἐνέϲτη ἡ ἡμέρα, ποικίλοϲ γενόμενοϲ ἧκε πρὸϲ τὸν Δία. μέλλοντοϲ δὲ αὐτοῦ διὰ τὴν εὐπρέπειαν βαϲιλέα αὐτὸν χειροτονεῖν τὰ ὄρνεα ἀγανακτήϲαντα περιέϲτη καὶ ἕκαϲτον τὸ ἴδιον πτερὸν ἀφείλετο. οὕτω τε ϲυνέβη αὐτῷ ἀπογυμνωθέντι πάλιν κολοιὸν γενέϲθαι.

οὕτω καὶ τῶν ἀνθρώπων οἱ χρεωφειλέται μέχρι μὲν τὰ ἀλλότρια ἔχουϲι χρήματα, δοκοῦϲί τινεϲ εἶναι, ἐπειδὰν δὲ αὐτὰ ἀποδώϲωϲιν, ὁποῖοι ἐξ ἀρχῆϲ ἦϲαν εὑρίϲκονται.

(*II*) Ζεὺϲ βουλόμενοϲ βαϲιλέα ὀρνέων καταϲτῆϲαι προθεϲμίαν αὐτοῖϲ ἔταξεν, ἐν ᾗ παραγενήϲονται πάντεϲ, ὅπωϲ τὸν ὡραιότατον πάντων καταϲτήϲει ἐπ' αὐτοῖϲ βαϲιλέα. κολοιὸϲ

---

103 (*I*) notissima fabula — cf. quae attulerunt Crus. ad Babr. 72 „vetustissima testimonia Philod. rhet. Sudh. II p. 685 et Diogenis κολοιόϲ, Diog. La. VI 80" et St. in commentationibus Horatianis Cracov. 1935, 166—189 Babr. 72 Aphth. 31 cf. fasc. 2 p. 147 Phaedr. I 3 Hor. epist. I 3, 15

---

103 (*I*) — C O E A B Ba — (*I* a) (*II*) — V P L Mo Br Cas — (*III δ*) — M, S = Ch. 163 c, N W T E F J — (*III γ*)

---

14 πάντωϲ περί τι om. B Ba

103 (*I*) 1 ὀρνέοιϲ A καταϲτήϲειν B Ba 2 παραγενήϲεται L (*I* a) Ch. ἔτ. μὴ παραγενήϲεϲθαι E 3 ὑποπίπτοντα A 4 πτίλα A περιετίθει A 8 πτερὸν om. B Ba αὐτὸν ἀπογυμνωθέντα A ἀπογυμνωθέντι ἐπὶ τὸ πόν μεῖναι (= μετατυποῦϲθαι?) B Ba 12 αὐτὰ om. A τὰ αὐτὰ praebet E ἀποδώϲουϲιν Cr O A B Ba ἀπαιτηθῶϲιν a

(*II*) 1 τοῖϲ ὀρνέοιϲ Mo qui αὐτοῖϲ om. αὐτῶν P 2 πάντα Cas Br *δ* 3 ὡραιότερον Br E W *γ* καὶ (pro ὅπωϲ) . . καταϲτῆϲαι W E ἐπ' om. P M T F post βαϲιλέα additur τὰ δὲ παραγενόμενα ἐπί τινα ποταμὸν ἀπενίζοντο in *γ*

δὲ ϲυνιδὼν ἑαυτὸν δυϲμορφίαν περικείμενον ἀπελθὼν καὶ τὰ ἀποπίπτοντα τῶν ὀρνέων πτερὰ ϲυλλεξάμενοϲ ἑαυτῷ περιέθηκε καὶ προϲεκόλληϲε. ϲυνέβη δὲ ἐκ τούτου εὐειδέϲτερον πάντων γενέϲθαι. ἐπέϲτη οὖν ἡ ἡμέρα τῆϲ προθεϲμίαϲ καὶ ἦλθον πάντα τὰ ὄρνεα πρὸϲ τὸν Δία. τοῦ δὲ Διὸϲ μέλλοντοϲ χειροτονεῖν αὐτοῖϲ τὸν κολοιὸν βαϲιλέα διὰ τὴν εὐπρέπειαν ἀγανακτήϲαντα τὰ ὄρνεα ἕκαϲτον τὸ ἴδιον αὐτοῦ πτερὸν ἀφείλατο. καὶ ὁ κολοιὸϲ ἦν πάλιν κολοιόϲ.

ὁ μῦθοϲ δηλοῖ, ὅτι καὶ τῶν ἀνθρώπων οἱ χρεωφειλέται μέχριϲ ἂν κατέχωϲι τὰ ἀλλότρια χρήματα, δοκοῦϲί τινεϲ εἶναι. ἐπὰν δὲ αὐτὰ ἀποδώϲωϲιν, ὁποῖοι ὑπῆρχον πρότερον φαίνονται.

(*Ib*) aliter conformata haec fabula legitur in Ba (= Weinberger, Jahresber. S. 21, Ch. 163 e) et Salm

πρόϲταγμα παρὰ τοῦ Διὸϲ ἐξῆλθεν ἐν τῷ ποταμῷ διέλθωϲι καὶ λουθῶϲι καὶ θεάϲει αὐτῶν τὴν καλλονήν. ὁ δὲ Ζεὺϲ τοῦτο τὸ δόγμα ἐπιθεὶϲ

---

4 δὲ ἐπὶ τούτοιϲ δυϲφορῶν Br N J δυϲμορφίαν περικείμενον] V M de hac structura conferatur Cobet, Mnemos. 1882 p. 215 περικείμενον δυϲμορφία rel. praeter Mo qui δύϲμορφον ὄντα praebet 5 παραϲυλλεξάμενοϲ pro πτερὰ ϲυλλ. *γ* 6 ἐπέθηκε Mo E προϲεκώλυϲε P L Br N M W δὲ] Mo γοῦν W T οὖν ceteri 7 γεγονέναι Cas οὖν om. P L 8 καὶ om. V L P M ἦλθον οὖν Mo W τὰ πάντα Mo Δία. ὁ δὲ κολοιὸϲ ποικίλοϲ γενόμενοϲ ἧκε καὶ αὐτὸϲ Cas *δ γ* 9 χειροτονῆϲαι Cas *δ* (praeter M W) *γ* χειροτονεῖν, χειροτονεῖ αὐτ. Br 10 τὴν αὐτῷ προϲγενομένην εὐπρ. E οὖν τὰ Mo Br N αὐτοῦ τὸ ἴδ. P L M T 11 πτερὸν αὐτοῦ Br J αὐτοῦ om. E F τὸ οἰκεῖον πτ. ἀφ. ἐξ αὐτοῦ W *γ* ὁ κολ. κτλ.] cf. Tzetzes chil. VIII 500 καὶ κολοιὸϲ ὁ κολοιὸϲ ὡϲ ἐξ ἀρχῆϲ ἐφάνη, Theoph. Simoc. ep. 34 καὶ γέγονεν αὖθιϲ ὁ κολοιὸϲ κολοιόϲ et quae adnotavit ibi Boisson. οὕτω δὲ ϲυνέβη αὐτῷ ἀπογυμνωθέντι κολοιὸν πάλιν γενέϲθαι Cas 12 ὁ μ. δ. κτλ.] J οὕτω καὶ κτλ. Cas οὕτω πολλοὶ τῶν ἀνθρ. χρεωφειλέται κτλ. Vi praeter Mo — cf. infra — et *δ* 13 μέχρι μὲν Cas 14 ὅταν δὲ N J ὀπ. ἦϲαν πρ. γινώϲκονται W *γ* 15 γίνονται πάλιν (cf. Mo) V τοιοῦτοι (πάλιν J) γίνονται N J hoc epim. in Mo τοιοῦτο· (= ὅμοιον τοῦτο, cf. ep. ad 76) πολλοὶ τῶν ἀνθρ. ἐπὶ τοῖϲ ἀλλοτρίοιϲ καυχῶνται καὶ ἐναβρύνονται δοκοῦντεϲ τινὲϲ εἶναι, ἐπὰν δὲ ϲτερηθῶϲιν αὐτὰ ὁποῖοι καὶ πρ. ὑπῆρχον γίνονται πάλιν. — ... δι' ἀλλοτρίων χρημάτων ἐπὶ πολὺ ἐμφανίζονται. ὅταν δὲ τὰ ξένα ἀρθῶϲιν ἀπ' αὐτῶν, τότε μένουϲιν ὡϲ καὶ πρόην ἄποροι N

(*Ib*) 1 titulus praemittitur in Salm. περὶ τῶν ὀρνέων λουθέντων ἐν ποταμῷ, addidit m² καὶ τοῦ κολοιοῦ

1 πρόϲταγμα κτλ. cf. Luc. ev. 2, 1 ἐξῆλθεν δόγμα παρὰ Καίϲαροϲ κτλ. 2 θεάϲη Ba Salm. ει suprascr. Salm.

ἦλθον πάντα τὰ ὄρνεα λουθῆναι ἐν τῷ ποταμῷ· καὶ λουόμενα ἔπιπτον τὰ πτερὰ τῶν ὀρνέων. ὁ δὲ κολοιὸς καὶ αὐτὸς ἀπελθὼν λουθῆναι ἤθελεν ὁμοιωθῆναι [καὶ] τοῖς λοιποῖς καὶ εὐειδέσιν ὀρνέοις. † ἐκ τῶν πιπτόντων ὀρνέων τὰ πτερὰ περισωρεύσας περιεβάλλετο ἑαυτόν, ἵνα φαίνῃ καὶ αὐτὸς τῷ Διὶ ὡς τὰ λοιπὰ ὄρνεα. ἄνεμος δὲ φυσήσας ἔρριψε τὰ πτερὰ τοῦ κολοιοῦ καὶ πάλιν κολοιὸς τοῖς πᾶσιν ὤφθη καὶ ᾐσχύνθη κολοιὸς ἔκτοτε φανείς· † ἐκ τούτου οὐδεὶς ὅτι τῶν πλουσίων ἐμυήθη.

ὅτι δεῖ τὸν καθ' ἕνα οἷος καὶ ὑπάρχει οὕτως καὶ φαίνεσθαι καὶ μὴ πένης ὢν φαίνεσθαι πλούσιος.

104. Ἑρμῆς καὶ Γῆ

(Halm 138 Ch. 110)

Ζεὺς πλάσας ἄνδρα καὶ γυναῖκα ἐκέλευσεν Ἑρμῇ ἀγαγεῖν αὐτοὺς ἐπὶ τὴν γῆν καὶ δεῖξαι, ὅθεν ὀρύξαντες †σπήλαιον ποιήσουσιν. τοῦ δὲ τὸ προσταχθὲν ποιήσαντος ἡ Γῆ τὸ μὲν πρῶτον ἐκώλυεν. ὡς δὲ Ἑρμῆς ἠνάγκαζε λέγων τὸν Δία προστεταχέναι, ἔφη· „ἀλλ' ὀρυσσέττωσαν ὅσον βούλονται· στένοντες γὰρ αὐτὴν καὶ κλαίοντες ἀποδώσουσιν."

πρὸς τοὺς ῥᾳδίως μὲν δανειζομένους, μετὰ λύπης δὲ ἀποδιδόντας ὁ λόγος εὔκαιρος.

---

104 — C Cr O E A B Ba — (*I* a)

---

4 ἐπελθὼν Bölte 5 prius καὶ seclusi sed alterum quoque molestum ἐκ τῶν ὀρνέων πίπτοντα? Weinb., malim τὰ οὖν τῶν ὀρνέων καταπίπτοντα 9 „ἐκ τούτου ... πλούσιος corrupta sunt" Ch. an οὐδεὶς ⟨εὐτυχὴς⟩ ὅστις τῶν πλουσίων ἐμιμήθη? sed exspectaveris τοὺς πλουσίους ἐμιμήσατο

104 1 ἐκάλεσεν Ἑρμῆν O 2 ὀρύξοντες B Ba ὀρύσσοντες a σπήλαιον ποιήσωσιν Cr C E A Ba ποιήσωσιν, fuit ποιῆσαι O ποιήσουσιν . . προσταχθὲν om. B πλέον οἰήσουσιν vel οἴσουσι a οἴσονται Q Kor. locum conclamatum vario modo viri docti sanare conati sunt: πλέον ποιήσουσι Lachmann Halm πλεονεξίαν ποιήσουσι St. (πλεονεκτήσουσιν Haas) πλέον οἴσουσι Ch. Schn. ὀνήσονται Kor. (an πλέον σχήσουσι?) τροφὴν ἑαυτοῖς πορίσουσιν Ch. πλουτήσωσιν temptaveram ipse. sed magis arridet quod F. Bölte commendat σιτολογήσουσιν 4 ὁ δὲ Ἑ. A B Ba ὡς δὲ ὁ Ἑ. a 5 ἀλλ' ὀρ. ἔφη E 6 κλέοντες γὰρ καὶ στένοντες ἀποδ. B Ba αὐτὸ Fu. Ch. sed cf. Chr. Schn. p. 32 7 καὶ μετὰ νίκης ἀποδ. A

epim. ab hac fabula alienum et e fab. 47 adscitum esse putat Schn., qui ipsam fabulam recentiore aetate procusam suspicatur. ad Gen. III 17 ἐπικατάρατος ἡ γῆ ἐν τοῖς ἔργοις σου· ἐν λύπαις φάγῃ αὐτὴν κτλ. iam Kor. provocavit p. 422—423

105. Ἑρμῆς

(Halm 136 Ch. 112)

(*I*) Ζεὺς Ἑρμῇ προσέταξε πᾶσι τοῖς τεχνίταις ψεύδους φάρμακον χέαι. ὁ δὲ τοῦτο τρίψας καὶ μέτρον ποιήσας ἴσον ἑκάστῳ ἐνέχεεν. ἐπεὶ δὲ μόνου τοῦ σκυτέως ὑπολειφθέντος πολὺ φάρμακον κατελείπετο, λαβὼν ὅλην τὴν θυίαν κατ' αὐτοῦ κατέχεεν. ἐκ τούτου συνέβη τοὺς τεχνίτας πάντας ψεύδεσθαι, μάλιστα δὲ πάντων τοὺς σκυτέας.

ὁ λόγος εὔκαιρος πρὸς ἄνδρα ψευδολόγον.

(*III*) Ζεὺς Ἑρμῆν προσέταξε πᾶσι τοῖς τεχνίταις ψεύδους φάρμακον ἐγχεῖν. ὁ δὲ τοῦτο τρίψας καὶ μέτρον ποιήσας ἴσον ἑκάστῳ ἐνέχεεν. ἐπεὶ δὲ μόνου τοῦ σκυτέως ὑπολειφθέντος πολὺ κατελέλειπτο φάρμακον, ὅλην λαβὼν τὴν θυείαν ἐνέχεεν αὐτῷ. κἀκ τούτου συνέβη τοὺς τεχνίτας ἅπαντας ψεύδεσθαι, μάλιστα δὲ πάντων τοὺς σκυτέας.

ὁ μῦθος πρὸς ψευδολόγους τεχνίτας.

106. Ζεὺς καὶ Ἀπόλλων

(Halm 151 Ch. 122)

Ζεὺς καὶ Ἀπόλλων περὶ τοξικῆς ἤριζον. τοῦ δὲ Ἀπόλλωνος ἐντείναντος τὸ τόξον καὶ τὸ βέλος ἀφέντος Ζεὺς τοσοῦτον διέβη, ὅσον Ἀπόλλων ἐτόξευσεν.

---

106 Himer. or. XX Babr. 68 tetr. I 46

---

105 (*I*) — F Cr E E^1 B Ba — (*I* a) (*III* β) (*III* α) accedit J (γ)
106 (*I*) — Cr O E A B Ba —

---

105 (*I*) 2 χεῖν E^1 ἐκχέαι B Ba ὅσον F 3 ἐνέχεεν] a St. ἐνέχει E F Cr ἔχεεν B Ba ἐγχεῖ E^1 3 ἐπὶ δὲ B Ba ἐπὶ μόνου a 4 κατέλειπε B Ba θυίαν] Cr E^1 θύιαν B Ba θυσίαν F χύσιν E τρύγα a θυείαν Acc. 6 πάντων om. B Ba πάντων δέ om. E E^1 ἰατρούς E^1 „invento ni fallor recentiore", ut recte adnotat Crus. 7 ἄνδρας ψευδολόγους F

(*III*) 7 τεχνίτας D^1 E J K Bo (α) om. rel. ψ. ἀνθρώπους Mo (β)

106 1 τοξίας B Ba 2 ἐκτείναντος A τοῦ βέλους B Ba ὁ Ζεὺς B Ba

οὕτως οἱ τοῖς κρείττοσιν ἀνθαμιλλώμενοι πρὸς τῷ ἐκείνων μὴ ἐφικέσθαι καὶ γέλωτα ὀφλισκάνουσιν.

107. Ἵππος, βοῦς, κύων καὶ ἄνθρωπος

(Halm 173 b Ch. 140)

Ζεὺς ἄνθρωπον ποιήσας ὀλιγοχρόνιον αὐτὸν ἐποίησεν. ὁ δὲ τῇ ἑαυτοῦ συνέσει χρώμενος ὅτε ἐνίστατο ὁ χειμών, οἶκον ἑαυτῷ κατεσκεύασε καὶ ἐνταῦθα διέτριβε. καὶ δή ποτε σφοδροῦ κρύους γενομένου καὶ τοῦ Διὸς ὕοντος ἵππος ἀντέχειν μὴ δυνάμενος ἧκε δρομαῖος πρὸς τὸν ἄνθρωπον καὶ τούτου ἐδεήθη, ὅπως σκέπῃ αὐτόν. ὁ δ' οὐκ ἄλλως ἔφη τοῦτο ποιήσειν, ἐὰν μὴ τῶν ἰδίων ἐτῶν μέρος αὐτῷ δῷ. τοῦ δὲ ἀσμένως παραχωρήσαντος παρεγένετο μετ' οὐ πολὺ καὶ βοῦς οὐδ' αὐτὸς δυνάμενος ὑπομένειν τὸν χειμῶνα. ὁμοίως δὲ τοῦ ἀνθρώπου μὴ πρότερον ὑποδέξασθαι φάσκοντος, ἐὰν μὴ τῶν ἰδίων ἐτῶν ἀριθμόν τινα αὐτῷ παράσχῃ, καὶ αὐτὸς μέρος δοὺς ὑπεδέχθη. τὸ δὲ τελευταῖον κύων ψύχει διαφθειρόμενος ἧκε καὶ τοῦ ἰδίου χρόνου μέρος ἀπονείμας σκέπης ἔτυχε. οὕτω τε συνέβη τοὺς ἀνθρώπους, ὅταν μὲν ἐν τῷ Διὸς χρόνῳ γένωνται, ἀκεραίους τε καὶ ἀγαθοὺς εἶναι, ὅταν δὲ εἰς τὰ τοῦ ἵππου ἔτη γένωνται, ἀλαζόνας τε καὶ ὑψαύχενας εἶναι, ἀφικνουμένους δὲ εἰς τὰ τοῦ βοὸς ἔτη ἀρχικοὺς ὑπάρχειν, τοὺς δὲ τὸν τοῦ κυνὸς χρόνον ἀνύοντας ὀργίλους καὶ ὑλακτικοὺς τυγχάνειν.

---

107 Babr. 74

---

107 — C Cr A —

---

4 ἀνθαμ. γέλωτος ἄξιοί εἰσιν cet. om. A πρὸς τὸ Cr A B πρὸς— ὀφλισκάνουσιν om. Ba

107 1 ἄν̄ον ζωογενήσας Cr 3 κατεσκεύασε] Cr κατεσκεύαζε C A 5 δρομαίως C 6 σκέπῃ δέξηται Cr 7 εἰ A ὀστῶν A οἰκείων Reiskia 9 ὁ βοῦς C 11 αὐτῷ om. A 12 κατάσχῃ A 13 χρεισμοῦ pro χρόνου Cr 14 αὐτῶ ἀπονείμας C οὕτω γὰρ συμβαίνει C 18 ἀρχικοὺς suspectum. laborare enim boum est, non imperare. cf. Babr. 13 φίλεργός ἐστιν ὄλβον ἀθροίζων. alterum praeterea epitheton aliquod excidisse videtur cf. par. Bodl. 55. μοχθηρὸς καὶ φίλεργός ἐστι. an ἀ⟨σχόλους καὶ μοχθηρ⟩οὺς ὑπάρχειν? ἐργατικοὺς Bölte ἀχθεινούς Haas ὑπ. ἐπὶ δὲ τὸν τοῦ κ. χρ. διανύοντας ὀλίγους καὶ C Cr

τούτῳ τῷ λόγῳ χρήσαιτο ἄν τις πρὸς πρεσβύτην θυμώδη καὶ δύστροπον.

108. Ζεὺς καὶ χελώνη

(Halm 154 Ch. 126)

(*I*) Ζεὺς γαμῶν τὰ ζῷα πάντα εἱστία. μόνης δὲ χελώνης ὑστερησάσης διαπορῶν τὴν αἰτίαν τῇ ὑστεραίᾳ ἐπυνθάνετο αὐτῆς, διὰ τί μόνη ἐπὶ τὸ δεῖπνον οὐκ ἦλθε. τῆς δὲ εἰπούσης· „οἶκος φίλος, οἶκος ἄριστος“ ἀγανακτήσας κατ᾽ αὐτῆς παρεσκεύασεν αὐτὴν τὸν οἶκον αὐτὸν βαστάζουσαν περιφέρειν.

οὕτω πολλοὶ τῶν ἀνθρώπων αἱροῦνται μᾶλλον λιτῶς οἰκεῖν ἢ παρ᾽ ἄλλοις πολυτελῶς διαιτᾶσθαι.

(*III*) Ζεὺς γάμους τελῶν πάντα τὰ ζῷα εἱστία. μόνης δὲ τῆς χελώνης ὑστερησάσης διαπορῶν τὴν αἰτίαν τῆς ὑστερήσεως ἐπυνθάνετο αὐτῆς, τίνος χάριν αὐτὴ ἐπὶ τὸ δεῖπνον οὐ παρεγένετο. τῆς δὲ εἰπούσης· „οἶκος φίλος, οἶκος ἄριστος“ ἀγανακτήσας κατ᾽ αὐτῆς κατεδίκασε τὸν οἶκον βαστάζουσαν περιφέρειν.

ὁ μῦθος δηλοῖ, ὅτι πολλοὶ τῶν ἀνθρώπων αἱροῦνται μᾶλλον λιτῶς παρ᾽ ἑαυτοῖς ζῆν ἢ παρ᾽ ἄλλοις πολυτελῶς.

---

108 (*I*) „fabula e proverbio dactylico orta“ Crus. p. 227

---

108 (*I*) — Cas Cr E A B Ba — (*III β*) (*III α*) accedunt J (*γ*) A (*I* a)

---

20 οὗτος ὁ λόγος ἁρμόττει πρός C

108 (*I*) **1** Ζεὺς γαμῶν] Cas E Ζεὺς καλῶν B Ba Ζεὺς συγκαλεσάμενος A (γαμῶν συγκ. Schn.) πάντα τὰ ζ. E ζῶα ὅλα (ὅλαι B) tum lacuna 4 literarum μόνης B Ba **2** διαπορῶν . . . αὐτῆς om. B τῇ ὑστεραίᾳ om. Ba **3** ἦλθες A Cr ἐκλήθη B Ba **4** φίλος οἶκος ἄριστος οἶκος A οἶκος φίλος ἄριστος B Ba **5** αὐτὴν τὸν κτλ.] A αὐτὴν αὐτὸν τὸν οἶκον (τὸν om. Cr) Cr B Ba αὐτὴν τὸν οἶκον αὐτῆς E (αὕτῆς St.) αὐτὴν αὐτὸν τὸν οἶκον βαστ. ἐπιφέρειν Cas περιφέρειν om. E **7** μᾶλλον om. A λιτῶς ζῆν B Ba cf. Acc. λιτῷ οἴκῳ μένειν Cas **8** παρ᾽ ἄλλην Cas παρ᾽ ἄλλων E πολυετῶς A

(*III*) **7** οἱ πολλοὶ *β* (praeter L l) *α* Ch. **8** παρ᾽ ἑαυτοῖς om. *β* (add. C[3]) *α* (praeter Lucc, add. D[3] E[1]) J (*γ*) A (*I* a) πολυτελῶς διαιτᾶσθαι *β* J (*γ*) A (*I* a)

109. Ζεὺς καὶ ἀλώπηξ

(Halm 149 Ch. 120)

Ζεὺc ἀγαcάμενοc ἀλώπεκοc τὸ cυνετὸν τῶν φρενῶν καὶ τὸ ποικίλον τὸ βαcίλειον αὐτῇ τῶν ἀλόγων ζῴων ἐνεχείριcε. βουλόμενοc δὲ γνῶναι, εἰ τὴν τύχην μεταλλάξαcα μετεβάλετο καὶ τὴν γλιcχρότητα, φερομένηc αὐτῆc ἐν φορείῳ κάνθαρον παρὰ τὴν ὄψιν ἀφῆκεν. ἡ δὲ ἀντιcχεῖν μὴ δυναμένη, ἐπειδὴ περιίπτατο τῷ φορείῳ, ἀναπηδήcαcα ἀκόcμωc cυλλαβεῖν αὐτὸν ἐπειρᾶτο. καὶ ὁ Ζεὺc ἀγανακτήcαc κατ' αὐτῆc πάλιν αὐτὴν εἰc τὴν ἀρχαίαν τάξιν ἀπεκατέcτηcεν.

ὁ λόγοc δηλοῖ, ὅτι οἱ φαῦλοι τῶν ἀνθρώπων, κἂν τὰ προcχήματα λαμπρότερα ἀναλάβωcι, τὴν γοῦν φύcιν οὐ μετατίθενται.

110. Ζεὺς καὶ ἄνθρωποι

(Halm 150 Ch. 121)

Ζεὺc πλάcαc ἀνθρώπουc ἐκέλευcεν Ἑρμῇ νοῦν αὐτοῖc ἐγχέαι· κἀκεῖνοc μέτρον ποιήcαc ἴcον ἑκάcτῳ ἐνέχεε. cυνέβη δὲ τοὺc μὲν μικροφυεῖc πληρωθένταc τοῦ μέτρου φρονίμουc γενέcθαι, τοὺc δὲ μακροὺc ἅτε [μὴ] ἐφικομένου τοῦ ποτοῦ μέχρι γονάτων ⟨μὲν⟩, μὴ δὲ εἰc πᾶν τὸ cῶμα ἀφρονεcτέρουc γενέcθαι.

---

109 cf. Pind. Ol. XI 19 Rohde kl. Schr. II 215 Rom. XCVII

---

109 — F Cr E A — (*I* a) 110 — C F Cr O E A — (*I* a)

---

109 4 μετεβάλλετο F A a τῆc γλιcχρότητοc E τὴν ἕξιν A Cr αὐτῆc om. E ἐμφορείῳ Cr τῷ φορείῳ] E τοῦ φορείου rel. ἀναποδίcαcα A 7 ἄκοcμοc E 8 ἀρχαίαν ὄψιν A ἀποκατ. F 11 ἀναλάβωcιν οὐ μετατίθ. τ. φύcιν F a

110 1 Ἑρμῆν C Ἑρμῆν cὺν αὐτοῖc νοῦν F 2 αὐτ. ἐπιcτῆcαι C F ἴcον ποιήcαc Cr O A ἐνέχ. ἑκ. E cυνέβη οὖν A 3 πληρωθένταc] A πληρωθέντοc rel. 4 μὴ saepsi ἐφικομένου] C Cr O ἐφικομένουc E A ἀφικνομένουc F ἀφικομένου a 5 μέχρι γονάτων ⟨μὲν⟩, μὴ δὲ] Hsr. μεχρὶ γονάτων O (γονάτου m[1]), μηδὲ μέχρι γονάτων C F Cr E μηδὲ εἰc πᾶν τὸ cῶμα μέχρι γονάτων A ubi ἀλλὰ post cῶμα inserit Schn. — μέχρι γονάτων vel μηδὲ μεχρὶ γονάτων delent Halm Ch. μηδὲ μέχρι γονάτων post cῶμα collocat Char.

πρὸς ἄνδρα εὐμεγέθη μὲν cώματι, κατὰ ψυχὴν δὲ ἀλόγιcτον.

111. Ζεὺς καὶ αἰσχύνη

(Halm 148 Ch. 119)

(*I*) Ζεὺc πλάcαc ἀνθρώπουc τὰc μὲν ἄλλαc διαθέcειc εὐθὺc αὐτοῖc ἐνέθηκε, μόνηc δὲ αἰcχύνηc ἐπελάθετο. διόπερ ἀμηχανῶν, πόθεν αὐτὴν εἰcαγάγῃ, ἐκέλευcεν αὐτὴν διὰ τοῦ ἀρχοῦ εἰcελθεῖν. ἡ δὲ τὸ μὲν πρῶτον ἀντέλεγε καὶ ἀνηξιοπάθει, ἐπεὶ δὲ cφόδρα αὐτῇ ἐπέκειτο, ἔφη· „ἀλλ' ἔγωγε ἐπὶ ταύταιc ταῖc ὁμολογίαιc εἴcειμι ὡc, ἂν ἕτερόν μοι ἐπειcέλθῃ, εὐθὺc ἐξελεύcομαι." ἀπὸ τούτου καὶ cυνέβη πάνταc τοὺc πόρνουc ἀναιcχύντουc εἶναι.

τούτῳ τῷ λόγῳ χρήcαιτο ἄν τιc πρὸc ἄνδρα μάχλον.

(*III*) Ζεὺc πλάcαc τοὺc ἀνθρώπουc τὰc μὲν ἄλλαc διαθέcειc αὐτοῖc ἐνέθηκε, μόνην δ' ἐνθεῖναι τὴν αἰcχύνην ἐπελάθετο. διὸ καὶ μὴ ἔχων, πόθεν ἂν αὐτὴν εἰcαγάγῃ, διὰ τοῦ ἀρχοῦ αὐτὴν εἰcελθεῖν ἐκέλευcεν. ἡ δὲ τὸ μὲν πρῶτον ἀντέλεγεν ἀναξιοπαθοῦcα. ἐπεὶ δὲ cφόδρα αὐτῇ ἐνέκειτο, ἔφη· „ἀλλ' ἔγωγε ἐπὶ ταύταιc εἰcέρχομαι ταῖc ὁμολογίαιc ὡc ἂν Ἔρωc

---

111 (*I*) — C Cr O A — (*III β*) (*III α*) accedunt J(*γ*) R A U (*I*a)

---

7 εὐ μεγέθη τῷ A ὁ λόγοc εὔκαιροc (καιρὸc εὔλογοc E) addunt O E A

111 (*I*) 1 διαθέcειc O διανοίαc C Cr A εὐθὺc deest in C 2 διόπερ μὴ ἔχων O μὴ cχῶν Cr 3 ἂν inserit ante αὐτὴν Schn. τοῦ ἀρχοῦ] Cr (?) Schn. τοῦ ἀναρχοῦ O τὰc ἀρχὰc C A 5 ἐνέκειτο Schn. Char. et Acc. 6 ἕτερον, quod Accursianam secutus in Ἔρωc mutat Schn., retinendum esse vidit Lachmann, qui membrum virile significari perspexit. cf. Halm p. VIII 7 ἐπειcέλθοι C καὶ cυνέβη] O, malim δὲ cυνέβη C A 8 πονηροὺc ἀναιcχυντῆcαι O μάχλουc pro πόρνουc Cr 9 ἄνδρα πόρνον A

(*III*) 1 διανοίαc C Berl (*β*) 3 ἂν del. Kor. Ch. ἀρχοῦ] Schn. ὄχου C c G g Q Berl Plan (*β*) ὄχλου ceteri „ὄχοc λέγεται τὸ ἅρμα, λέγεται καὶ ἡ ἕδρα τοῦ cώματοc" Plan in comm. 6 ἔρωc J K Lucc. (*α*) Acc. C[2] ἕτεροc reliqui ὡc Ἔρωc μὴ εἰcελεύcεται Ch.

μὴ εἰcέλθῃ. ἂν δ' εἰcέλθῃ, αὐτὴ ἐξελεύcομαι παραυτίκα." ἀπὸ δὴ τούτου cυνέβη πάντας τοὺς πόρνους ἀναιcχύντους εἶναι.

ὁ μῦθος δηλοῖ, ὅτι τοὺς ὑπ' ἔρωτος κατεχομένους ἀναιcχύντους εἶναι cυμβαίνει.

112. ἥρως

(Halm 161 Ch. 132)

ἥρωά τις ἐπὶ τῆς οἰκίας ἔχων τούτῳ πολυτελῶς ἔθυεν. ἀεὶ δὲ αὐτοῦ ἀναλισκομένου καὶ πολλὰ εἰς θυσίας δαπανῶντος ὁ ἥρως ἐπιστὰς αὐτῷ νύκτωρ ἔφη· „ἀλλ', ὦ οὗτος, πέπαυσο τὴν οὐσίαν διαφθείρων· ἐὰν γὰρ πάντα ἀναλώσῃς καὶ πένης γένῃ, ἐμὲ αἰτιάσῃ."

οὕτω πολλοὶ διὰ τὴν ἑαυτῶν ἀβουλίαν δυστυχοῦντες τὴν αἰτίαν ἐπὶ τοὺς θεοὺς ἀναφέρουσιν.

113. Ἡρακλῆς καὶ Πλοῦτος

(Halm 160 Ch. 131)

Ἡρακλῆς ἰσοθεωθεὶς καὶ παρὰ Διὶ ἑστιώμενος ἕνα ἕκαστον τῶν θεῶν μετὰ πολλῆς φιλοφροσύνης ἠσπάζετο. καὶ δὴ τελευταίου εἰσελθόντος τοῦ Πλούτου κατὰ τοῦ ἐδάφους

---

112 Babr. 63

---

112 — C F Cas Cr O E A — accedunt ex ed. min. L A R (= a)
113 — C Cr O E A B Ba — (*I* a)

---

7 εἰ δ' εἰcέλθῃ *β* εὐθέως (ταχέως G) αὐτὴ ἐξελεύcομαι. G g Q Berl Plan (*β*) 10 epimythium tantum J K Lucc (*α*) Acc. Q (*β*) R A U praebent omissum in reliquis. ultimum enuntiatum ἀπὸ δὴ κτλ. miniatum pro epimythio legitur in Q (*β*) R A U

112 2 ἐξαναλισκομένου Cr A L ἐξαλ. O θυσίαν C F Cas τὰς θυσίας L 4 τὴν οὐσίαν διαφθείρων] C F Cas O τὰς οὐσίας διαφθ. E τὰς θυσίας διαφθ. a τὴν θυσίαν διατρίβων τὴν οὐσίαν A τὴν θυσίαν διαφθ. τὴν οὐσίαν Cr ἀναλώσας πένης O E a 7 τὸν θεὸν C F τὸ θεῖον a τοῖς θεοῖς ἐπιγράφονται Cas

113 1 ὁ θεωθεὶς a Schn. ὅτε ἰσοθ. παρὰ τῷ Διὶ ἠτιᾶτο (= εἱστιᾶτο) ἕκαστον B Ba 2 τῶν θεῶν om. O 3 τελευταῖον Cr B Ba εἰσιόντος A

κύψας ἀπεστρέψατο αὐτόν. ὁ δὲ Ζεὺς θαυμάσας τὸ γεγονὸς ἐπυνθάνετο αὐτοῦ τὴν αἰτίαν, δι' ἣν πάντας τοὺς δαίμονας ἀσμένως προσαγορεύσας μόνον τὸν Πλοῦτον ὑποβλέπεται. ὁ δὲ εἶπεν· „ἀλλ' ἔγωγε διὰ τοῦτο αὐτὸν ὑποβλέπομαι, ὅτι, παρ' ὃν καιρὸν ἐν ἀνθρώποις ἤμην, ἑώρων αὐτὸν ὡς ἐπὶ τὸ πλεῖστον τοῖς πονηροῖς συνόντα."

ὁ λόγος λεχθείη ἂν ἐπ' ἀνδρὸς πλουσίου μὲν τὴν τύχην, πονηροῦ δὲ τὸν τρόπον.

114. μύρμηξ καὶ κάνθαρος

(Halm 295 Ch. 243)

(*I*) θέρους ὥρᾳ μύρμηξ περιπατῶν κατὰ τὴν ἄρουραν πυροὺς καὶ κριθὰς συνέλεγεν ἀποθησαυριζόμενος ἑαυτῷ τροφὴν εἰς τὸν χειμῶνα. κάνθαρος δὲ τοῦτον θεασάμενος ἐταλάνιζεν ὡς ἐπιπονώτατον, εἴγε παρ' αὐτὸν τὸν καιρὸν μοχθεῖ, παρ' ὃν τὰ ἄλλα ζῷα πόνων ἀφειμένα ῥαστώνην ἄγει. ὁ δὲ τότε μὲν ἡσύχαζεν, ὕστερον δέ, ὅτε χειμὼν ἐνέστη τῆς κόπρου ὑπὸ τοῦ ὄμβρου ἐκλυθείσης ὁ κάνθαρος ἧκε πρὸς αὐτὸν λιμώττων καὶ τροφῆς μεταλαβεῖν δεόμενος. ὁ δὲ

---

114 (*I*) cf. Luc. ep. Saturn. 402 ὡς δὲ νῦν ἔχομεν μύρμηξ ἢ κάνθαρος (κάμηλος libri), ὡς ἡ παροιμία φησίν

---

114 (*I*) — A Cas Cr E E² — (*I* a = Ch. 234 b) sub ω litera haec fabula inseritur in *I* a, repetitur in E (E²), sub ψ in C Cr, qui Vindobonensem sequuntur recensionem, cf. II accedit T ex (δ)

---

4 κρύψας C Cr O E ἀπέστρεπτο E ἐπεστρέψατο A θεασάμενος τὸ γ. B Ba 5 τοὺς δαίμονας om. A 7 ἀποβλέπεται A Cr ἀπεβλέπετο O παραβλέπει B Ba 8 ἀποβλέπομαι O 9 ὡς δὲ τὸ B Ba τὸ om. C Cr O

114 (*I*) 1 ὥρα θέρους μ. περιιὼν E² a σίτους pro πυροὺς A 3 ἐταλάνιζεν] E² a ἐθαύμασεν rel. 4 ἦγε παρ' αὐτῷ E μοχθεῖ τὰ δὲ ἄλλα E 5 πόνων om. E² πονεῖν ἀφιέμενα T ἀφέμενα ἐν ῥαστώνῃ Cas διάγειν E 6 ὡς χ. Cas ὡς ὅτε Cr E T ἐνέστη (ἔστη E²) καὶ Cr E E² ἀνέστη καὶ ἡ κόπρος ὕετο (= ἐλύετο Schn.) τῷ ὄμβρῳ Cas 7 κλυσθείσης Cr E² A 8 λιμ. ἧκεν ὡς αὐτὸν E² καὶ om. E Cr τροφῶν A Cr ἐδέετο Cas δεόμενος om. E²

ἔφη πρὸς αὐτόν· „ὦ κάνθαρε, εἰ τότε ἐπόνεις, ὅτε με μοχθοῦντα ὠνείδιζες, οὐκ ἂν νῦν τροφῆς ἐπεδέου.“

οὕτως οἱ παρὰ τὰς εὐθηνίας τοῦ μέλλοντος μὴ προνοούμενοι παρὰ τὰς τῶν καιρῶν μεταβολὰς τὰ μέγιστα δυστυχοῦσι.

μύρμηξ καὶ τέττιξ

(Ch. 336)

(*Ib*) ψῦχος ἦν καὶ χειμὼν κατ' Ὀλύμπου. μύρμηξ δὲ πολλὰς συνάξας ἐν ἀμητῷ ἐν ἰδίοις οἴκοις ἀπέθηκε. τέττιξ δὲ ἐπὶ τρώγλης ἐνδύνας ἐξέπνει τῇ πείνῃ λιμῷ κατεχόμενος καὶ ψύχει πολλῷ· ἐδεῖτο οὖν τοῦ μύρμηκος τροφῆς μεταδοῦναι, ὅπως καὶ αὐτὸς πυροῦ τινος γευσάμενος σωθείη. ὁ δὲ μύρμηξ πρὸς αὐτόν· „ποῦ“, φησίν, „ἦς τῷ θέρει; πῶς οὐ συνῆξας τροφὰς ἐν ἀμητῷ;“ καὶ ὁ τέττιξ φησί· „ᾖδον καὶ ἔτερπον τοὺς ὁδοιποροῦντας.“ ὁ δὲ μύρμηξ γέλωτα πολὺν ⟨αὐτῷ⟩ καταχέας ἔφη· „οὐκοῦν χειμῶνος ὀρχοῦ.“

διδάσκει ἡμᾶς ὁ μῦθος, ὅτι οὐδὲν κρεῖττον τοῦ φροντίζειν τῶν ἀναγκαίων τροφῶν καὶ μὴ ἀπασχολεῖσθαι εἰς τέρψιν καὶ κωμασίαν.

(*Ib*) Babr. 140 = Ps. Dos. 17 Rom. XCIII Theophyl. ep. 61 — Aphth. 1 cf. fasc. 2 p. 133 Theophyl. Simoc. 2 cf. fasc. 2 p. 154 Synt. 43 cf. fasc. 2 p. 173 rhet. Branc. 1 cf. fasc. 2 p. 184

(*Ib*) fabula haec, quam non ex rhetorum schola oriundam esse color poeticus indicat, in fine collectionum additur — Cas 195 C 151 Cr 237 Br (mutilus) 132 B 142 Barb 139. versibus inclusam exhibent V P Mo Cas T (*II*)

---

9 ἔφη om. Cr E   ὅτε ἐμὲ E[2]   **10** μοχθοῦντα ὠνείδιζες] Cas Cr E[2] a   ὅτε ἐμόχθουν καὶ ἐμὲ ὠν. E A   σὺ οὐκ ἂν E[2]   νῦν οὐ τροφῆς ἂν? Crus. p. 242   **11** εὐθηνείας E E[2]   μὴ om. A

(*Ib*) **2** ἀμητῷ] C   ἀμητοῖς Cas B Ba, om. Cr Br   ἀπέθηκε] Cas   ἀπέθετο Br   ἦν B Ba   ἀπέθετο· θέρους ἦν ἀκμὴν Br, in quo reliqua desunt. verbum nullum in C Cr   **3** εἰσδύνας C   **4** ἐδεῖτο οὖν] C   ἐδέετο δὲ Cas Cr   ἐδεῖτο B Ba   μεταδιδόναι B Ba   αὐτῷ add. C   **5** ὅπως καὶ αὐτὸς πυροῦ τινος γευσάμενος] scr.   ὅπ. σιταρίου τινὸς mavult Bölte   αὐτ. εἰ εὕροι τινὸς γευσ. B Ba   ὅπ. καὶ αὐτός τινος γευσ. C Cr   ὅπ. κ. αὐτ. γευσ. τινὸς Cas   ὁ μύρμηξ δὲ Cas   **6** πῶς δ' οὐ Cas Cr   **8** γέλωτα πολὺν αὐτῷ] scr. cf. ind. sub καταχέω   γέλωτα πολὺν καταχέας C   γέλωτα πολλῷ καταχ. Cas   γελάσας Cr   deest hoc enuntiatum in B Ba   **12** κωμάσας C   κωμασίας B Ba   ἀνωφελεῖς προφάσεις Cr   aliud epimythium in Br   ὅτι δεῖ φροντίδα ποιεῖσθαι καὶ μὴ ἀμελεῖν καὶ ἐπὶ ταῖς ῥαστώνην διατρίβειν (= ἐν ῥᾳστώνῃ διατρ.?)

(Halm 401)

(*III*) χειμῶνος ὥρᾳ τῶν cίτων βραχέντων οἱ μύρμηκες ἔψυχον. τέττιξ δὲ λιμώττων ᾔτει αὐτοὺς τροφήν. οἱ δὲ μύρμηκες εἶπον αὐτῷ· „διὰ τί τὸ θέρος οὐ cυνῆγες τροφήν;" ὁ δὲ εἶπεν· „οὐκ ἐcχόλαζον ἀλλ' ᾖδον μουcικῶc." οἱ δὲ γελάcαντες εἶπον· „ἀλλ' εἰ θέρους ὥραις ηὔλεις, χειμῶνος ὀρχοῦ."

ὁ μῦθος δηλοῖ, ὅτι οὐ δεῖ τινα ἀμελεῖν ἐν παντὶ πράγματι, ἵνα μὴ λυπηθῇ καὶ κινδυνεύcῃ.

115. Θύννος καὶ δελφίς

(Halm 167 Ch. 133)

(*I*) θύννος διωκόμενος ὑπὸ δελφῖνος καὶ πολλῷ τῷ ῥοίζῳ φερόμενος ἐπειδὴ καταλαμβάνεcθαι ἔμελλεν, ἔλαθεν ὑπὸ cφοδρᾶc ὁρμῆc ἐκβραcθεὶc εἴc τινα ἠϊόνα. ὑπὸ δὲ τῆc αὐτῆc φορᾶc ἐλαυνόμενος καὶ ὁ δελφὶc αὐτῷ cυνεξώcθη. καὶ ὁ θύννος ὡc ἐθεάcατο, ἐπιcτραφεὶc πρὸc αὐτὸν λειποψυχοῦντα ἔφη· „ἀλλ' ἔμοιγε οὐκέτι λυπηρὸc ὁ θάνατοc· ὁρῶ γὰρ καὶ τὸν αἴτιόν μοι θανάτου γενόμενον cυναποθνῄcκοντα."

ὁ λόγοc δηλοῖ, ὅτι ῥᾳδίωc φέρουcι τὰc cυμφορὰc οἱ ἄνθρωποι, ὅταν ἴδωcι καὶ τοὺc αἰτίουc τούτων γεγονόταc δυcτυχοῦνταc.

(*II*) θύννος διωκόμενος ὑπὸ δελφῖνος καὶ πολλῷ τῷ ῥοίζῳ φερόμενος ἐπειδὴ καταλαμβάνεcθαι ἔμελλεν, ἔλαθεν ὑπὸ cφοδρᾶc ὁρμῆc ἐκπεcεῖν εἴc τινα νῆcον. ὑπὸ δὲ τῆc αὐτῆc

115 (*II*) in Casinensi a versu 3 in historiolam de cane e macello carnem auferente (cf. infra 134) aberravit scriba: ἐμπεcεῖν εἰc | τὴν καρδίαν ἁρπάcαc κτλ. in P a cφοδρᾶc ὁρμῆc incipit manus alia atque ab eadem voce L Accursianam sequitur

(*III γ*) (*III α*) accedit W (δ) cf. par. Bodl. Kn. 146 115 (*I*) — C F Cr O E A B² (169) — (*I* a) B (80) Accursianam sequitur (*II*) — V P (L) Mo Br (Cas) — (*III δ*) — M S N W T (mutilus) E

(*III*) 1 Ὥρα χειμῶνος Laud (γ) ὥραν W (δ) τὸν cῖτον βραχέντα par. 2 αὐτοῖc τροφὴν W (δ) Laud Vo (γ) G Gorl Tur E (α)
115 (*I*) 1 πολλῶ ῥοίζω A 2 ὑπὸ τῆc A 3 ἐκβραcθῆναι E ἐκκρουcθεὶc A τὴν ἠιόνα O 4 cυνεξώθει A 5 πρὸc om. A λιποθυμοῦντα E 7 αἴτιόν μοι τοῦ θ. A 8 ῥᾷον Halm Char., sed cf. Vi Acc. 9 τούτων cυναποθνήcκονταc. A
(*II*) 1 ὑπὸ τοῦ δελφίνου P ὑπὸ τῆc δ. Mo E 3 ἐμπεcεῖν P Cas ἐμπεcὼν M S N ταύτηc τῆc P τοιαύτηc E

φορᾶς ἐλαυνόμενος καὶ ὁ δελφὶς σὺν αὐτῷ εἰς τὴν νῆσον ἐξῆλθεν. ἐπιστραφεὶς δὲ ὁ θύννος καὶ τὸν δελφῖνα λειποψυχοῦντα θεασάμενος ἔφη· „ἀλλ' ἔμοιγε οὐκέτι λυπηρὸς ὁ θάνατος. ὁρῶ γὰρ καὶ τὸν αἴτιον τοῦ θανάτου μοι γεγονότα σὺν ἐμοὶ ἀποθνῄσκοντα."

ὁ μῦθος δηλοῖ, ὅτι ῥᾳδίως φέρουσι τὰς συμφορὰς οἱ ἄνθρωποι, ὅταν ἴδωσι τοὺς αἰτίους τούτων δυστυχοῦντας.

θύννος διωκόμενος ὑπὸ δελφῖνος καὶ πολλῷ τῷ ῥοίζῳ (*III*) φερόμενος ἐπειδὴ καταλαμβάνεσθαι ἔμελλεν, ἔλαθεν ὑπὸ σφοδρᾶς ῥύμης ἐκπεσὼν εἴς τινα νῆσον. ὑπὸ δὲ τῆς ὁμοίας ῥύμης καὶ ὁ δελφὶν αὐτῷ συνεξώκειλεν. ὁ δὲ θύννος ἐπιστραφεὶς καὶ λειποψυχοῦντα τὸν δελφῖνα ἑωρακὼς εἶπεν· „οὐκέτι μοι ὁ θάνατος λυπηρὸς ὁρῶντι τὸν αἴτιον γεγονότα μοι τούτου σὺν ἐμοὶ ἀποθνῄσκοντα."

ὁ μῦθος δηλοῖ, ὅτι ῥᾳδίως τὰς συμφορὰς οἱ ἄνθρωποι φέρουσι τοὺς τούτων αἰτίους δυστυχοῦντας ὁρῶντες.

116. ἰατρὸς καὶ νοσῶν

(Halm 169 Ch. 135)

ἰατρὸς ἐκκομιζομένῳ τινὶ τῶν οἰκείων ἐπακολουθῶν ἔλεγε (*I*) πρὸς τοὺς προπέμποντας ὡς, οὗτος ὁ ἄνθρωπος εἰ οἴνου

(*III γ*) (*III β*) (*III α*) accedunt B (Aug.) A (*I* a) **116** (*I*) — C F Cr O E B Ba — (*I* a)

---

4 καὶ om. V δελφὶν P Br W δελφῖνος M O N ὁρμῆς ἐκπεσεῖν εἴς τινα νῆσον (cf. Acc.) ὑπὸ δὲ αὐτοῦ σφοδρῶς ἐλαυνόμενος καὶ ὁ δελφὶς σὺν αὐτῷ εἰς τὴν Cas, in quo reliqua desunt 5 κατὰ τὴν ξηρὰν pro λειποψυχοῦντα E 6 οὐκ ἔστι N 7 θάνατος ἔσται Mo E ὁρῶν γὰρ N τὸν ἔνοχον τοῦ Mo μου P μοι om. Br N 8 καὶ σὺν Br συναποθνῄσκοντά με W τῷ αὐτῷ πάσχοντι πάθει Mo τῷ αὐτ. πάθει κινδυνεύσαντα E 9 ἀφορμὰς Br 10 ὁρῶντες pro ὅταν ἴδωσι N et in fine post δυστ. Cas τότε ὅτε μάλιστα βλέπουσι Mo ὅταν μ. βλέπωσι E αἰτίους αὐτῶν T E τῶν αἰτίων τούτων Br δυστυχῶς N δυστυχοῦντας καὶ βελτίον γίνονται Mo

(*III*) 6 ὁρῶν B (*I*) Laud (γ) ὁρῶντα Vo (γ) ὁρῶ γὰρ Q (β)

116 (*I*) 1 ἰ. τινι τῶν οἰκείων ἐκφερομένων τῇ κηδείᾳ ἀκολουθῶν B Ba κατακολουθῶν F ἐπακολουθῶν om. A ἐκκομιζομένου τινός Schn. — an τινὸς τῶν οἰκ. ἐκκομιζομένου τῇ κηδείᾳ ἐπακολουθῶν? 2 συνπροπέμποντας A συνπομπεύοντας O ἔλεγεν ὡς αὐτὸς ἂν B Ba ὦ οὗτος F

ἀπείχετο καὶ κλυςτῆρι ἐκέχρητο, οὐκ ἂν ἀπέθανε. τούτων δέ τις ὑποτυχὼν ἔφη· „ὦ οὗτος, ἀλλ' οὐ νῦν cε ἔδει ταῦτα λέγειν, ὅτε οὐδὲν ὄφελός ἐςτι, τότε δὲ αὐτῷ παραινεῖν, ὅτε καὶ χρῆςθαι ἠδύνατο."

ὁ λόγος δηλοῖ, ὅτι δεῖ τοῖς φίλοις παρὰ τὰς χρείας τὰς βοηθείας παρέχεςθαι, ἀλλὰ μὴ μετὰ τὴν τῶν πραγμάτων ἀπόγνωςιν κατειρωνεύεςθαι.

(*II*) ἰατρός τις ἐπιςκεπτόμενος ἄρρωςτον ςυνέβη ἀποθανεῖν αὐτόν. ὁ δὲ ἰατρὸς ἔλεγε πρὸς τοὺς ἐκκομίζοντας αὐτόν· „οὗτος ὁ ἄνθρωπος εἰ οἴνου ἀπείχετο καὶ κλυςτῆρςιν ἐχρῆτο, οὐκ ἂν ἀπέθανεν." τῶν δὲ παρόντων τις ὑπολαβὼν ἔφη· „ὦ οὗτος, οὐκ ἔδει cε νῦν τοῦτο λέγειν, ὅτε οὐδὲν ὄφελός ἐςτιν, ἀλλὰ τότε παραινεῖν cε ἔδει, ὅτε καὶ χρῆςθαι ἠδύνατο."

ὁ μῦθος δηλοῖ, ὅτι δεῖ τοῖς φίλοις ἐν καιρῷ ἀνάγκης τὰς βοηθείας παρέχειν καὶ μὴ μετὰ τὴν τῶν πραγμάτων ἀπόγνωςιν κατειρωνεύεςθαι.

(*III*) ἰατρὸς νοςοῦντα ἐθεράπευε. τοῦ δὲ νοςοῦντος ἀποθανόντος ἐκεῖνος πρὸς τοὺς ἐκκομίζοντας ἔλεγεν· „οὗτος ὁ ἄν-

---

(*II*) — V P L Mo Br — (*III δ*) — M S N W E — accedit G = codex Gallicus Hudsonis (Hauptm. p. 291 Kor. 31 a = N?) versibus inclusit T = Ch. 135 d (*III γ*) (*III β*) (*III α*) accedit A (*I* a)

---

3 κλυςτῆρςι A κλυςτηρίῳ O B Ba ἐκέχρητο] C F ἐχρήςατο rel. ἐχρῆτο Char. τούτων] E F τοῦτον C Cr O A[1] τοῦτο A deest in B Ba a **4** ὑπολαβὼν C F ὑποτ. δέ τις B Ba οὐ δεῖ νῦν cε (cε νῦν C Cr) τοῦτο C F Cr νῦν om. A **5** ἀλλὰ τότε C F τότε — παραινεῖν om. B Ba αὐτῷ (αὐτὸ F) παραινεῖν] C F Cr a αὐτῷ om. rel. **6** ὅτε κεχρῆςθαι F A B Ba **7** χρὴ τοὺς φίλους A πᾶςι τὰς χρείας B Ba **8** οὐ μετὰ B Ba τὴν om. A

(*II*) **1** τις om. P **2** κομίζοντας G N ἐγκωμιάζοντας P **3** ἀπέςχεν G ἀπέςχετο N κλυςτῆρον V κληνςτήρων ἐδεῖτο Mo χλυςτῆρα L M κλυςτῆρι W κλυςτήροις E **4** ἔχρην G ἐχρᾶτο Br N **5** ἔφη αὐτῷ E τῷ ἰατρῷ S **6** cε om. Mo E G ἔδει om. P L M cε ἔδει om. S W κεχρῆςθαι pro καὶ χρ. Mo M **7** ἐδύνατό coι Br N G **9** βοήθειαν E τὰς om. P L **10** ἀπόβαςιν M γ ἔκβαςιν W ἀπόβαςιν τῶν λυπηρῶν καὶ ἀπόγνωςιν S

θρωπος, εἰ οἴνου ἀπείχετο καὶ κλυςτῆρςιν ἐχρῆτο, οὐκ ἂν ἐτεθνήκει.“ τῶν δὲ παρόντων ὑπολαβών τις ἔφη· „ὦ βέλτιςτε, οὐκ ἔδει ςε ταῦτα νῦν λέγειν, ὅτε μηδὲν ὄφελός ἐςτιν, ἀλλὰ τότε παραινεῖν, ὅτε τούτοις χρῆςθαι ἠδύνατο.“

ὁ μῦθος δηλοῖ, ὅτι δεῖ τοὺς φίλους ἐν καιρῷ ἀνάγκης τὰς βοηθείας παρέχειν καὶ μὴ μετὰ τὴν τῶν πραγμάτων ἀπόγνωςιν κατειρωνεύεςθαι.

117. ἰξευτὴς καὶ ἀσπίς

(Halm. 171 Ch. 138)

ἰξευτὴς ἀναλαβὼν ἰξὸν καὶ τοὺς καλάμους ἐξῆλθεν εἰς (*I*) ἄγραν. θεαςάμενος δὲ κίχλαν ἐπί τινος ὑψηλοῦ δένδρου καθημένην ταύτην ςυλλαβεῖν ἠβουλήθη. καὶ δὴ ςυνάψας εἰς μῆκος τοὺς καλάμους ἀτενὲς ἔβλεπεν ὅλος ὢν πρὸς τὸν ἀέρα τὸν νοῦν. τοῦτον δὲ τὸν τρόπον ἄνω νεύων ἔλαθεν ἀςπίδα πρὸ τῶν ἑαυτοῦ ποδῶν κοιμωμένην πατήςας, ἥτις ἐπιςτραφεῖςα † δὰξ εἰς αὐτὸν ἀνῆκεν. ὁ δὲ λειποψυχῶν ἔφη πρὸς ἑαυτόν· „ἄθλιος ἔγωγε, ὃς ἕτερον θηρεῦςαι βουλόμενος ἔλαθον αὐτὸς ἀγρευθεὶς εἰς θάνατον.“

οὕτως οἱ τοῖς πέλας ἐπιβουλὰς ῥάπτοντες φθάνουςιν αὐτοὶ ςυμφοραῖς περιπίπτοντες.

---

117 (*I*) — C Cr O E A B Ba — (*I* a)

(*III*) **3** ἐχρήςατο γ **4** ὦ] γ praeter Vo Laud, om. α Acc. β Plan **7** τοὺς φίλ. ὠφελεῖν καὶ τὰς βο. ἐν κ. ἀ. π. γ **8** καὶ μὴ . . . κατειρωνεύεςθαι omiserunt inde ab Aldina editores τὴν om. β γ Ch. **9** ἀπόβαςιν γ K Bo (α)

117 (*I*) **1** τοὺς om. C **3** ἠδυνήθη ἀνάψας A Cr **4** πρὸς τὸν ἀέρα] C O Ba πρὸς τῷ ἀέρι E A a πρὸς τὸ ἀέριον τὸν νοῦν ἔχων B, unde fortasse ἔχων restituendum **6** πατῆςαι E A **7** δὰξ εἰς αὐτὸν ἀνῆκεν] C Cr O quod num ferri possit dubito δίξει εἰς αὐτὸν ἀνῆκεν E (δῆξιν εἰς αὐτὸν ἀν. St.) ἔπληξεν αὐτόν A τοῦτον ἔδακεν B Ba a, cf. locum simillimum 186. an δὰξ αὐτὸν ἀνεῖλεν? ἀνῇςςεν Bölte **8** ὅςτις O ὡς E θηράςαι O **9** ἀγρευθῆναι E quod defendit St. dil. Aes. 408, 5 ἠγρευμαι B Ba ἠγρεύθην C qui ἔλαθον omittit **10** τοῖς ἐχθροῖς B Ba λανθάνουςιν St. φθ. τούτοις αὐτὸς C

(*II*) ἰξευτὴς ἀναλαβὼν ἰξὸν καὶ τοὺς καλάμους ἐξῆλθεν πρὸς ἄγραν. θεασάμενος δὲ κίχλαν ἐπί τινος δένδρου ὑψηλοῦ καθημένην ταύτην συλλαβεῖν ἠβουλήθη καὶ συνάψας εἰς μῆκος τοὺς καλάμους ἀτενίζων ἔβλεπε πρὸς τὸν ἀέρα. καὶ δὴ πρὸς τοὺς πόδας αὐτοῦ ἀσπὶς κοιμωμένη εὑρεθεῖσα ἐπάτησεν αὐτήν· ἡ δὲ στραφεῖσα ἔδακεν αὐτόν· ὁ δὲ λειποψυχῶν ἔφη μετὰ στεναγμοῦ· „ἄθλιος ἐγώ, ὃς ἕτερον θηρεῦσαι βουλόμενος αὐτὸς ἠγρεύθην εἰς θάνατον."

ὁ μῦθος δηλοῖ, ὅτι οἱ τοὺς πέλας ἐπιβουλεύοντες λανθάνουσι πολλάκις καὶ μεταστρέφεται ἐπ' αὐτοὺς ἡ κακία αὐτῶν.

(*III*) ἰξευτὴς ἰξὸν ἀναλαβὼν καὶ καλάμους πρὸς ἄγραν ἐξῆλθεν. ἰδὼν δὲ κίχλαν ἐφ' ὑψηλοῦ δένδρου καθεζομένην καὶ τοὺς καλάμους ἀλλήλοις ἐπὶ μῆκος συνάψας ἄνω πρὸς αὐτὴν συλλαβεῖν βουλόμενος ἀφεώρα. καὶ δὴ λαθὼν ἔχιν κοιμωμένην ὑπὸ πόδας ἐπάτησε. τῆς δ' ὀργισθείσης καὶ δακούσης αὐτὸν ἐκεῖνος ἤδη λειποψυχῶν ἔλεγε· „δύστηνος ἐγώ, ἕτερον γὰρ θηρεῦσαι βουλόμενος αὐτὸς ὑφ' ἑτέρου ἠγρεύθην εἰς θάνατον."

ὁ μῦθος δηλοῖ, ὅτι οἱ τοῖς πέλας ἐπιβουλεύοντες λανθάνουσι πολλάκις ὑφ' ἑτέρων τοῦτ' αὐτὸ πάσχοντες.

(*II*) — V P Mo Br — L Accursianam sequitur (*III δ*) — N W — M Accursianam sequitur, T versibus inclusit = Ch. 138 c (*III γ*) (*III β*) (*III α*)

(*II*) 1 τοὺς om. P 2 εἰς ἄγραν N W θεασάμενος κίχλαν ... ταύτην συλλ. βουληθεὶς καὶ δὴ συν. P 3 συλλ. ταύτην ἠβ. Mo 4 ἀτενίσας ἔβλεψεν P 5 ἐπατήθη παρ' αὐτοῦ Mo (om. εὑρεθεῖσα) 6 ἤ τι ἐξέφνης ἔδηξεν αὐτόν W 7 λυποψυχήσας P W δὲ ἀπὸ τοῦ δήγματος ἔφη W ὁ ἄθλιος Br W ὄντος ἐγὼ (= ὄντως) W ἐγὼ ἕτ. γὰρ Mo ὡς ἕτερον P Br N 9 τοὺς πέλας Vi N τοῖς Ch. τοῖς πλησίον W 10 ἐπιστρέφει N ἐπ' αὐτῶν (P) P Br εἰς αὐτοὺς (ἑαυτούς W) Mo N W τούτων P αὐτῶν om. Br ἡ κακία αὐτῶν μεταστρ. οἷον ὡς τὸ „ἐπέστρεψεν ὁ πόνος αὐτοῦ" W (= psalm. 7, 17)

(*III*) 1 εἰς ἄγραν γ β (praeter C c G g Berl) 4 ἐφεώρα γ (praeter Laud) Ch. ἑώρα Laud et plures in β 5 ὑπὸ τοὺς πόδας γ Kor.

118. καρκίνος καὶ ἀλώπηξ

(Halm 186 Ch. 151)

(I) καρκίνος ἀναβὰς ἀπὸ τῆς θαλάσσης ἐπί τινος αἰγιαλοῦ ἐνέμετο. ἀλώπηξ δὲ λιμώττουσα ὡς ἐθεάσατο αὐτὸν [ἀποροῦσα τροφῆς], προσδραμοῦσα συνέλαβεν αὐτόν. ὁ δὲ μέλλων καταβιβρώσκεσθαι ἔφη· „ἀλλ' ἔγωγε δίκαια πέπονθα, ὅτι θαλάσσιος ὢν χερσαῖος ἠβουλήθην γενέσθαι."

οὕτω καὶ τῶν ἀνθρώπων οἱ τὰ οἰκεῖα καταλιπόντες ἐπιτηδεύματα καὶ τοῖς μηδὲν προσήκουσιν ἐπιχειροῦντες εἰκότως δυστυχοῦσιν.

(III) καρκίνος ἀπὸ τῆς θαλάττης ἀναβὰς ἐπί τινος ἐνέμετο τόπου. ἀλώπηξ δὲ λιμώττουσα ὡς ἐθεάσατο, προσελθοῦσα ἀνέλαβεν αὐτόν. ὁ δὲ μέλλων καταβιβρώσκεσθαι ἔφη· „ἀλλ' ἔγωγε δίκαια πέπονθα, ὃς θαλάττιος ὢν χερσαῖος ἐβουλήθην γενέσθαι."

ὁ μῦθος δηλοῖ, ὅτι καὶ τῶν ἀνθρώπων οἱ τὰ οἰκεῖα καταλείποντες ἐπιτηδεύματα καὶ τοῖς μηδὲν προσήκουσιν ἐπιχειροῦντες εἰκότως δυστυχοῦσιν.

119. κάμηλος καὶ Ζεύς

(Halm 184 Ch. 147)

κάμηλος θεασαμένη ταῦρον ἐπὶ τοῖς κέρασιν ἀγαλλόμενον φθονήσασα αὐτῷ ἠβουλήθη καὶ αὐτὴ τῶν ἴσων ἐφικέσθαι.

---

119 Luc. Icaromen. 10 — Babr. 161 tetr. I 13 Aphth. 15 cf. fasc. 2 p. 140 Synt. 59 fasc. 2 p. 182 Avian. 8

---

118 (*I*) – C F Cr O E A B Ba U (mutilus) – (*I* a) accedit T (*III δ*) (*III β*) (*III α*) accedit J (*γ*) **119** — C Cr O E A B Ba U (al. vs. 7 οὐ προσέθηκεν) — (*I* a) accedit T e Vi (*δ*)

---

118 (*I*) 1 ἐπί τινος ποταμοῦ B Ba (τόπου Nev.) ἐ. τ. χερσαίου T ἐπί τινος γῆς a μόνος ἐνέμετο F O ἐκάθητο A 2 ἀποροῦσα τροφῆς seclusi — ἀποροῦσα dittographia ex προσδραμοῦσα ortum —, λιμώττουσα in suspicionem vocare mavult Schn. 3 ἀνέλαβεν A Cr 5 ὅτι χερσαῖος ἐγενόμην θαλάσσιος ὢν O 7 μηδενὶ E μὴ a

(*III*) 3 συνέλαβεν L l Plan J (*γ*) 6 καταλείποντες] Kor. -λιπόντες libri

119 1 ἐπὶ κέρασιν C F Cr O B Ba a 2 αὐτὸν O B Ba T

διόπερ παραγενομένη πρὸς τὸν Δία τούτου ἐδέετο, ὅπως αὐτῇ κέρατα προςνείμῃ. καὶ ὁ Ζεὺς ἀγανακτήςας κατ' αὐτῆς, εἴγε μὴ ἀρκεῖται τῷ μεγέθει τοῦ ςώματος καὶ τῇ ἰςχύι, ἀλλὰ καὶ περιςςοτέρων ἐπιθυμεῖ, οὐ μόνον αὐτῇ κέρατα οὐ προςέθηκεν, ἀλλὰ καὶ μέρος τι τῶν ὤτων ἀφείλετο.

οὕτω πολλοὶ διὰ πλεονεξίαν τοῖς ἄλλοις ἐποφθαλμιῶντες λανθάνουςι καὶ τῶν ἰδίων ςτερούμενοι.

120. κάστωρ

(Halm 189 Ch. 154)

(*I*) κάςτωρ ἐςτὶ ζῷον τετράπουν ἐν λίμνῃ νεμόμενον. τούτου λέγεται τὰ αἰδοῖα εἴς τινας θεραπείας χρήςιμα εἶναι. καὶ δὴ εἴποτέ τις αὐτὸν θεαςάμενος διώκει [ἐκτέμνειν βουλόμενος], εἰδώς, τίνος χάριν διώκεται, μέχρι μέν τινος φεύγει τῇ τῶν ποδῶν ταχύτητι χρώμενος πρὸς τὸ ὁλόκληρον ἑαυτὸν διαφυλάξαι. ἐπειδὰν δὲ περικατάληπτος γένηται, ἀποκόπτων τὰ ἑαυτοῦ αἰδοῖα ῥίπτει καὶ οὕτω τῆς ςωτηρίας αὐτοῦ περιγίνεται.

---

120 (*I*) Apul. metam. I 9

---

120 (*I*) — C F E Cr A B Ba — (*I* a)

---

3 διὸ καὶ παρ: A T διὸ παραγ. C εἰς τὸν B Ba **5** ἀρκοῖτο A Halm **6** περιςςότερον Cr E B Ba a ἐπιθυμοῖ Halm **7** ὠτίων A ἀπὸ τῶν ὤμων U ἀλλὰ καὶ τὸν νῶτον B Ba ἀφῆκεν C E **9** ἐποφθαλμίζοντες A ἀντοφθαλμοῦντες C ἐπ' ὀφθαλμοῖς ὄντες B Ba φθονοῦντες a ζηλοῦντες T

120 (*I*) **1** ζῷον om. C, ζῷόν ἐςτι om. B Ba τετρ. ζῷον N (sic) ἐν F ἐν Λιβύῃ A a ἐν λικύῃ Cr νεμόμενον] C F γενόμενον A Cr γινόμενον E a παραγενόμενον B Ba **2** θεοπροπίας F τινα θεραπείαν B Ba **3** ἐκτέμνειν βουλόμενος om. C F B Ba Vi Acc., recte. necant castorem venatores, non castrant **4** οὗ χάριν E A a μέχρι μέν τινος om. C F qui vs. 6 ἐπειδὰν οὖν pergunt μέχρις οὖν τῶν ποδῶν ταχ. ςυγχρώμενος B Ba om. φεύγει **5** ςυγχρώμενος E a quoque **6** αὐτὸν φυλάξαι A δέ που A **7** ἑαυτοῦ om. E τῆς—περιγίνεται (παραγίνεται F) C F B Ba — ubi αὐτοῦ deleverim τῆς ςωτηρίας (τῇ ςωτηρία Cr) τυγχάνει Cr E A a

οὕτω καὶ τῶν ἀνθρώπων οἱ φρόνιμοι ὑπὲρ τῆς ἑαυτῶν σωτηρίας οὐδένα λόγον τῶν χρημάτων ποιοῦνται.

(*II*) κάστωρ ἐστὶ τετράπους ἐν λίμναις νεμόμενος. τούτου λέγεται τὰ αἰδοῖα εἴς τινας θεραπείας χρήσιμα εἶναι. καὶ δὴ εἴποτέ τις αὐτὸν θεασάμενος διώκει, εἰδώς, τίνος χάριν διώκεται, φεύγει τῇ τῶν ποδῶν ταχύτητι χρώμενος πρὸς τὸ ὁλόκληρον ἑαυτὸν φυλάξαι. ἐπεὶ δ' ἂν περικατάληπτος γένηται, ἀποκόπτει τὰ ἑαυτοῦ αἰδοῖα καὶ ῥίπτει πρὸς αὐτὸν καὶ οὕτως τῆς σωτηρίας περιγίνεται.

ὁ μῦθος δηλοῖ, ὅτι οὕτω καὶ τῶν ἀνθρώπων οἱ φρόνιμοι ὑπὲρ τῆς αὐτῶν σωτηρίας· οὐδένα λόγον περὶ χρημάτων ποιοῦνται.

(*III*) ὁ κάστωρ ζῷόν ἐστι τετράπουν ἐν λίμναις τὰ πολλὰ διαιτώμενον, οὗ τὰ αἰδοῖά φασιν ἰατροῖς χρήσιμα εἶναι.

(*II*) — V P Mo Br — L Accursianam sequitur — (*III δ*) — F S (W T) NEMS cum Acc. γ faciunt, W = Ch. 154 c propria quaedam habet, T = Ch. 154 d versibus inclusit fabulam (*III γ*) (*III β*) (*III α*) accedunt M S (δ)

---

9 epim. ex C recepi — dissentit in his F φρόνιμοι ποιοῦσι ... μηδὲ λόγον ... ποιούμενοι ... οἱ φρόνιμοι ὅσοι διὰ χρήματα ἐπιβουλευόμενοι ἐκεῖνα παρορῶσιν (ὑπερορ- E) ὑπὲρ τοῦ ἕνεκεν (ἕν. om Cr E) τῆς σωτηρίας μὴ κινδυνεύειν Cr A E — similia B Ba a

(*II*) 1 ζῶον τετράπουν (= Aug.) Mo E νεμόμενος] P νεμόμενον ceteri 2 καὶ δὴ ... διώκει εἰδώς] V P καὶ δὴ ποτέ τις αὐτὸν ἐθεάσατο καὶ διωκόμενος εἰδὼς Br κ. δ. τ. θεασάμενος ἐδίωκεν· ὁ δὲ κάστωρ εἰδὼς N καὶ δὴ εἴποτέ τινα θεάσαιτο τοῦτον διώκοντα εἰδ. E καὶ δὴ ὑπό τινος ἕνεκεν χάρις διώκεται (om. εἴποτε—εἰδὼς) Mo 4 χρώμενος om. Br N Mo E W ταχύτητα Br ὀξύτητι Mo ὀξυτάτη μεταβολῇ F πρὸς—φυλάξαι om. Br N εἴπως ὁλόκλ. αὑτ. φυλάξῃ W 5 ἐπειδὰν P ἐπὰν δὲ ἐν ᾧ περιγενέσθαι Mo ἐπὰν δὲ γνοίη κατάληπτον ἑαυτὸν (γεν)ήσεσθαι E 6 ἀποκόψας ... ἐκρύπτει E τὰ αὐτῆς Mo 7 τῆς om. P τῆς σωτ. αὐτοῦ V ἐπιτυγχάνει Br τὴν αὐτοῦ περιποιεῖται σωτηρίαν Mo *** (τῆς ἑ)αυτοῦ περιπ. σωτηρίας E τὴν σωτ. αὐτοῦ πραγματεύεται W 8 φρονιμώτεροι E 9 περὶ om. N οἱ φρ. τ. ἀν. τοιούτῳ τρόπῳ ποιοῦνται τῆς ἑαυτ. σωτ. καὶ οὐδ. Mo 10 ποιοῦσι V

(*III*) 1 ὁ om. Vo (γ) K Harl² alii (α) τετράπουν ζ. ἐν λίμν. νεμόμενον (γενόμενον F M) γ Καστωρεὺς οὖν τετρ. ζ. ἐν ποταμοῖς καὶ λίμναις γενόμενον S (δ)

οὗτος οὖν, ἐπειδὰν ὑπ' ἀνθρώπων διωκόμενος καταλαμβάνηται, γινώςκων, οὗ χάριν διώκεται, ἀποτεμὼν τὰ ἑαυτοῦ αἰδοῖα ῥίπτει πρὸς τοὺς διώκοντας καὶ οὕτω ςωτηρίας τυγχάνει.

ὁ μῦθος δηλοῖ, ὅτι οὕτω καὶ τῶν ἀνθρώπων οἱ φρόνιμοι ὑπὲρ τῆς ἑαυτῶν ςωτηρίας οὐδένα λόγον τῶν χρημάτων ποιοῦνται.

121. κηπωρός

(Halm 191 Ch. 155)

κηπωρῷ τις ἐπιςτὰς ἀρδεύοντι τὰ λάχανα ἐπυνθάνετο αὐτοῦ τὴν αἰτίαν, δι' ἣν τὰ μὲν ἄγρια τῶν λαχάνων εὐθαλῆ τέ ἐςτι καὶ ςτερεά, τὰ δὲ ἥμερα λεπτὰ καὶ μεμαραςμένα. ὁ δὲ ἔφη· „ἡ γῆ τῶν μὲν μήτηρ, τῶν δὲ μητρυιά ἐςτι.“ οὕτω καὶ τῶν παίδων οὐχ ὁμοίως τρέφονται· οἱ ὑπὸ μητρυιᾶς τρεφόμενοι τοῖς μητέρας ἔχουςιν.

122. κηπωρὸς καὶ κύων

(Halm 192 Ch. 156)

(*I*) κηπωροῦ κύων εἰς φρέαρ ἔπεςεν. ὁ δὲ ἀνιμήςαςθαι αὐτὸν βουλόμενος ἐκεῖ κατέβη. ὁ δὲ κύων ἀπορηςάμενος ὡς

---

121 — F Cr O E A B Ba (Salm.) — petita e vita Aesopi 21 W 248 E
122 (*I*) Synt. 34 fasc. 2 p. 169 — C F O E Å Cr B Ba — accedit T (36) ex δ — (*I*a)

---

8 τῶν χρηςίμων *γ*

121 1 κηπουρῷ E Cr B Ba Salm. τὰ λάχανα] E Cr ἀρδεύοντι τὰ λάχανα ἐπιςτὰς B Ba Salm. τὰ om. F O A 2 αὐτῷ O δὲ ἣν αἰτίαν A τὰ μὲν ἄλλα εὐθαλῆ τε καὶ τὰ ἄλλα λεπτὰ B Ba εὐθανῆ τε ἐςτι καὶ ἀνθηρὰ F 4 κἀκεῖνος ἔφη A καὶ εἶπεν E καὶ ἡ γῆ εἶπε O ὅτι τῶν μὲν ἀγρίων ἡ γῆ μήτηρ ἐςτὶν τῶν δὲ ἡμέρων μητρυιά F unde fortasse ὅτι μὲν recipiendum ἐςτὶ post μήτηρ Cr O quoque, deest in E 5 ἀπὸ F 6 τῶν ἐχόντων μητέρας F ὡς τοῖς μητέρα ἔχουςιν B Ba

122 (*I*) 1 κηποῦρου C E B Ba αὐτὸν om. C F T 2 βουλ. ὑπεκατέβη C F T (vel ὑπο) δὲ om. E ἠπορημένος Cr E a ὁ δὲ ἐπαιωρημένος (αἰωρούμενος?) B Ba

προϲῆλθεν αὐτῷ, οἰόμενοϲ ὑπ' αὐτοῦ βαπτίζεϲθαι, ἔδακεν αὐτόν. καὶ ὃϲ κακῶϲ διατεθεὶϲ ἔφη· „ἀλλ' ἔγωγε ἄξια πέπονθα· τί γὰρ ϲοῦ ἑαυτὸν κατακρημνίϲαντοϲ τοῦ κινδύνου ϲε ἀπαλλάξαι ἐπειρώμην;"

πρὸϲ ἄνδρα ἀχάριϲτον καὶ τοὺϲ εὐεργέταϲ ἀδικοῦντα.

(*III*) κηπωροῦ κύων εἰϲ φρέαρ κατέπεϲεν. ὁ δὲ κηπωρὸϲ βουλόμενοϲ αὐτὸν ἐκεῖθεν ἀνενεγκεῖν κατῆλθε καὶ αὐτὸϲ εἰϲ τὸ φρέαρ. οἰηθεὶϲ δ' ὁ κύων, ὡϲ κατωτέρω μᾶλλον αὐτὸν παραγέγονε καταδῦϲαι, τὸν κηπωρὸν ϲτραφεὶϲ ἔδακεν. ὁ δὲ μετ' ὀδύνηϲ ἐπανιών· „δίκαια", φηϲί, „πέπονθα· τί δήποτε γὰρ τὸν αὐτόχειρα ϲῶϲαι ἐϲπούδαϲα;"

ὁ μῦθοϲ πρὸϲ ἀδίκουϲ καὶ ἀχαρίϲτουϲ.

123. κιθαρῳδόϲ

(Halm 193 Ch. 157)

(*I*) κιθαρῳδὸϲ ἀφυὴϲ ἐν κεκονιαμένῳ οἴκῳ ϲυνεχῶϲ ᾄδων ἀντηχούϲηϲ αὐτῷ τῆϲ φωνῆϲ ἐνόμιϲεν ἑαυτὸν εὔφωνον

(*III γ*) (*III β*) (*III α*) accedunt A Cair. (*I* a) **123** (*I*) — F E A Cr B Ba — (*I* a)

---

3 δοκῶν pro οἰόμενοϲ C F βαπτίζεϲθαι] E A B Ba βαπτιϲθῆναι O βεβαπτίϲθαι C F T καταβαπτίζεϲθαι a 4 ἄξια ****θα A 5 ϲεαυτὸν O E Cr T a τὸν ἑαυτὸν -ϲαντα B Ba τοῦ om. F T κινδύνων B Ba 6 ἀπαλλ**** ἐβουλόμην A ἀπαλλάξαι ἐβουλόμην O 7 epimythium ex C F T recepi ὁ μῦθοϲ addit F ὁ μῦθοϲ ἁρμόζει Cr E A καὶ πρὸϲ ἀδικοῦνταϲ Cr B Ba εἰϲ τοὺϲ εὐεργέταϲ καὶ πρὸϲ ἀδικοῦντα A πρὸϲ τοὺϲ εὐεργ. καὶ πρ. ἀδικοῦνταϲ E Cr πρ. εὐεργέτην καὶ πρ. ἀδικοῦνταϲ O — quibus καὶ τοὺϲ εὐεργέταϲ (τὸν -την) προϲαδικοῦντα subesse suspicor

(*III*) 1 κηπουροῦ . . . κηπουρὸϲ *γ* 2 ἀναγαγεῖν *γ* Go alii in *β* Kor. 3 κατωτάτω μέλλων Plan 6 τὸν om. D E (*α*) αὐτὸν αὐτοχ. F τὸν αὐτοχεῖρα ἑαυτὸν κατακρημίϲαντα κινδύνου αὐτὸν ἀπαλλάξαι ἐϲπούδαϲα (ἐϲπούδακα Cair.) A Cair. 7 ἀχαρ., ὅτι οὐ δεῖ εὐεργεϲίαν ποιῆϲαι G g (*β*) οὐδεῖ ποιεῖν τι ἀγαθόν O[2]

123 (*I*) 1 ἄμουϲοϲ pro ἀφυὴϲ A ϲυνήθωϲ F B Ba Acc. 2 ἐνόμιϲεν . . . ϲφόδρα] F, sed mirum in modum in ὥϲτε . . . νομίϲαι consentiunt ceteri (ᾠήθη αὐτὸν εὔφ. ϲφ. εἶναι E ὥϲτε αὐτὸν ex Acc. St.) ὥϲτε αὐτὸν νομίϲαι εὔφ. εἶ. ϲφ. A Cr ὡϲ νομ. αὐτ. εὔφ. ϲφ. εἶ. B Ba ὥϲτε νομίϲαι αὐτὸν εὔφ. ϲφ. εἶ. a

εἶναι cφόδρα. καὶ δὴ ἐπαρθεὶc ἐπὶ τούτῳ ἔγνω δεῖν θεάτρῳ ἑαυτὸν ἐπιδοῦναι. ἀφικόμενοc δὲ πρὸc τὸ ἐπιδείξαcθαί καὶ πάνυ κακῶc ᾄδων λίθοιc αὐτὸν ἐξώcαντεc ἀπήλαcαν.

οὕτω καὶ τῶν ῥητόρων ἔνιοι ἐν cχολαῖc εἶναί τινεc δοκοῦντεc, ὅταν ἐπὶ τὰc πολιτείαc ἀφίκωνται, οὐδενόc εἰcιν ἄξιοι.

(*III*) κιθαρῳδὸc ἀφυὴc ἐν οἴκῳ κεκωνιαμένῳ cυνήθωc ᾄδων καὶ ἀντηχούcηc αὐτῷ τῆc φωνῆc ᾠήθη cφόδρα εὔφωνοc εἶναι. καὶ δὴ ἐπαρθεὶc ἐπὶ τούτῳ ἔγνω δεῖν καὶ θεάτρῳ ἑαυτὸν ἐπιδοῦναι. ἀφικόμενοc δὲ ἐπιδείξαcθαι καὶ κακῶc ᾄδων πάνυ λίθοιc αὐτὸν ἐξώcαντεc ἀπήλαcαν.

ὁ μῦθοc δηλοῖ, ὅτι οὕτω καὶ τῶν ῥητόρων ἔνιοι ἐν ταῖc cχολαῖc δοκοῦντεc εἶναί τινεc, ὅταν ἐπὶ τὰc πολιτείαc ἀφίκωνται, οὐδενὸc ἄξιοί εἰcιν.

124. κλέπται καὶ ἀλεκτρυών

(Halm 195 Ch. 159)

(*I*) κλέπται εἴc τινα οἰκίαν εἰcελθόντεc οὐδὲν ἄλλο εὗρον εἰ μὴ ἀλεκτρυόνα καὶ τοῦτον λαβόντεc ἀπηλλάγηcαν. ὁ δὲ μέλλων ὑπ' αὐτῶν θύεcθαι ἐδέετο, ὅπωc αὐτὸν ἀπολύcωcι λέγων χρήcιμον ἑαυτὸν τοῖc ἀνθρώποιc εἶναι νύκτωρ αὐτοὺc ἐπὶ

(*III β*) (*III α*) accedit J (*γ*) **124** (*I*) — C F Cr O E A B Ba — accedit T ex *δ* (*I* a)

---

3 ἐπὶ τοῦτο A B Ba ἔγνω . . . ἐπιδοῦναι] F ἔγνω δεῖν καὶ εἰc θέατρον ἑ. ἐπιδ. B Ba ἐπειρᾶτο τῷ θεάτρῳ ἑ. ἀποδ. a ἔγνω δεῖν καὶ εἰc θέατρον εἰcελθεῖν E A Cr 4 πρὸc τὸ ἐπιδείξαcθαι] a ἐπὶ τὸ δείξαcθαι (δέξ. F) F B Ba ἐπὶ cκηνὴν E A Cr 5 ἐξώcαντεc ἀπήλαcαν ex Acc. recepi λίθοιc αὐτ. ἐξεώcαντεc ἀπέλυcαν F B Ba a λίθοιc βαλλόμενοc ἐξηλάθη E A Cr 6 εἶναί τι F 7 οὐδενόc εἰc. ἄ.] F B Ba οὐδ. ἄξιοι εὑρίcκονται E A Cr a

(*III*) 4 ἀφ. οὖν ἐπιδείκνυτο Plan 5 ἀπώλεcαν K (*α*)

124 (*I*) 1 οἶκον C F B Ba ἐλθόντεc A B Ba οὐδὲν—ἀλεκ.] C F B Ba οὐδ. ἄ. εὗ. εἰ μὴ μόνον ἀλ. O T οὐδὲν μόνον δὲ A οὐδὲν μὲν ἄλλο (ἄ. om. Cr) εὗρον μόνον δὲ E 2 ἀπήεcαν C F T B Ba a 3 ἐδέετο αὐτῶν F B Ba ὅπωc ἂν A λέγων . . . νύκτωρ] Cr A O T B Ba a (sed ἑαυτ. χρ. O χρ. ἑαυτ. λ. T) τοῖc ἀνθρώποιc ὑπάρχειν νυκτὸc C F 4 χρήcιμον ὄντα τ. ἀ. καὶ νύκτωρ E (ἀνθρώποιc <διὰ τὸ>) καὶ ν. St.

τὰ ἔργα ἐγείροντα. οἱ δὲ ἔφασαν· „ἀλλὰ καὶ διὰ τοῦτό cε μᾶλλον θύομεν· ἐκείνουc γὰρ ἐγείρων ἡμᾶc οὐκ ἐᾷc κλέπτειν.“

ὁ λόγοc δηλοῖ, ὅτι μάλιcτα τοῖc πονηροῖc ἠναντίωται, ἅτινα τῶν χρηcτῶν ἐcτιν εὐεργετήματα.

(*III*) κλέπται εἴc τινα εἰcελθόντεc οἰκίαν οὐδὲν εὗρον ὅτι μὴ ἀλεκτρυόνα καὶ τοῦτον λαβόντεc ἀπῄεcαν. ὁ δὲ μέλλων ὑπ᾽ αὐτῶν θύεcθαι ἐδεῖτο, ὡc ἂν αὐτὸν ἀπολύcωcι, λέγων χρήcιμοc εἶναι τοῖc ἀνθρώποιc νυκτὸc αὐτοὺc ἐπὶ τὰ ἔργα ἐγείρων. οἱ δὲ ἔφαcαν· „ἀλλὰ διὰ τοῦτό cε μᾶλλον θύομεν· ἐκείνουc γὰρ ἐγείρων κλέπτειν ἡμᾶc οὐκ ἐᾷc.“

ὁ μῦθοc δηλοῖ, ὅτι ταῦτα μάλιcτα τοῖc πονηροῖc ἐναντιοῦται, ἃ τοῖc χρηcτοῖc ἐcτιν εὐεργετήματα.

125. κολοιὸς καὶ κόρακες

(Halm 201 Ch. 162)

κολοιὸc τῷ μεγέθει τῶν ἄλλων διαφέρων ὑπερφρονήcαc τοὺc ὁμοφύλουc παρεγένετο πρὸc τοὺc κόρακαc καὶ τούτοιc ἠξίου cυνδιαιτᾶcθαι. οἱ δὲ ἀμφιγνόντεc αὐτοῦ τό τε εἶδοc καὶ τὴν φωνὴν παίοντεc αὐτὸν ἐξέβαλον. καὶ ὃc ἀπελαθεὶc ὑπ᾽ αὐτῶν ἧκε πάλιν εἰc τοὺc κολοιούc. οἱ δὲ ἀγανακτοῦν-

---

125 paulululum variata haec fabula enarratur apud Photium et Suidam s. v. ἐc κόρακαc et Eusthatium ad Hom. ν 408 p. 1747, 3

(*III β*) (*III α*) accedit J (*γ*) **125** — C Cr O E A B Ba (Salm) accedit T e Vind. (*I* a)

---

5 ἐπ᾽ ἔργα F B Ba T ἐγείροντα πρὸc τὰ A οἱ δὲ ὑποτυχόντεc F E A Cr ἀλλὰ om. C F 6 μάλιcτα Cr O A ἐγείρων ἐξ ἑτέρων O E Cr κλέπτειν ἐξ ἑτέρων A dittographiam agnovit Lessing 8 epim. deest. in F B ἠναντίωται] O E Cr a ἠναντίωνται A ἐναντιοῦται C Ba deest in T 9 ἅτινα] A Cr τὰ διὰ E ἃ διὰ O Ba ἃ C ἃ τῶν ἀχρήcτων T

125 1 τῷ μεγέθει] Schn. πόcῳ μεγέθει libri praeter E, qui ὁπόcῳ τῶν ἄλλων μεγέθει praebet μεγέθει a 2 τούτουc E 3 ἀμφιγνοοῦντεc E Cr, St. dil. Aes. 412, 3 ἐπιγνῶντεc T ἀγνοοῦντεc a 4 καὶ ὡc E T A ἀπελαcθεὶc Cr B Ba 5 ἀπ᾽ αὐτῶν O B Ba a εἰc] O A ἐπὶ C πρὸc rel.

τες ἐπὶ τῇ ὕβρει οὐ προσεδέξαντο αὐτόν. οὕτω τε συνέβη αὐτὸν τῆς ἐξ ἀμφοτέρων διαίτης στερηθῆναι.

οὕτω καὶ τῶν ἀνθρώπων οἱ τὰς πατρίδας ἀπολιμπάνοντες καὶ τὰς ἀλλοδαπὰς προκρίνοντες οὔτε ἐν ἐκείναις εὐδοκιμοῦσι καὶ ὑπὸ τῶν ἰδίων ἀποστρέφονται.

126. κόραξ καὶ ἀλώπηξ

(Halm 204 Ch. 166)

(*I*) κόραξ κρέας ἁρπάσας ἐπί τινος δένδρου ἐκάθισεν. ἀλώπηξ δὲ τοῦτον θεασαμένη καὶ βουλομένη τοῦ κρέως περιγενέσθαι στᾶσα ἐπῄνει αὐτὸν ὡς εὐμεγέθη τε καὶ καλόν, λέγουσα καὶ ὅτι πρέπει αὐτὸν μάλιστα ὀρνέων βασιλεύειν, καὶ τοῦτο πάντως ἂν γένοιτο, εἰ φωνὴν εἶχεν. ὁ δὲ παραστῆσαι αὐτῇ θέλων, ὅτι καὶ φωνὴν ἔχει, ἀποβαλὼν τὸ κρέας μεγάλα ἐκεκράγει. ἐκείνη δὲ προσδραμοῦσα καὶ τὸ κρέας ἁρπάσασα ἔφη· „ὦ κόραξ, καὶ φρένας εἰ εἶχες, οὐδὲν ἂν ἐδέησας εἰς τὸ πάντων βασιλεῦσαι.“

πρὸς ἄνδρα ἀνόητον ὁ λόγος εὔκαιρος.

---

126 (*I*) Hor. sat. II 5. 55 Apul. flor. p. 23, 3 Oud. Tzetz. chil. X 756 Babr. 77 tetr. I 15 Dos. 9 cf. fasc. 2 p. 125 Aphth. 29 cf. fasc. 2 p. 145

---

126 (*I*) — C Cr O E A B Ba —

---

7 αὐτῷ O E T B Ba ἐξ om. T μετ' Halm 8 in epimythio. C A maxime secutus sum ἀπολιπόντες O E a οἱ τὰς ἀλλοτρίας προκρίνοντες οὔτε ἐν ἐκ.. cetera desunt B ἐκείναις δυσχεραίνονται διὰ τὸ ἐγχειρεῖν Ba 9 τὴν ἀλλοδαπὴν O A T τῆς -πῆς C οὐδὲ Kor. 10 παρὰ τῶν C εὐδοκιμοῦσι διὰ τὸ ξένοι (ξένους Cr E) εἶναι καὶ ὑπὸ τῶν πολιτῶν δυσχεραίνονται διὰ (δυσχεραίνεσθαι καὶ E) τὸ ὑπερπεφρονηκέναι αὐτούς. O E Cr

126 (*I*) 2 τοῦτον θ. κ. β.] A τοῦτον θεας. βουλ. C Cr τοῦτ. θεας. δὲ καὶ β. B Ba θεας. αὐτὸν βουλ. O E κρέατος E 3 στᾶσα molestum, quamquam in insequenti fabula eodem modo ἧκεν .. καὶ στᾶσα legitur. malim ἐπι- vel προσστᾶσα, sed quod B τοῦ κρέως παρασπάσαι στᾶσα praebet suspicionem movet βουλομένη τὸ κρέας παρασπάσαι ἐπ. scribendum esse καὶ ὅτι ... αὐτὸν] C Cr B 4 ὡς πρέπει αὐτῷ cet. μάλιστα om. O B 5 ἂν ἐγένετο E περιστῆσαι αὐτὴν A παραστῆσαι—ἔχει om. C B 6 εἶχε A ἀποβαλὼν] E ἐκβαλὼν O βαλὼν cet. 7 μεγάλως O A προδραμοῦσα A καὶ om. C 8 εἴγε φρ. B οὐκ ἂν C 9 ἐδέησας] E ἐδέησέν σε C Cr B ἔδει σε O τὸ πάντων βασιλεῦσαι] C Cr τῶν πάντων βας—αι O πάντων

κόραξ κρέας ἁρπάςας ἐπί τινος δένδρου ἐκάθιςεν. ἀλώπηξ (*II*) δὲ τοῦτον θεαςαμένη καὶ βουληθεῖςα τοῦ κρέατος περιγενέςθαι ςτᾶςα κάτωθεν ἐπῄνει αὐτὸν ὡς εὐμεγέθη καὶ καλὸν ὄρνεον λέγουςα καὶ θηρευτικὸν καὶ εὔμορφον καὶ ὅτι „ἁρμόζει ςοι βαςιλέα εἶναι ὀρνέων καὶ τοῦτο ἐκ παντὸς ἐγένετο ἄν, εἰ φωνὴν εἶχες. ἀλλ' ὢ ποῖον ὄρνεον καὶ ἄλαλον ὑπάρχεις." ὁ δὲ κόραξ ταῦτα ἀκούςας καὶ χαυνωθεὶς τοῖς ἐπαίνοις εὐθέως ῥίψας τὰ κρέα μεγάλα ἐκεκράγει. ἡ δὲ ἀλώπηξ δραμοῦςα ἔλαβε τὸ κρέας καὶ ςτραφεῖςα ἔφη αὐτῷ· „ἔχεις, κόραξ, ἅπαντα, νοῦς δέ ςε λείπει."

ὁ μῦθος δηλοῖ, ὅτι οὐ δεῖ τινα ὑπὸ τῶν κολάκων ἐπαίρεςθαι· πολλάκις γὰρ βλάβος αὐτοῖς ἐκ τούτων γίνεται.

127. κορώνη καὶ κόραξ

(Halm 212 Ch. 171)

κορώνη φθονήςαςα κόρακι ἐπὶ τῷ διὰ οἰωνῶν μαντεύεςθαι (*I*) ἀνθρώποις καὶ τὸ μέλλον προφαίνειν καὶ διὰ τοῦτο ὑπ'

(*II*) — V P L Mo Br —, (*III δ*) — M S N W F J — versibus inclusit T = Ch. 166 d — (*III γ*) **127** (*I*) — Cr E A B Ba —

βας—αι E τὸ βαςιλεύειν B immutata vulpis verba in A: ὦ κόραξ, ἔχεις τὰ πάντα, νοῦν μόνον κτῆςαι, quae ex Babrio petita sunt — cf. ad Vi (*II*) **10** ἀνόητον μικρόν τι πλεονέκτημα ἔχοντα B

(*II*) **1** κεκάθηκεν Mo F καθήςας P L καθήςας ἤςθιεν M κατέχων ἐκάθιςε S **3** καὶ ςτᾶςα L **4** λέγων ὅτι καὶ θηρευτικὸς εἶ καὶ ὅτι Mo λέγουςα om. Br N εὐμεγέθης W εὐμέγεθες Ch. **5** ςε L Br N M F τὸ βας. τῶν ὀρν. γενέςθαι, τοῦτο δὲ ἐκ Mo πάντως F ἐκ π. om. Br N S W J **6** ἂν om. L M εἴη (= εἰ καὶ?) Br ἐὰν M ἂν N ὢ om. Br N M J ἄφωνον Mo **7** ὑπάρχῃ -ει L W *γ* πάντα pro ταῦτα P L S F ὡς ἤκουε ταῦτα χαυν. Mo cf. Babr. 77, 8 χολωθεὶς Br **8** εὐθὺς Mo Br N J τὸ κρέας Mo L Br N καὶ μεγάλα L M ἀνέκραγεν Mo ἔκραξεν B N J **9** ἀνελάβετο Mo **10** αὐτῷ om. L Br N S J ἔχεις κτλ. — cf. Babr. 77, 12 ἔχεις, κόραξ, ἅπαντα, νοῦς δέ ςοι (ςε Vat.) λείπει. — νοῦν κτῆςαι μόνον P νοῦν οὐκ ἔχεις μόνον (δὲ μ. οὐκ ἔχ. S) L M S — cf. tetr. I 15, 4 νοῦν κτῆςαι δ' ἔφη (νοῦν κτῆςαι μόνον V W Ald.) **12** πολλάκις . . γίνεται om. Br N ἐπαίνοις χαυνοῦςθαι καὶ Mo ἐπαινούμενον ἐπαίρεςθαι M S, quod recipiendum putat Char. βλάβη W *γ* ἐκ τῶν κολάκων P L M οὐ δεῖνα (= δεῖ τινα) ὑ. κολ. ἐπαιν. ἐπαίρ. πολλ. γὰρ ἐκ τῶν τοιούτων βλάβη γίνεται ἐμφανής S

127 (*I*) **1** ἐπὶ τὸ E B Ba **2** προφέρειν B Ba

αὐτῶν μαρτυρεῖcθαι ἐβουλήθη τῶν αὐτῶν ἐφικέcθαι. καὶ δὴ θεαcαμένη τινὰc ὁδοιπόρουc παριόνταc ἧκεν ἐπί τινοc δένδρου καὶ cτᾶcα μεγάλα ἐκεκράγει. τῶν δὲ πρὸc τὴν φωνὴν ἐπιcτραφέντων καὶ καταπλαγέντων εἷc τιc ὑποτυχὼν ἔφη· „ἀλλ' ἀπίωμεν, ὦ φίλοι· κορώνη γάρ ἐcτι, ἥτιc κεκραγυῖα οἰωνὸν οὐκ ἔχει.“

οὕτω καὶ τῶν ἀνθρώπων οἱ τοῖc κρείττοcιν ἀνθαμιλλώμενοι πρὸc τῷ τῶν ἴcων μὴ ἐφικέcθαι καὶ γέλωτα ὀφλιcκάνουcι.

(*III*) κορώνη φθονήcαcα κόρακι ἐπὶ τῷ δι' οἰωνῶν τοῖc ἀνθρώποιc μαντεύεcθαι καὶ διὰ τοῦτο μαρτυρουμένῳ ὡc προλέγοντι τὸ μέλλον θεαcαμένη τινὰc ὁδοιπόρουc παριόνταc ἧκεν ἐπί τι δένδρον καὶ cτᾶcα μεγάλωc ἔκραξεν. τῶν δὲ πρὸc τὴν φωνὴν ἐπιcτραφέντων καὶ καταπλαγέντων ὑποτυχών τιc ἔφη· „ἀπίωμεν, ὦ οὗτοι· κορώνη γάρ ἐcτιν, ἥτιc κέκραγε καὶ οἰωνιcμὸν οὐκ ἔχει.“

ὁ μῦθοc δηλοῖ, ὅτι οὕτω καὶ τῶν ἀνθρώπων οἱ τοῖc κρείττοcιν ἁμιλλώμενοι πρὸc τῷ τῶν ἴcων μὴ ἐφικέcθαι καὶ γέλωτα ὀφλιcκάνουcι.

128. κολοιὸς καὶ ἀλώπηξ

(Halm 199 Ch. 161)

κολοιὸc λιμώττων ἐπί τινοc cυκῆc ἐκάθιcεν. εὑρὼν δὲ τοὺc ὀλύνθουc μηδέπω πεπείρουc προcέμενεν, ἕωc cῦκα γένωνται. ἀλώπηξ δὲ θεαcαμένη αὐτὸν ἐγχρονίζοντα καὶ τὴν αἰτίαν παρ' αὐτοῦ μαθοῦcα ἔφη· „ἀλλὰ πεπλάνηcαι,

---

(*III β*) (*III α*) accedunt J (γ) R A (*I* a) **128** — C Cr E A — (*I* a)

---

4 ἐπί τι δένδρον A **5** μεγάλωc A μεγάλαc φωνὰc ἐκέκραγε B Ba **6** ὑποτυχών τιc omisso εἷc B Ba **8** κέκραγε καὶ B Ba **10** τῶν ἧccον E

(*III*) **2** μαρτυρουμένῳ ὡc προλέγοντι] J K Lucc Tur² μαρτυρουμένων ὡc προλεγόντων rel. **4** μεγάλα R A (*I* a) ἔκρωξε C G (β) **7** κέκραξε l Vrat. J G (α) ἔκρωξε G (β)

128 **2** cυκαὶ C Cr **4** ἔφη πρὸc αὐτόν C a

ὦ οὗτος, ἐλπίδι προςέχων, ἥτις βουκολεῖν μὲν οἶδε, τρέφειν δὲ οὐδαμῶς."

[πρὸς ἄνδρα φιλόνεικον.]

129. κορώνη καὶ κύων

(Halm 213 Ch. 172)

κορώνη ⟨'Αθηνᾷ θύουσα⟩ κύνα ἐφ' ἑστίασιν ἐκάλεσεν. ὁ δὲ ἔφη πρὸς αὐτήν· „τί μάτην τὰς θυσίας ἀναλίσκεις; ἡ γὰρ δαίμων οὕτως σε μισεῖ, ὡς καὶ τῶν σῶν οἰωνῶν τὴν πίστιν περιελέσθαι"· καὶ ἡ κορώνη ἀπεκρίνατο· „ἀλλὰ καὶ διὰ τοῦτο αὐτῇ θύω, διότι οἶδα αὐτὴν ἀπεχθῶς διακειμένην, ἵνα διαλλαγῇ μοι." (*I*)

οὕτω πολλοὶ διὰ φόβον τοὺς πολεμίους εὐεργετεῖν οὐκ ὀκνοῦσι.

κορώνη 'Αθηνᾷ θύουσα κύνα ἐπὶ ἑστίασιν ἐκάλει. ὁ δὲ πρὸς αὐτὴν ἔφη· „τί μάτην τὰς θυσίας ἀναλίσκεις; ἡ γὰρ θεὸς οὕτω σε μισεῖ, ὡς κἀκ τῶν συντρόφων σοι οἰωνῶν τὴν πίστιν περιελεῖν." καὶ ἡ κορώνη πρὸς αὐτόν· „διὰ τοῦτο μᾶλλον αὐτῇ θύω, ἵνα διαλλαγῇ μοι." (*III*)

ὁ μῦθος δηλοῖ, ὅτι πολλοὶ διὰ κέρδος τοὺς ἐχθροὺς εὐεργετεῖν οὐκ ὀκνοῦσιν.

---

129 (*I*) — F Cr O E A — (*I* a) (*III β*) (*III α*) accedunt J (*γ*) R A (*I* a)

---

5 ἥτις παρηγορεῖν C 7 πρὸς ἄνδρα ψευδολόγον Cr πρὸς ἄνδρα ἐν φιλονεικίαις φρεναπατούμενον a, sed ne his quidem additis epim. cum fabula convenire videtur. πρὸς ἄνδρα πλεονεξίᾳ φρένα ἀπατ. proposuit Ch. **malim φιλοκερδείᾳ φρεναπατώμενον.** φιλόκνηρον Bölte

129 (*I*) 1 'Αθηνᾷ θύουσα ex Acc. recep. edit. κορώνη ἑστιῶσα κύνα εἰς (ἐπ' E ἐφ' Cr) ἑστ. ἐκ. Cr O E κορ. τινὰ κύνα ἐφ. κτλ. A κορώνη κύνα πρὸς ἑστ. προσεκαλεῖτο F 2 τί γὰρ O μὴ μάτην ... ἀνάλισκε F 3 ἡ γὰρ δαίμων O E ὁ γ. δ. (et 5 αὐτῷ ... αὐτὸν) A ἡ γὰρ θεὰ F *α* σῶν υἱῶν E 4 προελέσθαι F a 5 καὶ om. F ἀλλὰ καὶ δ. τ. μᾶλλον E, ubi καὶ molestum est 6 μοι om. E A ἵνα εὐμενής μοι γένηται F 7 τοὺς πολλοὺς libri τοὺς πολεμίους ex Acc. edit. τοὺς ἐχθροὺς Ch.

(*III*) 1 ἐκάλεσεν A 3 ὡς κἂν G (*α*) A 6 διὰ κέρδος τοὺς ἐχθροὺς] J K Lucc Acc. διὰ φθόνον τοὺς πολλοὺς rel. διὰ φόβον καὶ οὐ διὰ τὸ δέον τοὺς πολλοὺς τιμῶσι καὶ εὐεργετοῦσι A

130. κόραξ καὶ ὄφις

(Halm 207 Ch. 168)

(*I*) κόραξ τροφῆς ἀπορῶν ὡς ἐθεάσατο ὄφιν ἔν τινι εὐηλίῳ τόπῳ κοιμώμενον τοῦτον καταπτὰς ἥρπασε. τοῦ δὲ ἐπιστραφέντος καὶ δακόντος αὐτὸν ἀποθνήσκειν μέλλων ἔφη· „ἀλλ' ἔγωγε δείλαιος, ὅστις τοιοῦτον ἕρμαιον εὗρον, ἐξ οὗ καὶ ἀπόλλυμαι."

οὗτος ὁ λόγος λεχθείη ἂν ἐπ' ἄνδρα, ὃς διὰ θησαυροῦ εὕρεσιν καὶ περὶ σωτηρίας ἐκινδύνευσε.

(*III*) κόραξ τροφῆς ἀπορῶν ὡς κατεῖδεν ἔν τινι εὐηλίῳ τόπῳ ὄφιν κοιμώμενον τοῦτον καταπτὰς ἥρπασε. τοῦ δὲ ἐπιστραφέντος καὶ δακόντος αὐτὸν ἀποθνήσκειν μέλλων ἔφη· „δείλαιος ἔγωγε, ὃς τοιοῦτον εὗρον ἕρμαιον, ἐξ οὗ καὶ ἀπόλλυμαι."

ὁ μῦθος πρὸς ἄνδρα διὰ θησαυρῶν εὕρεσιν ἐπὶ σωτηρίᾳ κινδυνεύσαντα.

131. κολοιὸς καὶ περιστεραί

(Halm 201 b Ch. 164)

(*I*) κολοιὸς ἰδὼν περιστερὰς ἔν τινι περιστεροτροφείῳ καλῶς τρεφομένας λευκάνας ἑαυτὸν ἧκεν ὡς τῆς αὐτῆς διαίτης μεταληψόμενος. αἱ δέ, μέχρι μὲν ἡσύχαζεν, οἰόμεναι περι-

---

130 (*I*) — C Cr O E A B Ba — accedunt ex (δ) T et W (*III β*) (*III α*) accedunt W T (δ) R (γ) R A (*I* a) **131** (*I*) — Cr E A — accedit ex editionis minoris libris L

---

130 (*I*) **1** ἐπί τινι A τόπῳ ἐν (τῷ T W) ἡλίῳ C B Ba T W **2** κείμενον W **3** δάκνοντος A B Ba **4** ὅτις C E[1] ὅτι E A B Ba εὕρηκα E εὑρὼν κακῶς ἀπόλλυμαι T τοιαύτης τροφῆς ἕλμεον (= ἕρμαιον) εὑρὼν W **6** ἐπ' ἀνδρὸς Cr O πρὸς ἄνδρα C T B Ba ὃς μετὰ B Ba πρὸς ἄνδρα ὅστις πρὸς σωτηρίαν θησαυρὸν εὑρὼν ὑπ' αὐτοῦ (ὑ. αὐτ. om. T) ἐκινδύνευσεν C T

(*III*) **6** ὁ μ. δηλ. τὸν λανθάνοντα πάσχειν W

131 (*I*) **1** τροφείῳ A περιστερεῶνι L ex Acc. **2** ὡς καὶ [αὐτὸς L] ἀπὸ τῆς E L ὡς καὶ αὐτὸς τῆς Char. **3** μέχρι ἡσύχαζον (-ζεν Cr) Cr E οἰόμενος A

cτερὰν αὐτὸν εἶναι προcίεντο· ἐπειδὴ δέ ποτε ἐκλαθόμενος ἐφθέγξατο, τηνικαῦτα γνωρίcαcαι αὐτοῦ τὴν φωνὴν ἐξήλαcαν αὐτόν. καὶ ὃc ἀποτυχὼν τῆc ἐνταῦθα τροφῆc ἐπανῆλθε πάλιν πρὸc τοὺc κολοιούc· κἀκεῖνοι οὐ γνωρίζοντεc αὐτὸν διὰ τὸ χρῶμα τῆc μετ' αὐτῶν διαίτηc ἀπεῖρξαν αὐτόν. οὕτω δὲ δυοῖν ἐπιτυχεῖν ζητῶν οὐδὲ μιᾶc ἔτυχεν.

ἀτὰρ οὖν καὶ ἡμᾶc δεῖ τοῖc ἑαυτῶν ἀρκεῖcθαι λογιζομένουc, ὅτι ἡ πλεονεξία πρὸc τῷ μηδὲν ὠφελεῖν καὶ τὰ προcόντα ἀφαιρεῖται.

(*III*) κολοιὸc ἔν τινι περιcτερεῶνι περιcτερὰc ἰδὼν καλῶc τρεφομέναc λευκάναc ἑαυτὸν ἦλθεν ὡc καὶ αὐτὸc τῆc αὐτῆc διαίτηc μεταληψόμενοc. αἱ δέ, μέχρι μὲν ἡcύχαζεν, οἰόμεναι περιcτερὰν αὐτὸν εἶναι προcίεντο. ἐπεὶ δέ ποτε ἐκλαθόμενοc ἐφθέγξατο, τηνικαῦτα τὴν αὐτοῦ γνοῦcαι φύcιν ἐξήλαcαν παίουcαι. καὶ ὃc ἀποτυχὼν τῆc ἐνταῦθα τροφῆc ἐπανῆκε πρὸc τοὺc κολοιοὺc πάλιν. κἀκεῖνοι διὰ τὸ χρῶμα αὐτὸν οὐκ ἐπιγνόντεc τῆc μετ' αὐτῶν διαίτηc ἀπεῖρξαν, ὥcτε δυοῖν ἐπιθυμήcαντα μηδετέραc τυχεῖν.

ὁ μῦθοc δηλοῖ, ὅτι δεῖ καὶ ἡμᾶc τοῖc ἑαυτῶν ἀρκεῖcθαι λογιζομένουc, ὅτι ἡ πλεονεξία πρὸc τῷ μηδὲν ὠφελεῖν ἀφαιρεῖται καὶ τὰ προcόντα πολλάκιc.

132. κοιλία καὶ πόδες

(Halm 197 Ch. 160)

κοιλία καὶ πόδεc περὶ δυνάμεωc ἤριζον. παρ' ἕκαcτα δὲ τῶν ποδῶν λεγόντων, ὅτι τοcοῦτον προέχουcι τῇ ἰcχύι ὡc

---

132 Liv. II 32, 9 Dion. Hal. arch. VI 83, 2. 86, 3 Plut. Coriol. 6, 3 Max. Tyr. XV 5 Hob. (πούς καὶ σῶμα) Synt. 35 (γαστὴρ καὶ πόδες) cf. fasc. 2 p. 169

(*III β*) (*III α*) **132** — F O E A — (*I a*)

---

4 εἶναι αὐτὸν A 5 τηνικαῦτα αὗται γνωρίcαcαι A, dittographiam sustuli τηνικαῦτα ἀμφιγνώcαcαι E L ἀμφιγνοήcαcαι Cr (?) St. 6 ἀπῆλθε A L 7 εἰc A 8 μετ' αὐτὸν A L μεθ' αὐτῶν St. 9 τοῖν δυοῖν A ἐπιθυμῆcαι ζητῶν Cr E ἐπιθυμήcαc L cf. Acc.

(*III*) 1 περιcτερῶνι Vrat., quod tuetur Schn. 7 αὐτὸν ἐξεπιγνόντεc pro οὐκ ἐπιγν. 1 Vrat. J G (β) Bo[1] (α)

132 2 ὅτι προcέχουcι τῇ ἰcχύι τοcοῦτον ὥcτε A

καὶ αὐτὴν τὴν γαστέρα βαστάζειν, ἐκείνη ἀπεκρίνατο· „ἀλλ', ὦ οὗτοι, ἐὰν μὴ ἐγὼ τροφὴν προσλάβωμαι, οὐδὲ ὑμεῖς βαστάζειν δυνήσεσθε."

οὕτω καὶ ἐπὶ τῶν στρατευμάτων μηδέν ἐστι τὸ πολὺ πλῆθος, ἐὰν μὴ οἱ στρατιῶται ἄριστα φρονῶσι.

133. κολοιὸς φυγάς

(Halm 202 Ch. 165)

(*I*) κολοιόν τις συλλαβὼν καὶ δήσας αὐτοῦ τὸν πόδα λίνῳ τῷ ἑαυτοῦ παιδὶ ἔδωκεν. ὁ δὲ οὐχ ὑπομείνας τὴν μετὰ ἀνθρώπων δίαιταν ὡς πρὸς ὀλίγον ἀδείας ἔτυχε, φυγὼν ἧκε εἰς τὴν ἑαυτοῦ καλιάν. περιειληθέντος δὲ τοῦ δεσμοῦ τοῖς κλάδοις ἀναπτῆναι μὴ δυνάμενος, ἐπειδὴ ἀποθνήσκειν ἔμελλεν, ἔφη πρὸς ἑαυτόν· „ἀλλ' ἔγωγε δείλαιος, ὅστις τὴν παρὰ ἀνθρώπων δουλείαν μὴ ὑπομείνας ἔλαθον ἐμαυτὸν καὶ σωτηρίας στερήσας."

οὗτος ὁ λόγος ἁρμόσειεν ἂν ἐπ' ἐκείνων τῶν ἀνθρώπων, οἵτινες μετρίων ἑαυτοὺς κινδύνων ῥύσασθαι βουλόμενοι ἔλαθον εἰς μείζονα δεινὰ πεσόντες.

(*III*) κολοιόν τις συλλαβὼν καὶ δήσας αὐτοῦ τὸν πόδα λίνῳ τῷ ἑαυτοῦ παρέδωκε παιδί. ὁ δὲ μὴ ὑπομείνας τὴν παρ' ἀνθρώποις δίαιταν, ὡς πρὸς ὀλίγον ἀδείας ἔτυχεν, φυγὼν ἧκεν εἰς τὴν ἑαυτοῦ καλιάν. περιειληθέντος δὲ τοῦ δεσμοῦ

---

133 (*I*) — Cr E A — (*I* a) (*III β*) (*III α*) accedunt G Vo² O J (*γ*) A (*I* a)

---

4 ἀλλ' om. A ὦ οὗτος a ὦ οὕτως F ἡμῖν ἐγὼ F ὑμῖν ἐγὼ παράσχοιμι a παράσχωμαι Ch. 5 ὑμᾶς voluit Nev. ἑαυτοὺς βαστάζειν O quod fort. recipiendum est 6 τὸ μηδὲν ἐπὶ τὸ πολὺ πλῆθος O E εἶναι τὸ πλῆθος F a 7 ἀδύνατοί εἰσιν οἱ στρατιῶται, ἂν μὴ A

133 (*I*) 1 τὸν ἑαυτοῦ π. A λινῷ καλῷ E λίνῳ κάλῳ St., qui λίνῳ debuit expungere, Ch. 2 τοῖς αὐτοῦ παισὶν A δέδωκεν Cr E a 7 μετὰ τῶν ἀ. A 9 ἐπ' ἐκείνοις A (ἐκείνους Schn.) οἳ E Cr 11 περιπεσεῖν E

(*III*) 4 περιειληφθέντος α O (*γ*)

τοῖc κλάδοιc ἀποπτῆναι μὴ δυνάμενοc ἐπειδὴ ἀποθνῄcκειν ἔμελλε, πρὸc ἑαυτὸν ἔφη· „δείλαιοc ἔγωγε, ὃc τὴν παρ' ἀνθρώποιc μὴ ὑπομείναc δουλείαν ἔλαθον ἐμαυτὸν τῆc ζωῆc cτερήcαc."

ὁ μῦθοc δηλοῖ, ὅτι. τινὲc ἔcθ' ὅτε μετρίων κινδύνων ἑαυτοὺc βουλόμενοι ῥύcαcθαι εἰc μείζουc περιπίπτουcιν.

134. κύων καὶ μάγειρος

(Halm 232 Ch. 184)

κύων εἴc τι μαγειρεῖον εἰcελθοῦcα τοῦ μαγείρου ἀcχολουμένου καρδίαν ἁρπάcαcα ἔφυγεν. ὁ δὲ ἐπιcτραφεὶc ὡc ἐθεάcατο αὐτήν, ἔφη· „ἀλλ', ὦ αὕτη, ὅπου ἂν ᾖc, φυλάξομαί cε. ... (*I*)

ὁ λόγοc δηλοῖ, ὅτι πολλάκιc τὰ παθήματα τοῖc ἀνθρώποιc μαθήματα γίνονται.

κύων εἰc μαγειρεῖον εἰcελθὼν καὶ τοῦ μαγείρου ἀcχολουμένου καρδίαν ἁρπάcαc ἔφυγεν. ὁ δὲ μάγειροc ἐπιcτραφεὶc ὡc ἐθεάcατο αὐτὸν φεύγοντα, ἔφη· „ὦ οὗτοc, ὅπου δ' ἂν εἶ, φυλάξομαί coι. οὐ γὰρ ἀπ' ἐμοῦ καρδίαν εἴληφαc, ἀλλ' ἔμοιγε καρδίαν δέδωκαc." (*II*)

ὁ μῦθοc δηλοῖ, ὅτι πολλάκιc τὰ παθήματα τῶν ἀνθρώπων μαθήματα γίνονται.

---

134 (*I*) Synt. 33 cf. fasc. 2 p. 168

---

134 (*I*) CFE (*II*) V Mo Br Cas (mutilus cf. ad 114) (*III* ϑ) — N W — M Accursianam sequitur, T (= Ch. 184 c) versibus fabulam inclusit

---

7 οὐχ ὑπομείναc γ Jen (β) Go alii (α) 9 ὅτι οἱ μετρίων γ 10 μείζονα G (β)

134 (*I*) 1 εἰcελθὼν .. ἁρπάcαc .. αὐτὸν E, qui tamen ὦ αὕτη retinuit ἀcχοληθέντοc E 3 ὦ om. CF ᾖc] St. ἢ E εἴηc CF 4 coι CF finis, in quo historiolae sales vertuntur, in Augustana omittitur, cf. Vi 5 τῶν ἀνθρώπων CF

(*II*) 1 ἐλθὼν W 2 cτραφεὶc Br N 3 καὶ ἰδὼν W φεύγοντα om. Cas ἀπὸ τοῦ νῦν pro ὅπου ἂν εἶ N ἂν εἶ] V Mo Cas ᾖ Br W 4 φυλ. cου Mo W 5 ἐμοὶ Mo ἔδωκαc W δέδωκαc τοῦ εὐτονωτέρωc διώκειν coι Mo 6 τοῖc ἀνθρώποιc μαθ. τούτοιc γίνονται Mo γέγονε Cas

(*III*) κύων εἰςπηδήςας εἰς μαγειρεῖον καὶ τοῦ μαγείρου ἀςχολουμένου καρδίαν ἁρπάςας ἔφυγεν. ὁ δὲ μάγειρος ἐπιςτραφεὶς ὡς εἶδεν αὐτὸν φεύγοντα, εἶπεν· „ὦ οὗτος, ἴςθι, ὡς, ὅπουπερ ἂν ᾖς, φυλάξομαί ςε. οὐ γὰρ ἀπ' ἐμοῦ καρδίαν εἴληφας, ἀλλ' ἐμοὶ καρδίαν δέδωκας."

ὁ μῦθος δηλοῖ, ὅτι πολλάκις τὰ παθήματα τοῖς ἀνθρώποις μαθήματα γίνεται.

135. κύων καὶ ἀλώπηξ

(Halm 226 Ch. 188)

(*I*) κύων θηρευτικὸς λέοντα ἰδὼν τοῦτον ἐδίωκεν· ὡς δὲ ἐπιςτραφεὶς ἐκεῖνος ἐβρυχήςατο, φοβηθεὶς εἰς τοὐπίςω ἔφυγεν. ἀλώπηξ δὲ θεαςαμένη αὐτὸν ἔφη· „ὦ κακὴ κεφαλή, ςὺ λέοντα ἐδίωκες, οὗ οὐδὲ τὸν βρυχηθμὸν ὑπέμεινας;"

ὁ λόγος λεχθείη ἂν ἐπ' ἀνδρῶν αὐθάδων, οἳ κατὰ πολὺ δυνατωτέρων ςυκοφαντεῖν ἐπιχειροῦντες, ὅταν ἐκεῖνοι ἀντιςτῶςιν, εὐθέως ἀναχαιτίζουςιν.

(*II*) κύων θηρευτικὸς λέοντα ἰδὼν τοῦτον ἐδίωκεν. ἐπιςτραφεὶς δὲ ὁ λέων καὶ βρυχηςάμενος ὁ κύων φοβηθεὶς εἰς τοὐπίςω ἔφυγεν. ἀλώπηξ δὲ τοῦτον θεαςαμένη ἔφη· „ὦ

(*III γ*) (*III β*) (*III α*) accedunt B^2 (*I*) R A (*I* a) **135** (*I*) — C F Cr O E A — (*I* a) (*II*) — V Mo — (*III δ*) — W (T) — (*III γ*) — F Laud Voss. (Salm) — accedit B^2 (*I*) V Mo W cum γ faciunt, T versibus composita = Ch. 188 b

---

(*III*) 1 καὶ om. B^2 2 ἀναςπάςας G (β) 3 ὡς om. γ 5 ἔδωκας α 7 γίνονται γ (praeter G J) et nonnulli in β et α

135 (*I*) 2 ἐπιςτρ. ὡς λέων E ἐ. ὁ λέων St. 4 ἐδ. λέοντα, ὃς O οὐδὲ βρυγμὸν C F ὑπέμεινας τὸ ςύνολον O 5 ὁ — αὐθαδῶν, οἳ] O ἐπ' ἄνδρα αὐθάδην E ἐπ' ἀνδρῶν αὐθαδείᾳ ςυνόντων A κατὰ ἀνδρῶν αὐθαδῶν, οἳ a ἐπ' ἀνδρὸς αὐθάδους, ὃς C F κατὰ π. δυνατωτέρων] Cr E A κατὰ δυνατωτέρους O ὃς τοὺς κατὰ πολὺ δυνατωτέρων ςυκ. ἐπιχειρῶν C F κατὰ δυνατωτέρων a 7 ἀναχαιτίζουςι] Cr O E ἀναχαιτίζονται A ἀναχαιτίζων φεύγει C F εἰς ὄψιν ἐρχόμενοι ἀναχαιτίζονται a

(*II*) 2 ἐμβριμηςάμενος Mo φοβ. ἐχτὰ (sic) ὀπίςω ἔφ. V φοβ. ὀπίςω ἔφηςεν Mo

κακὴ κεφαλή, cὺ λέοντα ἐδίωκες, οὗτινος οὐδὲ τὸν βρυγμὸν ἤνεγκας;“

ὁ μῦθος πρὸς ἄνδρας αὐθάδεις, οἵτινες πρὸς δυνάστας cυκοφαντεῖν ἐπιχειροῦντες, ὅταν ἐκεῖνοι ἀναφανῶσιν, εὐθέως οὗτοι φεύγουσιν.

136. κύων κρέας φέρουσα

(Halm 233 Ch. 186)

(*I*) κύων κρέας ἔχουσα ποταμὸν διέβαινε· θεασαμένη δὲ τὴν ἑαυτῆς σκιὰν κατὰ τοῦ ὕδατος ὑπέλαβεν ἑτέραν κύνα εἶναι μεῖζον κρέας ἔχουσαν. διόπερ ἀφεῖσα τὸ ἴδιον ὥρμησεν ὡς τὸ ἐκείνης ἀφαιρησομένη. συνέβη δὲ αὐτῇ ἀμφοτέρων στερηθῆναι, τοῦ μὲν μὴ ἐφικομένῃ, διότι μηδὲν ἦν, τοῦ δέ, διότι ὑπὸ τοῦ ποταμοῦ παρεσύρη.

πρὸς ἄνδρα πλεονέκτην ὁ λόγος εὔκαιρος.

(*II*) κύων κρέας φέρων ποταμὸν διέβαινε. θεασάμενος δὲ τὴν ἑαυτοῦ σκιὰν κατὰ τοῦ ὕδατος ὑπέλαβεν ἕτερον κύνα εἶναι

---

136 (*I*) Luc. Hermot. 79 Irenaeus adv. haer. II 11 Epiphanius in haer. 41,1 — Babr. 79 tetr. I 9 Ps. Dos. 11 cf. fasc. 2 p. 126 Aphth. 35 cf. fasc. 2 p. 149 Synt. 28 cf. fasc. 2 p. 166 Doxapatr. rh. Gr. W II 188,31 □

---

136 (*I*) — O E (mutilus) A Cr B Ba (*II*) — V P L Mo Br — (*III δ*) — M N J, F ad Augustanam propius accedens, T — iambi vix soluti = Ch. 186 c (*III δ*)

---

4 βρηχμὸν Mo βροχισμὸν W 5 ὑπέμεινας V (= Aug.) ὑπήνεγκες Mo 6 ὁ μ. κτλ.] V ὅτι ἄνδρες W δηλοῖ ἄνδρας γ B^2 οἵτινες συκοφ. ἐπιχ. τοὺς κρείττονας, ἐπὰν δὲ ἐκ. φανῶσιν, εὐθὺς (εὐθὺς om. F B^2) οὗτοι φεύγουσιν γ B^2 Οἱ αὐθάδεις καὶ ἀτυχεῖς ἄνδρες τοὺς δυνάστας συκοφ. ἐπιχειροῦσι καὶ πολεμεῖν, ὅταν δὲ ἐκ. ἀναφ. εὐθέως οὗ. φεύγ. καὶ ἀφανεῖς γίνονται Mo

136 (*I*) 2 κατὰ τοῦ ὕδατος om. B Ba ἐν τῷ ὕδατι E ἑτέραν κύνα εἶναι om. B Ba ὑπέλαβεν ... ἔχουσαν om. E 4 εἰς τὸ ἐκ. ἀφαιρεθησομένη A ὥστε τὸ ἐκ. ἀφαιρήσεται καὶ τὸ μὲν ἐφικόμενον διότι οὐδὲν ἦν κτλ. (συνέβη ... στερηθῆναι om.) E συνέβη .. αὐτὴν ... ἐφικομένην Cr B Ba 5 μηδὲ A οὐδὲ ἦν Ch.

(*II*) 1 ποταμοῦ πλησίον φ. κρ. διέβ. F κρ. πλησίον ποταμοῦ ἤσθιεν M φέρων om. L διήρχετο Mo 2 ὑπὲρ τοῦ J ἐπὶ τοῦ γ ὑπέλ. δὲ Mo εἶναι om. Mo μεῖζον κρέας κατέχοντα καὶ ἀφεὶς τὸ ἴδιον ὥρμησε τὸ ἐκείνου λαβεῖν. συνέβη δὲ αὐτὸν ἀπολέσαι ἀμφότερον, τὸ μέν, διότι οὐδὲν ἦν, τὸ δέ, ὅτι ὃ κατεῖχεν ὑπὸ τοῦ ῥεύματος κατεσύρη.

ὁ μῦθος πρὸς τοὺς πλεονεκτοῦντας, οἵτινες πλειοτέρων ἐπιθυμοῦσιν καὶ ἃ ἔχουσιν ἀπολοῦσιν.

137. κύων καὶ λύκος

(Halm 231 Ch. 185)

(*I*) κύων πρὸ ἐπαύλεώς τινος ἐκοιμᾶτο· λύκος δὲ τοῦτον θεασάμενος καὶ συλλαβὼν οἷός τε ἦν καταφαγεῖν. ὁ δὲ αὐτοῦ ἐδεήθη πρὸς τὸ παρὸν μεθεῖναι αὐτὸν λέγων· „νῦν μὲν λεπτός εἰμι καὶ ἰσχνός. μέλλουσι δέ μου οἱ δεσπόται γάμους ἄγειν. ἐὰν οὖν ἀφῇς με νῦν, ὕστερον λιπαρώτερον καταθοινήσεις με.“ ὁ δὲ πεισθεὶς αὐτῷ τότε μὲν ἀπέλυσε, μεθ' ἡμέρας δὲ ὀλίγας ἐλθὼν ὡς ἐθεάσατο αὐτὸν ἐπὶ τοῦ

---

137 (*I*) — C F Cr O E A — (*I* a)

---

3 μεῖζον αὐτοῦ P L M νομίζων pro μεῖζον Br N μεῖζον om. J *γ* ἀφεὶς οὖν Mo ἐγύρευς τὸ ξένον T **4** ἀμφὸ P ἀμφότερα ὠλέσαι N καὶ τὰ ἀμφότερα, om. ἀπολέσαι Br καὶ ἄμφω ἀπολ. J Ἀπολέσας δὲ ἀμφότερα *γ* **5** ὅτι οὐκ Mo οὐδὲ *γ* Ch. ὅτι om. P L διότι οὐδὲν M *γ* ὃ κατεῖχε om. Mo N οὗ κατ. M ὃ δὲ κατ. *γ* **6** παρεσύρει P M παρεσύρετο *γ* κατεσ. ἀπολυθεὶς ἐκ τοῦ ῥεύματος Mo **7** ὁ μ. κτλ.] P L Br M J *γ*, in his dissentientes πλεονέκτας P M F πλειότερον Br πλειόνων J **8** ἐπιθυμοῦντες L F *γ* καὶ ὧν Mo M F ἀπώλουσι P προσαπολλοῦσι *γ* προσαπολλύουσιν Kor. . . . πρὸς τ. πλεον. τὰ πλείω ζητοῦντες καὶ ἃ ἔχ. ἀποβάλλονται (= οἳ . . . ζητ. ἅ?) N ὁ μ. δ. ὅτι οἱ πλειόνων ἐπιθυμοῦντες καὶ ἃ ἔχ. ἀπόλλουσιν V ὁ μ. δ., ὅτι οἱ ἄνδρες πλεονέκται οἵτινες πλειό[illegible]ν ἐπιθυμοῦντες καὶ ὧν ἔχουσι προσαπωλῶσι Mo

137 (*I*) **1** πρὸς ἐπαύλεως A Cr cf. Vi τοῦτον om. E a αὐτὸν praebet O **2** ᾤετο pro οἷός τε ἦν A ὁ δὲ om. E cf. Vi 3 μὴ θῦσαι C F **5** ἀγαγεῖν O ἔχειν A ἐὰν οὖν ἀφῇς . . . καταθοινήσεις με] A καὶ ἐὰν ἀφῇς . . . λιπαρ. γεγονότα καταθοινήσῃ (-θύσεις F) με C F ἐὰν οὖν ἀφῇ αὐτὸν (αὐτ. ἀ. E) ὕστερον λιπαρώτερον (λιπαρὸν O E) αὐτὸν καταθοινήσεται (-σεσθαι E) Cr O E a **6** πεισθεὶς αὐτὸν O πεισθεὶς E ἀπέλυσεν αὐτὸν C F a **7** ἐλθὼν om. E

δώματος κοιμώμενον, κατεκάλει πρὸς αὐτὸν ὑπομιμνήσκων τῶν ὁμολογιῶν. ὁ δὲ ὑποτυχὼν ἔφη· „ἀλλ', ὦ λύκε, ἐὰν αὖθίς με πρὸ τῆς ἐπαύλεως κοιμώμενον ἴδῃς, μηκέτι γάμους ἀναμείνῃς."

οὕτως οἱ φρόνιμοι τῶν ἀνθρώπων, ὅταν περί τι κινδυνεύσαντες ἐκφύγωσι, ταῦτα ὕστερον φυλάττονται.

(*II*) κύων πρὸ ἐπαύλεώς τινος ἐκοιμᾶτο· λύκος δὲ τοῦτον θεασάμενος δραμὼν ἐπ' αὐτὸν καὶ λαβόμενος ἔμελλε φαγεῖν. ὁ δὲ κύων ἐδέετο αὐτοῦ, ὅπως τὸ παρὸν μὴ θύσῃ αὐτόν, λέγων· „νῦν μέν, ὦ κύριέ μου, λεπτός εἰμι καὶ ἰσχνὸς καὶ πτωχός. ἀλλὰ μικρὸν ἀνάμεινόν μοι. μέλλουσι γὰρ οἱ ἐμοὶ δεσπόται γάμους ποιῆσαι, καὶ ἐὰν ἄρτι ἐάσῃς με, φαγὼν περισσότερον λιπαρώτερος γενήσομαι καὶ τότε κρείσσων σοι φανήσομαι." ὁ δὲ πεισθεὶς αὐτῷ τότε μὲν κατέλιπεν αὐτόν, μεθ' ἡμέρας δὲ ὀλίγας ἐλθὼν ἐζήτει αὐτὸν καὶ εὑρίσκει αὐτὸν ἐπὶ τοῦ δώματος κοιμώμενον. ὁ δὲ

(*II*) — V P L Mo Br Cas — (*III δ*) — M S N W — T (iambi) = Ch. 187 d

---

8 δωματίου A κοιμώμενον om. O κατεκάλει πρὸς αὐτὸν] Cr O a προσεκαλεῖτο αὐτὸν C F ἐκάλει πρὸς αὐτὸν E ἐκ. πρ. αὐτ. ἀρτίως ἐξελθεῖν A 9 αὐτὸν τῶν C τῶν συνθηκῶν F cf. Vi 10 ὑπὸ τῆς O κοιμώμενον om. C F 11 ὑπομείνῃς O ἀνάμενε a 12 περί τινος A περί τινι O 13 εἰς ὕστερον E a ὕστερον ταῦτα C F πάντα ὕστερον Schn.

(*II*) 1 πρὸς P L Cas S 2 δραμὼν ... ἔμ. φαγεῖν] scr. δραμὼν ἐπ' αὐτὸν καὶ λαβόμενος (αὐτὸν M) ἔμ. (κατα W) φαγεῖν V P L M W καὶ δραμὼν ἐπ' αὐτ. ἔμ. φ. Mo καὶ δρ. πρὸς αὐτὸν καὶ κρατήσας ἔμ. ἐκεῖνον φαγ. S δραμὼν ἐπ. αὐτ. καὶ μέλλων φαγεῖν, ὁ κύων Br N ἔδραμε ἐπ' αὐτ. μέλλων αὐτὸν καταφαγεῖν Cas 3 τὸ παρὸν om. Mo Br N W Cas τὸ νῦν ἔχων μὴ φάγῃ αὐτὸν S τοῦ μὴ θύειν αὐτὸν Mo θῦσαι P M 4 μέν om. Mo Cas Ch. μου, μὴ φάγῃς, ὅτι Cas Ch. λεπρὸς Br N 5 καὶ πτωχὸς om. Mo μικρὸν δὲ Mo W Cas Ch. 6 με V Br Cas εἰ ἄρτι W εἴπερ ἐάσεις Mo ἀφῇς με S 7 περισσοτέρως P L M W S περισσ. om. Br N φαγὼν περ. om. Mo 8 κρείσσων τίς σοι Cas W τότε ἐλθὼν τιθηνῆσαι με Mo πεισθεὶς δὲ αὐτοῦ M τοῖς λόγοις αὐτοῦ (αὐτοῦ om. Mo) Mo Cas 9 μετά τινας ἡμ. ἐπανελθὼν Mo 10 εὑρὼν Mo W ἐπὶ om. Br ἄνω ἐπὶ W ἐπὶ τοῦ δώματος ἄνωθεν Mo κοιμ. ἐν τῷ δόματι N οὐχ ηὕρισκεν αὐτὸν πρὸς τῆς ἐπαύλεως κοιμ. S δὲ καὶ Mo Br N

σταθεὶς κάτω ἐπεκαλεῖτο αὐτὸν ὑπομιμνήσκων αὐτῷ τὰς συνθήκας. ὑπολαβὼν δὲ ὁ κύων ἔφη αὐτῷ· „ὦ λύκε, ἐὰν ἀπὸ τοῦ νῦν πρὸ τῆς ἐπαύλεως ἴδῃς με, μηκέτι γάμους ἀναμείνῃς.“

ὁ μῦθος δηλοῖ, ὅτι οἱ φρόνιμοι τῶν ἀνθρώπων, ὅταν περί τι κινδυνεύσαντες ἐκφύγωσιν, ὕστερον ταῦτα φυλάττονται.

(*III*) κύων πρὸ ἐπαύλεως ἐκάθευδε. λύκου δὲ ἐπιδραμόντος καὶ βρῶμα μέλλοντος θήσειν αὐτὸν ἐδεῖτο μὴ νῦν αὐτὸν καταθῦσαι· „νῦν μὲν γάρ“, φησί, „λεπτός εἰμι καὶ ἰσχνός. ἂν δὲ μικρὸν ἀναμείνῃς, μέλλουσιν οἱ ἐμοὶ δεσπόται ποιήσειν γάμους κἀγὼ τηνικαῦτα πολλὰ φαγὼν πιμελέστερος ἔσομαι καὶ σοὶ ἡδύτερον βρῶμα γενήσομαι.“ ὁ μὲν οὖν λύκος πεισθεὶς ἀπῆλθε· μεθ’ ἡμέρας δ’ ἐπανελθὼν εὗρε ἄνω ἐπὶ τοῦ δώματος τὸν κύνα καθεύδοντα καὶ στὰς κάτωθεν πρὸς ἑαυτὸν ἐκάλει ὑπομιμνήσκων αὐτὸν τῶν συνθηκῶν. καὶ ὁ κύων· „ἀλλ’, ὦ λύκε, εἰ τὸ ἀπὸ τοῦδε πρὸ τῆς ἐπαύλεώς με ἴδοις καθεύδοντα, μηκέτι γάμους ἀναμείνῃς.“

ὁ μῦθος δηλοῖ, ὅτι οἱ φρόνιμοι τῶν ἀνθρώπων, ὅταν περί τι κινδυνεύσαντες σωθῶσι, διὰ βίου τοῦτο φυλάττονται.

138. κύνες λιμώττουσαι

(Halm 218 Ch. 177)

κύνες λιμώττουσαι ὡς ἐθεάσαντο ἔν τινι ποταμῷ βύρσας βρεχομένας, μὴ δυνάμεναι αὐτῶν ἐφικέσθαι συνέθεντο ἀλλή-

---

138 Plut. de comm. not. 19,1067 F Synt. 61 fasc. 2 p. 183 Phaedr. I 20

(*III γ*) (*III β*) (*III α*) accedunt B² (*I*) R A (*I* a) **138** — F O E A — accedit T (II). — (*I* a)

---

11 στὰς Mo κάτωθεν Mo M αὐτοῦ L αὐτ. om. Mo αὐτόν τῶν συνθηκῶν V Cas **14** ἀναμείνῃς ἐκ γάμων πιστευθῆναι Mo **15** ὅταν εὕρῃς Mo W **16** ὅταν κινδυνεύσαντες τοῦ κινδύνου ἐκφύγωσιν τούτου παρα (= περι?) φυλάττονται Mo

(*III*) **2** θύσειν J O (*γ*) F (*β*) Kor. **4** ἀλλ’ εἰ μ. *γ* B² **9** τὰς συνθήκας *γ* (praeter Voss.) *β* Plan **11** ἀνάμενε R A **13** διασωθῶσι *γ* Jen F Plan (*β*) Go E Tur (*α*) διασπασθῶσι G (*β*) διὰ θεοῦ l G J (*β*)

138 1 ἐπί τινος ποταμοῦ F T

λαις, ὅπως πρῶτον τὸ ὕδωρ ἐκπίωσιν, εἶθ' οὕτως ἐπὶ τὰς βύρσας παραγένωνται. συνέβη δὲ αὐτὰς πινούσας διαρραγῆναι ⟨πρὶν⟩ ἢ τῶν βυρσῶν ἐφικέσθαι.

οὕτως ἔνιοι τῶν ἀνθρώπων δι' ἐλπίδα κέρδους ἐπισφαλεῖς μόχθους ὑφιστάμενοι φθάνουσι πρῶτον καταναλισκόμενοι ἢ ὧν βούλονται περιγενόμενοι.

139. κύων καὶ λαγωός

(Halm 229 b Ch. 183)

κύων θηρευτικὸς λαγωὸν συλλαβὼν τοῦτον ποτὲ μὲν ἔδακνε ποτὲ δὲ αὐτοῦ τὰ χείλη περιέλειχεν. ὁ δὲ ἀπαυδήσας ἔφη πρὸς αὐτόν· „ἀλλ', ὦ οὗτος, παῦσαί με δάκνων ἢ καταφιλῶν, ἵνα γνῶ, πότερον ἐχθρὸς ἢ φίλος μου καθέστηκας."

πρὸς ἄνδρα ἀμφίβολον ὁ λόγος εὔκαιρος.

140. κώνωψ καὶ ταῦρος

(Halm 235 Ch. 190)

κώνωψ ἐπιστὰς κέρατι ταύρου καὶ πολὺν χρόνον ἐπικαθίσας ἐπειδὴ ἀπαλλάττεσθαι ἔμελλεν, ἐπυνθάνετο τοῦ

---

139 Soph. fr. 800 N Demetr. de eloc. 261, 8 Luc. bis acc. 33 Zenob. prov. IV 90 — Babr. 87 Synt. 50 cf. fasc. 2 p. 177 **140** Babr. 84 tetr. I 50 Synt. 47 cf. fasc. 2 p. 175

---

139 — C Cr E A — accedit T ex Vi **140** — Cr O E A —

---

3 ὅπως πρῶτον τὸ ὕδωρ ἐκπίωσιν] O T a πρῶτον om. A ὅπως πρόην F ὅπως πρὸς τὸ ὕδωρ ἐκπιεῖν καὶ οὕτως E περὶ τὰς F **4** αὐταῖς πινούσαις (πιούσαις Q *I*a) F O a αὐτῶν πινόντων T διαρραγῆναι πρὶν ἢ] Reiskia διαρραγῆναι ἢ libri διαρρ. πρῶτον ἢ Nev. — πρότερον διαρραγῆναι ἢ Q quocum consentit Plutarchus: ῥαγῆναι δὲ πρότερον, ἢ cf. St. dil. 404, 1 **7** φθάνουσι πρὸς τὸν μόχθον ὡς βούλονται περιγενέσθαι E πρῶτον καταναλισκόμενοι (οἰχόμενοι?) ἢ St. dil. 404 πρότερον Halm πρῶτον tuetur St. dil. 406 **8** περιγενήσεσθαι T

139 1 λαγωὸν συλλαβὼν τοῦτον ποτὲ] E Cr λαγ. συλλαβόμενος ποτὲ C T λαβών ποτε λαγ. τοῦτον A πῆ μὲν ... πῆ δ' A **3** παῦσαι μὴ E Cr T an ἢ παῦσαί με δ. ἤ? καταδάκνων E Cr **4** μου καθέστηκας om. C T

140 1 ἐπιπτὰς? Schn.

ταύρου, εἰ ἤδη βούλεται αὐτὸν ἀπελθεῖν. ὁ δὲ ὑποτυχὼν ἔφη· „ἀλλ' οὔτε, ὅτε ἦλθες, ἔγνων οὔτε, ἐὰν ἀπέλθῃς, γνώσομαι." τούτῳ τῷ λόγῳ χρήσαιτο ἄν τις πρὸς ἄνδρα ἀδύνατον, ὃς οὔτε παρὼν οὔτε ἀπὼν ἐπιβλαβὴς ἢ ὠφέλιμός ἐστι.

141. καρύα

(Halm 188 Ch. 153)

καρύα παρά τινα ὁδὸν πεφυκυῖα καὶ ὑπὸ τῶν παριόντων λίθοις βαλλομένη στενάξασα πρὸς ἑαυτὴν εἶπεν· „ἀθλία ἔγωγέ εἰμι, ἥτις κατ' ἐνιαυτὸν ἐμαυτῇ ὕβρεις καὶ λύπας προφέρω."

ὁ λόγος πρὸς τοὺς ἐπὶ τοῖς ἰδίοις ἀγαθοῖς λυπουμένους.

142. κάμηλος

(Halm 182 Ch. 148)

(*I*) κάμηλος ἀναγκαζομένη ὑπὸ τοῦ ἰδίου δεσπότου ὀρχεῖσθαι εἶπεν· „ἀλλ' οὐ μόνον ὀρχουμένη εἰμὶ ἄσχημος ἀλλὰ καὶ περιπατοῦσα."

ὁ λόγος ἁρμόδιος παντὶ ἀνδρὶ τῷ ἐν τοῖς ἔργοις ἀπρέπειαν ἔχοντι.

(*II*) κάμηλος ἀναγκαζομέμη ὑπὸ τοῦ ἰδίου δεσπότου ὀρχήσασθαι ἔφη· „ἐγὼ οὐ μόνον ὀρχουμένη ἄσχημος ἀλλὰ καὶ περιπατοῦσα."

ὁ μῦθος πρὸς πᾶν ἔργον ἀπρέπειαν ἔχον.

---

141 Antipater Thess. AP IX 3 Babr. 151 **142** (*I*) Babr. 80

---

141 — C E — accedit T ex Vi **142** (*I*) — C F E — (*II*) — V Mo —

---

4 οὔτε ἂν O οὔτε ὅτι ἐὰν E

141 1 οὖσα E pro πεφυκυῖα 3 εἰμι ἐγὼ E T 4 προσφέρει T παρέχω E 5 ἐπὶ τῶν ἰδίων ἀγαθῶν E epimythium deest in T

142 (*I*) 1 ὀρχήσασθαι E 4 ὁ λόγος κτλ.] C πρὸς ἄνδρα παντὶ ἔργω ἀπρ. ἔχοντι F ὁ λόγος εἴρηται ἐν παντὶ ἔργω ἀπρέπειαν ἔχοντι. E

(*II*) 2 ὀρχούμενος Mo (sed περιπατοῦσα!) 4 πρὸς ἅπαν ἔργον ἀπρ. ἔχοντι sic Mo

143. λαγωοὶ καὶ βάτραχοι

(Halm 237 Ch. 192)

λαγωοὶ καταγνόντες ἑαυτῶν δειλίαν ἔγνωσαν δεῖν ἑαυτοὺς κατακρημνίσαι. παραγενομένων δὲ αὐτῶν ἐπί τινα κρημνόν, ᾧ λίμνη ὑπέκειτο, οἱ ἐνταῦθα βάτραχοι ἀκούσαντες τῆς ποδοψοφίας ἑαυτοὺς εἰς τὰ βάθη τῆς λίμνης ἐδίδοσαν. εἷς δέ τις τῶν λαγωῶν θεασάμενος αὐτοὺς ἔφη πρὸς τοὺς ἑτέρους· „ἀλλὰ μηκέτι ἑαυτοὺς κατακρημνίσωμεν· ἰδοὺ γάρ, εὕρηνται καὶ ἡμῶν δειλότερα ζῷα.“ (*I*)

οὕτω καὶ τοῖς ἀνθρώποις αἱ τῶν ἄλλων συμφοραὶ τῶν ἰδίων δυστυχημάτων παραμυθίαι γίνονται.

versibus composita – Ch. 192 b c (*II*)

οἱ λαγωοὶ συναχθέντες ἑαυτοῖς εἶπον· „ἀβίωτός ἐστιν ἡμῶν ὁ βίος. καὶ γὰρ ἀετοί τε καὶ κύνες τε καὶ ἄνδρες ὡς οὐδὲν πάντες καταπονοῦσιν ἡμᾶς. βέλτιόν ἐστιν ἡμᾶς ῥῖψαι ἐν τῇ λίμνῃ καὶ πνιγῆναι.“ ταῦτ᾿ οὖν εἰπόντες ἀπῄεσαν ἐν λίμνῃ. οἱ δὲ ἐπὶ ταῖς ὄχθαις τῆς λίμνης βάτρα- (*III γ*)

---

143 (*I*) Babr. 25 tetr. I 44

---

143 — Cr O E C Cas A B Ba — (*III γ*) — F f Vo (= codex Hudsonis, Huds. Hptm. 57 a Kor. 57 a) Laud Salm, accedit W (*III δ*) Ch. 192 e

---

143 (*I*) τὴν ἑαυτ. δειλίαν A Ba τῆς ἑαυτ. δειλίας E κατεγνωκότες ἑαυτῶν δειλίας O δεῖν om. E 2 sq. Cr O E A. maxime secutus constitui. variam recensionem in C Cas postposui 3 ἐπέκειτο A οἱ ἐνταῦθα] B Ba οἱ om. O E A Cr τῆς ποδ.—λίμνης om. B Ba 4 διεδίδωσαν B Ba ἐδίωσαν E 5 πρὸς αὐτοὺς E 6 ἑταίρους αὐτοῦ B Ba 7 ηὕρηται Cr O B Ba καὶ om. O 8 ἄλλων δυστυχίαι A 9 παραμυθιά B Ba παραμύθιον Cas

143 (*I*) his locis discrepant C Cas:

2 καὶ παραγενόμενοι ἐπί τινα λίμνην (τοῦ Cas) βαλεῖν ἑαυτοὺς (ἐν αὐτῇ οἱ Cas) βάτραχοι τοῦ ψόφου ἀκούσαντες κτλ. 5 ἔφη πρὸς τοὺς ἑταίρους αὐτοῦ (πρὸς τοὺς ἑτέρους Cas) ἀλλὰ (deest in Cas) μηκέτι ἑαυτοὺς (αὐτοὺς C) κατακρημνίσωμεν κτλ.

(*III γ*) versus vix solutos cognoveris

3 ἡμᾶς ὡς οὐδὲν πάντες W ἐστιν om. Laud 4 εἰς λίμνην Vo Kor.

χοι τούτους ἰδόντες ἔρριψαν αὐτοὺς ἐν λίμνῃ ἐκ τοῦ φόβου. εἷς δέ τις γέρων λαγωὸς ἔφη πρὸς τοὺς ἑτέρους· „στῆτε, φίλοι, καὶ μὴ ἑαυτοὺς ἀποπνίξωμεν. εἰσὶ γὰρ καὶ ἄλλα ζῷα, ὡς ὁρᾶτε, δειλότερα ἡμῶν.“

ὁ μῦθος δηλοῖ, ὅτι οὐ δεῖ ἑαυτὸν ἀπογινώσκειν δι' εὐτέλειαν σώματος [ἢ πλούτου], ἀλλὰ παρηγορεῖν ἑαυτόν.

(*III*) οἱ λαγωοί ποτε συνελθόντες τὸν ἑαυτῶν πρὸς ἀλλήλους ἀπεκλαίοντο βίον, ὡς ἐπισφαλὴς εἴη καὶ δειλίας πλέως. καὶ γὰρ ὑπ' ἀνθρώπων καὶ κυνῶν καὶ ἀετῶν καὶ ἄλλων πολλῶν ἀναλίσκονται. βέλτιον οὖν εἶναι θανεῖν ἅπαξ ἢ διὰ βίου τρέμειν. τοῦτο τοίνυν κυρώσαντες ὥρμησαν κατὰ ταὐτὸν εἰς τὴν λίμνην ὡς εἰς αὐτὴν ἐμπεσούμενοι καὶ ἀποπνιγησόμενοι. τῶν δὲ καθημένων κύκλῳ τῆς λίμνης βατράχων, ὡς τὸν τοῦ δρόμου κτύπον ᾔσθοντο, εὐθὺς εἰς ταύτην εἰσπηδησάντων τῶν λαγωῶν τις ἀγχινούστερος εἶναι δοκῶν τῶν ἄλλων ἔφη· „στῆτε, ἑταῖροι· μηδὲν δεινὸν ὑμᾶς αὐτοὺς διαπράξησθε. ἤδη γάρ, ὡς ὁρᾶτε, καὶ ἡμῶν ἕτερ' ἐστὶ ζῷα δειλότερα.“

ὁ μῦθος δηλοῖ, ὅτι οἱ δυστυχοῦντες ἐξ ἑτέρων χείρονα πασχόντων παραμυθοῦνται.

144. λάρος καὶ ἰκτῖνος

(Halm 239 Ch. 194)

λάρος ἰχθὺν καταπιὼν διαρραγέντος αὐτοῦ τοῦ φάρυγγος ἐπὶ τῆς ἠιόνος νεκρὸς ἔκειτο. ἰκτῖνος δὲ αὐτὸν θεασάμενος

---

144 tetr. II 6

(*III*) *β* 95 *α* 57 **144** — E Cr Cas — (*I* a)

---

6 εἰς τὴν λίμνην Vo τὴν delet Kor. 9 δειλότατα Laud
10 ἑαυτοὺς W αὐτὸν Laud 11 ἢ πλούτου seclusi ἤ τι τοιοῦτον Kor.

(*III*) 11 γὰρ om. G Vrat. Jen Men (*β*) Ald. Kor.

144 1 διερράγη αὐτοῦ τὸν φάρυγγα καὶ Cas καὶ τοῦ φάρ. αὐτοῦ διαρραγέντος a 2 τῆς νηὸς ὡς νεκρὸς Cas ἔφη· „ἄξια σύ γε πέπονθας, ὅτι πτηνὸς γεννηθεὶς ἐπὶ θαλάσσης τὴν δίαιταν ἐποιοῦ.“

οὕτως οἱ τὰ οἰκεῖα ἐπιτηδεύματα καταλιπόντες καὶ τοῖς μηδὲν προσήκουσιν ἐπιβαλλόμενοι εἰκότως δυστυχοῦσιν.

145. λέων καὶ γεωργός

(Halm 249 Ch. 199)

λέων ἐρασθεὶς θυγατρὸς γεωργοῦ ταύτην ἐμνηστεύσατο. (*I*) ὁ δὲ μὴ ἐνδοῦναι θηρίῳ τὴν θυγατέρα ὑπομένων μηδὲ ἀρνήσασθαι διὰ τὸν φόβον δυνάμενος τοιοῦτόν τι ἐπενόησεν. ἐπειδὴ συνεχῶς αὐτῷ ὁ λέων ἐπέκειτο, ἔλεγεν, ὡς νυμφίον μὲν αὐτὸν ἄξιον τῆς θυγατρὸς δοκιμάζει· μὴ ἄλλως δὲ αὐτῷ δύνασθαι ἐκδοῦναι, ἐὰν μὴ τούς τε ὀδόντας ἐξέλῃ καὶ τοὺς ὄνυχας ἐκτέμῃ· τούτους γὰρ δεδοικέναι τὴν κόρην. τοῦ δὲ ῥᾳδίως διὰ τὸν ἔρωτα ἑκάτερα ὑπομείναντος ὁ γεωργὸς καταφρονήσας αὐτοῦ, ὡς παρεγένετο πρὸς αὐτόν, ῥοπάλοις αὐτὸν παίων ἐξήλασεν.

ὁ λόγος δηλοῖ, ὅτι οἱ ῥᾳδίως τοῖς ἐχθροῖς πιστεύοντες, ὅταν τῶν ἰδίων πλεονεκτημάτων ἑαυτοὺς ἀπογυμνώσωσιν, εὐάλωτοι τούτοις γίνονται, οἷς πρότερον φοβεροὶ καθεστήκεσαν.

---

145 (*I*) Diod. XIX 25, 5 sq. Babr. 98 **Aphth. 7 fasc. 2, p. 136**

---

145 (*I*) — C Cr O E B Ba (Salm) —

---

3 σύ γε] Cr E γε σὺ Cas σὺ a πτηνὸς] Nev. πτηνὸν libri 6 μὴ πρ. ἐπιβάλλοντες Cas

145 (*I*) 1 θυγατρὸς γεωργοῦ] C B Ba Salm θυγατρός τινος γ. A γεωργοῦ τινος θυγατρίου O γεωργοῦ θυγατρὸς Cr E μνηστευθῆναι ἐβούλετο C cf. Vi 2 ἐνδοῦναι E ἐπιδ. C 3 ἀρνεῖσθαι C A διὰ φόβον τὴν θυγατέρα δυνάμενος E διὰ φόβον βουλόμενος O τὴν θυγατέρα βουλόμενος B Ba τι] A, om. ceteri 4 ὁ λέων αὐτῷ A ἐπέκειτο λέγων ὡς νυμφίον με ἀνάξιον τῆς θυγ. ἀποδοκιμάζει (an ἀποδοκιμάζεις; ?), ἔλεγε μὴ ἄλλως δύνασθαι C 5 μὲν om. A ἄξιον om. A δοκιμάζειν B Ba 7 ἐκτέμνῃ C B Ba ἐξέληται A δεδοικέναι ῥαδίως τὴν κόρην ἔφη A 8 ἑκάτερον A ὑπεκσπάσαντος O ἑκ. καταδεξαμένου C 10 ἀπήλασεν C 11 τοῖς πέλας O E 12 ἑαυτοῖς A B παραγυμνῶσιν ἑαυτοὺς (-τοῖς B) αἰχμάλωτοι μᾶλλον καὶ εὐάλωτοι τούτοις γίνονται, οἷς πρὸς ἕτερον φοβ. καθεστήκασιν B Ba 13 καθεστήκασι O A Cr γίνονται πρότερον φοβ. καθεστηκότες Schn. Halm

(*II*) λέων ἐραcθεὶc θυγατρὸc γεωργοῦ ταύτην μνηcτευθῆναι ἐβούλετο. ἐπέκειτο οὖν ἐκβιάζων τὸν πατέρα αὐτῆc. ὁ δὲ πατὴρ αὐτῆc ἔλεγε μὴ ἐκδοῦναι θηρίῳ τὴν ἑαυτοῦ θυγατέρα. ὁ οὖν λέων ἠπείλει αὐτῷ. ὁ δὲ μὴ δυνάμενοc διὰ τὸν φόβον ἀναβάλλεcθαι ἐπενόηcε ἐμφρόνωc καί φηcι πρὸc τὸν λέοντα· „οὐ δύναμαί coι ἐκδοῦναι τὴν ἐμὴν θυγατέρα, ἐὰν μὴ τοὺc ὀδόνταc καὶ τοὺc ὄνυχάc cου ἐκτίλῃc. ταῦτα γὰρ ἡ κόρη δέδοικεν.“ ὁ δὲ εὐθέωc διὰ τὸν ἔρωτα ἑκάτερα ῥᾳδίωc ἐξέβαλε καὶ ἀπελθὼν κατὰ τὸ cύνηθεc ἐζήτει τὴν κόρην. ὁ δὲ γεωργὸc καταφρονήcαc αὐτοῦ ῥοπάλοιc αὐτὸν ἐδίωξεν.

ὁ μῦθοc δηλοῖ, ὅτι οἱ τοῖc ἐχθροῖc ἑαυτοὺc καταπιcτεύοντεc εὐάλωτοι τούτοιc γίνονται.

146. λέων καὶ βάτραχος

(Halm 248 b Ch. 202)

(*I*) λέων ἀκούcαc βατράχου κεκραγότοc ἐπεcτράφη πρὸc τὴν φωνὴν οἰόμενοc μέγα τι ζῷον εἶναι. προcμείναc δὲ αὐτῷ

(*II*) — V O P L Mo Br Cas — (*III δ*) — M N (= cod. Hud3. Hptm. p. 313 Kor. p. 144) F T — T vers. comp. = Ch. 199 c **146** (*I*) — C O E A Cr B Ba — (*I* a)

(*II*) 1 θυγατέρα P M θυγατρὶ O καὶ ταύτην μνηcθῆναι βουλόμενοc P M 2 ὁ δὲ πατ. αὐτῆc om. P ὁ δὲ ἔλεγεν αὐτῶ μὴ Mo 4 ὁ λέων οὖν P L Cas Ch. καὶ ὁ λ. Br N J ἠπ. αὐτὸν V O L Br M F μὴ δυν. οὖν Mo 5 εἰc ἔτι ἀναβ. Mo ἀναβαλέcθαι M Kor. παρακοῦcαι pro ἀναβ. Br N εὐφρόνωc V Br N ἐμφρ. περιγενέcθαι καί φ. πρὸc αὐτόν Mo (πρὸc αὐτόν etiam F) 6 δοῦναι N F J Cas deest in Br 7 εἰ μὴ . . . πρότερον ἐκτίλλειc Mo ὀδόνταc cου (ita M J quoque) καὶ τοὺc δακτύλουc (δακτ. etiam L) cου F cου om. Mo N ἐκτίλληc V P L Mo Cas 8 τούτων γὰρ ἡ κ. δεδοῖα Mo δέδ. οὐδαμῶc coι ταύτην παρέξω Cas εὐθὺc οὖν ὁ λέων Mo ἑκατ. om. M F ἀμφότερα praebet Mo 9 ἐξέτειλε Br ἐκτίλλαc καὶ κατὰ τὸ cύνηθεc ἐλθὼν ἐζ. Mo καὶ ἐπελθὼν Haas ἐπεζήτει Mo Br 11 κατεδίωξεν P L Mo M 12 τοὺc ἐχθροὺc Mo M τοῖc ἐ. ὑπακούοντεc N M ἐχθ. αὐτῶν κατεμπιcτεύοντεc Mo ἐχθρ. καταδυναcτεύοντεc Br J

146 (*I*) 1 πρὸc τὴν λίμνην O 2 αὐτῷ μικρὸν χρόνον] E B Ba αὐτὸν μ. χρ. C Cr αὐτὸν χρόνον a μικρὸν χρόνον A O an αὐτοῦ μικρὸν χρόνον?

μικρὸν χρόνον ὡς ἐθεάσατο αὐτὸν ἀπὸ τῆς λίμνης ἐξελθόντα, προσελθὼν κατεπάτησεν εἰπών· „μηδένα ἀκοὴ ταραττέτω πρὸ τῆς θέας.“

πρὸς ἄνδρα γλωσσαλγῆ οὐδὲν πλέον τοῦ λαλεῖν δυνάμενον.

(*II*) λέων ἀκούσας βατράχου μέγα κεκραγότος ἐστράφη πρὸς τὴν φωνὴν οἰόμενος μέγα τι ζῷον εἶναι. προσμείνας δὲ μικρὸν ὡς ἐθεάσατο τοῦτον ἀπὸ τῆς λίμνης ἐξελθόντα προσελθὼν κατεπάτησεν αὐτὸν εἰπών· „μηδεὶς πρὸ τοῦ ἰδεῖν ταρασσέσθω ὑπό τινος.“

ὁ μῦθος πρὸς ἄνδρας γλωσσώδεις, οἵτινες μηδὲν πλέον τοῦ λαλεῖν δύνανται.

(*III*) λέων ἀκούσας ποτὲ βατράχου μέγα βοῶντος ἐπεστράφη πρὸς τὴν φωνὴν οἰόμενος μέγα τι ζῷον εἶναι. προσμείνας

(*II*) — V P L Mo Br Cas — (*III δ*) — M N — T versibus inclusa = Ch. 202 a — (*III γ*) (Laud = Ch. 202 d) (*III β*) (*III α*) accedunt G O J (*γ*)

---

3 αὐτὸν post κατεπάτησεν collocant C a post ἐξελθόντα O omittunt Cr E 4 ἄκων pro ἀκοὴ A 5 πρὸ τῆς πείρας C plane diversa praebent O E εἶτα τηλικοῦτος ὢν τηλικαῦτα βοᾷς; 6 epimythium admodum variatur πρὸς ἄνδρα γλωσσαλγῆ κτλ.] C πρὸς ἄνδρα (ἀνδρὸς E) γλωσσαλγίας (γλωσσαλγίαν E) οὐδὲν πλέον (τοῦ λαλεῖν Cr E) δυνάμενον ὁ λόγος εὔκαιρος Cr O E ὁ λ. εὔκ. πρὸς ἄνδρα γλωσσώδη οὐδὲν κτλ. A

(*II*) 1 ἀκούσας ποτὲ Br λαλοῦντος Br N βάτραχον κεκραγότα (βοήσαντα Mo) P L Mo M 2 φωνὴν καὶ λογιζόμενος P L M δὲ αὐτὸν Cas P M 3 μικρὸν χρόνον Cas μικρὸν τῷ τόπῳ καὶ ὡς Mo τοῦτον om. Mo αὐτὸν habent P M ἐκ τῆς Br N Cas ἀπελθόντα Cas 4 προσελθὼν om. P M τοῦ θεάσασθαι Mo 5 ταρασσέτω (-ττέτω V) V P L. verba leonis pro epimythio sunt in Br N *δ*, ubi fabula ipsa ita absolvitur κατεπάτησεν αὐτόν. ὁ μ. δ. μηδεὶς πρὸ τοῦ ἰδεῖν ταρ. ὑ. τινος ut in Acc. duplex finis in Cas εἰπών, μηδένα ἀκοὴ ταραττέτω pro τῆς θέας (= Aug.), ἤγουν μηδεὶς πρὸ κτλ. 6 ὁ μ. πρὸς κτλ.] V οἵτινες . . . δυνάμενοι L M δυνάμενος P ἄνδρες γλωσσόδεις . . . ἔχοντες Mo ἄνδρα γλωσσώδη . . . δυνάμενον Cas ἐλέγχει τοὺς γλωσσ. ἄ. οἵτ. οὐδὲν πλέον ἔχουσιν ἢ τὸ λαλεῖν W *γ*

(*III*) 1 ἀπεστράφη G O (*γ*) Go Gorl alii in *α*

δὲ μικρὸν ὡς εἶδεν αὐτὸν προελθόντα τῆς λίμνης, προςελθὼν αὐτὸν κατεπάτησεν.

ὁ μῦθος δηλοῖ μὴ δεῖν πρὸ τῆς ὄψεως δι' ἀκοῆς μόνης ταράττεσθαι.

147. λέων καὶ ἀλώπηξ

(Halm 246 Ch. 197)

(*I*) λέων γηράσας καὶ μὴ δυνάμενος δι' ἀλκῆς ἑαυτῷ τροφὴν πορίζειν ἔγνω δεῖν δι' ἐπινοίας τοῦτο πρᾶξαι. καὶ δὴ παραγενόμενος εἴς τι σπήλαιον καὶ ἐνταῦθα κατακλιθεὶς προςεποιεῖτο τὸν νοσοῦντα καὶ οὕτω τὰ παραγενόμενα πρὸς αὐτὸν εἰς ἐπίσκεψιν ζῷα συλλαμβάνων κατήσθιε. πολλῶν δὲ θηρίων καταναλωθέντων ἀλώπηξ τὸ τέχνασμα αὐτοῦ συνεῖσα παρεγένετο καὶ στᾶσα ἄπωθεν τοῦ σπηλαίου ἐπυνθάνετο αὐτοῦ, πῶς ἔχοι. τοῦ δὲ εἰπόντος· „κακῶς" καὶ τὴν αἰτίαν ἐρομένου, δι' ἣν οὐκ εἴσεισιν, ἔφη· „ἀλλ' ἔγωγε εἰσῆλθον ἄν, εἰ μὴ ἑώρων πολλῶν εἰσιόντων ἴχνη, ἐξιόντος δὲ οὐδενός."
οὕτως οἱ φρόνιμοι τῶν ἀνθρώπων ἐκ τεκμηρίων προορώμενοι τοὺς κινδύνους ἐκφεύγουσι.

(*II*) λέων γηράσας καὶ μὴ δυνάμενος διαρκέσαι ἑαυτῷ εἰς τροφὴν ἔγνω δι' ἐπινοίας τι πρᾶξαι. καὶ δὴ παραγενόμενος

---

147 (*I*) Plato Alc. I 123 A Plut. de prof. in virt. 7, 79 A Themist. XIII 174 c — Lucil. frgm. 980 Mx. Hor. epist. I 1, 73 Sen. de otio 1 Babr. 103 tetr. II 2 tab. cer. 1 cf. fasc. 2 p. 117 Dos. 6 cf. fasc. 2 p. 123 Aphth. 8 cf. fasc. 2 p. 136 Synt. 37 cf. fasc. 2 p. 170

---

147 (*I*) — E A B Ba — (*II*) — V P L Mo Br Cas, qui multa ex Aug. interpolavit — (*III δ*) — M S (= Ch. 197 c), N W F J T, vers. comp. = Ch. 197 d

---

3 προεξελθόντα Gȯ Gorl Harl[1] Tur[2] (*α*) **5** ὑπ' ἀκοῆς G O (*γ*) *β* Gorl Harl[1] E Tur[2] (*α*)

147 (*I*) **1** διαρκῆσαι τρ. πορίζων B Ba cf. Vi **3** εἰς τὸ σπ. Cr B Ba κατακλιθεὶς] Schn. -κλεισθεὶς vel -κλησθεὶς libri **4** τὸν νοσοῦντα] A νοσοῦντα Cr B Ba νοσεῖν E cf. Vi νοσεῖν χαλεπῶς Cas **5** εἰς ἐπίσκεψιν] A ἐπὶ τὴν ἐπ. E Cr B Ba **6** τὰ τεχνάσματα B Ba **8** κακῶς] E Cr καλῶς ceteri **10** εἰ om. E ἐξιόντων Cr B Ba οὐδαμῶς B Ba

(*II*) **1** ἑαυτῷ] V Mo Cas *γ* (cf. infra) αὐτὸν ceteri διαρκέσειν Mo διαπρᾶξαι Br N διαπράξασθαι J

ἐν cπηλαίῳ τινὶ κατακλιθεὶc προcεποιεῖτο νοcεῖν. παραγενόμενα οὖν τὰ ἄλλα ζῷα πρὸc αὐτὸν ἐπιcκέψεωc χάριν cυλλαμβάνων κατήcθιεν αὐτά. πολλῶν οὖν θηρίων ἀναλωθέντων ἀλώπηξ τὸ τέχναcμα τούτου γνοῦcα παρεγένετο πρὸc αὐτὸν καὶ cτᾶcα ἔξωθεν τοῦ cπηλαίου ἐπυνθάνετο αὐτοῦ· „πῶc ἔχειc;“ τοῦ δὲ εἰπόντοc „καλῶc, δι' ἣν δὲ αἰτίαν [φηcὶ ὁ λέων], ὦ cύντεκνε, οὐκ εἰcέρχῃ ἐνθάδε ἔcω;“ ἡ ἀλώπηξ ἔφη· „ὅτι ὁρῶ, κύριέ μου, πολλῶν εἰcιόντων ἴχνη, ἐξιόντων δὲ οὐδενόc.“

ὁ μῦθοc δηλοῖ, ὅτι οὕτωc οἱ φρόνιμοι τῶν ἀνθρώπων ἐκ τεκμηρίων προορώμενοι τοὺc κινδύνουc ἐκφεύγουcιν.

(*III*) λέων γηράcαc καὶ μὴ δυνάμενοc διαρκέcαι αὐτῷ εἰc τροφὴν ἔγνω δι' ἐπινοίαc τι πρᾶξαι. καὶ δὴ παραγενόμενοc ἐν cπηλαίῳ τινὶ κατακλιθεὶc προcεποιεῖτο νοcεῖν. παραγενόμενα οὖν τὰ ζῷα ἐπιcκέψεωc χάριν cυλλαμβάνων

(*III α*)

---

3 κατακλιθεὶc] V W J -κλειcθεὶc cet. **5** ταῦτα Br N **6** ἡ ἀλ. Mo Br M τὸ τέχναcμα τούτου] V L N S τὸ τ. τοῦτο Br W J τῷ τεχνάcματι τοῦτο P τὸ τ. τοῦ λέοντοc M τὸ τεχν. ἐπιγνοῦcα Mo τὸ τ. αὐτοῦ cυνεῖcα (= Aug.) καὶ γνοῦcα Cas **7** ἐπ. αὐτῷ P L M αὐτὸν V πρὸc αὐτὸν Mo **8** καλῶc] „immo κακῶc, nam morbum simulabat leo“ Chr. Schn., recte, sed rhetoribus, non scribis hoc vitio dandum, κακῶc *δ γ* Acc. editores **9** φηcὶ ὁ λέων seclusi καλῶc . . . λέων om. Br N J S cυντέκνιcα (ηcα) Br L² S ἡ cύντεκνοc N ὦ cύντεκνε om. V W J ὦ φιλτάτη F cὺ ἔνθαδε V ἔνθα P ὧδε Br N **10** ἔcω om. Mo L N ἀλώπηξ . . . οὐδενὸc] P L Mo M F W secutus dedi ἡ δὲ P ἀντέφηcεν ἡ ἀλ. ὅτι κύ. μου, ὁρῶ Mo ὁρῶcα P L M **11** ἴχνη om. Mo M οὐδένα M F

dissentiunt V Br N S J: πολλοὺc εἰcιόνταc, ἐξιόντα δὲ οὐδένα V πολλοὺc εἰcιόνταc καὶ μηδένα ἐξιόντα Br N J πολλὰ μὲν εἰcιόντα τῶν θηρίων ὀλίγα δὲ ἐξιόντα S **13** εἰc τεμήριον P τοὺc om. Br N *γ* ἐκφεύγουcι τούτουc (αὐτούc Cas) Mo Cas

(*III*) **3** κατακλειcθεὶc libri κατακλιθεὶc Heus.

---

147 (*II*) pauca tantum immutata in

(*III γ*) — F f Vo Laud G g Bo E Go Gorl Jen O Tur —

[3] καὶ κατακλειcθεὶc (καὶ om. F f G g Jen O) [8] κακῶc, δι' ἣν αἰτ· φηcι ὁ λέων (ὅτι Laud) οὐκ ἔρχῃ ὧδε ἔcω [10] ὅτι ὁρῶ, κύριέ μου, ἴχνη πολλῶν μὲν εἰcιόντων ὀλίγων δὲ ἐξιόντων (ἐξιόντοc δὲ οὐδενόc Laud) [13] προορώμενοι τὸ μέλλον τοὺc κ. ἐκφ.

κατήcθιεν αὐτά. πολλῶν οὖν ζώων ἀναλωθέντων ἀλώπηξ τὸ τέχναcμα τοῦτο γνοῦcα παρεγένετο πρὸc αὐτὸν καὶ cτᾶcα ἔξωθεν τοῦ cπηλαίου ἐπυνθάνετο, πῶc ἔχει. τοῦ δὲ εἰπόντοc „κακῶc" καὶ τὴν αἰτίαν πυνθανομένου, δι' ἣν οὐκ εἰcέρχεται, ἡ ἀλώπηξ ἔφη· „ὅτι ὁρῶ ἴχνη πολλῶν εἰcιόντων, ὀλίγων δὲ ἐξιόντων."

ὁ μῦθοc δηλοῖ, ὅτι οἱ φρόνιμοι τῶν ἀνθρώπων ἐκ τεκμηρίων προορώμενοι τοὺc κινδύνουc ἐκφεύγουcιν.

148. λέων καὶ ταῦρος

(Halm 262 Ch. 212)

(*I*) λέων ταύρῳ παμμεγέθει ἐπιβουλεύων ἐβουλήθη δόλῳ αὐτοῦ περιγενέcθαι. διόπερ πρόβατον τεθυκέναι φήcαc πρὸc ἑcτίαcιν αὐτὸν ἐκάλεcε βουλόμενοc κατακλιθέντα αὐτὸν καταγωνίcαcθαι. ὁ δὲ ἐλθὼν καὶ θεαcάμενοc λέβητάc τε πολλοὺc καὶ ὀβελίcκουc μεγάλουc, τὸ δὲ πρόβατον οὐδαμοῦ, μηδὲν εἰπὼν ἀπηλλάττετο. τοῦ δὲ λέοντοc αἰτιωμένου αὐτὸν καὶ τὴν αἰτίαν πυνθανομένου, δι' ἣν οὐδὲν δεινὸν παθὼν ἄλογοc ἄπειcιν, ἔφη· „ἀλλ' ἔγωγε οὐ μάτην τοῦτο ποιῶ. ὁρῶ γὰρ παραcκευὴν οὐχ ὡc εἰc πρόβατον, ἀλλ' εἰc ταῦρον ἡτοιμαcμένην."

ὁ λόγοc δηλοῖ, ὅτι τοὺc φρονίμουc τῶν ἀνθρώπων αἱ τῶν πονηρῶν τέχναι οὐ λανθάνουcι.

---

148 (*I*) Babr. 97 tab. cer. 4

---

148 (*I*) — C O E Cr A B Ba —

---

148 (*I*) **1** ταῦρον παμμεγέθη E ταῦρον καλέcαc ἐπιβουλεύων αὐτοῦ om. ἐβουλήθη O δόλῳ] Cr E **2** πρόβατα A **3** ἐφ' ἑcτίαcιν O E αὐτὸν alt. om. Cr O **4** λέβηταc τε κτλ.] O E Cr λέβ πολλοὺc κτλ. A λέβηταc (πολλοὺc C) καὶ ὀβ. μ. C B Ba an λέβητα μέγαν καὶ πολλοὺc ὀβελίcκουc? **5** μηδαμοῦ O **7** δεινὸν om. O διὰ τί δεινοπαθῶν B Ba **8** οὐχὶ E οὐκ B Ba τοῦτο om. C A **10** ὡc εἰc Schn.

λέων ταύρῳ παμμεγέθει ἐπιβουλεύων ἠβουλήθη αὐτοῦ (*II*) περιγενέcθαι. καὶ δὴ προcκαλεcάμενοc ὁ λέων τὸν ταῦρον ἔφη πρὸc αὐτόν· „πρόβατον ἔθυcα, ὦ φίλε, καὶ εἰ βούλει, cήμερον cυνεcτιαθῶμεν ὁμοῦ.“ ἠβούλετο δὲ ὁ λέων μετὰ τὸ κατακλιθῆναι καταθοινήcαcθαι τὸν ταῦρον. ὁ δὲ ταῦροc ἐλθὼν ἐθεάcατο λέβηταc πολλοὺc καὶ ὀβελίcκουc μεγάλουc, πρόβατον δὲ οὐδαμοῦ. ταῦτα οὖν ἰδὼν ὁ ταῦροc ἐξῆλθεν. τοῦ δὲ λέοντοc αἰτιωμένου αὐτὸν καὶ τὴν αἰτίαν μαθεῖν θέλοντοc ἔφη ὁ ταῦροc· „οὐ μάτην ἐκφεύγω, ὦ λέων. ὁρῶ γὰρ καταcκευὴν οὐχ ὡc εἰc πρόβατον, ἀλλ' εἰc ταῦρον ἡτοιμαcμένην.“

ὁ μῦθοc δηλοῖ, ὅτι τοὺc φρονίμουc τῶν ἀνθρώπων αἱ τῶν πονηρῶν τέχναι οὐ λανθάνουcιν.

149. λέων καὶ γεωργός

(Halm 250 Ch. 198)

λέων εἰc ἔπαυλιν γεωργοῦ εἰcῆλθεν· ὁ δὲ cυλλαβεῖν αὐτὸν βουλόμενοc τὴν αὐλιαίαν θύραν ἔκλειcε. καὶ ὃc ἐξελθεῖν μὴ δυνάμενοc πρῶτον μὲν τὰ ποίμνια διέφθειρεν, ἔπειτα δὲ καὶ ἐπὶ τοὺc βόαc ἐτράπη. καὶ ὁ γεωργὸc φοβη-

---

(*II*) — V P L Mo Br Cas (*III δ*) — M N W F J — T vers. comp. = Ch. 217 c (*III γ*) **149** — F Cas O E A Cr B Ba — (*I* a)

(*II*) **1** ταῦρον παμμεγέθη M W F *γ* πρὸc (om. Br) αὐτὸν περι- (παρα Cas) γενέcθαι Br N Cas αὐτὸν εἰc τὴν οἰκίαν αὐτοῦ ἀγαγεῖν J **2** καὶ προcκ. αὐτὸν ἔφη W *γ* **5** τὸ κατακλ. τὸν ταῦρον φαγεῖν Br N J τοῦτον καταφ. *γ* **6** ὡc ἐλθὼν Mo πολλοὺc om. *γ* **7** ταῦτα ἰδ. ὁ. τ. om. Mo N J Cas ταῦτα ἰδ. μετὰ cπουδῆc ἐξ. W *γ* ἐξῆλθεν τοῦ cπηλαίου Mo ἐξ. φεύγων N **8** τοῦ δὲ λέοντοc καὶ αἰτ. Br τοῦ δὲ αἰτ. N αἰτίαν πυνθανομένου P M **9** ἐπιζητοῦντοc ἔφη αὐτῷ ὁ Mo μ. θ. δι' ἣν ἐξέλθοι W *γ* φεύγω P M F λέον Ch. **10** παραcκευὴν P M F οὐκ εἰc πρ. Br N J οὐχ εἰc Mo **12** φρονίμουc ἄνδραc τῶν πον. αἱ τέχναι Mo — τῶν πον. αἱ τέχναι etiam Br N οὐ τῶν πον. ἐπι (ἐκ Laud Vo) λανθ. τ. *γ*

149 **1** γεωργοῦ ἔπαυλιν O E Cr εἰcελθὼν F **2** αὐτὸν] F Cas a om. rel. αὐλιαίαν] F Cas Schn. αὐλιαῖαν A αὐλαῖαν B Ba αὐλίαν E Cr αὔλειον a αὐλείαν O Halm Ch. καὶ ὡc Cas Cr E **3** πρῶτα A **4** δὲ om. O A B Ba

θεὶς περὶ αὐτοῦ τὴν θύραν ἀνέῳξεν. ἀπαλλαγέντος δὲ τοῦ λέοντος ἡ γυνὴ θεασαμένη αὐτὸν στένοντα εἶπεν· „ἀλλὰ σύ γε δίκαια πέπονθας· τί γὰρ συγκλεῖσαι τοῦτον ἠβουλήθης, ὃν καὶ μακρόθεν σε ἔδει τρέμειν;"

οὕτως οἱ τοὺς ἰσχυροτέρους διερεθίζοντες εἰκότως τὰς ἑαυτῶν πλημμελείας ὑπομένουσι.

150. λέων καὶ δελφίς

(Halm 251 Ch. 203)

λέων ἔν τινι αἰγιαλῷ πλαζόμενος ὡς ἐθεάσατο δελφῖνα παρακύψαντα, τοῦτον ἐπὶ συμμαχίαν παρεκάλεσε λέγων, ὅτι ἁρμόζει μάλιστα φίλους αὐτοὺς καὶ βοηθοὺς γενέσθαι· ὁ μὲν γὰρ τῶν θαλαττίων ζῴων, αὐτὸς δὲ τῶν χερσαίων βασιλεύει. τοῦ δὲ ἀσμένως ἐπινεύσαντος ὁ λέων μετ' οὐ πολὺν χρόνον μάχην ἔχων πρὸς ταῦρον ἄγριον ἐπεκαλεῖτο τὸν δελφῖνα ἐπὶ βοήθειαν. ὡς δὲ ἐκεῖνος καίπερ βουλόμενος ἐκβῆναι τῆς θαλάσσης οὐκ ἠδύνατο, ᾐτιᾶτο αὐτὸν ὁ λέων ὡς προδότην. ὁ δὲ ὑποτυχὼν εἶπεν· „ἀλλὰ μὴ ἐμὲ μέμφου, ἀλλὰ τὴν φύσιν, ἥτις με θαλάσσιον ποιήσασα γῆς οὐκ ἐᾷ ἐπιβῆναι."

---

150 cf. Ael. h. an. XIV 25. XV 17

---

150 —EACr— =(*I*a)

---

5 περὶ αὐτὸν A ἤνοιξεν A ἠνέωξεν Cas δὲ αὐτοῦ τοῦ A 6 ἀλλά γε συ Cas A B Ba σὺ (om. ἀ. γε) F 7 συγκλεῖσαι τοῦτον ἠβουλήθης] F Cas B Ba τοσοῦτον συγκλ. ἠβούλου A τ. συγκλ. ἐβουλεύου O E Cr τοῦτον συνέκλεισας a 8 ἀπὸ μακρ. A φεύγειν pro τρέμειν O E Cr 9 οἱ πονηροὶ A ἰσχυροὺς Cas οἱ τοὺς ἐχθροὺς F τὰς ἑαυτῶν] O A τ. ἐξ αὐτῶν rel.

150 1 ἐπί τινι E πελαζόμενος A a 2 ἐπὶ συμμαχία A ἐ. σ. τοῦτον ἐκάλει καὶ παρεκάλεσε E 3 ἁρμόττει E Cr φίλους αὐτοὺς] E φίλους ἑαυτοὺς A φίλους a 4 χερσαίων ζώων εἰμὶ βασιλεὺς A Schn., qui ab initio σὺ μὲν dedit 5 μετ' οὐ πολὺν χρόνον] A Cr οὐ μετὰ πολὺν χρ. a ἐπὶ πολὺν χρ. E 6 τινὰ μάχην A ἐπεκάλει Cr προσεκάλει τ. δ. εἰς βοήθειαν A 7 καίπερ om. A 8 καὶ ᾐτιᾶτο E Cr 9 ὁ ... εἶπε om. E Cr μέμφου τὴν φύσιν δὲ A 10 γῆς οὐκ ἐᾷ ἐπιβῆναι] A οὐκ ἐᾷ ἐκβαίνειν E Cr οὐκ ἐᾷ ἐπιμένειν a

ἀτὰρ οὖν καὶ ἡμᾶς δεῖ φιλίαν σπενδομένους τοιούτους ἐπιλέγεσθαι συμμάχους, οἳ ἐν κινδύνοις παρεῖναι ἡμῖν δύνανται.

151. λέων φοβηθεὶς μῦν

(Halm 257 Ch. 214)

λέοντος κοιμωμένου μῦς τῷ στόματι διέδραμεν. ὁ δὲ ἐξαναστὰς πανταχοῦ περιειλίττετο ζητῶν τὸν προσεληλυθότα. ἀλώπηξ δὲ αὐτὸν θεασαμένη ὠνείδιζεν, εἰ λέων ὢν ἐφοβήθη μῦν. καὶ ὃς ἀπεκρίνατο· „οὐ τὸν μῦν ἐφοβήθην, ἀλλὰ κατὰ τῆς τόλμης αὐτοῦ τὴν ὀργὴν ἔχω."

[ὁ λόγος διδάσκει τοὺς φρονίμους τῶν ἀνθρώπων μηδὲ τῶν μετρίων πραγμάτων καταφρονεῖν.]

151 a

(Halm 257 b Ch. 214 b)

λέων ποτὲ καύματος ὥραν ἔν τινι σπηλαίῳ ἀνεπαύετο. μυὸς δὲ διὰ τῆς χαίτης αὐτοῦ διαδραμόντος ταραχθεὶς ἐξαναστὰς φοβερὸν ἀπέβλεπεν. ἀλώπεκος δὲ καταγελώσης εἶπεν· „οὐ τὸν μῦν ἐφοβήθην, ἀλλὰ † τὴν πεῖραν."

ὁ λόγος δηλοῖ, ὅτι τοῖς γενναίοις ἀπειρία χεῖρόν ἐστι τοῦ κολάζεσθαι.

---

151 Tzetz. chil. XIII 492 — Babr. 82 tetr. I 4

---

151 — C Cas E Cr A B Ba (Salm.) S **151 a** B Ba Salm.

---

12 Οὕτως καὶ E Δεῖ ἡμᾶς a 13 τοῖς κινδύνοις A παρεῖναι ἡμῖν δύνανται] Cr a παρ' ἡμῖν δύνανται E πανταχοῦ παρεῖναι δεδύνηνται A

151 1 τῷ στόματι διέδραμεν] C Cas τῷ σώματι διέδρ. B Ba Salm. τῷ σώματι περιέδρ. A τῷ σώματι ἐπέδρ. S τὸ σῶμα διέδρ. E Cr τοῦ vel διὰ τοῦ στόματος διέδραμε Kor. 2 πανταχόθεν E περιειλεῖτο A S περιελίττετο E Cr περιηλυτεύετο? Halm 3 ἐμειδίαζεν pro ὠνείδιζεν Cr ὢν om. A 4 ηὐλαβήθη E ὁ δέ φησιν C Cas οὐ τ. μῦν ἐφοβ. om. C Cas A S οὐ τὴν δύναμιν (= τὴν μῦν?) τοῦ μυὸς ἐφ. B Ba 5 τόλμης] Bölte γνώμης C Cas B Ba ἀλλ' οὐ κατὰ γνώμην αὐτοῦ τὴν ὁρμὴν ἔχω A S ἐθαύμασα δὲ εἴ τις λέοντος κοιμωμένου τὸ σῶμα ἐπιδραμεῖν ἐτόλμησεν E Cr epimythium ab hac fabula alienum e fab. 155 petitum est. aliam huius fabulae formam, quae propius ad Babrium accedit, habes

151 a 1 ὥρᾳ Nev. 2 ταραχθεὶς καὶ Nev. — finem fabulae amplificavit ita Nev., ut e Palatino quinto (= par. Bodl.) post ἐφο-

152. λέων καὶ ἄρκτος

(Halm 247 Ch. 201)

(*I*) λέων καὶ ἄρκτοϲ ἐλάφου νεβρὸν εὑρόντεϲ περὶ τούτου ἐμάχοντο. δεινῶϲ δὲ ὑπ' ἀλλήλων διατεθέντεϲ ἐπειδὴ ἐϲκοτώθηϲαν, ἡμιθανεῖϲ ἔκειντο. ἀλώπηξ δὲ παριοῦϲα ὡϲ ἐθεάϲατο τοὺϲ μὲν παρειμένουϲ, τὸν δὲ νεβρὸν ἐν μέϲῳ κείμενον, ἀραμένη αὐτὸν διὰ μέϲου αὐτῶν ἀπηλλάττετο. οἱ δὲ ἐξαναϲτῆναι μὴ δυνάμενοι ἔφαϲαν· „ἄθλιοι ἡμεῖϲ, εἴ γε ἀλώπεκι ἐμοχθοῦμεν.“

ὁ λόγοϲ δηλοῖ, ὅτι εὐλόγωϲ ἐκεῖνοι ἄχθονται, οἳ τῶν ἰδίων καμάτων τοὺϲ τυχόνταϲ ὁρῶϲι τὰϲ ἐπικαρπίαϲ ἀποφερομένουϲ.

(*II*) λέων καὶ ἄρκτοϲ ϲέλαν βούνευρον εὑρόντεϲ περὶ τούτου ἐμάχοντο. δεινῶϲ οὖν ὑπ' ἀλλήλων διατεθέντεϲ ἐπειδὴ ἐκ τῆϲ πολλῆϲ μάχηϲ ἐϲκοτίϲθηϲαν, ἔκειντο ἡμιθανεῖϲ. ἀλώπηξ δὲ παριοῦϲα ὡϲ ἐθεάϲατο αὐτοὺϲ πεπτωκόταϲ, τὸ δὲ

---

152 (*I*) tetr. II 13

---

152 (*I*) — C F E Cr A — (*I* a) (*II*) — V O Mo Br, Cas, qui plurima ad Aug. correxit (*III δ*) — N vers. incl. = Ch. 201 e, J W cum γ faciunt cf. infra

---

βήθην insereret ἀλλὰ τὴν κακὴν ὁδὸν καὶ ϲυνήθειαν ἀνατρέπω atque epimythium quoque Bodleianum adderet. Ceterum quod Tzetzes habet οὐ μῦν πτοοῦμαι . . . τὴν δὲ ὁρμὴν ἐκτρέπω indicare videtur pro ὁρμήν, ὀργήν, (ὁδὸν tetr.) restituendum esse ὀϲμὴν — foetorem evitare volui

152 (*I*) 1 ἐλάφου νεβρὸν εὑρόντεϲ] C F ἐλάφου νεῦρον ϲύροντεϲ E Cr ἔλαφον εὑρόντεϲ A 2 ἐμάχοντο, ὅτιϲ αὐτὸν καταθοινήϲεται F πότεροϲ αὐτ. καταθ. a δὲ ὑπὲρ E δὲ om. C A διατεθέντων A 3 ἐϲκοτώθη F A ἐφονεύθηϲαν a 4 τὸ δὲ νεῦρον ἔϲω (μέϲον Cr) κείμενον A Cr τῶν δὲ νεύρων μέϲων κειμένων E 5 αὐτὸ A διὰ μέϲων E Cr 6 ἐξαναϲτῆϲαι E 8 ἐκείνου E 9 ἰδίων πόνων E Cr ἐπιφερομένουϲ A Cr

(*II*) 1 ϲέλαν (ϲέλαϲ Br) βούνευρον V O Mo Br ἐλάφου νεῦρον N Cas περὶ ταύτηϲ Mo Br 3 ἐπὶ τῆϲ π. μ. Mo καὶ ἔκειντο M Br 4 λύκοϲ δὲ περιὸν . . τὸν δὲ βούν. Br καὶ τὸν νεβρὸν N τὸ δὲ νεβρὸν Cas

βούνευρον ἐν μέςῳ κείμενον, εἰςελθοῦςα διὰ μέςου αὐτῶν καὶ ἀραμένη τοῦτο δρομαίως ᾤχετο. οἱ δὲ ἰδόντες αὐτὴν καὶ ἀναςτῆναι μὴ δυνάμενοι εἶπον· „ἄθλιοι ἡμεῖς, ὅτι δι' ἀλώπεκα ἐμοχθοῦμεν."

ὁ μῦθος δηλοῖ, ὅτι πολλοὶ κόπον καὶ μόχθον ὑφίςτανται εἰς ἑτέρων κέρδος.

(= Ch. 301 c) (*III γ*)

λέων καὶ ἄρκτος βρῶμά τι εὑρόντες ἐν ἕλει περὶ τούτου ἐμάχοντο. δεινῶς οὖν ὑπ' ἀλλήλων κατακοπέντες ἐςκοτίςθηςαν ἐκ τῆς πολλῆς μάχης καὶ ἔκειντο ἡμιθανεῖς. ἀλώπηξ δὲ παριοῦςα καὶ θεαςαμένη πεπτωκότας καὶ τὸ βρῶμα κείμενον ἐν μέςῳ ἅραςα τοῦτο δρομαίως ᾤχετο. οἱ δὲ ἰδόντες αὐτὴν καὶ μὴ δυνάμενοι ἀναςτῆναι εἶπον· „ἄθλιοι ὄντως ἡμεῖς, ὅτι δι' ἀλώπεκα ἐμαχόμεθα."

ὁ μῦθος δηλοῖ, ὅτι πολλοὶ κοπιῶντες καὶ μοχθοῦντες ἑτέροις κέρδος προςκτῶνται.

λέων καὶ ἄρκτος βουνεύρῳ περιτυχόντες περὶ τούτου (*III*) ἐμάχοντο. δεινῶς οὖν ὑπ' ἀλλήλων διατεθέντες ὡς ἐκ τῆς πολλῆς μάχης καὶ ςκοτοδινιᾶςαι ἀπαυδήςαντες ἔκειντο. ἀλώπηξ δὲ κύκλῳ περιιοῦςα πεπτωκότας αὐτοὺς ἰδοῦςα

(*III γ*) — F Vo (= cod. Hudsonis, Hptm. 386 Kor. 39 b) Laud B² Bo E O Tur¹ — accedunt W (*δ*) E Harl² Tur² (*III* a) (*III β*) (*III α*)

---

5 εἰςελθὼν καὶ ἀράμενος . . 6 αὐτὸν . . λύκου N 6 καὶ τοῦτο ἅραςα Mo καὶ om. V τοῦτον Br N κείμενον τοῦτο ἐν τῷ μέςῳ ἀμφοῖν διαδραμοῦςα καὶ ἅραςα J 9 μόχθον ποιοῦνται O ποιοῦςι Mo aliud epimythium ἄλλοι κοπιῶντες (καὶ Br) ἄλλοι κερδαίνουςιν in Br N et in Cas, qui post Augustanum epimythium addit ἢ ὅτι πολλοὶ μόχθον καὶ κόπον ἑτέρων ποιοῦνται ἴδιον κέρδος

(*III γ*) 1 εὑρόντος B² τοῦτο Vo 2 κατακοπέντων Laud Tur¹ Tur² 4 περιιοῦςα libri θεαςαμένη πεπτωκότας καὶ τὸ] Tur¹ θεαςαμένη πεπτωκότας ἰδοῦςα τὸ W Bo E θεας. πεπτ. ἰδοῦςα τὸ Laud θεας. πεπτ. ἰδοῦςά τε τὸ O θεαςαμένη πεπτ. περιιδοῦςα ceteri 5 δρομαῖος E Kor. 7 ὄντες Vo Laud O 9 ἕτεροι W

(*III*) 1 ὁμοῦ νεβρῷ Kor. Ch. 3 exspectaveris καὶ τοῦ ςκοτ.

καὶ τὸ βούνευρον ἐν τῷ μέcῳ κείμενον τοῦτο διὰ μέcου ἀμφοῖν διαδραμοῦcα καὶ ἁρπάcαcα φεύγουcα ᾤχετο. οἱ δὲ βλέποντεc μὲν αὐτήν, μὴ δυνάμενοι δὲ ἀναcτῆναι· „δείλαιοι ἡμεῖc“, εἶπον, „ὅτι δι' ἀλώπεκα ἐμοχθοῦμεν.“

ὁ μῦθοc δηλοῖ, ὅτι ἄλλων κοπιώντων ἄλλοι κερδαίνουcιν.

153. λέων καὶ λαγωός

(Halm 254 Ch. 205)

λέων περιτυχὼν λαγωῷ κοιμωμένῳ τοῦτον ἔμελλε καταφαγεῖν. μεταξὺ δὲ θεαcάμενοc ἔλαφον παριοῦcαν ἀφεὶc τὸν λαγωὸν ἐκείνην ἐδίωκεν. ὁ μὲν οὖν ἀπὸ τῶν ψόφων ἐξαναcτὰc ἔφυγεν· ὁ δὲ λέων ἐπὶ πολὺ διώξαc τὴν ἔλαφον ἐπειδὴ καταλαβεῖν οὐκ ἠδυνήθη, ἐπανῆλθεν ἐπὶ τὸν λαγωόν. εὑρὼν δὲ καὶ αὐτὸν πεφευγότα ἔφη· „ἀλλ' ἔγωγε δίκαια πέπονθα, ὅτι ἀφεὶc τὴν ἐν χερcὶν βορὰν ἐλπίδα μείζονα προὔκρινα.“

οὕτωc ἔνιοι τῶν ἀνθρώπων μετρίοιc κέρδεcι μὴ ἀρκούμενοι λανθάνουcι καὶ τὰ ἐν χερcὶ προϊέμενοι.

154. λέων, ὄνος καὶ ἀλώπηξ

(Halm 260 Ch. 210)

(*I*) λέων καὶ ὄνοc καὶ ἀλώπηξ κοινωνίαν πρὸc ἀλλήλουc cπειcάμενοι ἐξῆλθον εἰc ἄγραν. πολλὴν δὲ ⟨θήραν⟩ αὐτῶν

---

154 (*I*) tetr. I 48 — Phaedr. I 5

---

153 — C F Cas Cr O E A S — (*I* a) **154** (*I*) — C F O E Cr A B Ba — (*I* a)

---

5 τὸν βούνευρον J G (β) Barb[1] (α) τὸ νεβρὸν Kor. Ch. τούτων K (α) 6 τοῦτο ante ἁρπάcαcα coll. Ch. 7 ἀναcτῆναι δὲ (δὲ om. Plan.) μὴ δυν. β Plan J (γ)

153 1 ἐπιτυχὼν A S 3 παρὰ τῶν ψόφων O παρὰ τὸν ψόφον E Cr ὑπὸ Kor. Schn. 4 ἔφευγεν A O 5 ἐπανῆλθε πάλιν C F Cas 6 ἐγὼ C E 7 ὅτιπερ ἀφεὶc Cas a παραφεὶc Cr ἀφεὶc γὰρ O ἀφεὶc E ἐλπίδα μείζονα προὔκρινα] E Cr S A a ἐπ' ἐλπ. μείζ. ἔδραμον O ἀδήλοιc ἐλπίcιν ἐδίωκον (ἀδήλουc ἐλπίδαc?) C F Cas 9 μετρίοιc κέρδεcι μὴ ἀρκούμενοι] O E Cr μικροῖc κέρδ. μὴ ἀρκ. C F Cas μὴ μετρίοιc κέρδεcιν ἐπαρκούμενοι A S ἀρκούμενοι, μείζοναc δὲ ἐλπίδαc προκρίνοντεc E a

154 (*I*) 1 εἰc ἀλλ. O E Cr 2 cπειcάμενοι] a ποιηcάμενοι A cτειλάμενοι cet. θήραν e Vi inseruit St.

cυλλαβόντων ὁ λέων προcέταξε τῷ ὄνῳ διελεῖν αὐτοῖc. τοῦ δὲ τρεῖc μοίραc ποιήcαντοc καὶ ἐκλέξαcθαι αὐτῷ παραινοῦντοc ὁ λέων ἀγανακτήcαc [ἁλλόμενοc] κατεθοινήcατο αὐτὸν καὶ τῇ ἀλώπεκι μερίcαι προcέταξεν. ἡ δὲ πάντα εἰc μίαν μερίδα cυναθροίcαcα καὶ μικρὰ ἑαυτῇ ὑπολιπομένη παρῄνει αὐτῷ ἑλέcθαι. ἐρομένου δὲ αὐτὴν τοῦ λέοντοc, [καὶ] τίc αὐτὴν οὕτω διανέμειν ἐδίδαξεν, ἡ ἀλώπηξ εἶπεν· „αἱ τοῦ ὄνου cυμφοραί.“

ὁ λόγοc δηλοῖ, ὅτι cωφρονιcμὸc γίνεται τοῖc ἀνθρώποιc τὰ τῶν πέλαc δυcτυχήματα.

λέων καὶ ὄνοc καὶ ἀλώπηξ κοινωνίαν πρὸc ἀλλήλουc (*II*) ποιηcάμενοι ἐξῆλθον πρὸc ἄγραν. πολλὴν οὖν θήραν cυλλαβόντεc προcέταξεν ὁ λέων τῷ ὄνῳ διελεῖν αὐτήν. τοῦ δὲ τρεῖc μοίραc ἐξ ἴcου ποιήcαντοc ἐκλέξαcθαι παρῄνει αὐτοῖc. ὁ δὲ λέων ἀγανακτήcαc κατεθοινήcατο τὸν ὄνον· εἶτα προcέταξε τῇ ἀλώπεκι μοιράcαι. ἡ δὲ εἰc μίαν μερίδα ἅπαντα cυνῆξε καταλιποῦcα μικρὰν καὶ οὐδαμινὴν μερίδα

(*II*) — V O (mutilus) P L Mo Br Cas (*III δ*) — M N W — T vers. incl. = Ch. 210 d (*III γ*, accedunt ex *α* Go Gorl E Harl[1] Tur[2])

---

3 -λαβόντεc δὲ αὐτὴν ὁ λ. B Ba 4 μοίραc om. A μ. ἐξ. ἴcου a 5 παραινοῦντοc αὐτὸν C F ἀλλόμενοc omissum in a saepsi — cf. Vi κατεθοίνηcε E 6 αὐτὸν om. E B Ba 7 μίαν μοῖραν ποιήcαcα O ἀπολ. C A Cr 8 περιήει αὐτὰ ἑλέcθαι C F αὐτὸν O τοῦ δὲ εἰπόντοc C F 9 καὶ (omissum in a) seclusit Schn. an fuit „καὶ τίc cε οὕτω κτλ.“? ἡ τ. ὄ. cυμφορά a

(*II*) 2 εἰc ἄγραν P L M cυλλ. ἦλθον εἰc τὸ φαγεῖν. προc. γοῦν τῷ ὄ. ὁ λέων Cas *γ* 3 προc. τὸν ὄνον ὁ λ. P O ὁ λέων om. L W αὐτοῖc V αὐτὰ L αὐτὰ αὐτοῖc O 4 ἰcομοιρίαν ποιήcαντοc τοῦ λέοντοc ἀγανακτήcαντοc ἐτηθηνίcατο αὐτόν. Mo ποιήcαντοc καὶ ἐκλ. παραινοῦντοc αὐτοὺc ὁ λέων ἀγ. Cas 5 κατεθ. (ἐτηθ. O) αὐτόν Mo O διεcπάραξεν αὐτόν M τὸν ὄνον κατηγόρει Br ἐθανάτωcε W *γ* 6 μοιράcαι αὐτά M 7 ἅπ. εἰc μ. μ. P L W Cas προc. οὖν τῇ ἀλ. μοιρίcαcθαι ταύτην. ἡ δὲ εἰc μίαν μερ. cυνάξαcα πάντα Mo εἰc μίαν cυνῆξε μοῖραν *γ* καὶ om. P L W cυνάξαcα κατέλιπεν ἑαυτῇ μίαν μερ. μικράν. Br N κατέλειψεν ἑαυτὴν μίαν μερ. οὐδαμινήν. ἀποδεξάμενοc οὖν τοῦτο ὁ λέων ἔφη αὐτήν Mo

ἑαυτῇ. ὁ δὲ λέων ἔφη· „ὦ αὕτη, τίς ϲε οὕτωϲ διανέμειν ἐδίδαξεν;“ ἡ δὲ ἀλώπηξ ἔφη· „ἡ τοῦ ὄνου ϲυμφορά.“

ὁ μῦθοϲ δηλοῖ, ὅτι ϲωφρονιϲμοὶ τοῖϲ ἀνθρώποιϲ γίνονται τὰ τῶν πέλαϲ δυϲτυχήματα.

(*III*) λέων καὶ ὄνοϲ καὶ ἀλώπηξ κοινωνίαν ποιηϲάμενοι ἐξῆλθον πρὸϲ ἄγραν. πολλῆϲ οὖν θήραϲ ϲυλληφθείϲηϲ προϲέταξεν ὁ λέων τῷ ὄνῳ διελεῖν αὐτοῖϲ. ὁ δὲ τρεῖϲ μερίδαϲ ποιηϲάμενοϲ ἐκ τῶν ἴϲων ἐκλέξαϲθαι τούτουϲ προὐτρέπετο. καὶ ὁ λέων θυμωθεὶϲ τὸν ὄνον κατέφαγεν. εἶτα τῇ ἀλώπεκι μερίζειν ἐκέλευϲεν. ἡ δ' εἰϲ μίαν μερίδα πάντα ϲωρεύϲαϲα ἑαυτῇ βραχύ τι κατέλιπεν. καὶ ὁ λέων πρὸϲ αὐτήν· „τίϲ ϲε, ὦ βελτίϲτη, διαιρεῖν οὕτωϲ ἐδίδαξεν;“ ἡ δ' εἶπεν· „ἡ τοῦ ὄνου ϲυμφορά.“

ὁ μῦθοϲ, ὅτι ϲωφρονιϲμοὶ γίνονται τοῖϲ ἀνθρώποιϲ τὰ τῶν πέλαϲ δυϲτυχήματα.

155. λέων καὶ μῦς

(Halm 256 Ch. 207)

λέοντοϲ κοιμωμένου μῦϲ τῷ ϲώματι ἐπέδραμεν· ὁ δὲ ἐξαναϲτὰϲ καὶ ϲυλλαβὼν αὐτὸν οἷόϲ τε ἦν καταθοινήϲαϲθαι.

---

155 Iulian. ep. 8 p. 377 D Liban. ep. 47, 16 p. 24 W — Babr. 107 tab. cer. 2 cf. fasc. 2 p. 118 Dos. 2 cf. fasc. 2 p. 121 Rom. XXII

(*III β*) (*III α*) — cum *γ* faciunt Go Gorl E Harl[3] Tur[2] (*α*) — **155** — F Cas O E Cr A B Ba (Salm) —

---

8 ἔφη om. Br N ὦ ἄρτι L ὦ φίλη Cas ὦ οὗτοϲ *γ* deest in Mo **9** δὲ om. Mo ἀλώπηξ om. Br N *γ* ἡ τοῦ ἀνθρώπου ϲ. Mo **10** εἰϲ ϲωφρονιϲμὸν *γ* τῶν ἀνθρώπων V L M τοῖϲ ἄλλοιϲ ἀνθρώποιϲ ἐκγένονται Br γίνεται ἡ τοῦ πέλαϲ ϲυμφορά N

(*III*) **7** κατέλειπεν *α* Acc. **8** ὁ ὄνοϲ pro ἡ τοῦ ὄ. ϲ. Plan **10** γίνονται om. C G P (*β*)

155 **1** ϲτόματι F Cas Salm. cf. 151 αὐτοῦ περιέδραμεν Cas παρέδρ. O **2** ἐξαν. ϲυνελάβετο ἔμελλε θοινήϲεϲθαι F ϲυλλαβὼν — δεηθέντοϲ] O E Cr ϲυλλ. αὐτ. ἔμελλε καταθ., τοῦ δὲ Cas ϲυλλ. ἐδεήθη αὐτοῦ A B Ba ἐδεήθη οὖν αὐτοῦ μὴ θοινήϲαϲθαι αὐτὸν λέγων ὅτι ϲωθ. πολλὰϲ χάρ. αὐτῷ ἀποδώϲειν F

τοῦ δὲ δεηθέντος μεθεῖναι αὐτὸν καὶ λέγοντος, ὅτι cωθεὶc χάριτας αὐτῷ ἀποδώcει, γελάcαc ἀπέλυcεν αὐτόν. cυνέβη δὲ αὐτὸν μετ' οὐ πολὺ τῇ τοῦ μυὸc χάριτι περιcωθῆναι. ἐπειδὴ γὰρ cυλληφθεὶc ὑπό τινων κυνηγῶν κάλῳ ἐπεδέθη τινὶ δένδρῳ, τὸ τηνικαῦτα ἀκούcαc ὁ μῦc αὐτοῦ cτένοντοc ἐλθὼν τὸν κάλων περιέτρωγε καὶ λύcαc αὐτὸν ἔφη· „cὺ μὲν οὕτω μου τότε κατεγέλαcαc ὡc μὴ προcδεχόμενοc παρ' ἐμοῦ ἀμοιβὴν κομιεῖcθαι, νῦν δ' εὖ ἴcθι, ὅτι ἔcτι καὶ παρὰ μυcὶ χάριc."

ὁ λόγοc δηλοῖ, ὅτι ἐν καιρῶν μεταβολαῖc καὶ οἱ cφόδρα δυνατοὶ τῶν ἀcθενεcτέρων ἐνδεεῖc γίνονται.

156. λέων καὶ ὄνος

(Halm 259 Ch. 209)

λέων καὶ ὄνοc κοινωνίαν πρὸc ἀλλήλουc cπειcάμενοι ἐξῆλθον ἐπὶ θήραν. γενομένων δὲ αὐτῶν κατά τι cπήλαιον, ἐν ᾧ ἦcαν ἄγριαι αἶγεc, ὁ μὲν λέων πρὸ τοῦ cτομίου cτὰc ἐξιούcαc ⟨τὰc αἶγαc⟩ παρετηρεῖτο, ὁ δὲ εἰcελθὼν ἐνήλατό τε αὐταῖc καὶ ὠγκᾶτο ἐκφοβεῖν βουλόμενοc. τοῦ δὲ λέοντοc

---

156 tetr. II 1

---

156 — F Cas O E Cr A — (*I* a)

---

3 μὴ θῦναι (φαγεῖν A) αὐτὸν λέγων A B Ba **4** πολλὰc χάριταc F A χάριταc cοι ἀποδώcω μειδιάcαc Cas ὁ δὲ γελ. F Ba γελ. δὲ B U γελ. οὖν Cas **6** κυνηγετῶν E Cr καμήλῳ (et. **8** κάμηλον) B Ba ἐπεδέθη τινὶ δένδρῳ] scr. ἐπεδέθη ἔν τινι δ. Cas ἐδέθη ἐπί τ. δ. A ἐδ. ἐπί τι δένδρον F B Ba ἐδέθη τινὶ δένδρω O E Cr **7** τηνικαῦτα F A **8** περιέφαγε E αὐτὸν om. F A **9** τότε om. A ὡc om. F A προcδεχόμενοc] O E Cr προcδεξόμενοc Cas προcδοκῶν rel. **10** κομιεῖcθαι] O E Cr κομίcεcθαι Ba κομίcαcθαι rel. ὅτι ἔcτιν τιc Cr ὅτι τιc E **11** παρ' ἐμοὶ F παρ' ἡμῖν ἡ Cas **11** epim. deest in A ἐν καιρῶν] Cas ἐν ταῖc τῶν κ. F καιρῶν O E Cr οὕτω πολλάκιc ἀδύνατοι τοῖc δυνατοῖc (π. καί τιc δυν. B) χάριν βοηθίαc ὀρέγουcιν (-γουcα B) B Ba

156 **1** ποιηcάμενοι Cas E **3** ἐν ... λέων om. E cτὰc πρὸ τοῦ cτομίου Cas πρὸ τοῦ cτόματοc cτὰc O παρὰ τὸ cτόμιον cτὰc F cτὰc om. Cas **4** post ἐξιούcαc inserui τὰc αἶγαc ex a ἐνήλατό τε] E Cr ἐνήλλατό τε O ἐνήλατο a ἐνήλλαττεν αὐτὰc F Cas ἤλαυνεν αὐτὰc A

τὰς πλείστας συλλαβόντος ἐξελθὼν ἐκεῖνος ἐπυνθάνετο αὐτοῦ, εἰ γενναίως ἠγωνίσατο καὶ τὰς αἶγας εὖ ἐδίωξεν. ὁ δὲ εἶπεν· „ἀλλὰ εὖ ἴσθι, ὅτι κἀγὼ ἄν σε ἐφοβήθην, εἰ μὴ ᾔδειν σε ὄνον ὄντα.“ οὕτως οἱ παρὰ τοῖς εἰδόσιν ἀλαζονευόμενοι εἰκότως γέλωτα ὀφλισκάνουσι.

157. λῃστὴς καὶ συκάμινος

(Halm 264 Ch. 215)

λῃστὴς ἐν ὁδῷ τινα ἀποκτείνας ἐπειδὴ ὑπὸ τῶν παρατυχόντων ἐδιώκετο, καταλιπὼν αὐτὸν ᾑμαγμένος ἔφυγε. τῶν δὲ ἄντικρυς ὁδευόντων πυνθανομένων αὐτοῦ, τίνι μεμολυσμένας ἔχει τὰς χεῖρας, ἔλεγεν ἀπὸ συκαμίνου καταβεβηκέναι. καὶ ὡς ταῦτα ἔλεγεν, οἱ διώκοντες αὐτὸν ἐπελθόντες καὶ συλλαβόμενοι εἴς τινα συκάμινον αὐτὸν ἐσταύρωσαν. ἡ δὲ συκάμινος ἔφη· „ἀλλ᾽ ἔγωγε οὐκ ἄχθομαι πρὸς

---

157 — C F Cas E Cr A —

---

6 συλλαμβάνροντος O E Cr ἐξελθὼν ἐκεῖνος ἐπυνθάνετο] a ἐξελθὼν ἐπυνθ. O E Cr A καὶ ἐξελθόντος τοῦ ὄνου ἐπ. Cas ἐξελθόντος αὐτοῦ ἐπ. F 7 εὖ ἐδίωξεν] scr. ἐξεδίωξεν E a ἐξεδίωκεν Cr ἐδίωξεν F A ἐδίωκεν O καὶ εἰ τὰς αἶγας καλῶς ἐδίωξε Cas 8 ἀλλὰ σὺ ἴσθι A καὶ ὁ λέων (ἀλλὰ σύ F) φησὶν εὖ ἴσθι F Cas ἄν om. F Cas 9 ὄνον ὄντα σε A ὄνον ὄντα E Cr ὄνον εἶναι O 10 εἰκότως om. A

157 1 ὑπὸ τῶν παρατυχόντων C E παρὰ τῶν ὑποτ. A περὶ τῶν ὑποτ. Cas παρὰ τῶν ἐκείνου συγγενῶν F 2 ᾑμαγμένος] Hsr. ἐπημαγμένον Cr αἱμαγμένον E unde ᾑμαγμένον St. Ch. deest haec vox in ceteris, sed excidisse aliquid frigidum illud αὐτὸν (malim τὸν νεκρὸν) probat et cruentatum illum aufugisse rhetores sine dubio iam hoc loco commemorabant, quippe qui repetendo potius molesti fiant quam omissis quae sua sponte supplentur. mortuum vero cruentatum fuisse referre quid attinebat? ἔφευγε C E Cr 3 καὶ πυνθανομένων αὐτῷ Cas — an καταπυνθανομένων αὐτοῦ? τί A διὰ τί F 4 ἔχεις A ἔχοι F Schn. συκαμίνου νεωστὶ E 5 οἱ διώκ. αὐτὸν om. A 6 συλλαβόντες ἀπό τινος (ἐπί Cr) συκαμίνου E Cr ἀνεσταύρωσαν E Cr ἔστρωσαν cet. 7 ἔφη πρὸς αὐτὸν οὐκέτι C ἡ δὲ ἔφη πρὸς αὐτόν· ἀλλ᾽ E οὐκέτι ἄχθ. C F A

τὸν cὸν θάνατον ὑπηρετοῦcα· καὶ γάρ, ὃν αὐτὸc φόνον ἀπειργάcω, τοῦτον εἰc ἐμὲ ἀπεμάττου."

οὕτω πολλάκιc καὶ οἱ φύcει χρηcτοί, ὅταν ὑπό τινων ὡc φαῦλοι διαβάλλωνται, κατ' αὐτῶν πονηρεύεcθαι οὐκ ὀκνοῦcι.

158. λύκοι καὶ πρόβατα

(Halm 268 Ch. 218)

λύκοι ἐπιβουλεύοντεc ποίμνῃ προβάτων ἐπειδὴ οὐκ ἠδύναντο αὐτῶν περιγενέcθαι διὰ τοὺc φυλάccονταc αὐτὰ κύναc, ἔγνωcαν δεῖν διὰ δόλου τοῦτο πρᾶξαι. καὶ πέμψαντεc πρέcβειc ἐξῄτουν παρ' αὐτῶν τοὺc κύναc λέγοντεc, ὡc ἐκεῖνοι τῆc ἔχθραc αἴτιοί εἰcι καί, εἰ ἐγχειρίcουcιν αὐτούc, εἰρήνη μεταξὺ αὐτῶν γενήcεται. τὰ δὲ πρόβατα μὴ προορώμενα τὸ μέλλον ἐξέδωκαν τοὺc κύναc. καὶ οἱ λύκοι περιγενόμενοι ἐκείνων ῥᾳδίωc τὴν ποίμνην ἀφύλακτον οὖcαν διέφθειραν.

οὕτω καὶ τῶν πόλεων αἱ τοὺc δημηγόρουc ῥᾳδίωc προδιδοῦcαι λανθάνουcι καὶ αὐταὶ ταχέωc πολεμίοιc χειρούμεναι.

---

158 Liban. 1 cf. fasc. 2 p. 130 Aphth. 21 cf. fasc. 2 p. 142 Rom. LXIII

---

158 — Cr E A B Ba S —

---

8 cὸν om. C Cas φθόνον E A deest in Cas **9** κατειργάcω A ἀπειργάcατο C Cr τοῦτον om. C ἀπεμάττου] F E Cr ἀπέματτεν C ἐξαιμάτωcαc A ἀφαιματοῦcι Cas ἐξέμαξαc Char. Mnem. XLIII 225 **10** epimythium deest in Cas ὑπ' ἐνίων C F Cr ὑπὲρ ἐνίων ὡc φαύλου διαβάλωνται E

158 **4** ἐξῄτουν] Schn. ἐζήτουν libri **5** ὡc ... γενήcεται] E secutus sum (quocum consentit Cr), nisi quod ille ut assolet εἰcι omisit et εἰρήνην praebet. ἐκείνουc τῆc ἔχθραc ὄνταc αἰτίουc ἐγχειρῆcαι αὐτοῖc καὶ εἰρήνην μεταξὺ αὐτῶν γενήcεcθαι (γενέcθαι S) A S ὡc ἐκεῖνοι αἴτιοί εἰcι, ἐγχειρίcαι δὲ κύναc (ἡμᾶc B) αὐτοῖc (αὐτοὺc B) ἐπάξιον, ὥcτε μετ. αὐτ. εἰρήνην γενέcθαι B Ba **7** ἐξέδωκαν] E ἐξεδίωξαν cet. αὐτοὺc pro τοὺc κύναc E **8** παραγεν. A ῥαδίωc καὶ E Cr **10** δημηγόρουc] A[1] S δημογόρουc A δημαγωγοὺc E Cr ἀεὶ τοὺc προεcτῶταc B Ba **11** ἐγχειρούμεναι Ba χερόμενοι B

159. λύκος καὶ ἵππος

(Halm 277 Ch. 226)

λύκος κατά τινα ἄρουραν ὁδεύων κριθὰc εὗρε· μὴ δυνάμενοc δὲ αὐταῖc τροφῇ χρήcαcθαι καταλιπὼν ἀπῄει. ἵππῳ δὲ cυντυχὼν τοῦτον ἐπὶ τὴν ἄρουραν ἐπήγαγε λέγων, ὡc εὑρὼν κριθὰc αὐτὸc μὲν οὐκ ἔφαγεν, αὐτῷ δὲ ἐφύλαξεν, ἐπεὶ καὶ ἡδέωc αὐτοῦ τὸν ψόφον τῶν ὀδόντων ἀκούει. καὶ ὁ ἵπποc ὑποτυχὼν εἶπεν· „ἀλλ', ὦ οὗτοc, εἰ λύκοι κριθῶν τροφῇ χρῆcθαι ἠδύναντο, οὐκ ἄν ποτε τὰ ὦτα τῆc γαcτρὸc προέκρινας."

ὁ λόγοc δηλοῖ, ὅτι οἱ φύcει πονηροί, κἂν χρηcτότητα ἐπαγγέλλωνται, οὐ πιcτεύονται.

160. λύκος καὶ ἀρήν

(Halm 274 b Ch. 222)

λύκοc θεαcάμενοc ἄρνα ἀπό τινοc ποταμοῦ πίνοντα τοῦτον ἠβουλήθη μετ' εὐλόγου αἰτίαc καταθοινήcαcθαι. διόπερ cτὰc ἀνωτέρω ᾐτιᾶτο αὐτὸν ὡc θολοῦντα τὸ ὕδωρ καὶ πίνειν αὐτὸν μὴ ἐῶντα. τοῦ δὲ λέγοντοc, ὡc ἄκροιc τοῖc χείλεcι πίνει καὶ ἄλλωc οὐ δυνατὸν αὐτῷ ἑcτῶτι κατωτέρω ἐπάνω ταράccειν τὸ ὕδωρ, ὁ λύκοc ἀποτυχὼν ταύτηc τῆc αἰτίαc ἔφη· „ἀλλὰ πέρυcι τὸν πατέρα μου ἐλοιδόρηcαc." εἰπόντοc δὲ ἐκείνου μηδέπω τότε γεγενῆcθαι ὁ λύκοc ἔφη

---

160 Basil. ep. 189 — Babr. 89 tetr. I 33 Phaedr. I 1

---

159 Cr E = (*I* a)   **160** Cr E A B Ba

---

159 1 εὗρε κριθάc a   3 ὃc εὑρὼν E   5 τῶν ψόφων E   7 τὰ ὄντα E

160 1 ἐπί τινα ποταμὸν A ἀπό τινοc om. B Ba   2 μετ' εὐλόγου] B Ba ἀπό τινοc εὐλ. E Cr A   4 πίνειν] A Ba πῖνον B πιεῖν E Cr οὐκ ἐῶντα Reiskia Schn.   τοῖc ἄκροιc τοῖc B Ba   5 πίνειν E   αὐτῷ ἑcτῶτι κατωτέρω scr. B Ba maxime secutus qui αὐτῷ ἑcτῶτι (-τοc B) κάτω praebent κατωτέρω ἑcτῶτα E Cr desunt haec in A   6 ὁ λύκοc δὲ A   8 δὲ om. A   μηδέπω τότε] St. vel μηδὲ τότε quod Neveleto quoque placuit μηδέποτε E B Ba μηδέπω A μηδὲ πῇ Cr μήπω τότε Kor.   γαῖαν γεγ. Cr

πρὸς αὐτόν· „ἐὰν οὖν cὺ ἀπολογιῶν εὐπορῇς, ἐγώ cε οὐ κατέδομαι;"

ὁ λόγος δηλοῖ, ὅτι οἷς ἡ πρόθεcίς ἐστιν ἀδικεῖν, παρ' αὐτοῖς οὐδὲ δικαία ἀπολογία ἰσχύει.

161. λύκος καὶ ἐρωδιός

(Halm 276 Ch. 225)

λύκος καταπιὼν ὀστοῦν περιῄει ζητῶν τὸν ἰασόμενον. περιτυχὼν δὲ ἐρωδιῷ τοῦτον παρεκάλει ἐπὶ μισθῷ τὸ ὀστοῦν ἐξελεῖν. κἀκεῖνος καθεὶς τὴν ἑαυτοῦ κεφαλὴν εἰς τὸν φάρυγγα αὐτοῦ τὸ ὀστοῦν ἐξέσπασε καὶ τὸν ὡμολογημένον μισθὸν ἀπῄτει. ὁ δὲ ὑποτυχὼν εἶπεν· „ὦ οὗτος, οὐκ ἀγαπᾷς ἐκ λύκου στόματος σῴαν τὴν κεφαλὴν ἐξενεγκών, ἀλλὰ καὶ μισθὸν ἀπαιτεῖς;"

ὁ λόγος δηλοῖ, ὅτι μεγίστη παρὰ τοῖς πονηροῖς εὐεργεσίας ἀμοιβὴ τὸ μὴ προσαδικεῖσθαι ὑπ' αὐτῶν.

---

161 proverbium ἐκ λύκου στόματος Greg. Cypr. II 8 — Babr. 94 tetr. I 30 Aphth. 25 cf. fasc. 2 p. 144 Phaedr. I 8 Rom. XI

---

161 — Cr O E F A (Cas propius ad Vi accedit) —

---

9 ἐὰν οὖν cὺ κτλ. E Cr A nisi quod οὖν ex B Ba inserui, qui ἐὰν οὖν ἀπολογίας εὐπορεῖς exhibent **10** κατέδομαι; Kor. St. κατέδομαι A κατέδωμαι Cr καταδέχομαι E δέ cε οὐ κήδομαι (κείδομαι B) B Ba unde cου οὐ κήδομαι Kor. cου οὐ φείδομαι Huds. ἐγώ cε οὐχ ἧττον κατέδομαι Schn. **11** ἡ om. A Cr ἀδικεῖν τοὺς πάντας Cr **12** ἐστί pro ἰσχύει A Ba

(*II*) et (*III*) **versibus inclusam hanc fabulam exhibent = Ch. 225 b. c**

161 **1** τὸν ἰασόμ. αὐτὸν Ζ. O E Cr ἰώμενον F Cas **2** ἐροδιῶ E ἥρώω F γεράνω Cr **3** ἐξελθεῖν A ἐκβαλεῖν E τὴν φ. E **5** ἐζήτει A (ἐξῄτει Halm) ὑποτυχὼν om. O A ὦ οὗτος κτλ.] O E Cr οὐκ ἀρκεῖ ἐκ στόμ. λ. cώαν τὴν κεφ. ἐξενεγκεῖν κτλ. F ἐξενέγκαι O ὁ δὲ λύκος φησίν· ἀρκεῖ coι καὶ τὸ μόνον cῴαν ἐξελεῖν τὴν κεφαλὴν A cf. Babr. 3 coὶ μισθὸς ἀρκεῖ ... κεφαλὴν ἐξελεῖν cῴην **8** εὐεργεσία τὸ A

162. λύκος καὶ αἴξ

(Halm 270 Ch. 221)

λύκος θεασάμενος αἶγα ἐπί τινος κρημνοῦ νεμομένην ἐπειδὴ οὐκ ἠδύνατο αὐτῆς ἐφικέσθαι, παρῄνει αὐτὴν κατωτέρω καταβῆναι, μὴ καὶ πέσῃ λαθοῦσα, λέγων, ὡς καὶ ὁ λειμὼν καὶ ἡ πόα παρ᾽ αὐτῷ φαιδροτάτη. ἡ δὲ πρὸς αὐτὸν ἔφη· „ἀλλ᾽ οὐκ ἐμὲ ἐπὶ νομὴν καλεῖς, αὐτὸς δὲ τροφῆς ἀπορεῖς."

οὕτω καὶ τῶν ἀνθρώπων οἱ πονηροί, ὅταν παρὰ τοῖς εἰδόσιν πονηρεύωνται, ἀνόνητοι τῶν τεχνασμάτων γίνονται.

163. λύκος καὶ γραῦς

(Halm 275 b Ch. 224)

(*I*) λύκος λιμώττων περιῄει ζητῶν ἑαυτῷ τροφήν. ὡς δὲ ἐγένετο κατά τινα ἔπαυλιν, ἀκούσας γραὸς παιδὶ κλαίοντι ἀπειλουμένης, ἐὰν μὴ παύσηται, βαλεῖν αὐτὸν τῷ λύκῳ, προσέμενεν οἰόμενος ἀληθεύειν αὐτήν. ἑσπέρας δὲ γενομένης

---

162 (Av. 26) — Synt. 44 cf. f. 2 p. 174 „παροιμία ἐξηπλωμένη" cf. app. prov. I 18 p. 382. III 73 p. 931 Cr ad Babr. 199 **163** Aphth. 39

---

162 — F Cas O E Cr A B Ba S — (*I* a) **163** (*I*) — F O E Cr A —

---

162 1 κρημνώδους ἄντρου O E Cr a 2 παρῄνει αὐτῇ a Schn. αὐτὴν om. Cas κάτω (κατωτέρω Cr) παρῄνει Cr O E a κάτω del. Ch. 3 μή πως πέσῃ F Cas λέγων ... φαιδροτάτη] Hsr. λέγων ὡς ἀμείνων (= ὁ λειμὼν) ὁ παρ᾽ αὐτῷ O Cr Ch. αὐτοῦ E (αὐτὸν E αὐτοῦ a) λειμὼν καὶ ἡ (ἡ om. a) πόα σφόδρα εὐανθὴς O E Cr a λέγων ὡς καὶ λειμῶνες παρ᾽ αὐτῷ καὶ ἡ πόα φαιδροτέρα A λέγων ὡς (ὡς om. Cas S) καὶ λειμῶνες καὶ πόα παρ᾽ αὐτῷ σφοδροτάτη F Cas S λέγων ὡς λειμῶνες παρ᾽ αὐτῷ (καὶ B) πολλοὶ χλοερώτατοι (σφοδρότατοι B) B Ba 4 ἡ δὲ ἀπεκρίνατο (ἀπεκρίθη a) O E Cr a πρὸς αὐτὸν addunt E Cr 5 καλεῖς (ἀμείνονα O) ἀλλ᾽ αὐτὸς O Cas αὐτὸς δὲ E 7 οἱ κακοῦργοι E a οἱ κακοῦργοι καὶ πανοῦργοι O 8 ἀνόνητοι] F Cas ἀνοητάτων A ἀνόητοι cet. τῶν om. Cas A

163 (*I*) 2 κατὰ τὴν ἔπ. E κατά τινα τόπον A κλαυθμυριζομένῳ παιδὶ O E Cr 3 ἀπειλουμένης ἐάν] F ἀπειλουμένης ὡς ἂν A διαπειλούσης (-λειπούσης E Cr) ἐὰν O E βαλεῖν αὐτὸν τῷ (τῷ om. Cr) λύκῳ] O Cr βάλλειν λύκῳ A καλεῖν αὐτῷ λύκον F E 4 αὐτὴν om. A

ὡς οὐδὲν τοῖς λόγοις ἀκόλουθον ἐγένετο, ἀπαλλαττόμενος ἔφη· „ἐν ταύτῃ τῇ ἐπαύλει οἱ ἄνθρωποι ἄλλα μὲν λέγουσιν, ἄλλα δὲ ποιοῦσιν.“

οὗτος ὁ λόγος ἁρμόσειεν ἂν πρὸς ἐκείνους τοὺς ἀνθρώπους, οἳ τοῖς λόγοις ἀκόλουθα τὰ ἔργα οὐκ ἔχουσιν.

(*II*) λύκος λιμώττων περιῄει ζητῶν τροφήν. γενομένου δὲ αὐτοῦ κατά τινα τόπον ἤκουσε παιδίον κλαυθμυρίζον καὶ γραὸς λεγούσης αὐτῷ καὶ ἀπειλουμένης· „παῦσαι τοῦ κλαίειν, μήπως τῇ ὥρᾳ ταύτῃ ἐπιδώσω σε τῷ λύκῳ.“ οἰόμενος δὲ ὁ λύκος, ὅτι ἀληθεύει ἡ γραῦς, ἵστατο πολλὴν ὥραν ἐκδεχόμενος. ὡς δὲ ἑσπέρα κατέλαβεν, ἀκούει πάλιν τῆς γραὸς κολακευούσης τὸ παιδίον καὶ λεγούσης αὐτῷ· „ἐὰν ἔλθῃ ἐνταῦθα ὁ λύκος, ὦ τέκνον, ἵνα φονεύσωμεν αὐτόν.“ καὶ ταῦτα ἀκούσας ὁ λύκος ἐπορεύετο λέγων· „ἐν ταύτῃ τῇ ἐπαύλει ἄλλα μὲν λέγουσιν, ἄλλα δὲ ποιοῦσιν.“

ὁ μῦθος πρὸς ἀνθρώπους, οἵ τινες τὰ ἔργα οὐκ ἔχουσι κατὰ τοὺς λόγους.

(*III*) λύκος λιμώττων περιῄει ζητῶν τροφήν. γενόμενος δὲ κατά τινα τόπον ἤκουσε παιδίου κλαίοντος καὶ γραὸς λε-

---

(*II*) — V O Mo Br Cas — (*III δ*) — N W J — T vers. incl. = Ch. 224 d (*III γ*) (*III α*) accedit B² (*I*) Jen. (*β*)

---

5 ἐγίνετο A ἦν F 6 ἔφη πρὸς αὐτὸν A οἱ ἄνθρωποι om. O ἄλλα μὲν λ. οἱ ἄ. F 8 ἁρμόσει F A 9 οὐκ ἔχ. τὰ ἔργα ἀκόλουθα E τοῖς μὴ τοῖς λ. τὰ ἔ. ἔχουσιν ἑπόμενα A

(*II*) 1 περιιὼν ἐζήτει τροφὴν Br N J ζητ. ἑαυτῷ W Cas γενόμενος δὲ Br W Cas 2 παιδίου κλαυθμυρίζοντος κ. γραὸς ἀπειλουμένης καὶ λεγούσης αὐτῷ Cas Ch. παιδίου κλαίοντος κ. γραὸς λεγούσης W 3 ἀπειλούσης J 5 ἀληθεύειν τὴν γραῦν Mo ἐπὶ πολλὴν Cas ἐκδ. ὥραν V O 7 κολακευούσης τὸ π. om. Mo ἐὰν ἐντ. ὁ λ. ἔλθῃ Br N ἐὰν ὁ λ. ἔ. ἐνταῦθα Mo 8 ἐνταῦθα om. V J τέκνε Mo τεκνίον O Br J παιδίον N φονεύσομεν (om. ἵνα) W Ch. 9 λύκος, ὡς οὐδὲν τοῖς λόγοις ἀκόλουθον ἦν, ἀπηλλάττετο (= Aug.) Cas 10 καὶ ἄλλα π. Br N J 11 Τίνες ἄνθρωποι ἔχουσι τὰ ἔργα σὺ κ. τ. λ. Mo τοῖς ἔργοις συμφώνους τοὺς λ. O ὅτι οἱ ψεῦσται ἄλλα λέγουσι καὶ ἄλλα ποιοῦσιν N

γούcηc αὐτῷ· „παῦcαι τοῦ κλαίειν· εἰ δὲ μή, τῇ ὥρᾳ ταύτῃ ἐπιδώcω cε τῷ λύκῳ." οἰόμενος δὴ ὁ λύκος, ὅτι ἀληθεύει ἡ γραῦc, ἵcτατο πολλὴν ἐκδεχόμενος ὥραν. ὡc δὲ ἑcπέρα κατέλαβεν, ἀκούει πάλιν τῆc γραὸc κολακευούcηc τὸ παιδίον καὶ λεγούcηc αὐτῷ· „ἐὰν ἔλθῃ ὁ λύκοc δεῦρο, φονεύcομεν, ὦ τέκνον, αὐτόν." ταῦτα ἀκούcαc ὁ λύκοc ἐπορεύετο λέγων· „ἐν ταύτῃ τῇ ἐπαύλει ἄλλα μὲν λέγουcιν, ἄλλα δὲ πράττουcιν."

ὁ μῦθοc πρὸc ἀνθρώπουc, οἵτινεc τὰ ἔργα τοῖc λόγοιc οὐκ ἔχουcιν ὅμοια.

164. λύκος καὶ πρόβατον

(Halm 271 b Ch. 231)

λύκοc τροφῆc κεκορεcμένοc ἐπειδὴ ἐθεάcατο πρόβατον ἐπὶ γῆc βεβλημένον, αἰcθόμενοc, ὅτι διὰ τὸν ἑαυτοῦ φόβον πέπτωκε, προcελθὼν παρεθάρcυνεν αὐτὸ λέγων, ὡc, ἐὰν τρεῖc αὐτῷ λόγουc ἀληθεῖc εἴπῃ, ἀπολύcει αὐτό. ⟨τὸ⟩ δὲ ἀρξάμενον ἔλεγε πρῶτον μὲν μὴ βούλεcθαι αὐτῷ περιτυχεῖν, δεύτερον δέ, εἰ ἄρα τοῦτο εἵμαρτο, τυφλῷ, τρίτον

164 tetr. II 5 Babr. 53 (λύκοc καὶ ἀλώπηξ)

164 — F O E Cr A —

(*III*) 3 μή πωc (sive -πω) pro εἰ δὲ μὴ γ Jen (β) K Go Gorl Harl^2 Tur^2 α) 4 οἰόμ. δὲ γ 6 παρέλαβεν G O (γ) Jen (β) Go Gorl Harl^2 Tur^2 (α) B^2 7 ἐνταῦθα ὁ λύκοc, ἵνα φονεύcωμεν, τέκνον, αὐτόν γ Jen (β) Go Gorl Harl^2 Tur^2 B^2 10 ποιοῦcιν Laud 12 οὐκ ἔχουcιν κατὰ τοὺc λόγουc γ Jen (β) Go Gorl Harl^2 Tur^2 B^2

164 1 παιδίον pro πρόβατον A 2 τῆc γῆc O 3 ἐπεπτώκει A ἐὰν ... εἴπῃ] F ἐὰν αὐτῷ τρεῖc κτλ. O E Cr ἂν τρεῖc λ. ἀλ. αὐτῷ εἴπῃ A 4 ἀπολύει A ἀπολύειν αὐτὸν F τὸ δὲ ἀρξάμενον] St. αὐτὸ δὲ ἀρξ. O E αὐτὸc δὲ ἀρξάμενοc Cr καὶ ἀρξάμενοc A ἀρξάμενον F 5 πρῶτον μὲν μὴ ... περιτυχεῖν A secutus scr., nisi quod μὲν inserui πρῶτον μὲν μὴ βεβουλῆcθαι αὐτ. π. O E Cr πρ. ὡc μὴ βουλόμενον αὐτῷ περιτυχεῖν περιέπεcεν F 6 δεύτερον δέ, εἰ ἄρα τοῦτο εἵμαρτο, τυφλῷ] Hsr. δεύτ. εἰ ἄρα τ. εἵμαρται μεῖναι (= εἱμαρμένον ἦν) τυφλῷ F δεύτ. δὲ εἰ ἄρα τοῦτο ἥμαρτε τυφλῷ [τυφλὸν E τυφλώττοι (= τυφλῷ ὄντι?) O] Cr (?) O E δεύτερον παραπληcίωc ἡμαρτηκέναι τυφλῷ A τρίτον δὲ ὅτι E Cr

δέ· „κακοὶ κακῶς ἀπόλοιςθε πάντες οἱ λύκοι, ὅτι μηδὲν παθόντες ὑφ' ἡμῶν κακὸν πολεμεῖτε ἡμᾶς.“ καὶ ὁ λύκος ἀποδεξάμενος αὐτοῦ τὸ ἀψευδὲς ἀπέλυςεν αὐτό.

ὁ λόγος δηλοῖ, ὅτι πολλάκις ἀλήθεια καὶ παρὰ πολεμίοις ἰςχύει.

165. λύκος καὶ ποιμήν

(Halm 283 Ch. 230)

λύκος ἀκολουθῶν ποίμνῃ προβάτων οὐδὲν ἠδίκει. ὁ δὲ ποιμὴν κατὰ μὲν ἀρχὰς ἐφυλάττετο αὐτὸν ὡς πολέμιον καὶ δεδοικὼς παρετηρεῖτο. ἐπεὶ δὲ ςυνεχῶς ἐκεῖνος παρεπόμενος οὐδὲν ἁρπάζειν ἐπεχείρει, τὸ τηνικαῦτα ἐννοήςας φύλακα μᾶλλον αὐτὸν εἶναι ἢ ἐπίβουλον, ἐπειδὴ χρεία τις αὐτὸν κατέλαβεν εἰς ἄςτυ παραγενέςθαι, καταλιπὼν παρ' αὐτῷ τὰ πρόβατα ἀπηλλάγη. καὶ ὃς καιρὸν ἔχειν ὑπολαβὼν τὰ πλείω διέφθειρεν. ὁ δὲ ποιμὴν ἐπανελθὼν καὶ θεαςάμενος τὴν ποίμνην διεφθαρμένην ἔφη· „ἀλλ' ἔγωγε δίκαια πέπονθα· τί γὰρ λύκῳ πρόβατα ἐπίςτευον;“

οὕτω καὶ τῶν ἀνθρώπων οἱ τοῖς φιλαργύροις τὰς παρακαταθήκας ἐγχειρίζοντες εἰκότως ἀποςτεροῦνται.

---

165 — Cas E B Ba — = (*I* a)

---

7 ἀπόλοιςθε] St. ἀπόλυςθε E ἀπόλλυςθε O ἀπέλλυςθαι Cr ἀπολοῦνται F A μηδὲν κακὸν παθ. ὑφ. ἡμ. F E μηδ. παθ. ἐφ' ἡμ. κακῶς A 9 ἀπέλυςεν † O in quo epim. deest 10 ἡ ἀλήθεια A Cr

165 2 ἀρχὰς μὲν Cas 3 ἐπειδὴ ςυνεχῶς κἀκεῖνος E 4 οὐδὲν ἁρπάζειν ἐπεχείρει] scr. Cas secutus qui tamen οὐδὲ praebet οὐδ' ἀρχὴν ἁρπάζειν ἐπεχείρει E οὐδὲν κατ' ἀρχὰς ἁρπ. ἐπεχειρεῖτο B Ba οὐδὲν ἠδίκει ἀλλ' οὔτε ἀρχὴν τοῦ ἁρπ. ἐνεχειρεῖτο a. repetitum scil. e versu primo κατ' ἀρχὰς turbavit contextum. an ἁρπάζειν οὐκ ἐπεχείρει genuinum? ἐννοήςας] scr. νοήςας E Cas αὐτὸν νοήςας B Ba ἐν νῷ θεὶς vel θήςας a 6 εἴς τι παραγ. κατέλειπε πὰρ' αὐτῷ τὰ πρόβατα. ὁ δὲ ποιμὴν ceteris omissis B Ba 7 καὶ ὃς] St. καὶ ὡς libri ὁ δὲ ὡς a 8 τὰ πλείω διέφθειρεν] Cas a τὰ πλεῖςτα πεςὼν (εἰςπεςὼν St.) διεφόρηςεν E 9 ἀλλ' ἐγὼ δίκαια Cas δίκαια a 11 οἱ τοῖς φίλοις παρακαταθήκας (Ba γυθὴ B) ἐγχειρίζονται παρ' ἑτέρους B Ba φιλαργύροις ἀπώλεια γενήςεται Cas φιλαργ. καὶ πλεονέκταις a

166. λύκος καὶ πρόβατον

(Halm 284 Ch. 232)

(*I*) λύκος ὑπὸ κυνῶν δηχθεὶς καὶ κακῶς διατεθεὶς ἐβέβλητο τροφὴν ἑαυτῷ περιποιεῖσθαι μὴ δυνάμενος. καὶ δὴ θεασάμενος πρόβατον τούτου ἐδεήθη ποτὸν αὐτῷ ὀρέξαι ἐκ τοῦ παραρρέοντος ποταμοῦ. „ἐὰν γὰρ σύ μοι“, φησί, „ποτὸν δῷς, ἐγὼ τὴν τροφὴν ἐμαυτῷ εὑρήσω.“ τὸ δὲ ὑποτυχὸν ἔφη· „ἐὰν ποτόν σοι ἐγὼ ἐπιδώσω, σὺ καὶ τροφῇ μοι χρήσῃ.“

πρὸς ἄνδρα κακοῦργον δι’ ὑποκρίσεως ἐνεδρεύοντα ὁ λόγος εὔκαιρος.

(*III*) λύκος ὑπὸ κυνῶν δηχθεὶς καὶ κακῶς πάσχων ἐβέβλητο. τροφῆς δὲ ἀπορῶν θεασάμενος πρόβατον ἐδεῖτο ποτὸν ἐκ τοῦ παραρρέοντος αὐτῷ ποταμοῦ κομίσαι. „εἰ γὰρ σύ μοι“, φησί, „δώσεις ποτόν, ἐγὼ τροφὴν ἐμαυτῷ εὑρήσω.“ τὸ δὲ ὑποτυχὸν ἔφη· „ἀλλ’ ἐὰν ἐγὼ ποτὸν ἐπιδῶ σοι, σὺ καὶ τροφῇ μοι χρήσῃ.“

ὁ μῦθος πρὸς ἄνδρα κακοῦργον δι’ ὑποκρίσεως ἐνεδρεύοντα.

167. λέαινα καὶ ἀλώπηξ

(Halm 240 Ch. 195)

(*I*) λέαινα ὀνειδιζομένη ὑπ’ ἀλώπεκος ἐπὶ τῷ διὰ παντὸς ἕνα τίκτειν ἔφη· „ἀλλὰ λέοντα.“

ὁ λόγος δηλοῖ, ὅτι τὸ καλὸν οὐκ ἐν πλήθει, ἀλλ’ ἐν ἀρετῇ.

---

167 (*I*) cf. Babr. 189 (λέαινα καὶ ὗς)

---

166 (*I*) — O E A — (*I* a) (*III* β) (*III* α) accedit J (γ)
167 (*I*) — F A B Ba — acc. J (γ)

---

166 (*I*) 1 κακῶς πάσχων A 2 περιποιούμενος. θεασάμενος δὲ A 3 τούτου ... ἐκ τοῦ om. E 4 ἐὰν γὰρ ... τὸ δὲ om. O E φησὶ om. A 5 εὑρήσω] E a εὑρίσκω A deest in O τὸ δὲ ὑποτυχὸν ἔφη] A ὑποτυχὼν ἔφη E ὁ δὲ ὑποτυχὼν εἶπεν a τὸ δὲ εἶπεν O 6 ἐὰν ποτόν σοι ἐγὼ ἐπιδώσω] A ἐὰν π. σ. ἐπιδ. ἐγὼ E ἐὰν π. σ. ἐγὼ ἐπιδῶ a εἰ ποτόν σοι ἐγὼ παρέξω O σὺ καὶ τροφῇ μοι χρήσῃ] O a καὶ τροφή μοί χρὴ E καὶ τροφήν με χρὴ A (an με χρή σοι γενέσθαι?)

(*III*) 1 κυνὸς J 5 ἐπιδώσω om. σοι Jen (β)

167 2 ἔφη· „ἕνα, ἀ. λ.“ B Ba cf. Vi 3 οὐκ ἐν πλήθει δεῖ μετρεῖν, ἀλλὰ πρὸς ἀρετὴν ἀφορᾶν. A Ba

λέαινα ὀνειδιζομένη ὑπ' ἀλώπεκος ἐπὶ τοῦ διὰ παντὸς (*II*) ἕνα τίκτειν ἔφη· „ἀλλὰ λέοντα."

ὁ μῦθος δηλοῖ, ὅτι τὸ καλὸν οὐκ ἐν πλήθει, ἀλλ' ἐν ἀρετῇ.

168. λύκος καὶ ἀρνίον

(Halm 273 Ch. 223)

λύκος ἀρνίον ἐδίωκεν, τὸ δὲ εἴς τι ἱερὸν κατέφυγε. προκαλουμένου δὲ αὐτὸ τοῦ λύκου καὶ λέγοντος, ὅτι θυσιάσει αὐτὸ ὁ ἱερεύς, εἰ καταλάβῃ, τῷ θεῷ, ἐκεῖνο ἔφη· „ἀλλ' αἱρετώτερόν μοί ἐστι θεοῦ θυσίαν γενέσθαι ἢ ὑπὸ σοῦ διαφθαρῆναι."

ὁ λόγος δηλοῖ, ὅτι οἷς ἐπίκειται τὸ ἀποθανεῖν, κρείττων ἐστὶ ὁ μετὰ δόξης θάνατος.

169. λαγωοὶ καὶ ἀλώπεκες

(Halm 236 Ch. 191)

λαγωοί ποτε πολεμοῦντες ἀετοῖς παρεκάλουν εἰς συμ- (*I*) μαχίαν ἀλώπεκας. αἱ δὲ ἔφασαν· „ἐβοηθήσαμεν ἂν ὑμῖν, εἰ μὴ ᾔδειμεν, τίνες ἦτε καὶ τίσι πολεμεῖτε."

(*II*) ⋜ V O P Mo Br Cas — (*III δ*) — N F J — versibus inclusa repetitur in Cas F = Ch. 195 b **168** — Cas F (O) A B Ba — paraphrasis fabulae Babrianae 132 — Av. 42 — **169** (*I*) — Cas E A — (*I* a) **Synt. 22 cf. fasc. 2 p. 164**

(*II*) 1 ἐπὶ τοῦ] V ὑπὸ τοῦ P Mo ἐπὶ τὸ O F Cas 2 ὅτι τίκτει ἕνα Br N J παντὸς τοῦ χρόνου Cas ἕνα ἀλλὰ P ἕνα μὲν τίκτω ἀλλὰ Br N J 3 τὸ om. Br τὰ καλὰ V ἐν om. P ἐν ἀρετῇ χαρίζεται = χωρίζεται Mo

168 1 ἀρνεῖον ἐδίωκεν, ὁ δὲ B Ba ἀρνὸν Nev. εἴς τι ἱ.] Ch. ἱερόν τι Schn. τὸ ἱερὸν libri 2 δὲ αὐτὸ] Cas αὐτὸν F B Ba deest in A αὐτοῦ Nev. 3 αὐτὸν ὁ B Ba σε ὁ F καταλάβοι F εἰ κατ. desunt in A ἐκεῖνο ἔφη] scr. τῷ θεῷ ἐκείνῳ ἔ. Cas F ἐκεῖνος ἔφη πρὸς αὐτὸν A B Ba 4 θεοῦ om. A θυσία Cas A θυσίαν εἶναι B Ba huc referendum quod in O 120 legitur fabulae fragmentum .. ἵνα τῷ ἐμῷ αἵματι τὸ ἱερὸν καθαρθῇ. (cf. Babr. 132 θεοῦ γενοίμην σφάγιον). — ὁ λόγος δ., ὅτι οὐκ εἰσὶ μεμπτοί, ὅσοι προειδότες τοὺς μέλλοντας κινδύνους πρὶν παθεῖν βιάζονται φυλάττειν ἑαυτοὺς <πειρῶνται>.

169 (*I*) 1 ἀετοὺς A 3 ἐστὲ ex Acc. editores

ὁ λόγος δηλοῖ, ὅτι οἱ φιλονεικοῦντες τοῖς κρείττοςι τῆς ἑαυτῶν ςωτηρίας καταφρονοῦςι.

(*III*) λαγωοί ποτε πολεμοῦντες ἀετοῖς παρεκάλουν εἰς ςυμμαχίαν ἀλώπεκας. αἱ δὲ ἔφαςαν· „ἐβοηθήςαμεν ἂν ὑμῖν, εἰ μὴ ᾔδειμεν, τίνες ἐςτὲ καὶ τίςι πολεμεῖτε."

ὁ μῦθος δηλοῖ, ὅτι οἱ τοῖς κρείττοςι φιλονεικοῦντες τῆς ἑαυτῶν ςωτηρίας καταφρονοῦςι.

170. μάντις

(Halm 286 Ch. 234)

(*I*) μάντις ἐπὶ τῆς ἀγορᾶς καθεζόμενος ἠργυρολόγει. ἐλθόντος δέ τινος αἰφνίδιον πρὸς αὐτὸν καὶ ἀπαγγείλαντος, ὡς τῆς οἰκίας αὐτοῦ αἱ θύραι ἀνεςπαςμέναι εἰςὶ καὶ πάντα τὰ ἔνδον ἐκπεφορημένα, ἐκταραχθεὶς ἀνεπήδηςε καὶ ςτενάξας ἀπῄει δρομαῖος τὸ γεγονὸς ὀψόμενος. τῶν δὲ παρατυχόντων τις θεαςάμενος εἶπεν· „ὦ οὗτος, ςὺ τὰ ἀλλότρια πράγματα προειδέναι ἐπαγγελλόμενος τὰ ςαυτοῦ οὐ προεμαντεύου;"

τούτῳ τῷ λόγῳ χρήςαιτο ἄν τις πρὸς ἐκείνους τοὺς ἀνθρώπους, οἳ τὸν ἑαυτῶν βίον φαύλως διοικοῦντες τῶν μηδὲν προςηκόντων προνοεῖςθαι πειρῶνται.

---

170 (*I*) Xenoph. conviv. IV 5

(*III β*) (*III α*) accedit J (*γ*) **170** (*I*) — C F O E Cr B Ba — (*I* a)

---

4 τοῖς κρατοῦςι St. 5 ἑαυτῆς E καταφρονοῦςι om. E
A epimythium, quod errore ad fabulam antecedentem adscripserat, hoc loco ita variavit τοῖς κρείττοςιν ςὺν τῷ διαμαρτεῖν καὶ καταπαίζονται cf. St. dil. 420

III) 2 ὑμῖν om. Plan 3 τίνες τε *α* Acc.

170 (*I*) 3 ἀναπεπταςμένοι C F cf. Vi ἦςαν O E Cr εἴηςαν Min. St. 4 ἐκ ταραχῆς C 5 ἀπῄει δρομαῖος] C F ἀπήει δρόμῳ a δρόμῳ ἔθει (ἔτι δρόμῳ E Cr) O E Cr ἐν δρόμῳ τὸ γεγ. ὀψ. ἐπείγετο B Ba 6 ὁ pro ςὺ C F a 7 τὰς αὐτοῦ E B Ba οὐ om. E 10 ἀνθρώπους τοὺς . . . διοικοῦντας καὶ . . . πειρωμένους O E ἀνθρώπους οἱ τῶν βίον φ. διοικούντων Cr

(*II*) μάντις ἐπὶ τῆς ἀγορᾶς καθεζόμενος ἠργυρολόγει. ἐλθόντος δέ τινος αἰφνίδιον πρὸς αὐτὸν καὶ ἀπαγγείλαντος, ὡς τῆς οἰκίας αὐτοῦ αἱ θύραι ἀναπεπτασμέναι εἰσὶ καὶ πάντα τὰ ἔνδον ἐκπεφορημένα, ἐκταραχθεὶς ἀνεπήδησε καὶ στενάξας ἀπῄει δρομαίως τὸ γεγονὸς ὀψόμενος. τῶν δὲ ὑποτυχόντων τις θεασάμενος εἶπεν· „ὦ οὗτος, ὁ τὰ ἀλλότρια πράγματα προειδέναι ἐπαγγειλάμενος, τὰ σαυτοῦ οὐ προεμαντεύου;"

τούτῳ τῷ λόγῳ χρήσαιτο ἄν τις πρὸς ἐκείνους τοὺς ἀνθρώπους, οἳ τὸν ἑαυτῶν βίον φαύλως διοικοῦντες τῶν μηδὲν προσηκόντων προνοῆσαι πειρῶνται.

(*III*) μάντις ἐπ' ἀγορᾶς καθήμενος διελέγετο. ἐπιστάντος δέ τινος αἴφνης καὶ ἀπαγγείλαντος, ὡς αἱ τῆς οἰκίας αὐτοῦ θυρίδες ἀναπεπταμέναι τε πᾶσαι εἶεν καὶ πάντα τὰ ἔνδον ἀφῃρημένα, ἀνεπήδησέ τε στενάξας καὶ δρομαῖος ᾔει. τρέχοντα δέ τις αὐτὸν θεασάμενος „ὦ οὗτος", εἶπεν, „ὁ τἀλλότρια πράγματα προειδέναι ἐπαγγελλόμενος, τὰ σαυτοῦ οὐ προεμαντεύου;"

ὁ μῦθος πρὸς τοὺς τὸν μὲν ἑαυτῶν βίον φαύλως διοικοῦντας, τῶν δὲ μηδὲν αὐτοῖς προσηκόντων προνοεῖσθαι πειρωμένους.

(*II*) — V O P Mo Br Cas — L Accursianam sequitur (*III δ*) — N W — T vers. comp. = Ch. 234 c M Accursianam sequitur (*III γ*) (*III β*) (*III α*) accedit M (*III δ*)

(*II*) 1 καθήμενος O 2 αἰφνιδίως P ἀπαγγείλαντα Br εἰπόντος P N καὶ εἰπόντος πρὸς αὐτὸν ὡς αἱ θ. τῆς οἰκίας αὐτοῦ O 3 θυρίδες Br θυρίδαι N ἀναπεπτασμέναι] Br Cas -πεπασμέναι O -πετασμέναι Mo N -πεπετασμέναι W ἀνεωγμέναι V deest in P ἀναπεπταμέναι Kor. 4 ἐκφορημένα Cas W ἀφῃρημένα Br N καὶ πάντων τ. ἔ. ἐπεφορημένων P 5 δρομαῖος Cas ἐπεὶ δρομέως ἔτρεχε τὶς θεασάμενος εἶπεν ceteris omissis Br N παρατυχόντων καὶ θεασάμενός τις Cas 6 θεας. αὐτὸν W σὺ pro ὁ P N W 7 ἐπαγγελλόμενος (-ελόμενος Cas) V W O Cas τὰ ἑαυτοῦ Br N Cas W ἵνα τί οὐ Mo 9 οἵτινες τῶν ἑαυτῶν φ. δ. βίον Mo ὃν τῶν ἑ. β P τῶν οἰκείων μὴ προνοόμενοι W 10 πειρῶνται καὶ ἑτέρους ἐλέγχουσι N

(*III*) 1 ἀγορᾷ M (δ) O (γ) καθεζόμενος γ 4 ἀνεστέναξέ τε καὶ δρ. ᾔει γ 7 προεμαντεύσω γ 8 διοικούντων (-κοῦντες M) γ 10 πειρωμένων γ

171. παῖς καὶ κόραξ

(Ch. 295)

μαντευομένης τινὸς περὶ τοῦ ἑαυτῆς παιδὸς νηπίου ὄντος οἱ μάντεις προέλεγον, ὅτι ὑπὸ κόρακος ἀναιρεθήσεται. διόπερ φοβουμένη λάρνακα μεγίστην κατασκευάσασα ἐν ταύτῃ αὐτὸν καθεῖρξε φυλαττομένη, μὴ ὑπὸ κόρακος ἀναιρεθῇ. καὶ διετέλει τεταγμέναις ὥραις ἀναπεταννῦσα καὶ τὴν ἐπιτηδείαν αὐτῷ τροφὴν παρεχομένη. καί ποτε ἀνοιξάσης αὐτῆς καὶ τὸ πῶμα ἐπιθείσης ὁ παῖς ἀπροφυλάκτως παρέκυψε. οὕτω τε συνέβη τῆς λάρνακος τὸν κόρακα κατὰ τοῦ βρέγματος κατενεχθέντα ἀποκτεῖναι αὐτόν.

ὁ λόγος δηλοῖ, ὅτι τὸ πεπρωμένον ἀπαρεγχείρητόν ἐστι.

172. μέλισσαι καὶ Ζεύς

(Halm 287 Ch. 235)

μέλισσαι φθονήσασαι ἀνθρώποις τοῦ ἰδίου μέλιτος ἧκον πρὸς τὸν Δία καὶ τούτου ἐδέοντο, ὅπως ἰσχὺν παράσχηται αὐταῖς παιούσαις τοῖς κέντροις τοὺς προσιόντας τοῖς κηρίοις ἀναιρεῖν. καὶ ὁ Ζεὺς ἀγανακτήσας κατ' αὐτῶν διὰ τὴν βασκανίαν παρεσκεύασεν αὐτάς, ἡνίκα ἂν τύπτωσί τινα, τὸ

---

171 hanc fabulam edidi e codice e et illustravi Unters. p. 303, ex ESt. **172** Nicand. Ther. 806—810 Babr. 183

---

171 E Cr e (codicis E apographum a Mina confectum) **172** — C O E Cr A B Ba —

---

171 1 μαντευομένη τινὶ Cr ἔτι νηπίου Cr 2 ἀναιρεθείη Min. 5 ἀναπεταννύουσα Min. 6 τὰς ἐπιτηδείους τροφὰς E e 7 πόμα E e ἐπιτιθεμένης Min. 8 παρέκυψε τῆς λάρνακος. οὕτω τε συνέβη τὸν κόρακα Min. κόραξ claustri pars superior, cf. quem ex Niceta Choniata (p. 55, 20 Bekker) attulit locum St. dil. Aes. 384 10 nullum epimythium in E ὅτι πᾶσα ἀνάγκη τὴν Διὸς βουλὴν τελεσθῆναι Minas

172 1 φθονήσασαι om. B Ba qui pergunt μέλιτος ἐπεὶ παρεῖχον, ἧκον παρὰ τοῦ ἰδίου O τοῦ ἰδίου ἔργου C 2 τούτου om. A παράσχηται αὐταῖς παιούσαις] scr. παρ. αὐταῖς A παρ. παιούσαις cet. 3 τοὺς προς. τ. κέντροις om. B Ba 5 τινα] B Ba τινας cet. τῶν κέντρων E

κέντρον ἀποβαλεῖν, μετὰ δὲ τοῦτο καὶ τῆς σωτηρίας στερίσκεσθαι.

οὗτος ὁ λόγος ἁρμόσειεν ἂν πρὸς ἄνδρας βασκάνους, οἳ καὶ αὐτοὶ βλάπτεσθαι ὑπομένουσι.

173. μηναγύρται

(Halm 290 Ch. 237)

μηναγύρται ὄνον ἔχοντες τούτῳ εἰώθεσαν τὰ σκεύη ἐπιτιθέντες ὁδοιπορεῖν. καὶ δήποτε ἀποθανόντος αὐτοῦ ἀπὸ κόπου ἐκδείραντες αὐτὸν ἐκ τοῦ δέρματος τύμπανα κατεσκεύασαν καὶ τούτοις ἐχρῶντο. ἑτέρων δὲ αὐτοῖς μηναγυρτῶν ἀπαντησάντων καὶ πυνθανομένων αὐτῶν, ποῦ ἂν εἴη ὁ ὄνος, ἔφασαν τεθνηκέναι μὲν αὐτόν, πληγὰς δὲ τοσαύτας λαμβάνειν, ὅσας οὐδὲ ζῶν ὑπέμεινεν.

οὕτω καὶ τῶν οἰκετῶν ἔνιοι καίπερ τῆς δουλείας ἀφειμένοι τῶν δουλικῶν ἀρχῶν οὐκ ἀπαλλάττονται.

---

173 Lucian. Luc. 35 Apul. met. VIII 24 Tzetz. chil. XIII 260 hist. 475 — Babr. 141 Phaedr. IV 1

---

173 — C E Cr A B Ba — = Babr. 141 a Crus. — (*I* a)

---

6 τῆς om. O A B Ba 8 ἁρμόσειεν ἂν] E Cr ἁρμόσει cet. 9 ὑπομένουσι πρὸς τὸ ἐμπλῆσαι τὸ οἰκεῖον πάθος C

(*II*) versibus inclusam exhibent hanc fabulam V O P L Mo Cas (*II*) — accedit F (*I*) — et (*III δ*) — M T E F = Ch. 235 b; versus dissolverunt Br N = Ch. 235 c

173 1 εἰώθασι ὁδοιποροῦντες ἐπιτιθέναι A Crus. 2 ὑπὸ Crus. 3 τύμπανον ἐκ τοῦ δέρμ. αὐτοῦ κατ. καὶ τούτῳ B Ba 5 ἂν del. St. 6 ὄνος ἡμῶν A Ba αὐτῶν A 7 ὅσας οὐδὲ ζῶν ὑπέμεινεν] Nev. ὅσας ποτὲ οὐδὲ ζ. ὑπομείνειεν ἂν E ὅσας ἀλλ' οὐδὲ ζῶν Cr ὅσας ὅτε ζῶν (= ὅτ' ἔζη?) οὐχ ὑπήνεγκεν B Ba ὅσας ζῶν οὐχ ὑπήνεγκεν C A Crus. ζῶν τοσαύτας a 8 τῶν ἀνθρώπων B Ba καίπερ ... ἀφειμένοι] C καὶ περὶ τῆς δουλ. ἀφ (ἐφ Ba) ιέμενοι Cr B Ba περὶ τῆς δουλ. ἐφιέμ. A καίπερ τῆς δουλ. πεφευγότες E — εἰ καὶ τῆς δουλ. ἀφεθῶσιν a Nev. Crus. 9 ἀρχῶν om. a ἔργων Schn., fort. recte

174. μύες καὶ γαλαῖ

(Halm 291 Ch. 239)

(*I*) μυςὶ καὶ γαλαῖς πόλεμος ἦν. ἀεὶ δὲ οἱ μύες ἡττώμενοι ἐπεὶ συνῆλθον εἰς ταὐτόν, ὑπέλαβον, ὅτι δι' ἀναρχίαν τοῦτο πάσχουσιν· ὅθεν ἐκλεξάμενοί τινας ἑαυτῶν στρατηγοὺς ἐχειροτόνησαν. οἱ δὲ βουλόμενοι ἐπισημότεροι τῶν ἄλλων εἶναι κέρατα κατασκευάσαντες ἑαυτοῖς συνῆψαν. ἐνστάσης δὲ τῆς μάχης συνέβη πάντας τοὺς μύας ἡττηθῆναι. οἱ μὲν οὖν ἄλλοι πάντες ἐπὶ τὰς ὀπὰς καταφεύγοντες ῥᾳδίως εἰσέδυνον, οἱ δὲ στρατηγοὶ μὴ δυνάμενοι εἰσελθεῖν διὰ τὰ κέρατα αὐτῶν συλλαμβανόμενοι κατησθίοντο.

ὅτι πολλοῖς ἡ κενοδοξία κακῶν αἰτία γίνεται.

in brevius redacta

(*Ib*) (Ch. 239 f)

γαλαῖ καὶ μύες ἄσπονδον εἶχον μάχην. οἱ δὲ μύες δόρατα καὶ ἅρματα ἐξ ἀχύρων λαβόντες συνεκρότησαν τὸν πόλεμον αἱ δὲ γαλαῖ ὥρμησαν κατ' αὐτῶν. οἱ δὲ μύες βουλόμενοι εἰς τὰς τρυμαλιὰς εἰσελθεῖν ἔχοντες τὰ ξύλα τῶν ἀχύρων καὶ μὴ δυνάμενοι κρυβῆναι διεφθάρησαν ὑπὸ τῶν γαλῶν.

ὅτι ἀδυνατῶν τις οὐ δεῖ συγκροτεῖν πολέμους.

---

174 (*I*) Babr. 31 Dos. 3 cf. fasc. 2 p. 122 Synt. 51 cf. fasc. 2 p. 177

---

174 (*I*) — C Cas E Cr A B Ba — (*Ib*) B² Barb. (Salm)

---

174 (*I*) 2 δι' ἀναρχίας B Ba 3 ἑαυτῶν τινας Cas, om. B Ba 4 τοῖς ἄλλοις B Ba 5 φανῆναι pro εἶναι E 6 καὶ οἱ μὲν B Ba. 7 ἐπὶ τὰς ὀπὰς καταφεύγοντες E Cr, om. ceteri 9 αὐτῶν om. B Ba 10 αἰτία διὰ φιληδονίαν A

(*Ib*) 1 μι'ας B² 2 καὶ ἅρματα suspectum. δόρατα κατέργαστα ἐξ ἀ.? Bölte συνεκρότησαν] Ch. συγκροτῆσαι Ba συγκρότησαν B² 6 ἀγαλῶν B² 7 ἀδυνάτω B² ἀδύνατόν τιν' Ch. τοὺς πολέμους B²

versibus redditur in II 116 = Ch. 239 b

175. μύρμηξ

(Halm 294 Ch. 242)

μύρμηξ ὁ νῦν τὸ πάλαι ἄνθρωπος ἦν, καὶ τῇ γεωργίᾳ (*I*) προσέχων τοῖς ἰδίοις πόνοις οὐκ ἠρκεῖτο, ἀλλὰ καὶ τοῖς ἀλλοτρίοις ἐποφθαλμιῶν διετέλει τοὺς τῶν γειτόνων καρποὺς ὑφαιρούμενος. ὁ δὲ Ζεὺς ἀγανακτήσας κατὰ τῆς πλεονεξίας αὐτοῦ μετεμόρφωσεν αὐτὸν εἰς τοῦτο τὸ ζῷον, ὃ καλεῖται μύρμηξ. ὁ δὲ καὶ τὴν μορφὴν ἀλλάξας τὴν διάθεσιν οὐ μετεβάλετο. μέχρι γὰρ νῦν κατὰ τὰς ἀρούρας περιιὼν τοὺς ⟨τῶν⟩ ἀλώνων πυρούς τε καὶ κριθὰς συλλέγει καὶ ἑαυτῷ ἀποθησαυρίζει.

ὁ λόγος δηλοῖ, ὅτι οἱ φύσει πονηροί, κἂν τὰ μάλιστα κολάζωνται, τὸν τρόπον οὐ μετατίθενται.

μύρμηξ ὁ νῦν τὸ παλαιὸν ἄνθρωπος ἦν καὶ τῇ γεωργίᾳ (*III*) διηνεκῶς προσέχων οὐ τοῖς ἰδίοις ἠρκεῖτο πόνοις, ἀλλὰ καὶ τοὺς τῶν γειτόνων καρποὺς ὑφῃρεῖτο. ὁ δὲ Ζεὺς ἀγανακτήσας ἐπὶ τῇ τούτου πλεονεξίᾳ μετεμόρφωσεν αὐτὸν εἰς τοῦτο τὸ ζῷον, ὃ μύρμηξ καλεῖται. ὁ δὲ τὴν μορφὴν ἀλλάξας τὴν διάθεσιν οὐ μετέβαλε. μέχρι γὰρ τοῦ νῦν τὰς ἀρούρας περιιὼν τοὺς τῶν ἑτέρων πόνους συλλέγει καὶ ἑαυτῷ ἀποθησαυρίζει.

ὁ μῦθος δηλοῖ, ὅτι οἱ φύσει πονηροί, κἂν τὰ μάλιστα τὸ εἶδος μεταβληθῶσι, τὸν τρόπον οὐ μεταβάλλονται.

---

175 (*I*) — C F Cas O E Cr A — (*III β*) (*III α*) accedunt J (*γ*) R A (*I* a)

---

175 (*I*) 1 ὁ νῦν om. E Cr τὸ παλαιὸν A τὸ om. O 2 οὐ μόνον τοῖς ἰδίοις πόνοις ἠρκεῖτο (ἠρκ. π. O) O E Cr 3 ἐποφθαλμιῶν] A Cr O E a ἐφορμῶν C F Cas ἐποφθαλμίζων Schn. 4 ἀφαιρούμενος C F Cas Ζεὺς δὲ ἀγ. O E 5 ὃς C Cas O 7 μετεβάλλετο F Cas O μετέβαλε A τοὺς ⟨τῶν⟩ ἀλώνων πυρούς τε καὶ κριθὰς συλλέγει] scr. O secutus. τοὺς ἄλλων πυροὺς (πόρους Cr) καὶ κρ. συλλέγων E Cr συλλέγει St. τοὺς σπόρους τῶν ἄλλων συλέγε F τοὺς πόνους τ. ἀλ. συλλέγει (συνάγει A) C Cas A 11 ἀποτίθενται A

(*III*) 1 τὸ πάλαι J (*γ*) *β* Plan R A 2 οἰκείοις pro ἰδίοις C c G P (*β*) 10 μετατίθενται J (*γ*) C c Plan (*β*)

176. μύρμηξ καὶ περιστερά

(Halm 296 Ch. 244)

(*I*) μύρμηξ διψήσας κατελθὼν εἴς τινα πηγὴν βουλόμενος πιεῖν ἀπεπνίγετο. περιστερὰ δὲ ἐν τῷ παρεστηκότι δένδρῳ κλάσασα φύλλον ἔβαλε, δι' οὗ ἐπιβὰς ὁ μύρμηξ ἐσώθη. ἰξευτὴς δέ τις παραστὰς καὶ συνθεὶς τοὺς καλάμους τὴν περιστερὰν λαβεῖν ἤθελεν. ὁ δὲ μύρμηξ ἔδακεν εἰς τὸν πόδα τοῦ ἰξευτοῦ· ὁ δὲ σείσας τοὺς καλάμους ἐποίησε τὴν περιστερὰν φυγεῖν.

ὁ μῦθος δηλοῖ, ὅτι καὶ ὑπ' ἀσθενῶν ἐστί τις εὔκαιρος βοήθεια.

(*II*) μύρμηξ διψήσας κατελθὼν εἰς τὴν πηγὴν καὶ βουλόμενος πιεῖν ἀπεπνίγετο. περιστερὰ δὲ ἐν τῷ παρεστηκότι δένδρῳ καθεζομένη ἐθεάσατο αὐτὸν καὶ κόψασα κλάδον ἔρριψεν

---

176 (*I*) — C F A B Ba — Cas propius ad Vi accedit cf. (*II*) – (*I* a) (*II*) — V O P L Mo, Br = Ch. 244 c Cas (*III δ*) M, N = Ch. 344 c. T vers. comp. = Ch. 244 d

---

176 (*I*) **1** διψήσας καὶ F a εἰς τὴν πηγὴν F **2** παρεστηκότι] Kor. περιεστ. libri **3** ἔλαβε F ἐπιβὰς ὁ. μ. ἐσώθη] a ἐπιβ. ὁ μ. διεσώθη A ἐπιστὰς ὁ μ. ἐσώθη (ἔσωθεν C) C F ἐπιβ. ὁ μ. ἐσώσατο B Ba **4** τις om. A παρασταθεὶς (περι- C) C B Ba a καὶ om. C F **5** ἐξέδακεν C ἔδακε τὸν πόδα αὐτοῦ B Ba δακὼν εἰς τ. π. τὸν ἰξευτὴν τοὺς καλάμους διασεῖσαι ἐποίησεν, τὴν δὲ περ. φυγεῖν A **8** de epimythio cum nihil adnotatum reperirent rhetores, varia confinxerunt ὁ μ. κτλ.] B Ba ὅτι καὶ τὰ ἄλογα ζῶα αἴσθησιν ἔχει C F αἴσθ. ἔχει καὶ ἀλλήλους ὠφελεῖ A ubi post αἴσθησιν inserendum putat τοῦ καλοῦ Schn. cf. Vi. alterum epimythium addunt C F δεῖ οὖν καὶ ἡμᾶς τοὺς εὐεργέτας ἀμείβεσθαι cf. Vi δύνανται καὶ τὰ μικρὰ μεγάλας ἀμοιβὰς τοῖς εὐεργέταις παρέχειν a

(*II*) **1** διψήσασα L καὶ κατελθὼν Mo Br N M κατῆλθεν P L M τὴν om. Cas τὸν αἰγιαλὸν τῆς πηγῆς N καὶ (om. Mo) βουλομένη Mo L **2** πιεῖν πεσὼν εἰς τὸ ὕδωρ ἀπ. M ἔμελλεν ἀποπνίγεσθαι Mo παρεστηκότι] Kor. περισχόντι M περιεστηκότι ceteri περιστ. δὲ τῷ περικειμένῳ δ. καθεζ. ὡς Mo ἐν τῷ πέρα ἑστηκυῖα εἰς δένδρον καθεζ. Br N **3** αὐτὴν L καὶ om. Mo κόψασα φύλλον Cas

εἰς τὴν πηγὴν καὶ καθεσθεὶς ὁ μύρμηξ ἐπὶ τοῦ κλάδου ἐσώθη δι' αὐτοῦ. ἰξευτὴς δέ τις παραγενόμενος συνθεὶς τοὺς καλάμους τὴν περιστερὰν συλλαβεῖν ἠβούλετο. ὁ δὲ μύρμηξ θεασάμενος ἔδακε τὸν πόδα τοῦ ἰξευτοῦ. ὁ δὲ ἀλγήσας καὶ σείσας τοὺς καλάμους ἐποίησε φυγεῖν τὴν περιστεράν.

ὁ μῦθος δηλοῖ, ὅτι καὶ τὰ ἄλογα ζῷα αἴσθησιν ἔχει· δεῖ οὖν καὶ ἡμᾶς τοὺς εὐεργέτας ἀμείβεσθαι.

μύρμηξ διψήσας κατελθὼν εἰς πηγὴν παρασυρεὶς ὑπὸ τοῦ (*III*)
ῥεύματος ἀπεπνίγετο. περιστερὰ δὲ τοῦτο θεασαμένη κλῶνα δένδρου περιελοῦσα εἰς τὴν πηγὴν ἔρριψεν· ἐφ' οὗ καὶ καθίσας ὁ μύρμηξ διεσώθη. ἰξευτὴς δέ τις μετὰ τοῦτο τοὺς καλάμους συνθεὶς ἐπὶ τὸ τὴν περιστερὰν συλλαβεῖν ᾔει. τοῦτο δ' ὁ μύρμηξ ἑωρακὼς τὸν τοῦ ἰξευτοῦ πόδα ἔδακεν. ὁ δὲ ἀλγήσας τούς τε καλάμους ἔρριψε καὶ τὴν περιστερὰν αὐτίκα φυγεῖν ἐποίησεν.

ὁ μῦθος δηλοῖ, ὅτι δεῖ τοῖς εὐεργέταις χάριν ἀποδιδόναι.

(*III γ*) (*III β*) (*III α*)

---

4 ἐπὶ τὴν L M δι' οὗ κτλ. ut in Aug. Cas **5** διεσώθη P παραγενόμενος] P παρὼν V O L M συμπαρὼν θεὶς Mo παρασταθεὶς (= Aug.) Cas deest in Br N **6** πρὸς τὸ τὴν περ. συλλαβεῖν. θεας. οὖν ὁ μ. τὸν τοῦ ἰξ. ἔδ. πόδα Mo τ. καλ. τὴν περ. κρατῆσαι ἠβ. Br N **7** ἀλγήσας, ῥίψας Cas ἔσεισε τ. κ. καὶ Mo ἀλγήσας ἔρριψε τ. κ. καὶ Br N **8** τ. περ. φυγεῖν V O **9** ὅτι εἰ καὶ Cas τὰ om. Br ἔχειν P ἔ. τοῦ καλοῦ Cas **10** ὑμᾶς P πῶς οὐ δεῖ Cas εὐεργ. χαρίζεσθαι N Εἰ τὰ ἄλ. ζ. αἴσθ. ἔχοντα οἶδεν ἀγαθοποιεῖν τοὺς εὐεργέτας, δεῖ καὶ ἡμᾶς λογικοὺς ὄντας τοὺς εὐεργ. ἀμ. Mo ὅτι δεῖ τοὺς εὐεργ. ἀντευεργετεῖν τὰ ὅμοια N ὅτι καὶ ἄλ. ζ. κτλ. Br = Aug. alterum epimythium adnectitur in Cas ἢ δύνανται καὶ τὰ μικρὰ (ζῷα add. St) τοῖς εὐεργέταις μεγάλας ἀμοιβὰς παρέχειν petitum ex (*I* a)

(*III*) **1** κατελθὼν] codices primarii in *β* et *α* καὶ κατελθὼν *γ* ceteri **2** ἀπεπνίγη F (*γ*) τοῦτο cod. primarii τοῦτον plures in *γ β α* **3** καὶ ante καθίσας om. *β* **5** ἐπὶ τῷ D (*α*) et plures cod. *β α*, G J (*γ*) τὸ om. F Vo Laud (*γ*)

177. μυῖα

(Halm 292 Ch. 240)

(*I*) μυῖα ἐμπεσοῦσα εἰς χύτραν κρέως ἐπειδὴ ὑπὸ τοῦ ζωμοῦ ἀποπνίγεσθαι ἔμελλεν, ἔφη πρὸς ἑαυτήν· „ἀλλ' ἔγωγε καὶ βέβρωκα καὶ πέπωκα καὶ λέλουμαι· κἂν ἀποθάνω, οὐδέν μοι μέλει."

ὁ λόγος, ὅτι ῥᾳδίως φέρουσι τὸν θάνατον οἱ ἄνθρωποι, ὅταν ἀβασανίστως παρακολουθήσῃ.

(*II*) μυῖα ἐμπεσοῦσα εἰς χύτραν κρεῶν ἐπειδὴ ὑπὸ τοῦ ζωμοῦ ἀποπνίγεσθαι ἔμελλεν, ἔφη· „ἀλλ' ἔγωγε καὶ βέβρωκα καὶ πέπωκα καὶ λέλουμαι καὶ θνῃσκούσῃ οὐ μέλει μοι."

ὁ μῦθος δηλοῖ, ὅτι ῥᾳδίως φέρουσι τὸν θάνατον οἱ ἄνθρωποι, ὅταν ἀβασανίστως παρακολουθήσῃ.

178. ναυαγὸς καὶ θάλασσα

(Halm 94 b Ch. 247)

ναυαγὸς ἐκβρασθεὶς εἰς τὸν αἰγιαλὸν διὰ τὸν κόπον ἐκοιμᾶτο. μετὰ μικρὸν δὲ ἐξαναστὰς ὡς ἐθεάσατο τὴν θά-

---

177 (*I*) e Babrii fab. 60 — (μῦς!) Aristoph. Daet. fr. 203 K Eustath. in ρ 455 p. 1828, 16 178 Babr. 71 Ps. Callisth. III b 8

---

177 (*I*) — O E Cr B Ba (Salm.) — (*II*) — V O P Mo Br Cas (*III δ*) – N F E J, T vers. comp. = Ch. 240 b 178 — F O E Cr A B Ba

---

177 (*I*) 1 μυῖα] O Cr Salm. μύα (μήα B) E B Ba ἐμπεσὼν B Ba κρέατος B Ba 4 οὐ μέλει μοι B Ba 6 παρακολουθοῦσι (παρακολοῦσι B) B Ba unde ἀβασανίστους παρακαλοῦσι Nev., alia alii, verum viderat Kor.

(*II*) 1 μῦς ἐμπεσοῦσα E κρέως F κρέατος Cas, om. Br N J ἐπὶ τοῦ ζ. P Mo 3 πέποκα V O πέτοκα (πέπτω καὶ F) καὶ βεβρ. P F θνησκούσης P Cas F θνήσκουσα O Br N J θνήσκειν V E in ἔμελλε desinit Mo spatio versuum 4 vacuo relicto, sequebantur quaedam quae hodie legi non possunt, cf. Urs. p. 2. epimythium deest in P 5 παρακολουθῇ Mo παρακολουθοῦσι Br Cas -λούθησι J οἱ ἄνθρωποι πληροφορηθέντες ἔχειν τὰ πάντα κατορθώματα N οὕτως εἰσὶν οἱ τῶν ὧδε χρήζοντες καὶ τῶν ἐκεῖ οὐδ' ὅλως F

178 1 ναύαρχος A εἰς τὸν] E εἴς τινα cet. 2 μετὰ δὲ μ. F A πρὸς τὴν θάλασσαν A αὐτὴν F A τῆς θαλάσσης αὐτῇ ἐνατενί-

λασσαν, ἐμέμφετο αὐτῇ, ὅτι γε δελεάζουσα τοὺς ἀνθρώπους τῇ πραΰτητι τῆς ὄψεως, ἡνίκα ἂν αὐτοὺς προσδέξηται, ἀπαγριουμένη διαφθείρει. ἡ δὲ ὁμοιωθεῖσα γυναικὶ ἔφη πρὸς αὐτόν· „ἀλλ', ὦ οὗτος, μὴ ἐμὲ μέμφου, ἀλλὰ τοὺς ἀνέμους. ἐγὼ μὲν γὰρ φύσει τοιαύτη εἰμί, ὁποίαν καὶ νῦν με ὁρᾷς· οἱ δὲ αἰφνίδιόν μοι ἐμπίπτοντες κυματοῦσι καὶ ἐξαγριαίνουσιν."

ἀτὰρ οὖν καὶ ἡμᾶς ἐπὶ τῶν ἀδικημάτων οὐ δεῖ τοὺς δρῶντας ἐπαιτιᾶσθαι, ὅταν ἑτέροις ὑποτεταγμένοι ὦσι, τοὺς δὲ τούτοις ἐπιστατοῦντας.

179. νέος ἄσωτος καὶ χελιδών

(Halm 304 Ch. 249)

νέος ἄσωτος καταφαγὼν τὰ πατρῷα ἱματίου μόνου αὐτῷ (*I*)
περιλειφθέντος ὡς ἐθεάσατο χελιδόνα παρὰ καιρὸν ὀφθεῖσαν, οἰόμενος ἤδη θέρος εἶναι ὡς μηκέτι δεόμενος τοῦ ἱματίου καὶ τοῦτο φέρων ἀπημπόλησεν. ὕστερον δὲ χειμῶνος ἐπιλαβόντος καὶ σφοδροῦ τοῦ κρύους γενομένου περιιὼν

---

179 (*I*) μία χελιδὼν κτλ. prov. Zen. V 12 Babr. 131 tetr. II 4

---

179 (*I*) O E Cr C F B Ba

ζων B Ba (ἐπαιτιάζων Huds.) **3** ὅτι γε E B Ba **4** τῇ πραότητι τῆς συνόψεως E Cr τῇ (μὲν add. Schn.) τῆς ὄψεως λαμπρότητι A **5** ἀπαγριουμένη] O E Cr ἐπαγρ. F A ἀπογαστρισαμένη B Ba ἐξαγριουμένη maluit Halm coll. 8 ἐξαγριαίνουσιν **7** φύσεως B Ba ὁποίαν ἂν καὶ νῦν με (με καὶ νῦν O Cr) O E Cr ὁποίαν με νῦν B Ba ὁποία ἡ γῆ A cf. Babr. vs. 10 ἐρεῖς με τῆς σῆς ἠπιωτέρην γαίης. **8** αἰφνίδιοι A ἐπέρχονται καὶ E Cr κυματίζουσι B Ba ἐξαγριοῦσι E Cr **10** Δεῖ οὖν ... οὐδὲν τοὺς ... ἀλλὰ τοὺς ἐπιστατοῦντας B Ba **12** τοῖς δὲ τ. ἐπιστατεύουσιν F

179 (*I*) **1** ἱματίου μόνου αὐτῷ περιλειφθέντος] O ἱμ. αὐτῷ μόνου (αὐτοῦ Cr) περιλιπόντος E Cr ἱματίου καὶ μόνου ἐπιλιπόντος (παραλεφθέντος B Ba) C F B Ba **2** κατὰ καιρὸν C F ὀφθεῖσαν om. O ἐλθοῦσαν Ch. secundum Cas cf. II **3** καὶ δὴ (ἐλπίσας F) θέρος εἶναι C F ὑπολαβὼν C **4** ἀπεμπόλει C **5** σφοδροῦ τοῦ κρύους γενομένου] O σφοδροῦ τοῦ χειμῶνος γεγονότος E σφόδρα (σφοδροῦ F) γενομένου τοῦ ἀέρος B Ba F χειμῶνος γενομένου καὶ σφοδροῦ γενομένου τοῦ ἀέρος C cf. Vi καὶ ... γενομένου om. Cr περιιὼν om. C B Ba

ἐπειδὴ εἶδε τὴν χελιδόνα νεκρὰν ἐρριμμένην, ἔφη πρὸς αὐτήν· „ὦ αὕτη, cὺ κἀμὲ καὶ cὲ ἀπώλεcαc.“

ὁ λόγοc δηλοῖ, ὅτι πᾶν τὸ παρὰ καιρὸν δρώμενον ἐπιcφαλέc ἐcτιν.

(*II*) νέοc ἄcωτοc καταφαγὼν τὰ πατρῷα ἱματίου μόνον καταλειφθέντοc αὐτῷ εἶδε χελιδόνα παρὰ καιρὸν ὀφθεῖcαν καὶ θέροc εἶναι νομίcαc μηκέτι δεόμενοc τοῦ ἱματίου τοῦτο φέρων ἐπώληcεν. μετὰ μικρὸν δὲ χειμῶνοc καὶ ψύχουc cφοδροῦ γενομένου ἐπειδὴ εἶδε τὴν χελιδόνα φερομένην ὑπὸ τῶν ὑδάτων νεκράν, ἔφη· „ὦ αὕτη, cὺ κἀμὲ καὶ cεαυτὴν ἀπώλεcαc.“

ὁ μῦθοc δηλοῖ, ὅτι πᾶν τὸ παρὰ καιρὸν δρώμενον ἐπικίνδυνόν ἐcτι.

180. νοσῶν καὶ ἰατρός

(Halm 305 Ch. 250)

(*I*) νοcῶν τιc καὶ ἐπερωτώμενοc ὑπὸ τοῦ ἰατροῦ, πῶc διετέθη, πλέον τοῦ δέοντοc ἱδρωκέναι ἔφη· ὁ δὲ ἀγαθὸν τοῦτο ἔλε-

---

(*II*) — V O P L Mo Br Cas — (*III δ*) — M N F E J — T vers. comp. = Ch. 249 c **180** (*I*) — C F E Cr B Ba — (*I* a)

---

6 ἐρριγωμένην Ch. κειμένην Nev. 7 καὶ cὲ om. C F B Ba 8 πάντα τὰ δρώμενα ἐπιcφαλῆ τυγχάνουcιν E ἐπιcφαλὲc τυγχάνει Cr καταcφαλὲc B Ba

(*II*) 1 τὰ om. P F πατρῶαν F πατρώαν οὐcίαν M τὰ πράγματα αὐτοῦ Br N J ἱματίου μόνον καταλ. αὐτῷ] V μόνον ἱματίου καταλειφθ. αὐτῷ P ἱματίου μόνον παραληφθ. αὐτοῦ O καταλειφθ. μόνον τε ἱματίου F μόνῳ ἱμάτιον καταληφθέντοc L M ἱματίου καὶ μόνου αὐτῶ περὲίλειφθέντοc (sic) Cas ἱμ. κ. μόνου κατ. αὐτῶ E ἱματίῳ μόνῳ καταλειφθέντι αὐτῶ Br N J ἱμάτιον μόνον ἐνεδιδύcκετο Mo 2 ἐπεὶ εἶδεν Br N J π. κ. ὀφθεῖcα καὶ P ἐλθοῦcαν T ὡc οὖν E καὶ ante μηκέτι collocant O J 3 ἐνόμιcε θέροc εἶναι καὶ μηκ. δέεcθαι τοῦ ἱμ. (δεόμενοc E) καὶ τοῦτον φέρων διέπραccε Mo E τοῦ ἱματίου τούτου φέρων διέπραξε F 4 ψύχου Mo N ψυχροῦ P E 5 γεγονότοc O P Mo M ἀπῆλθεν ὑπό τι cτέγοc καὶ καταπεcὼν ἐν αὐλείῳ ἐπείπερ εἶδε E ἰδεῖν τὴν χελ. ἔτυχε M 6 νεκρὰν ἐρριμμένην (ἐρημουμένην legit Fu) ἔφη Cas νεκρὰν ῥιγοῦcαν T ὑπὸ τῶν ἀδύτων O P M ὑ. τ κυμάτων Mo 8 δρώμ. ἀνεπιτηδέc ἐcτιν Mo E

180 (*I*) 1 διετέθηc B Ba a 2 ἔλεγε πλέον E qui ἔφη om. ὁ δὲ ἔφη ἀγ. τ. E „ἀγαθόν τοῦτο“ St. atque ita in sequentibus γεν. ἐκ δευτέρου δὲ ἐρωτώμενος, πῶς ἔχει, ἔφη φρίκῃ συνεχόμενος διατετινάχθαι· ὁ δὲ καὶ τοῦτο ἀγαθὸν ἔφασκεν. τὸ δὲ τρίτον ὡς παρεγένετο καὶ ἐπηρώτα αὐτὸν περὶ τῆς νόσου, ἔφη ὑδέρῳ περιπεπτωκέναι· κἀκεῖνος ἀγαθὸν καὶ τοῦτο ἔφη εἶναι. τῶν δὲ οἰκείων τινὸς παραγενομένου πρὸς αὐτὸν καὶ πυνθανομένου, πῶς ἔχει, ἔφη· „ἐγὼ ὑπὸ τῶν ἀγαθῶν ἀπόλωλα.“

οὕτω πολλοὶ τῶν ἀνθρώπων ἐπὶ τούτοις ὑπὸ τῶν πέλας μακαρίζονται τῇ ἔξωθεν οἰήσει, ἐφ᾽ οἷς αὐτοὶ παρ᾽ ἑαυτοῖς τὰ μάλιστα δυσφοροῦσιν.

(*II*) νοσῶν τις καὶ ὑπὸ τοῦ ἰατροῦ ἐπερωτώμενος, πῶς ἐτηρήθη, ἔφη πλέον τοῦ δέοντος ἱδρωκέναι· ὁ δὲ ἀγαθὸν τοῦτο εἶναι ἔφη. ἐκ δευτέρου δὲ ἐρωτηθεὶς παρ᾽ αὐτοῦ· „πῶς ἔχεις;“ ἔφη· „φρίκῃ συσχεθεὶς σφοδρῶς διετινάχθην.“ ὁ δὲ καὶ τοῦτο ἀγαθὸν φήσας εἶναι ἐκ τρίτου ἐρωτηθεὶς παρ᾽ αὐτοῦ· „πῶς ἐτηρήθης;“ ἔφη· „ὑδρείᾳ περιπέπτωκα“, κἀκεῖνος πάλιν ἀγαθὸν τοῦτο ἔφησε. μετὰ ταῦτα τῶν οἰκείων τις ἐρωτήσας αὐτόν· „πῶς ἔχεις;“ ἔφη· „ἐγώ, ἀδελφέ, ὑπὸ τῶν ἀγαθῶν ἀπόλλυμαι.“

(*II*) — V P O (Mo) Br Cas L Accursianam sequitur (*III δ*) — M N E F, T vers. comp. = Ch. 250 d

---

3 ἔχοι E 4 συνεχόμενον E a ὁ δὲ καὶ τ. ἔφη ἀγ. E 5 ἐπερώτησε B Ba 6 διαρροίᾳ περιπεπτωκέναι ἔφασκεν κἀκεῖνος ἀγαθὸν καὶ τοῦτο φήσας ἀπηλλάγη E διαρρ. πεπτωκέναι ἔλεγεν F εἶπε κἀκεῖνος ἀγ. καὶ τοῦτο εἶναι B Ba 8 ἔχοι E B Ba πρὸς αὐτόν· ἐγώ σοι ὑπὸ E B Ba τῶν ἀγ. τοῦ ἰατροῦ a 11 ἐπὶ τῇ F οἰκήσει E τῇ ἔξ. οἰήσει μακ. C. qui ὑπὸ τῶν πέλας om. αὐτοὶ om. B Ba 12 δυσχεραίνουσιν C F δυσφρονοῦσι B Ba

(*II*) 1 τοῦ om. P Br N ἰατρῶν E ἐτηρήθη] V ἐτηρήθης O E Cas διετηρήθη Br N M ἐτυλήθης P διετέθης Ch. sed cf. index sub διατηρέω 2 ἱδρώσας E ὅτι τὸν ἧπαρ (= ἧπαρ) τῇ νυκτὶ ταύτῃ δεινῶς ἤλγησα N 4 σφοδρῶς om. V σφ. συσχεθεὶς διεταράχθην P 5 ἐκ τούτου Br πάλιν ἐρ. E M γ 6 ἐτηρήθης] Cas Br E ἐτηρήθη V διετηρήθης P, om. N ἔχεις O ἔχει M ὑδρείᾳ (ὑδερείᾳ V E) περιπέπτωκα] V Br N Cas E διαρυὰ περιπτωκέναι sic P ἱδρῶτι περιπεπτωκέναι O ὑδέρῳ περιπεπτωκέναι M γ Char. 7 πάλιν om. V τοῦτο φήσας V O Br 8 ἔχει N ἤκουσε παρ᾽ αὐτοῦ ταῦτα E ἀδελφοὶ om. ἐγὼ O 9 ἀπόλλωμαι Br ἀπόλωμαι N O ἀπόλωλα P

ὁ μῦθος δηλοῖ, ὅτι πολλοὶ τῶν ἀνθρώπων θέλουσι κατὰ χάριν λέγειν, ἃ μάλιστα αὐτοὶ δυσχεραίνουσι.

(*III*) νοσῶν τις καὶ ὑπὸ τοῦ ἰατροῦ ἐρωτώμενος, ὅπως διετηρήθη, πλέον εἶπε τοῦ δέοντος ἱδρωκέναι. ὁ δὲ ἀγαθὸν ἔφη τοῦτ' εἶναι. ἐκ δευτέρου δὲ παρ' αὐτοῦ πάλιν ἐρωτηθείς, ὅπως ἔσχε, φρίκῃ συσχεθεὶς εἶπε σφοδρῶς διατετινάχθαι. ὁ δὲ καὶ τοῦτ' ἀγαθὸν ἔφησεν εἶναι. ἐκ δὲ τρίτου αὖθις ἐρωτηθείς, ὅπως διεγένετο, εἶπεν ὑδέρῳ περιπεπτωκέναι. ὁ δὲ καὶ τοῦτο πάλιν ἀγαθὸν εἶπεν εἶναι. εἶτα τῶν οἰκείων τινὸς αὐτὸν ἐρωτήσαντος, ὅπως ἔχει, „ἐγώ", εἶπεν, „ὑπὸ τῶν ἀγαθῶν ἀπόλλυμαι."

ὁ μῦθος δηλοῖ, ὅτι μάλιστα τῶν ἀνθρώπων δυσχεραίνομεν τοὺς πρὸς χάριν ἀεὶ βουλομένους λέγειν.

181. νυκτερὶς καὶ βάτος καὶ αἴθυια

(Halm 306 Ch. 251)

(*I*) νυκτερὶς καὶ βάτος καὶ αἴθυια κοινωνίαν πρὸς ἀλλήλους στειλάμενοι ἐμπορεύεσθαι διέγνωσαν. καὶ ἡ μὲν νυκτερὶς ἀργύριον δανεισαμένη εἰς μέσον κατέθηκεν, ἡ δὲ βάτος ἐσθῆτα ἐνεβάλετο, ἡ δὲ αἴθυια χαλκὸν πριαμένη καὶ τοῦτον

□ (*III γ*) (*III β*) (*III α*) accedit A (*I* a) **181** (*I*) — F O E Cr A — (*I* a)

---

10 epimythium huius fabulae, quae scribae incuria omissa est, proximae fabulae adscribitur in Mo ὅτι ... δυσχεραίνουσιν] interim VO secutus dedi αὐτοὺς δυσχεραίνομεν P ὧ μάλιστα αὐτοῖς (αὐτοὶ?) δυσχεραίνομεν Mo αὐτὸν δυσχεραίνουσιν E λέγειν τισὶν ἃ μαλ. αὐτοὺς βλάπτουσιν Cas Ch. θέλοντες κατὰ χάριν μάλ. αὐτοῖς δυσχεραίνουσι Br θέλ. παρηγορεῖν ὑπερμετρονὶ μᾶλλον αὐτοῖς δυσχεραίνομεν N — an fuit θέλοντες κατα χάριν λέγειν λέγουσι ἃ μάλιστα δυσχεραίνομεν? — ὁ μῦθος ἐλέγχει τοὺς κολακεύοντας M *γ*

(*III*) **1** τοῦ om. *γ* διετέθη F(*γ*) H Q(*α*) διετίθη L(*γ*) **4** ἔχει (vel ἔχῃ) *γ β* Plan **5** τρίτων *α* Acc. **6** ἔχεις pro διεγένετο *γ* **7** δὲ om. *γ* **8** ἔχεις *α* Acc. *β* Plan **10** ὁ μ. ἐλέγχει τοὺς κολακεύοντας *γ*

181 (*I*) **1** πρὸς ἀλλ. κοιν. σπεισάμενοι A ἀλλήλας E **2** δὴ ἡ O E Cr **3** καθῆκεν O E **4** ἐσθῆτας O ἐνεβάλετο] O E Cr ἐνεβάλλετο F ἀνεβάλετο A ἐνέβαλεν a ἡ δὲ αἴθυα ... ἔπλει] O E Cr πριαμένη .. ἔπλει om. F A ἡ δὲ αἴθ χαλκὸν περιαψαμένη ἔπλει a ἡ δὲ αἴθ. τὸ πλοῖον A

ἐνθεμένη ἔπλει. χειμῶνος δὲ cφοδροῦ γενομένου καὶ τῆς νηὸς περιτραπείσης ⟨πάντα ἀπολέσαντες αὐτοὶ ἐπὶ τὴν γῆν διεσώθησαν καὶ⟩ ἡ μὲν αἴθυια ἀπ᾽ ἐκείνου τὸν χαλκὸν ζητοῦσα ἐπὶ τοῦ βυθοῦ δύνει οἰομένη ποτὲ εὑρήσειν, ἡ δὲ νυκτερὶς τοὺς δανειστὰς φοβουμένη ἡμέρας μὲν οὐ φαίνεται, νυκτὸς δὲ ἐπὶ [τὴν] νομὴν ἔξεισιν, ἡ δὲ βάτος τὰς ἐσθῆτας ἐπιζητοῦσα τῶν παριόντων ἐπιλαμβάνεται τῶν ἱματίων προσδοκῶσα τῶν ἰδίων τι ἐπιγνώσεσθαι.

ὁ λόγος δηλοῖ, ὅτι περὶ ταῦτα μᾶλλον σπουδάζομεν, περὶ ἃ ἂν πρότερον πταίσωμεν.

(*II*) νυκτερὶς καὶ βάτος καὶ αἴθυια πρὸς ἀλλήλους κοινωνίαν ποιήσαντες ἐμπορεύεσθαι διέγνωσαν. καὶ ἡ μὲν νυκτερὶς ἀργύριον δανεισαμένη εἰς μέσον καθῆκεν, ἡ δὲ βάτος ἐσθῆτα ἐνεβάλετο, ἡ δὲ αἴθυια χαλκὸν καὶ εὐθέως ἀπέπλευσαν. χειμῶνος δὲ σφοδροῦ γενομένου καὶ τῆς νηὸς περιτραπείσης πάντα ἀπολέσαντες αὐτοὶ ἐπὶ τὴν γῆν διεσώθησαν. καὶ ἀπὸ τότε ἡ αἴθυια παρὰ τὸ χεῖλος τῆς θαλάσσης ἐνεδρεύει, μή πως ἡ θάλασσα τὸν χαλκὸν ἐξαγάγῃ. ἡ δὲ νυκτερὶς τοὺς δανειστὰς φοβουμένη ἡμέρας μὲν οὐ φαίνεται, νυκτὸς

(*II*) — V O Mo Br, Cas ad Augustanam propius accedens (*III δ*) E F Accursianam sequitur, T vers. comp. = Ch. 251 d

---

6 πάντα ... καὶ] ex Vi inserui duce Schneidero. desunt haec in O E Cr F A. lacunam alio modo expletam habes in a: περιτραπείσης πᾶς ὁ γόμος εἰς βυθὸν κατηνέχθη **7** τὸ πλοῖον A **8** ἐπὶ] A ἐπιδιεισδύνει F ἀπὸ O E Cr ἐκ a κατὰ Schn. ποτὲ εὑρήσειν] F A ὅτι εὑρήσει (εὑρήσειν Cr) O Cr τὸν χαλκὸν εὑρήσειν E τοῦτον εὑρήσειν a **11** τῶν ἱματίων] O E Cr a τῶν ἰδίων ἱματίων F ἱματίων A **12** τῶν ἰδίων τι] E Cr a τὰ ἴδια A τι F O **14** περὶ ἃ ἂν] F Cr περὶ ὧν ἂν O περὶ ἃ F a ὀλέσωμεν O

(*II*) **1** sq. ἔφυα Br ἔφια Mo sed θύελλα 4 **2** φιλίαν ποιησάμενοι Cas **3** εἰς τὸ μέσον τοῦτο κατέθηκεν Cas Ch. **4** ἐπεβάλετο O κατεβάλλετο Mo ἀνελάβετο Mo καὶ ἡ θύελλα Mo (et 8) χαλκοῦν Br Cas εὐθὺς δέ Mo **5** νεὼς Cas **6** αὖθις pro αὐτοὶ O, deest in Mo καὶ om. Mo **7** ἀπὸ τῶν τότε Cas περὶ τὸ O ἐπὶ τὸ Mo ἐνεδρεύει—θάλασσα excidit in V **8** ἐξάγει V ἐξάλη Br **9** τῇ ἡμέρα . . . νυκτὶ Br ἐπὶ ἡμέρας O

δὲ ἐπὶ νομὴν ἔξεισιν. ἡ δὲ βάτος ἐσθῆτος ἐπιλαμβάνεται τῶν παριόντων ζητοῦσα τῶν ἰδίων ἱματίων τι ἐπιγνώσεσθαι.

ὁ μῦθος δηλοῖ, ὅτι περὶ ταῦτα μᾶλλον σπουδάζομεν ὕστερον, περὶ ὧν πρότερον πταίσωμεν.

(*III*) νυκτερὶς καὶ βάτος καὶ αἴθυια ἑταιρείαν ποιησάμενοι ἐμπορικὸν διέγνωσαν βίον ζῆν. ἡ μὲν οὖν νυκτερὶς ἀργύριον δανεισαμένη καθῆκεν εἰς τὸ μέσον, ἡ δὲ βάτος ἐσθῆτα μεθ' ἑαυτῆς ἔλαβεν, ἡ δὲ αἴθυια τρίτη χαλκόν· καὶ ἀπέπλευσαν. χειμῶνος δὲ σφοδροῦ γενομένου καὶ τῆς νεὼς περιτραπείσης πάντα ἀπολέσαντες αὐτοὶ ἐπὶ τὴν γῆν διεσώθησαν. ἐξ ἐκείνου τοίνυν ἡ μὲν αἴθυια τοῖς αἰγιαλοῖς ἀεὶ παρεδρεύει, μή που τὸν χαλκὸν ἐκβάλῃ ἡ θάλασσα· ἡ δὲ νυκτερὶς τοὺς δανειστὰς φοβουμένη τῆς μὲν ἡμέρας οὐ φαίνεται, νύκτωρ δ' ἐπὶ νομὴν ἔξεισι· ἡ δὲ βάτος τῆς τῶν παριόντων ἐσθῆτος ἐπιλαμβάνεται, εἴ που τὴν οἰκείαν ἐπιγνοίη ζητοῦσα.

ὁ μῦθος δηλοῖ,. ὅτι περὶ ἃ σπουδάζομεν, τούτοις ἐς ὕστερον περιπίπτομεν.

(*III γ*) (*III β*) (*III α*) accedit B² (*I*)

---

10 ἐξέρχεται Br τῶν ἐσθήτων Cas τῶν om. O ἡ δὲ β. ἐσθῆτα ζητοῦσα τὴν ἰδίαν ἐπιλ. τῶν παρ. ἐπιγνῶναι θέλουσα τῶν ἰδίων Mo 11 ζητοῦσα τὸ ἴδιον ἱμάτιον ἐπιγνῶναι Cas 12 epimythium deest in O Mo, cf. ad fab. antecedentem μᾶλλον om. V ὅτι περὶ ὧν σπουδάζομεν περιπίπτομεν ὕστερον. Br cf. Acc. περὶ ἃ πρότερον πέσομεν Cas πταίσωμεν recepi ex Augustana πταίομεν V E ἃ ⟨ἂν⟩ πταίσωμεν Ch.

(*III*) 1 ποιησάμεναι B² Laud J (*γ*) Kor. Ch. 3 κατέθηκεν Char. cf. (*I. II*) 6 ἀπολέσασαι αὐταὶ Kor. Ch. 8 ἐκβάλῃ] Kor. ἐκβάλλῃ *α* Acc. ἐκβράσῃ *γ β* Plan (ἐκβάσῃ L l J G) 10 τῆς δὲ νυκτὸς *γ*

ADDENDA ET CORRIGENDA

42, 10 (adn.): post 'Q' inserendum est '9 *ἀφίκετο τὸ χρυσίον διερευνῶν* Heus.'

52, 14 (adn.): inter '*ἐπερ.*' et '*αὐτῷ*' inserendum est '(*ἐπηρ.* Cas)'

57, 10 (adn.): post 'Mnem.' suppleas 'VI (1878) 402'

63, 2 (nota): ante 'Babr. 18' supplendum est 'Them. XVI p. 208 A Synt. 55 cf. fasc. 2 p. 180'

81, 1 (nota): ad fabulam 58 suppleas testimonium 'Synt. 42 cf. fasc. 2 p. 173'

82, 8 (adn.): post '*περικειμένην γ*' adicias '5 *φιλονεικία* Cr'

103, 14 (adn.): post '7 . . . E' inserendum est 'lacuna ante *ἐλ* Ca'

119, 3 (nota): post '(II) M 2 (III *δ*)' adicias 'accedit Athen. 1201 (Perry, Byzantinische Zeitschrift 54, 7 sq. [= A]'

129, 4 (nota): ante 'Phaedr.' inserendum est 'Theophyl. 1 cf. fasc. 2 p. 153 Lib. 3 cf. fasc. 2 p. 131'

161, 3 (nota) suppleas 'Br. 2 cf. fasc. 2 p. 184'

167, 9 sq. (adn.) scribendum est '*βαλεῖν ἑαυτούς. οἱ ἐν αὐτῇ* (*ἐν αὐτῇ οἱ* Cas) *βάτραχοι τοῦ ψόφου ἀκούσαντες* 5 *ἔφη*

183, 9 (adn.): post 'E' adicias '*τις εὔκαιρος βοήθεια* B Ba'

206, 1 (nota): ad fabulam 181 suppleas testimonium 'Synt. 36 cf. fasc. 2 p. 170'

119/120: pro fabula 93 lege novam fabulam, cuius textum integrum antea ignotum Perry e codice Atheniensi in lucem protulit (cf. p. XXIX):

93. *ΟΝΟΣ ΠΑΙΖΩΝ*

(Halm 331 Ch. 276 Per. 91)

ἔχων τις κύνα Μελιταῖον καὶ ὄνον διετέλει ἀεὶ τῷ κυνὶ προσπαίζων· καὶ δή, εἴ ποτε ἔξω δειπνοίη, ἐκόμιζέ τι αὐτῷ

---

93 (*1*) Tit. *ὄνος παίζων καὶ δεσπότης* Per. 2 *ἔξω ἐδείπνει διεκόμιζε* E *καὶ προσιόντι καὶ σαίνοντι παρέβαλλεν. ὁ δὲ ὄνος φθονήσας προσέδραμε καὶ σκιρτῶν ἐλάκτισεν αὐτόν. καὶ ὃς ἀγανακτήσας ἐκέλευσε παίοντας αὐτὸν ἀπαγαγεῖν καὶ τῇ φάτνῃ προσδῆσαι.*

ὁ λόγος δηλοῖ, ὅτι οὐ πάντες πρὸς πάντα πεφύκασιν.

(*IIIδ*) *ἄνθρωπός τις εἶχεν ὄνον κομίζοντα ἐν τῷ οἴκῳ αὐτοῦ τὰ πρὸς χρείαν. εἶχεν δὲ καὶ κύνα, ὃς ἀδιαλείπτως εἱστήκει ἐν τῷ οἴκῳ. ἐρχομένου δὲ αὐτοῦ ἐν τῷ οἴκῳ ὁ κύων ἔτρεχε παίζων ἔμπροσθεν αὐτοῦ πηδῶν καὶ τερπόμενος καὶ προσποιούμενος δάκνειν αὐτόν. αὐτὸς δὲ ἀγαλλόμενος τὰ τοῦ κυνὸς ἀθέρματα ἀντέπαιζεν αὐτόν. ταῦτα βλέπων ὁ ὄνος ἐφθόνει τὸν κύνα καὶ καθ' ἑαυτὸν ἐλογίζετο, λέγων ὅτι „ἐγὼ μεγάλως κοπιῶ φέρων τὸν σῖτον καὶ τὸν οἶνον καὶ τὸ ὕδωρ καὶ πάντα τὰ πρὸς χρείαν, καὶ ὁ ἐμὸς δεσπότης οὐδέποτε παίζει μετ' ἐμοῦ, ἀλλ' οὐδ' ἐκολάκευέ με, ὁ δὲ κύων ἐσθίων καὶ καθεύδων ὅλην τὴν ἡμέραν καὶ μηδὲν ἐργαζόμενος φιλεῖται παρὰ τοῦ δεσπότου ἡμῶν. τοῦτο δέ ἐστιν ἐκ τῆς ἐμῆς ἀνοίας καὶ ἀπειρίας καὶ διὰ τὸ μὴ εἶναί με ἀστεῖον ὡς τὸν κύνα. ἀλλὰ νῦν κἀγὼ τῇ τοῦ κυνὸς γνώμῃ ἐπακολουθήσω καὶ ἀστεῖος γενήσομαι παίζων ἔμπροσθεν τοῦ δεσπότου μου. εὐφρανθήσεται γὰρ τῇ ἐμῇ παιδιᾷ καθάπερ καὶ τῇ τοῦ κυνός· τὸ γὰρ εὐτράπελον καὶ ἀστεῖον πᾶσιν ἀρέσκει.“ ταῦτα ἐλογίσατο καθ' ἑαυτὸν ὁ ὄνος, καὶ πρὸς ἑσπέραν ὁ οἰκοδεσπότης ἐλθὼν ἐν τῷ οἴκῳ ἔδραμεν ὁ κύων ἔμπροσθεν αὐτοῦ παίζων. καὶ ὁ ὄνος θεασάμενος τὸν κύνα καὶ φθόνῳ ἀσχέτῳ συσχεθεὶς ἔδραμε πηδῶν καὶ λακτίζων καὶ ψόφους ἀποτελῶν καὶ τοὺς ἐμπροσθίους πόδας ἀνατείνων ἐπάνω τοῦ κυρίου αὐτοῦ. ὁ δὲ κύριος αὐτοῦ φοβηθείς, μή πως λακτίσῃ αὐτόν, ἀποστραφεὶς αὐτόν, λαβὼν βάκλον ἔτυψεν αὐτὸν δεινῶς.*

ὁ λόγος δηλοῖ, ὅτι οὐ δεῖ ἀστειεύεσθαι ἀπρεπῶς, ἀλλὰ ἐν καιρῷ, καὶ μὴ βλάπτων τινά.

---

3 *παρέβαλλεν* Ba per corr. *παρέβαλεν* cett. **3** *φθονέσας* Cr E **4** *ἐλάκτιζεν* E | *καὶ ὃς* O *καὶ ὥς* Cr E *καὶ ὁ δεσπότης* A **5** *ἀπαγαγεῖν* (*ἐπ-* Cr) Cr EO *ἀγαγεῖν* A **7** *πρὸς ταυτα* (sic) A

(*III*) **2** *ἀδιαλήπτως* AM | *ἱστίκει* AM **5** *ἀγαλόμενος* AM **10** *μὲ* A *μὰ* M **23** *λακτίσει* AM **24** *λαβὸν* A *λαβ``* M | *ἔτιψεν* AM **25** *ἀστιέβεσθαι* AM

CODICVM LECTIONES EX APPARATV CRITICO EDITIONIS PERRYANAE EXCERPTAE ET COLLECTAE

Fab. 1

1 φιλίαν] φιλεῖν A (!) σπεισάμενοι F Hsr. ποιησάμενοι CrE Per. **4** ἡ δὲ εἰσελθοῦσα εἰς codd. εἰσελθοῦσα om. Hsr. **5** αὐτῆς om. F **7** αὐτοῦ A ἑαυτοῦ Per. cum cett. **9** τὸν τ. ν. θάνατον Cr τῇ ἀμύνῃ F Per. **10** πετεινὸν EF Hsr. πτηνὸν ACr Per. **11** ἀδυνάτοις καὶ ἀσθενέσιν BE Per. ἀσθ. καὶ ἀδ. AF Hsr. **12** τῷ ἐχθροῦ Cr **14** σπλάγχνιον Cr **16** ἐκ] ἐν Cr **17** φλόγαν Cr καὶ δὴ τοῦτον (vel -ου) Cr **18** πτῆναι ἀτελεῖς Cr (!) Per. **19** δραμοῦσα Cr **21** φιλίας Cr κἂν] εἰ καὶ F **22** ἐκ τῶν CrE Per. ἐκ om. A Hsr. κόλασιν δι' ἀσθένειαν Per. cum codd. δι' ἀ. om. Hsr. ἀσθενείας Cr **23** θεῶν E διακρούονται F Per. -εται E -οντες Cr [διακρούσονται in textu I 23, II 24, III 21 corrigatur]

Fab. 2

Tit. Ἀετός, κολοιὸς καὶ π. Per. **2** τοῦτον Cr (!) **3** ἤθελε A Hsr. ἠθέλησε Per. CCrEF Per. καθήσας αὐτὸν Cr τοῦ ῥοίζου CF δ' αὐτῷ A Per. δὲ αὐτῷ CF δὲ αὐτοῦ E Hsr. αὐτῶν ὂν. Cr **5** μαλοῖς CCrEF Per. **8** αὐτοῦ A Hsr. ἑαυτοῦ Per. cum cett. τί ἂν εἴη AF τί εἴ Cr **11** τοὺς A Per. om. CCrEF τῷ ex τὸ factum? E τὸ rell. **12** προσκαταγέλωται Cr

Fab. 3

3 -θαρρύνας A περιθαρσύνας Cr **4** παρακαλεῖ Cr **5** τὴν σμικρότητα A Per. τῇ μικρότητι Cr (!) E τοῦ om. A **8** διαιρόμενος A **9** κατέασε ACr μέχρι οὖν CrE **10** ἔστι δὲ τοῦ θεοῦ (Διὸς A) ἱερὸς ὁ ὄρνις ACr, nequaquam seclusit Per. αὐτοῦ] αὐτὸς Cr **12** τοῖς ἑαυτοῦ κόλποις E τοῖς κ. αὐτοῦ Per. cum rell. **16** τὰ ᾠὰ ἀπ. BS Per. **20** ὡς] ὃς E **21** τότε (om. A) αὐτὸν ACr ποτε ἑαυτὸν Per. cum rell.

Fab. 4

3 *αὐτοῦ* om. A 3sq. *μεθεῖναι αὐτήν, λέγουσα* AC (!) Cr Per. *αὕτὴν* om. Hsr., sed inseratur 4 *ὡς ὅτι* C *ἱέρακος γαστέρα* (*αὕτη* A) *αὐτὴ* Hsr. *ἱ. αὕτη γ.* CE *ἱ. αὕτη γ.* Cr *ἱ. αὐτὴ γ.* Per. 6 *καὶ ὡς* CrE 7 *εἰ* om. Cr 9 *ὁ λόγος δηλοῖ ὅτι* om. C CrE Per. *ὡς οὕτω* A 10 *διὰ* E *δὲ* Cr *μειζόνων πραγμάτων* ACCrE Per.

Fab. 5

Tit. *Ἀθηναῖος χρ.* Per. 1 *ἀπο* C 3 *παρέχεσθαι* Cr (!) *παρασχέσθαι* C (!) 3sq. *προαγαγὼν* CrE *ἀγαγὼν* C 4 *ὃν ἣν* (*ὕνην* Cr!) *μόνην εἶχεν* Cr Per. *ὃν ἣν εἶχε μόνην* C *ὕνην μόνην ἣν* (om. *εἶχε*) E (!) 5 *δὲ* om. C *προελθόντος* Cr 7 *γὰρ* om. ACr *προσαθηναίους* Cr 10 *Διονυσίους* ACCrE

Fab. 6

Tit. *Αἰπόλος καὶ αἶγες ἄγριαι* Per. 1 *τὰς* om. Cr *ἐπὶ νομὴν ἀπελάσας* A Hsr. *αὐτοῦ ἀπελάσας ἐπὶ νομὴν* C (!) Cr (!) E Per. 2 *ἀγρίας αὐταῖς ἀναμιγείσας* Per. cum codd. 5 *προαγαγεῖν* CE *προσ-* Cr *ἐπιμέλει* Cr 7 *παρασωρεύων* E Hsr. Per. *περι-* ACCr Adrados (*Gnomon* 1957, 434) *ἰδιοποιήσασθαι* CE Hsr. *ἐξιδ.* ACr Per. 11 *περιττοτέρας* Per. *αὗται* vel *αὔται* ACrE om. C *πημελείας* Cr 12 *ἔφησαν* C *ἀλλὰ καὶ* codd.! *καὶ* om. Hsr. *διὰ τοῦτο* C 13 *τὰς*] *τῇ* C *χθές σοι* codd.! *σοι* om. Hsr. *προεληλυθυίας* Cr *μειζόνως* A Hsr. om. Per. cum cett. 14 *σὺ* A Hsr. *σὺν σοὶ* C (!) Cr (!) E Per. 14sq. *εἰ καὶ – προσπελάσουσιν* A Hsr. *καὶ – εἰ πρ.* E *κἂν – πρ.* C Per. *καὶ ἕτερας – πρ.* Cr 15 *προκρίνεις* ACr 16 *δηλοῖ*] *διδάσκει* Cr 17 *οἱ*] *ὅσοι* C *τὰς προσφ.* Cr *προτιμῶντες* E 18 *κἂν ἡμῶν* CE Per. *καικὰ μὴ μόνον* Cr *καὶ κἂν ἡμῶν* A 19 *ἐκείνοις* E om. Cr *προκρίνουσιν* ACr

Fab. 7

Tit. *Αἴλουρος ἰατρὸς κ. ὄ.* Per. 5 *ἔφησαν* CF 7 *καὶ τὰ* Cr *ὑποκρίνονται* CrF

Fab. 8

1 ποτε om. E **3** ἐγκαλωμένων Cr **5** ἀποδεῖξαι F **6** ἐκροφίσει Cr (!) **6**sq. τὰ μὲν πρῶτα ὄρη E **7** ἐξέφηνεν F Per. ἐξέφανεν CrE **8** ἂν A αὐτὴν ACr **10** ὁ λ. δηλοῖ om. F

Fab. 9

Tit. Ἀλ. καὶ τρ. ἐν φρέατι Per. **1** ἐμπεσοῦσα C(!) πεσοῦσα A(!) **2** μηχανοῦσα Cr δίψης Cr **6** καὶ καταβ. αὐτὸν A **6**sq. ὁ δὲ ἀμ. κατῆλθε A **8** σβέσαι μετὰ τῆς ἀλ. σκοποῦντος τὴν ἄνοδον Per. ἀναδῦναι τῆς ἀλ. σκοπουμένης C (!) **10** τὴν ἑαυτῶν σωτηρίαν C ἐὰν γὰρ θελήσης Cr (!) **11** τείχει A (!) τύχῳ προερίσας ἐγκλῖναι καὶ τ. κ. Cr (!) **13** ἀναβιβάσω A **14** ἀλλομένη A ἀναλλομένη Cr Per. **15** τοῦ νώτου Cr **16**sq. φρέατος ἀνελθοῦσα Per. καὶ post φρέατος (sc. ex -ς ortum) Cr ἤγγισεν καὶ (corrigendi causa) C om. A **18** παραβαινούσης C (!) Cr ἡ ἀλώπηξ deest in codd.! **20** ἂν] δὴ AC Per. κατασεβήκης Cr **21** ἡ om. C ἐπεσκέψω C

Fab. 10

Tit. Ἀλώπηξ λέοντα θεασαμένη Per. **3** μικρὸν E **3**sq. ἐπιτυχοῦσα A Hsr. περιτυχ. CCrEU Per. παρατυχ. F **4** τὸ πρότερον] καὶ π. E μὲν – πρότερον om. A(!) ἀλλ' οὕτως ὡς Cr(!) **5** δὲ om. E προελθοῦσαν αὐτοῦ Cr **7** ὁ λόγος δηλοῖ Per. om. F

Fab. 11

Tit. Ἁλιεὺς αὐλῶν Per. **2** προβλῆτος CE προβλήματος ACr **3** αὐτομάτως CCr Per. -άτους AE Hsr. **4** ἐξάλλεσθαι C Hsr. ἐξελεύσεσθαι Per. cum ACrU **8** σπαίροντας] ἐπέροντας Cr **10** πράττεσθαι Cr

Fab. 12

1 κάλλος Cr **3** ἐπιτυχοῦσα C ἀποτυχ. E **5** ἄμεινον Cr ἐστὶν om. E

Fab. 13

Tit. Ἁλιεῖς λίθον ἀγρεύσαντες Per. **4** λίθων δὲ καὶ ὕλης (ἄλλης Cr!) Per. ἄλλης ὕλης E **6** οὔσω καὶ τὰ ἐν. Cr προειλήφεισαν (-ησαν Cr) ECr Per. προειλήφασιν A(!)C προσειλήφασιν (Hsr.) corrigatur (et I 6 et II 6) 10 δεῖ om. Cr μετάβλητον Cr 11 τοῖς ἀεὶ πράγμασιν Cr Per. τοῖς αὐτοῖς ἀεὶ π. A Hsr.

Fab. 14

Tit. Ἀλώπηξ καὶ πίθηκος περὶ εὐγενείας ἐρίζοντες Per. 3 κατά τινας τάφους Per. ingeniose ex ἐνταῦθα codicum derivavit; ἐνταῦθα igitur delendum 3sq. ἀναστέναζε E ἐστέναζεν Cr 4 ἐρωτωμένης Cr 5 εἶπεν E ἔφη Per. cum cett. 10 καταλαζονεύοντες Cr

Fab. 15a

2 ἐβουλήθη CrO(!) 3 ἔλεγεν O

Fab. 16

1 λαβὼν O 2 καὶ διαρξάμενος A ἀρξάμενον Cr 3 εἶναι αὐτὸν O Per. αὐτὸν εἶ Cr(!) 4 κεκραγότος καὶ μὴ δὲ E ἐῶντα αὐτούς E Per. αὐτοὺς ἐῶντα A Hsr. ἐόντα, om. αὐτοὺς Cr 5 ὡς om. CE ὠφέλειαν A(!)CrO ὠφελείᾳ C(!) E ποιεῖν CE 8sq. τοῦ δεσπότου O 9sq. τίκτεσθαι αὐτοῖς ὠὰ O 10 οὖν om. C 11 ἀφορμῶν εὑρήσεις Cr(!) ἀεὶ ἀφορμῶν εὐπορῇς E Per. ἀεὶ om. AO 12 ὅτι ἡ πον. φύσις Per. καὶ ἡ πον. C(!) ἡ om. E προελομένη Per. 13 μὴ om. E 14 πονηρεύεσθαι Cr πράττει C

Fab. 17

1 ἐκκοπεῖσα C 3 προαγαγεῖν CCrE Per. προσαγ. A Hsr. 4 συγκρίψει C τὸ om. Cr 5 ἀθροίσας Cr 7 προσήρηται E ὑπολαβοῦσα C 8 εἰ ἡσοὶ Cr(!) εἰ σοὶ ceteri τοῦτο alt.] αὐτὸ A Per. 9 συνεβούλευες CE 10 ἁρμόττει] δηλοῖ A 10sq. οἱ – ποιοῦντες Cr III 1 l. ἐν παγίδι

Fab. 18

4 ἐγὼ E 6 διώκειν οὐ δύναμαι Cr 7 κέρδος τὸ παρὸν A 8 ἢ τοῦ προσδοκώμενον Cr(!)

Fab. 19

3 *αἰτιᾶτο* E *εἴ γε*] *ὅτι* E(!) *καταφυγοῦσα* ACrE -*φυγοῦσαν* CFO Hsr. *καταφυγούσῃ* coniec. Per. *ἐπ' αὐτὴν*] *αὐτῇ* C 6 *ἥτις*] *ἡ* O 7 *ἐπιλαβέσθαι εἴωθα* A 8 *οὕτως* CrE 9 *ἐστιν* om. O

Fab. 20

3 *γεγυμνασιαρχηκότων* AE *γεγόνασιν ἀρχηκότων* (*ἐστὶν*) Cr 4 *ὑπολαβοῦσα* CF *ἔφη*] *εἶπεν* CF 5 *φαίνει* CCr 6 *εἶ*] *ἢ* Cr *ἦν* F 7 *οὕτως* E *εἰσὶ* O

Fab. 21

Tit. *Ἁλιεῖς καὶ θύννος* Per. 2 *οὐδὲν ἐπηρὸν* Cr(!) 3 *ἐντὸς οὕτω* Cr *ἐντὸς ἐν τοσούτῳ* A 4 *ἔλαθεν*] *ἔδωκεν* E

Fab. 22

1 *δρυοτόμον* Cr 2 *καθικέτευσεν* Cr(!) *ἱκέτευε* A(!)C *ἱκέτευσε* E(!)O(!) *παρήνεγκεν* Cr 3 *εἰσελθοῦσα* ACr 4 *δρυοτόμου* Cr 5 *τεθέατο* C 6 *τῇ χειρὶ δὲ* C 7 *ἐσήμανεν* Cr *ὅποι* C *κατεκέκρυπτο* A Per. *κατακέκρυπτο* Cr *κατέκρυπτο* O *κατεκρύπτετο* E Hsr. *τοῖς δὲ* CrE 10 *μεταμεμφομένου* O *δρυοτόμου* Cr 11 *αὐτοῦ ἀλλ' οὐδὲ* Per. cum CCrE *ἀλλ'* om. A Hsr. *αὐτῷ*] *αὐτὸ* C 12 *εὐχαρίστωσα* Cr *εὐχαρίστουσα* C 12sq. *τῶν χειρῶν* A 14 *οὕτω τῳ λ.* E 15 *ἐπηγγειλαμένους* Cr 16 *δρῶντες* C

Fab. 23

2 l. *τιθασῷ* 5 *ἀλλόφυλον* Cr 7 *ἢ* om. Cr . . . *ἄξαι* A 8 *ὑπὸ τούτων* A(!)Cr 9 *οὐδὲ* (*οὐδ'* A) *αὐτῶν* ACr 10 *ὅτι ῥάδιον φέρουσι τὰς ἐκ τ. π. ὕβ. οἱ φρ.* E Per. *φέρουσι* om. Cr[1] *ῥᾴδιον τὰς ἐκ τ. π. ὕβ. οἱ φρ. δέχονται* A Hsr. 11 *ἀλλὰ μηδὲ* Cr[1]E

Fab. 24

2 *ποιμένων* om. Cr 4 *ἐστέναξεν* Cr 5 *παροῦσα* E 6 *ἐπυνθάνετο* – *μαθοῦσα* om. Cr 7 *μένετέος* Cr(!) *μενετέον σοι* O 10sq. *ὁ χρόνος δηλοῖ* A

Fab. 25

1 ἐστι om. E θαλάττῃ AE Hsr. θαλάσσῃ Per. cum cett. 3 περιθαλαττίοις CCr νεοττοποιήσασθαι C 5 καὶ ante θεασ. om. Cr ἐπὶ θαλάσσῃ Per. ἐνεοττοποιεῖτο ἐνταῦθα A Hsr. ἐνταῦθα ἐν. Per. cum cett. ἐνεοττοποιήσατο C 6 ποτε om. E θάλατταν C 7 μέχρι om. C 10 ἐγὼ C 11 κατέφυγα A πολλῶν C 14 λανθάνουσι] τυγχάνουσι A

Fab. 26

Tit. Ἁλιεὺς ὕδωρ τύπτων Per. 3 κάλω λινῶ λ. CrE 4 ἀπροσφυλάκτως Cr 6 ἐμέμφετο ἐπὶ τῷ (τὸ Cr) τὸν ποταμὸν θολοῦν τε (θολοῦντα E) καὶ μὴ ἐᾶν CrE Per. ἐμ. ὡς τὸν π. θολοῦντα καὶ μὴ ἐῶντα A Hsr. αὐτὸν in codd. deest; deleatur 8 δεήσεις Cr 10 ἐργάζονται A 11 περιαγάγωσιν ACrEa Per.

Fab. 27

2 τραγωδῶν in -δου corr. O(!) 4sq. ὁ λόγος εὔκαιρος post ἀλόγιστον E[2] Per. om. E[1] 5 κατὰ ψυχὴ δὲ ὀλιγοστός Cr

Fab. 28

2 κατατόμβην Cr τελέσαι AHsr. τελέσειν Per. cum rell. 6 τὰς εὐχάς E 9 αὐτὸν εὑρήσειν (εὑρεί- Cr) CrE Per. εὑρήσει, om. αὐτὸν A Hsr. καὶ ὡς CrE δρομεὺς Cr

Fab. 29

1 οἰκίαν CrE 1sq. ὡς ἐθ. γναφέα αὐτῷ παροικισθέντα, προσελθὼν παρεκάλει Per. cum plurimis codd. 2 σύνοικος αὐτῷ A 3 οὕτω γὰρ οἰκειότεροι F(!) καὶ διεξιὼν EO καὶ δὴ ἐξιὸν Cr 4 διάξωσιν Cr(!) 5 ὑπολαβὼν F παντελῶς τοῦτό ἐστιν A ἐστιν om. E 7 ἐστιν om. E

Fab. 30

Tit. Ναυαγὸς καὶ Ἀθηνᾶ Per. 2 νεὼς BCrO Per. νηὸς AE Hsr. 3 ἐνήχοντο O 5 συνεόντων O 6 ἔφη πρὸς αὐτὸν post Ἀθηνᾷ in O καὶ χεῖρα σὺ κ. E(!) 8 αὐτοὺς om. Cr ἑαυτῶν Cr Per. ἑαυτοῦ A αὐτῶν E αὐτῶν O

Fab. 31

Tit. *καὶ δύο ἑταῖραι* Per. 1 *μεσαπόλιος* Cr 4 *περιχρουμένη* Cr 6 *συνέβη αὐτῷ ὑπὸ ἀ. ἐν μ. τιλλομένῳ* Per. cum plurimis codd. 7 *φαλακρότερον* CrE

Fab. 32

1 *ἄνθρωπός τις ἀποκτ. τινὰ ὑπὸ τῶν αὐτοῦ σ.* O 2 *κατὰ Νεῖλον ποταμὸν* (*τὸν ποταμὸν* AO)ACrO 3 *ὑπαντήσαντος* C 4 *περικείμενον* AC(!)Cr(!) *καὶ ἐκεῖ* E *θεασάμενος δὲ*] *καὶ θ.* C 5 *ἔχιν* [δα] (sic) C(!) *διαιρούμενον* Cr(!) *διαιρόμενον* O Per. 9 *ἐστιν* CE Hsr., om. Per. cum cett.

Fab. 33

Tit. *Ἀνὴρ κομπαστής* Per. 1 *πεντάθλιος* Cr *ἐπὶ ἀνανδρίᾳ* E *ἐπ' ἀνδρία* Cr 4 *ἥλλατο* A *ἥλαντον* Cr 5sq. *τούτους μ.* ACr 6 *ἔφη* A Hsr. *ἔφασκε* Per. cum rell. 8 *ἐστιν* om. E 9 *μάρτυραν* Cr *καὶ Ῥόδος καὶ π.* E III 4 l. *δυνατὸς ἂν εἴη*.

Fab. 34

Tit. *Ἀνὴρ ἀδ. ἐπ.* Per. 1 *ἐπεὶ* Cr 2 *ἀφηλπίσθη* CrE 3 *ἐπαγγειλάμενος* A *ἀναθέματα* E 4 *ἐτύγχανε – παρεστῶσα* om. O, habet Per. cum cett. 6 *ἐξαναστήσασθαι* O *με*] *μὲν* E(!) 8 *οἱ* om. CrE 9 *οὐ προσδῶσιν* Cr

Fab. 35

10 *ἔστι* om. E 11 *ὅτι* om. CrE 12 *καὶ θερμὸν* Cr *τὸ θ.* (*καὶ* om.) A *ἐξίεις* Cr, quod praestat 13 *δεῖ* om. Cr *τούτων* (*τὴν φιλίαν*) Per. *τούτου* Cr, om. A

Fab. 36

1sq. *ἐπίδειξιν* Cr 3 *τῶν ἱματίων* Cr 5 *ἢ ἄψυχον* CrE Per. 6 *μὲν* om. Cr *ζῶον* CrE *τὸ στρούθων* ACr 8 *εἶπεν* om. E 8sq. *ἐν σοὶ γὰρ τοῦτο ἢ νεκρὸν ἢ ἔμψυχον* E(!) 10 *ἀπαρευχείριτον* Cr *ἐστιν* Per., om. E

Fab. 37

1 *ἐπιτιθέμενον* Per. cum codd.! *ἐπιθέμενον* (Hsr.) corrigatur! *εἰς τὰς χ. αὐτοῦ* A Hsr. *εἰς τὰς αὐτοῦ χ.* Per. cum cett. **2** *ἐστι* om. E **3** *λυκιδίου* AC *λυκίδου* Cr(!)E(!) **4** *εἴη ἀλ.* A(!) *εἴη ἢ ἀλ.* CrE **7** *οὕτως ἡ πονηρὰ διάθεσις* C

Fab. 38

1 *ποτὸν* Per. **2** *τροφὰς* E **9** sq. *καταχρηστότητα ἐπαγγέλλονται* Cr **10** *διὰ – πιστεύονται* S Per., om. CrE

Fab. 39 a

Tit. *Χελιδὼν καὶ ὄρνεα* Per. **2** *πτηνοῖς* A Hsr. *πετεινοῖς* E Per. **3** *συνεβούλευεν* A Hsr. *-ευσεν* Per. cum rell. **6** *τῆς τοῦ ἰξοῦ ἐνεργείας* Cr *συλλαμβάνωνται* A(!)E(!) **7** *ἐγγελασάντων* Cr Per. *γελασάντων* E Hsr. *αὐτῇ ὡς ματαιολογούσῃ* A Per. *αὐτῆς ὡς -ούσης* Cr(!) *αὐτὴν ὡς -οῦσαν* E Hsr. *αὐτὴ* Cr Per. *αὕτη* AE Hsr. *παραγεναμένη* Cr **9** *αὐτοῖς*] *αὐτὴν* E *αὐτῇ* Cr *προελάβοντο* Cr *οὕτω* A Hsr. *οὕτως* Per. cum rell. **10** *τὰ μὲν λοιπὰ ὄρνεα* (om. *ἀγρ.*) Cr(!) *τὰ μὲν λ. ὄρνεα ἀγρ.* E(!)

Fab. 39 b

6 *πλέκειν δίκτυα* scribendum

Fab. 40

4 *τὸ φρέαρ* CasCr **5** *τὸν στεναγμὸν* CrE **7** *ὁρᾶς;* Cr Per. **8** *τῷ λόγῳ τούτῳ* A *οὕτω τῷ λ.* E *πρὸς ἐκείνους* A Hsr. *ἐπ' ἐκείνων* CrE Per. **9** *περὶ δόξης* ACr Per. *παραδόξοις* E *παραδόξως* edd. **9** sq. *ἀλαζονεύοντες – δύνανται* (*δυνάμενοι* Cr) ACr Per.

Fab. 41

Tit. *Ἀλώπηξ ἀρνίον καταφιλοῦσα καὶ κύων* Per. **2** *τῶν ἀρνῶν ἕνα λαβομένη* Per. cum plurimis codd. **3** sq. *τιθηνοῦμαι αὐτὸν ἔφη* Cr *τ. αὐτῷ ἔφη* A *τ. ἔφη αὐτῷ* C *τ. ἔφη αὐτὸ* F **5** *ἀρνίον ἀφ' ἑαυτῆς* codd., excepto A **6** *μωροκλέπτην* ACr(!) *μωρὸν κλέπτειν*(!) CEF

Fab. 42

1 ἑαυτοὺς F 2 ποιῆσαι ACr Per. εἶναι EF Hsr. 3 ἐν μιᾶ μου τῶν ἀμπελώνων Cr ἐν μιᾶ τ. ἀμπελίων μου F 4 ὕνας CrE 6 πολυπλασίαν (-πλάσιαν Cr!) E Per. πολλαπλάσιων A(!) 7 αὐτῆς CrF ἀπεδίδου F Hsr. ἀντεδίδου ACr Per. 8 ὁ λόγος διδάσκει ἡμᾶς F

Fab. 43

Tit. Βάτραχοι ὕδωρ ζητοῦντες Per. 3 συνεβούλευεν (σ. αὐτῷ A) ACE Hsr. -σεν Per. cum rell. ἀμελητὶ E Per. ἄλλεσθαι Per. cum codd. 4 ἔλεγεν om. C

Fab. 44

1 αὐτῶν O 2 εἰς τὸν Δία (Δίαν Cr)CrO 3 εὐήθειαν αὐτῶν E αὐτ. om. cett.(!) 5 ἑαυτοὺς . . . ἐδίδοσαν Per. cum plurimis codd. 6 ἀναδύναντες A(!)Cr 6sq. καταφρονήσεων Cr 7 ὡς καὶ ἐπιβαίνοντες CrO(!) Hsr. καὶ om. Per. cum cett. 8 ἀνεξιοπαθοῦντες E ἀξιοπαθοῦντες O 11 κατ' αὐτοὺς Cr ὕδραν . . . ὑφ' ἧς AB Hsr. ὕδρον . . . ὑφ' οὗ Per. cum rell. αὐτοὺς C 12 συλλαβόμενοι O κατεσθίονται CCrE 13 νωθεῖς καὶ μὴ πονηροὺς ἔχειν ἄρχοντας ἢ τ. καὶ κακούργους Per. cum plurimis codd.

Fab. 45

Tit. Βόες καὶ ἄξων Per. 2 ἔφησαν CF ἔφασαν Per. ἔφασαν οὕτως ACr οὗτοι ἔφασαν Hsr. 4 μοχθούντων ἑτέρων E αὐτοὶ] ἄλλοι Cr

Fab. 46

2 αὐτοὺς Cr 3 ἐκδύσῃ AC 6 ἕως ACrE 7 μεταπαρέδωκε CCr(!) μετεπαρέδωκε E 9 ἀποθεμένου C 10 ἕως οὗ E 13 ἀνυτικώτερον AE ἐστί om. EO

Fab. 47

1 ἐκάλουν O 2 τις γυνὴ CO 2sq. ἀλλότρια παῖς O(!) 3 δὲ om. A 4 πληρωθέντων τῶν C καὶ τῶν σπλ. A 5 ἐξωδήκει τὴν γαστέρα Per. καὶ διαβασανιζόμενον O(!) ἔλεγεν om. C 7 ἀλλ' ἃ κ. A 8 ἁρμόζει A 9 δέοι E οὕτω AE

Fab. 48

Tit. *Βούβαλις* (sc. luscinia) *καὶ νυκτερίς* Per. allato Thompson, A Glossary of Greek Birds², p. 65 **1** sq. *νυκτὸς ᾖδε. νυκτερὶς δὲ ἐξήκουσε αὐτῆς τὴν φωνὴν καὶ προσελθοῦσα ἐπυνθάνετο ἀπ' αὐτῆς τὴν αἰτίαν κτλ.* Per. *ἐξήκουσε* Cham. **3** *νύκτωρ*] *νυκτὸς* C **7** *ὅταν* A *ὅτ'* C *ἐστι* om. E

Fab. 49

Tit. *Βουκόλος μόσχον ἀπολέσας καὶ λέων* Per. **1** *περιιὼν* C **5** *εἰς τὸν οὐρανὸν τὰς χ.* A *τὰς χ. πρὸς τὸν οὐρανὸν* C **5**sq. *δέσποτα* (*ὦ δ.* O) *Ζεῦ* AO Per. *Ζεῦ δ.* CE Hsr. **6** *ἂν* E Hsr. *ἐὰν* AO Per. *εἰ* C **7**sq. *τὰς χεῖρας τοῦ κ.* O **9** *κατ' ἀνδρῶν* A *ἀτυχούντων* C **10** *εὑρεῖν θησαυρὸν* C III **5** l. *δρυμῶνα*

Fab. 50

2 *μεταμορφώσει* C **9** *ἐθέλουσα* CF Hsr. *θέλουσα* Per. cum rell. **11** *ἀπεκατέστησεν* EO **12** *κἂν τὴν φύσιν* A

Fab. 51

1 *τοῦτο* A **2** *πελέκυν* ACCr *καὶ ὡς γενόμενος* Cr **3** *ὅπερ ἂν* A **4** *πατάξει* CrF **5** *τὰς δὲ παρακ.* E(!) **7** *αὐτῷ*] *αὐτὸ* CrF *αὐτοῦ* A **8** *σοι δύναμαι* O **10** *ῥαδίας* E *ῥαδίως* cett. **11** *καταλλαγὰς* Per. cum BU

Fab. 52

1 *ἐναπολειφθεὶς* EO *ἐν* om. O **2** *προελθὼν τρ. αὐτῷ πορίσαι* O *προελθεῖν καὶ ἑαυτῷ τροφὴν π.* CF *πρ. ἑαυτῷ τροφὴν* (*τροφὰς* E, *τροφὴν ἑ.* A) *πορίσαι* (*πορίσασθαι* A) ACrE **3** *βρώματα* Cr *δὲ ἔτι* E *δέ τι* Cr **4** *παρέμενε* (supra: *επε*) O **5** *ἐγίνετο* AE Hsr. *ἐγένετο* Per. cum cett. **6** *ἔφησαν* ACF **8** *εἰ* om. CCrEF *ἀπέχετο* Cr **10** *δηλοῖ δεῖν* O *δηλοῖ* AEO Hsr. *διδάσκει* Per. cum cett. *ὅτι δεῖ* om. E

Fab. 53

Tit. *Γεωργοῦ παῖδες στασιάζοντες* Per. **2** *λόγοις* om. O *μεταβάλλεσθαι* Cr **6** *καίπερ βιαζ.* CFO(!) **8** l. *ἀτὰρ οὖν καὶ* (*οὖν* om. Hsr.) **12** *ὅσον*] *ὡς* CrEO

Fab. 54

1 *κολιὰς* Cr *ὤπτα* Cr Per. **2** *οἰκείων* ACr *ἡμῶν* Cr *ἡμῶν* in *ὑμ.* mut. A **4** *παρὰ*] *περὶ* Cr **5** *ἐστι* om. AE

Fab. 55

1 *εἴωθεν* C **2** *ἀλεκτοροφωνίαν* CasCr(!) *ἀλεκτρυοφ.* A(!) *ἀλεκτροφ.* CEFO *οἱ δὲ* A **5** *ἐγείραντα* C **6** *πραξ. τοῦτο* E *πεσεῖν* F **7** *ὥραν* CFO **7**sq. *νυχιέστερον* Cr(!)E Per. *νυκτερινὰς* A *ἐννυχέστερον* O Hsr. *ἐννυχιέστερον* a(!) *νυχιώτερον* vel *ἐννυχιώτερον* coni. Per. **8** *ταύτας* A *ἐπὶ τὸ ἔργον ἐγείρειν* E **10** *γίνονται* CF

Fab. 56

1 *καὶ καθέσεις* CCr, om. A **2** *διετέλει – τούτων* om. Cr *καὶ ἐκ* CCas Per. **3** *βιοποριστῶσα* Cr *-άσα* C *ἐπὶ τούτοις γὰρ ἀψάμενοι* C(!) **4** *κενοτομοῦσα* Cr *καινοτομάσαν* C **4**sq. *περὶ – αὐτὴν* om. Cr *ὑπήγαγον* C Hsr. *ἀπήγαγον* E Per. **5** *ἐπὶ θάνατον* Cr *ἐπὶ θανάτῳ* AEO **6** *ἐπαγομένην* Cr *παραγενομένην* O, om. A *ἐν τῷ δικαστηρίῳ* O *ὦ αὕτη* C Per. *αὐτῇ* cett. **7** *σὺ*] *οὐ* codd. *οὐ τὰς* om. A *τῶν δαιμ.* A *τῶν* om. cett. *ἐπαγγέλλου* Cr **9**sq. epimythium codd. ACrEO recipiendum erat III 4 l. *καταδικασθεῖσαν*

Fab. 57

1 *πρεσβύτης* AE **2** *ἔχριε* ACr Per. *ἂν ποτὲ αὐτὴν ἐχρήσασθαι* E **3** *ἐκείνης* A, om. cett. *καὶ καθ'* CF **4** *ἐπεὶ* A Hsr. *ἐπειδὴ* Per. cum rell. **7** *ὑπεσχεῖσθαι* Cr *ὑπεσχῆσθαι* E Per.: *ὑποσχέσθαι* CF Hsr. **8** *κόρας* CF Hsr. *ὁράσεις* Per. cum rell. *νῦν δὲ* A (!) *ἡ δὲ* CEF *ἰάσεως αὐτοῦ* F Per. **9** *ἔφη* post *πάντα* CEF *κακείνη ἔφη· πρότερον μὲν ἔβλεπον ἅπαντα* Cr

Fab. 58

1 *τίκτουσα* Cr **2** *πλείονα τροφὴν ἑαυτὴν* A(!) *παραβάλλῃ* CF **3** *δὶς τὴν ἡμέραν* Cr **5** *πολλοὶ* Ba Hsr. *οἱ πλείονες* Per. cum cett. **6** *περιττοτέρων* AC (*-τότερων* Cr) *περιττότερον* E (*-αν* F) *πλειόνων* O *ἀπόλλουσιν* AO Hsr. *ἀπόλλυσιν* C(!)E(!) (*-όλυσιν* F) *ἀπολλύουσιν* Cr(!) Per.

Fab. 59

Tit. *Γαλῆ καὶ ῥῖνα* Per. 1 *γυνὴ* Cr 2 *ῥύνην* F(!) *ῥῖναν* CCr Per. 3 *ἡ δὲ ἑρπετὸς* Cr 4 *ἀπέβαλλεν* Cr *γλῶτταν διέλειχεν* ACr 5 *φιλονεικίαις* CF *φιλονικίᾳ* Per. cum cett. III 4 l. *παντελῶς πᾶσαν* (*παντελῶς* om. Hsr.)

Fab. 60

1 *γέρων*] *γεωργὸς* Cr 2 *διὰ δὲ* ACr *τῆς ὁδοῦ* A, om. Per. cum cett. 4 *πυνθανομένου* CF *παρακαλεῖται* A Per. *προσκαλεῖται* Cr *ἐπεκαλεῖτο* CF Hsr. *ὁ γέρων ἔφη* A Per. *ὁ γ.* om. CF Hsr. 5 *ἄρης. θανεῖν δὲ ἐγὼ* (*ἐγὼ* om. A) *οὐ θέλω* ACr 6 *φιλόζωος* (-*ζωὴ* Cr) *ἐν τῷ βίῳ* ACr *δυστυχῆ* A Per. *δ. λίαν* CF Hsr.

Fab. 61

1 *εὑρὼν χρυσίον ἐν τῇ γῇ* A Per. *ἔτρεφεν* E(!) 2 *ὑπ' αὐτῆς* ACr Per. *παρ' ἀ.* CE Hsr. 4 *προστίθης* A Per. *προστιθεὶς* C(!)E(!) *σοι* C, om. Per. cum plurimis codd. 5 *χρήας* Cr(!) 6 *ἐξαναλωθῇ* Per. cum multis codd. *οὐ τὴν Γῆν ἀλλὰ τὴν Τύχην* ACr Per. *πάλιν τὴν Τ.* CE Hsr. 7 *διδάσκει ἡμᾶς ὁ λόγος* (*μῦθος* Cr)Cr E Per. *ὁ μῦθος οὗτος δηλοῖ* A *ὁ λ. διδάσκει* C *ἐπιγινώσκειν* E Hsr. *γινώσκειν* Per. cum rell.

Fab. 62

5 Cf. Husselman in TAPA 66 (1936) 123.

Fab. 63

1 *Δημώδης* CrE(!) *ἐκείνων δὲ* ACCas Hsr. *δὲ* om. Per. cum CrEO 2 *αὐτῷ*] *αὐτῶν* C, om. A *αὐτῶν*] *αὐτὸν* A 5 *ἐγχέλυς* CE 6 *ἔπτη* Per. cum codd. *χελὺς* Cr 8 *τι οὖν ἡ* AC 9 *Αἰσώπειον* (-*πιον* Cr) *μῦθον* CasCrO Per. -*πείων μύθων* ACE Hsr. 11 *καὶ* om. C *εἰσιν* om. E *τῶν μὲν*] *μὲν τῶν* A *μέντοι τῶν* Cr 12 *τὰ* – *αἱρ.* om. Cr

Fab. 64

1 *περὶ ἐζήτει* Cr *εἰπόντα* Cr 2 *ὡς*] *σῶως* Cr *οὕτως* post *ἐκμάξαντα* transposuit Per. *ἄρτῳ αἷμα ἐκμ.* Cr 4sq. *ὑπὸ π. κυνῶν ἐν τῇ π.* Cr 6 *οὕτως καὶ* E(!) *ἡ πονηρία τῶν ἀνθρώπων* O(!) *ἔτι*] *ἔστιν* Cr 7 *παροξύνονται* O

Fab. 65

(Per. 247)

5 *αὐτοῦ πενίαν* CasE 12 *λόγος*] *μῦθος* Per. 13 *ἀλογιστίαν* Cas Hsr. *-ας* E Per.

Fab. 66

(Per. 65)

1 *τὰς αὐτὰς ὁδοὺς* E(!) *ἄρκου* (et sic infra) Cr 2 *ἐπιφανέντος* C 3 *περικάλυπτος* Cr *παρακατάληπτος* F 4 *γίνεσθαι* CrE Hsr. *γινέσθαι* C *γενέσθαι* Per. cum rell. *πεσὼν* om. Cr, post *ἐδάφους* in A *αὐτὸν νεκρὸν* Cr *τὸν ν.* CF *τὸ ν.* O *ν. ἑαυτὸν* A 5 *αὐτῷ*] *αὐτοῦ* Cr *αὐτὸ* F 5sq. *περιοσφραινομένης* Per. cum codd. 8 *καταβὰς* ACr(!), om. Per. cum CEFO 9sq. *τοιούτοις* (*-ους* Cr) *τοῦ λοιποῦ μὴ συνοδοιπορεῖν* (*ὁδυπορεῖν* Cr) ACr *τοιούτοις μὴ συνοδ.* F *μὴ τ. σ.* C *τοῦ λοιποῦ τοιούτοις μὴ* (*μὴ τ.* O) *σ.* EO II 11 *ἡ ἄρκος* codd.

Fab. 67

(Per. 66)

2 *παρασπασθέντος* F *περισπαθέντος* E 3sq. *τοῦ μαγείρου*] *αὐτοῦ* Per. cum codd. 4 *δὲ ἐκείνους* Per. cum plurimis codd. 6 *εἶπεν* E *ἀλλὰ* om. A 7 *μέντοι γε* Per. cum CEFU *γε* om. A Hsr. *λήσεσθαι* CF 8 *αὐτὴ* (*αὕτη* E) *ἡ ἀσ.* AE

Fab. 68

(Per. 67)

Tit. *Ὁδοιπόροι καὶ πέλεκυς* Per. 1 *τοῦ ἑτέρου δὲ* O Per. *ἑτ. δὲ* E 2 alterum *ἕτερος* om. O Per. *αὐτῷ* O *αὐτὸν* F 3 *εὕρηκα* AEFO 6 *ἐκεῖνος δέ φησιν* ,,⟨*οὐκ*,⟩ *ἀλλ' ἀπόλωλας· οὐδὲ*" *κτλ.* Per. cum F 6sq. *οὐ γὰρ* A 8 *μεταλαμβάνοντες* F *μεταλαμβόντες* A 9 *ἀλλ' οὐδὲ* AO *εἰσι* om. E

Fab. 69

(Per. 68)

3 *σφοδροῦ*] *πολλοῦ* C 4 *νεὼς* O *ὁ ἐν τῇ πρύμνῃ* A, om. CEO 8 *ἔσται* C, om. E, *λ. ἐστιν ἀποπνιγόμενον* C *ἀ. πρῶτον* E 10sq. *τὰς – δυσμένειας* E 11 *τὸ δεινὸν* A 11sq. *ὑπ' αὐτοὺς* E

Fab. 70

(Per. **69**)

3 *ἔχον* E 3sq. *θάτερον μετ.* Per. cum ABO 4sq. *ἵνα μετ' αὐτοῦ ἀμείνονος* O 8 *τοῖς ἀνθρώποις* E 9 *διατρίβοντες* C

Fab. 71

(Per. **70**)

1 *περὶ ἰσχύος ἤριζον* F 2 *ἀνακλώμενος* A Per. *ἀναλαμβανόμενος* F(!) 4 *δι' ὅλου* F Hsr., om. Per. cum rell. 5 *ἐρίζειν καὶ ἀντιστασθαι* (sic) A(!)

Fab. 72

(Per. **71**)

1sq. *ἑαυτὸν προσαγορεύει* Hsr. *ἔλεγεν* Per. cum codd. 2 *ἐν τοῖς* A Per. 3 *πράττειν* A Per. 3sq. *μερίζει με φιλοχρηματία καὶ τῆς φύσεως ἡ δειλία* ACr Per. 8 *τοῦ εὑρήματος* Hsr. *τοῦ σώματος* BBa, om. Per. cum cett. 9 *λαμβάνεσθαι* Per. cum codd. 10 *δαίμονος* Per.

Fab. 73

(Per. **62**)

2 *σφοδρυνουμένης* E 3 *καὶ αὐτοὺς ἐπ.* Cr 4 *ὑπολαβὼν* CF *ὑποτυχὼν* Per. cum cett. 5 *ἔσται* CF, om. E *ἐστι* Per. cum cett. 7 *οὐδὲ ἑνὸς* E 8 *λάβονται* CF *λαβόντες* Cr *τινὲς δοκοῦσι* C *δοκοῦσί τινες* (om. *εἶναι*) EF Hsr. *δοκ. τ. εἶναι* Per. cum cett.

Fab. 74

(Per. **72**)

Tit. *Μελισσουργός* Per. 3 *τὰς* (*τοὺς* O) *κυψέλους* C(!) E(!) O(!) 6 *μὲν* om. AC 7 *ὑμῶν*] *ἡμᾶς* E(!) *ὑμῶν ἐπιμ.* O

Fab. 75

(Per. **73**)

1 *Μελιτιαίους* CE *Μελιτιάνους* A(!) 3 *δὲ* E *δ'* ACF 6 *διακολυμβούντων* E 7 *καὶ* E, om. rell. 7–13 *ὑπεξελθὼν*

u. ad λέγειν om. A(!) 11 γοναίων ἐνταῦθα τετυχ. F εἴρετο E(!) 12 αὐτὸν ἄνθρωπον (ἄν. om. F) EF Hsr. ἄν. αὐτὸν Per. cum cett. 13 φίλον αὐτὸν καὶ συνήθη γενέσθαι A 14 δελφὶν ACr 15 αὐτὸν om. A ἀπέπνιγεν F(!) 16 πρὸς ἄνδρα ψευδολόγον ὁ λόγος εὔκαιρος Per. cum E πρὸς ἄνδρα ψ. ὁ μῦθος (ὁ μ. om. C) C(!) F(!)

Fab. 76

(Per. 74)

Tit. Ἔλαφος ἐπὶ νάματι Per. 1 δίψει CF συσχεθεὶς E 5 δ' αὐτῆς A 6 κατὰ om. F 9 ἐσώζετο CF διεσώζετο Per. cum rell. ἐπεὶ δὲ A Hsr. ἐπειδὴ δὲ Per. cum cett. 10 συμπλακέντων F(!) 12 ἐγὼ ACF 13 ἐσῳζόμην om. A 14 ἀπολώλοιὸν (sic) Cr

Fab. 77

(Per. 75)

Tit. Ἔλαφος πηρωθεῖσα Per. 1 τὸν ἕτερον ὀφθαλμὸν Cr Per. 2 ὁλόκλ. μὲν. F 3 πρὸς τῇ γῇ EF Hsr. πρὸς τὴν γῆν Per. cum cett. 4 περιτηρουμένη Cr 6 πλέοντες ACr κατεστοχάσαντο a 8 καὶ ἐπίβουλον Cr 8sq. ἐφυλαττόμην πολὺ (καὶ π. FO) χαλεπωτέραν ἔσχον τὴν ϑ. (τ. ϑ. ἔσχον F) CrEFO φυλαττομένη πολὺ χ. ἔσχον τὴν ϑ. a φυλαττομένη π. χ. ἔχουσα τ. ϑ. A „primae recensionis codices ex recensione minore (a) varie contaminati sunt, ut saepius in hac fabula" Per. 11 εἶναι om. E εὑρίσκονται AFO Hsr. εὑρίσκεται CrE Per. 12 νομιζόμενα σωτήρια ἐπισφαλῆ A(!) σ. ν. ἐ. O σ. ἐ. (om. νομ.) F ἐπισφαλῆ ν. σωτήρια (-ία E) aCrE

Fab. 78

(Per. 76)

Tit. Ἔλαφος καὶ λέων ἐν σπηλαίῳ Per. 3 εἶπε δυσδαίμων A(!) 4 ἐμαυτὸν ϑηρίον F ἐνεχείρησα CF ἐχείρισα Cr 5 διὰ φόβων Cr 5sq. φόβον ἐλάττονα εἰς μείζονας κινδύνους ἑαυτοὺς περιβάλλουσιν a ἐμβάλουσιν E(!) ἐλαττόνων O 6 εἰσιᾶσιν ACF Hsr. ἐνσείουσιν Cr Per.

Fab. 79

(Per. 77)

1 ὑπὸ κυνηγῶν om. O 2 στραφεῖσα, quod plurimi codd. praebent, seclusit Per. Planudis illis λαθεῖν ἤδη δόξασα neglectis 3 τις om. Cr κυνηγῶν om. Cr 6 εἶπεν Cr δίκαια δὲ Cr ὅτι] οὕτως Cr 7 οὕτως ὁ λ. F 8 θεοῦ AC(!) F Hsr. θεῶν CrEO Per.

Fab. 80

(Per. 78)

2 χειμῶνος A 5 στεναγμοῦ om. O ἐπαγγελλόμενος aE ἐπαγγελάμενος Cr(!) 6 πάλιν καινῆς γαλήνης ACr(!) E 8 ἅτε] ὥστε δὴ Cr(!) 9 αὐτοὺς – φίλοι] τοὺς ἀλλοφύλους A 10 ὑμᾶς O 12 ὁ λόγος δηλοῖ O 13 ἐννοουμένου (οι suprascr. in O) EO -μενοι Cr

Fab. 81

(Per. 79)

1sq. ἧκεν ἐντ. γνοὺς τοῦτο O 3 μύες om. C 4 δεῖν ἔγνω AC ἔγνω om. CrE 5 αὐτοὺς deest in codd., deleatur 6sq. προσεποιεῖτο τὸν νεκρῶν E π. τὸ ν. O π. νεκρὸν A προσεποίει τὸν νεκρὸν Cr 7 παρακύψας non habet Per. 9 προσελευσόμεθα ACr προελεύσομαι C 11 πηρασθῶσιν οὐκ ἐν αὐτῶν Cr 12 ὑποκρίσεσιν οὗτοι codd. excepto C

Fab. 82

(Per. 80)

1 ταμιείῳ E Hsr. ταμείῳ Per. cum rell. ἐπεκχυθέντος CE Per. 3 ἐδύναντο E 3sq. ἀνατεῖναι ἀποπνιγομένων Cr 4 ἔφησαν AC 6 οὕτω πολλάκις A λυχνία CrE

Fab. 83

(Per. 81)

Tit. Πίθηκος βασιλεὺς αἱρεθεὶς καὶ ἀλώπηξ Per. 1 ὀρχησάμενος καὶ A Hsr., om. Per. cum cett. 3 ἐνταῦθα ἔν τινι O 6 λαμβάνειν Per. cum plurimis codd. ἀμελήτως CrO

Per. ἀμελετήτως EF(!) Hsr. 7 παγίδος A Hsr. πάγης Cr EFOU Per. τε] δὲ O 8 ἐνεδρεύσασα Cr ἐκείνη om. O 9 ζῴων om. F τί βασιλεύεις Cr 10 ἀπροσκέπτως (-όπτως O) CrO Per. ἀπερισκέπτως AEF Hsr. 11 πρὸς τῷ O Hsr. ἐπὶ τὸ Cr(!)F σὺν τῶ A ἐπὶ τῷ E Per.

Fab. 84

(Per. 82)

4 καταπτήσσας A πτύρεσθαι τοὺς λ. E 9 ταπ. μὲν Cr(!) EF l. ταπεινουμένους 9sq. αὐτῶν E 11 ἀναλ. ὑπ' αὐτῶν λανθ. C ἁλισκόμενοι F

Fab. 85

(Per. 83)

Tit. Πίθηκος καὶ κάμηλος ὀρχούμενοι Per. 1 ὠρχίσατο E(!) ὑποσημαινομένου A Cr(!) EO ἐπαινομένου (sic) F(!) 3 φθονέσασα Cr ἠβουλήθη AO Hsr. ἐβουλ. Per. cum rell. τὸν αὐτὸν F 7 εἶτα ἐκ τούτου σφαλλ. Per. cum multis codd. εἶτε Cr(!) 8 ὁ μῦθος F III 6 l. ὁ μῦθος δηλοῖ (δηλοῖ om. Hsr.)

Fab. 86

(Per. 84)

1 ἐγένετο νεμόμενος A 2 τοῦ om. C 3 ἕτερον A Hsr. φίλον CCrE Per. βούλοιτο δὴ A 4 ὄντι om. A 5 ὑπάρχει A(!) C(!) Cr(!) 6 πολὺν C(!) πολλὰς E εὗροι ACr(!)E τὰς νομὰς E καὶ ante αὐτῷ om. Cr 7 παραγενάμενος Cr 8 μὲν τὴν om. A(!) τὴν om. Hsr.; inseratur ἐτρέφετο ἐνταῦθα CE 11 αὐτῷ οὐδὲν CEBBa Per. αὐτῶ om. A Hsr. αὐτοῦ Cr 12 ἐμὲ] με C, om. Cr 13 οἴονται E οἶται Cr 14 ὁ λόγος οὗτος A οὗτος ὁ λ. Per. cum aliis ἁρμόσει C 15 μέχρι Cr μόνον om. C παρέχοντες Cr

Fab. 87

(Per. 85)

3 ἀνέτεινε CrE αὐτὸν αἰτ. A ἐπὶ τῷ βοᾶν om. F τῷ O τὸ cett. 4 ἄρα ἡμᾶς οὐ B Hsr. ἡμᾶς γὰρ (μὲν A) οὐ (om. AO) ACrEF(!)O Per. λαμβάνει CrO 5 αὐτὰ E(!) Hsr. ταῦτα Per.

cum multis codd. **6** ἡμᾶς γὰρ (ἢ om.) F **6sq.** ἀγρεύη διὰ Cr **7** τὸ γάλα ἢ διὰ τοὺς ἄρνους F(!) τοὺς (τὰς O) ἄρνους CrEO τὸ κρέας AF τὰ κρέα CrEO(!) **8** ἂν οἰμωζώσιν (οἰμόζου Cr) ACr **9** ἐστὶν om. E

Fab. 88

(Per. **86**)

1 μυρσινῶνι O – σίωνι Cr -σίνω ἡ A(!) **2** ὁ ἰξευτὴς E(!) περιτηρ- Cr **4** εἶπεν Cr ἐγὼ CCasF **4sq.** σωτηρίας] ζωῆς ACr Per. **6** πρὸς ἄνδρα ἄ. καὶ ἡδυπαθῆ ὁ λόγος (ὁ λ. om. C Hsr.) CF ὁ λ. πρὸς ἄνδρα ἄ. δι' ἡδυπάθειαν ἀπολωλότα εὔκαιρός ἐστιν E ὁ λ. εὔκ. πρὸς – ἀπολωλότα ἑαυτόν A πρὸς u. ad εὔκαιρος O Per. πρὸς – ἀπολολότα ἑαυτόν Cr(!)

Fab. 89

(Per. **87**)

1 χὴν αὐτῷ Cr χῆναν ἑαυτῷ A **2** χρύσεια AE Per. χρύσια Cr(!) δ' οὐκ ACr **4** χρυσᾶ E χρύσεια Per. cum cett. ἡ χὴν coni. Per. αὐτήν ACr Per. αὐτόν E Hsr. **5** δ' αὐτὸ Cr δ' αὐτὸν A καὶ om. Cr **7** οὕτως A οὕτω καὶ Cr **8** προίονται E προίεμεν Cr

Fab. 90

(Per. **88**)

1 γνῶναι βουλ. A **2** ἐστίν CrO ἀνθρώπῳ ὁρᾷ εἰς Cr(!) ἀ. καὶ ὁρᾷ (om. εἰς) CEO ἀνθρώπῳ εἰς A **4** τὸ CrO, om. ACE **5** μείζονος καὶ C(!)CrEO (καὶ om. A) **6** καὶ ante ἄγγελος om. Cr **7** περὶ πολλῶν Cr ποιοῦνται οἱ ἄν. E **11** καινόδοξον E περὶ τοῖς ACr **12** ἁρμόσει C

Fab. 91

(Per. **89**)

2 ἧκεν Cr **2sq.** εἰς αὐτὸν ὡς ἄστυ Cr πρὸς αὐτὸν εἰς ἄ. A ὡς αὐτὸν εἰς ἄστυ Per. **3** ἐξενώθη a Hsr. ἐπεξενώθη Per. cum cett. **4** παραγγελθείσης a προ- Cr προαπελθού-

σης A **6** *σκεψόμενος* a *σκεψάμενος* Cr(!) *τούτῳ π. λέγειν αὐτῷ* a *τοῦτο παραινεῖ λέγων αὐτῷ* (*αὐτῷ* om. A) ACr **7** *ὅτι ἐὰν* Cr a *θεάσῃς τὸ* Cr **8**sq. *παριπτ. – μὴ πρὸς* om. Cr **9** *τοῦτο* Aa Per. **11** *τὴν* a Hsr., om. A Per. **12** *εἶπεν* Per. **13** *αὐτὴ* Aa *αὔτη* Cr *γε* om. A *ἡ* om. a **14** *ἐὰν* Cr

Fab. 92

(Per. **90**)

1 *ἔπινεν* Per. **3** *καὶ τὴν ἑαυτοῦ* A(!) **5** *τῷ νικῶντι* E(!) **5**sq. *τῆς γῆς καὶ τοῦ ὕδατος* ACr a Per. *τοῦ ὕδ. κ. τῆς γῆς* CE Hsr. **6** *γίνεται* E(!) **7–10** *διὰ μῖσος – βάτραχοι* om. C **9** *ἐνσταθείσης* ACr Per. *ἐνστάσης* a Hsr. **10** *μηδὲν*] *οὐδὲν* Cr *παρετέρω* CrE(!) **10**sq. *δυν. δρᾶν* AC **11** *κεκράγεσαν* (*-εισαν* A) AC(!) Cr(!) **12** *ὅτι γε* (*γε* om. A) AC Cr(!)E *περὶ τὴν* ACCr(!) **14** *αὐτοὺς* C **15** *ἀλλὰ διὰ* A Hsr. *διὰ δὲ* CCrE Per. *μόνης φωνῆς* Per. cum codd. **16** *ἐστίν* om. E *λόγον* A *λόγων* Per. cum cett.

Fab. 94

(Per. **92**)

1 *ἐδίδαξεν* ACrU Per. *ἐδίδασκε* CE Hsr. **3**sq. *παρέβαλλεν* Cr Per. Hsr. **5** *παρ᾽ ἕκαστα*] *ἀεὶ* (linea obductum) *διόλου* A(!) *μοχθεῖ* A(!) Per. *-οίη* CE **6** *αὐτοῦ* C Per. *ἑαυτοῦ* A(!) Hsr. *ἐτρύφα* Cr **7** *ἔφη* om. C **8** *π. μὲν ἔδειξεν* E(!) **10** *εἰσίν* om. E **11** *ἄγουσιν* C

Fab. 95

(Per. **93**)

1 *παρὰ*] *περὶ* ACr **2** *ἧκε καὶ* F **3**sq. *ὑπολαβοῦσα* F **5**sq. *περὶ π. εἴωθα* ACr *παρὰ π. εἴωθα* E Per. Hsr. **7** *εἰσιν* om. E **7**sq. *οἵ* (*οἳ* A) *περὶ – προσδοκῶσιν* ACr **8** *κερδάνειν* (sic) E(!)

Fab. 96

(Per. **94**)

1 *κηπωρῷ* A et sic infra **3** *ὡς* E *εἰς* C *πρὸς* Per. cum cett. *τοῦ* om. C **5** *παρεῖναι, ἓν δὲ τοῦτο* (*τοῦ* Cr) ACr Per.

Hsr. **8** *ὡσαύτως*] *αὐτῆς* C(!), Per. *αὐτὸς* E *οὕτως* ACr **11** *πρὸς αὐτὰς* E *ἐπιζητεῖς* CCr *δὲ* om. Cr **12** *συνεύξομαι* Per. cum omnibus(!) codd. **13** *ἀνόμοις* E

Fab. 97

(Per. **95**)

Tit. *Ἀ. κ. γ. ἀργαλέα* Per. **1** *τὸ ἦθος πρὸς πάντα ἀργαλέαν λίαν* O(!) *πρὸς πάντα λίαν τὸ ἦθος ἀ.* Per. cum plurimis codd. *πάντας* nusquam in codd. *ἠβουλήθη* AHsr. *ἐβ.* Per. cum rell. *ἐβούλετο μαθεῖν* O(!) **4** *αὐτὴν*] *αὐτῆς* CFO *αὐτοῖς* A(!) *ἐλθούσης* AC(!)CrFO(!) **5** *ἀπεδέξαντο* C **6** *με*] supra post *βουκόλοι* in CF, post *ποιμένες* AOa Per. **8** *εἰσιᾶσι* C *εἰσιάσι* F **10** *συνέτριβες* Cr **11** *ἐκ* post *καὶ* A, om. rell.

Fab. 98

(Per. **96**)

1. *ὑπὸ παλιούρων δέσμη* (*δεσμηθεὶς* O) CrEO *ἐπὶ ποταμοῦ παρεφέρετο* Cr *ὑπὲρ ποταμὸν παρ.* E *ὑπὸ ποταμῶ*(?) *παρεγένετο* O **2** *ἀλώπηξ δὲ παριοῦσα* (*παροῦσα* Cr) *ὡς ἐθεάσατο αὐτὸν* ACrEO Per. *ἀλ. δὲ θεασαμένη αὐτὴν* C Hsr. *ἄξιος ἄξιος* O *νεὼς* ACr Per. **4** *ἐγχειρίσαντα* (-*ήσαντα* C Hsr.) AC *εὐκυρήσαντα* Cr *ἐγκυρήσαντα* EO Per.

Fab. 99

(Per. **97**)

1 *ἀπὸ*] *ὑπὸ* E **2** *λύκε* om. CF **4** *ὀρχήσομαι* AE **4sq.** *τοῦ ἐρίφου ὀρχ.* A **5sq.** *τὸν λύκον ἐδίωκον* A *ἐδίωκον τὸν λ.* Cr Per. **6** *ἐπιστραφεὶς δὲ λέγει* Cr *ὁ δὲ ἐπ. λ.* A **7** *με* om. C

Fab. 100

(Per. **98**)

4 *ὅτι διδόασι κατὰ τῶν ἀμεινόνων θράσος* (*τὰ θράση* A) *οἱ καιροί* ACr **5** *θάρσος* CF(!)

Fab. 101

(Per. **99**)

1 *Ἑρμῆν τις ξ.* A(!)CCrF Hsr. *Ξύλινόν τις Ἑρμῆν* CasCr² EO Per. *τοῦτον προσενεγκὼν* Cr² O Per. **4** *τηρητικὸν* Cas a δωρητικὸν Per. cum rell. 6sq. κἀκεῖνος (om. CF) ἀπεκρίνατο λέγων ACCrF 9 μηδὲ (μὴ O) θεῶν πεφροντικότα Cr EO Per. καὶ μηδὲν περὶ θεοῦ φροντίζοντα F(!) καὶ μ. π. θεῶν πεφροντικότα C(!)

Fab. 102

(Per. **100**)

2 ὁ Προμ. δὲ A(!) 3 εἵλαντο Cr 7sq. φανερὸν δὲ ᾗ τί Cr(!) 9 τὸν οἶκον E ἐπιθεῖναι Per. cum plurimis codd. 11 κατ᾽ αὐτὸν Cr

Fab. 103

(Per. **101**)

Tit. Κολοιὸς καὶ ὄρνεα Per. 2 ἐν ᾗ Ba ἐν om. Per. cum cett. 4 τὰ πτερὰ Cr ἀνέστη Cr 6 δὲ om. Cr 8 ἀφείλατο A οὕτως A 9 ὥστε πάλιν O 10 μὲν om. C 12 ἀποδώσουσιν AC(!)CrO ἦσαν ἐξ ἀρχῆς οὕτως εὑρ. Cr

Fab. 104

(Per. **102**)

1 ἐκέλευσεν Ἑρμῇ AC Hsr. ἐκ. Ἑρμῆν Cr Per. ἐκάλευσεν Ἑρμῇ E 2 crucem ante σπήλαιον sustulit Per.; sed vocem λήϊον hic latere mihi persuasi 5 ὅσον B Hsr. ὅσην Per. cum rell. 6 προσκλαίοντες Cr παραδώσουσιν A 7 μὲν om. Per. cum codd. 8 ὁ λ. εὔκ. om. C

Fab. 105

(Per. **103**)

Tit. Ἑρμῆς καὶ τεχνῖται Per. 3 ἐνέχει Per. cum multis codd. ἐπὶ Cr ὑπολιπέντος Cr -λιπόντος E 4 λαβὼν οὖν E[1] 6 δὲ om. Cr σκυτεῖς CrF 7 πρὸς ἄνδρα ψ. ὀλ. εὔκ. Per.

Fab. 106

(Per. **104**)

4 πρὸς τὸ ἐκείνου E μὴ ἐκείνων O

Fab. 107
(Per. **105**)

Tit. *Ἀνθρώπου ἔτη* Per. **1** *ποιήσας* AC Hsr. *ζωογονήσας* Cr(!) Per. *αὐτὸν* (AC) non ad textum genuinum pertinere videtur; scribae byzantini Gen. 1, 27 *καὶ ἐποίησεν ὁ Θεὸς τὸν ἄνθρωπον, κατ' εἰκόνα Θεοῦ ἐποίησεν αὐτόν κτλ.* ante oculos habebant **4** *γινομένου* C **6** *σκέπῃ αὐτὸν δέξηται* Cr(!) **7** *ἰδίων ἐτῶν*] *οἰκείων ὀστῶν* A **10** *ὑποδέξεσθαι* Schneider Per. **12** *ὑπήχθη* Cr **15** l. *τῷ τοῦ Διὸς* (*τοῦ* om. Hsr.) **16** *δὲ καὶ εἰς* Cr **18** *ἀρχικοὺς*] *ἀχθεινοὺς* Haas Per. **18**sq. *ἐπὶ δὲ – διανύοντας* CCr Per. *τοὺς δὲ – ἀνύοντας* A Hsr. **20** *οὗτος ὁ λόγος χρήσετο ἄν τις πρὸς* Cr

Fab. 108
(Per. **106**)

1 *Ζεὺς γαμῶν τὰ* om. Cr **2** *ὑστερησάσης* om. Cr **3** *ἐπὶ τῷ δείπνῳ* Cr **5**sq. *φέρειν* Cr **7**sq. *λιτῶς οἴκοι* Cr **8** *ἄλλους* Cr *ἄλλοις* A Hsr. Per.

Fab. 109
(Per. **107**)

1 *ἐργασάμενος* Cr *θεασάμενος* E **3** *ἐνεχείρησε* ACrF *τὴν τύχην* A *τύχην* Cr *τὰς τύχας* E *τὴν ψυχὴν* F **4** *τὴν γλισχρότητα* F Hsr. Per. **5** *περὶ* ACr **10** *ὁ λ. δ. ὅτι* om. F **11** *τὴν γὰρ φύσιν* Cr

Fab. 110
(Per. **108**)

1 *ἄνους πλάσας* O *νοῦν αὐτοὺς* C **2** *μέτρον ἴσον ποιήσας* ACrO Per. *μ. π. ἴσον* CEF Hsr. **4** *ἐφικνομένους* F(!) **4**sq. *ἅτε μὴ ἐφικομένου τοῦ ποτοῦ [μηδὲ μέχρι γονάτων] εἰς πᾶν τὸ σῶμα, ἀφρ. γ.* Per. **5** *τόπου* CF **7** *μὲν*] *τῷ* Cr(!) **8** *ὁ καιρὸς εὔλογος* O(!)

Fab. 111
(Per. **109**)

1 *διανοίας* Per. **2** *ἐπέθηκεν* Cr **2**sq. *μὴ σχῶν* CrO(!) **3**sq. *τοῦ ἄρχου* Cr(!) *τοῦ ἀνάρχου* O(!) **4**sq. *ἀναξιοπάθει* CCr *ἀνηξ-* A Hsr. *ἀνεξ-* O *ἠναξ-* Per. **5** *αὐτῇ σφόδρα* O

6 *ταύταις* (om. *ταῖς*) Cr *τοιούταις* A **7** *εὐθέως* Per. cum codd. *καὶ συν.* O Hsr. *καὶ* om. Per. cum cett. **8** *πόρνους* AC Hsr. Per. **9** *ἄνδρα πόρνον* ACr

Fab. 112

(Per. **110**)

3 *νυκτὸς* F **4** *ἀναλώσῃς* (*-σεις* F) *καὶ* ACF Hsr. *ἀναλώσας πένης* EOa Per. **6** *οὕτως* ACr

Fab. 113

(Per. **111**)

1 *παρὰ*] *περὶ* ACr **3** *τελευταῖον* C(!) *-ταίον* Cr(!) **4** *κύψας* ACas Hsr. Per. *κρύψας* cett. **6** *προσ. ἀσμένως* E **7** *ὑποβλέπεται* CE Hsr. Per. *φησιν* C **7** sq. *ἀλλ' – ὑποβλέπομαι* om. C **9** *τὸ πλεῖστον* AE Hsr. *τὸ* om. CCrO Per. **10** *ψυχὴν* O

Fab. 114

(Per. **112**)

2 *τροφὰς* E **3** *ἐθαύμασεν* Per. cum plurimis codd. **4** *αὐτῷ* E *μοχθεῖ, παρ' ὃν* om. E **5** *ἀφέμενα* C *ῥαστώνῃ διάγειν* E **7** *ἐκλυθείσης* E Hsr. *κλυσθείσης* ACrE² Per. **8** *τροφῶν* AC(!)Cr Per. *τροφῆς* E Hsr. **9** l. *ἀλλ' εἰ τότε* (*ἀλλ'* om. Hsr.) **10** *ἐμόχθουν καί με* (*ἐμὲ* CE) AC(!)Cr(!)E **11** sq. *περὶ* (bis) ACCr Per. *παρὰ* (bis) E Hsr. **12** *τῶν* om. Cr I b **2** l. *συνάξας τροφὰς* (*τροφὰς* om. Hsr.)

Fab. 115

(Per. **113**)

3 *δὲ* om. ACCr **4** *φθορᾶς* Cr *δελφὶν* AO **5** *λειποψυχοῦντα* CO Hsr. *λυπ-* F *λιπ-* Per. cum aliis **7** *μου τοῦ θανάτου* A(!) *θανάτῳ γ. συναποθνῄσκον* C **8** *ῥαδίως* CF Hsr. *ῥᾴδιον* Per. cum rell. *τὰς τῶν ὁμοίων συμφορὰς* E

Fab. 116

(Per. **114**)

Tit. *Ἰατρὸς ἐπ' ἐκφορᾷ* Per. **1** *τῶν οἰκείων* om. O *κατακολουθῶν* CF **2** *προπέμποντας* Cr **3** *ἐχρήσατο* Per. cum codd. praeter CF 4 *οὐ νῦν σε δεῖ* Cr(!) *οὐ νῦν σε ἔδει* EO Hsr. Per. 5 *ἐστι* om. E *τότε δὲ*] *ἀλλὰ τότε* FO(!) 5sq. *παραινεῖν αὐτῷ* A 6 *κέχρησθαι* A(!) C(!) F(!) *χρῆσθαι* Cr *καὶ χρῆσθαι* EO Hsr. Per. 7 *ὁ λ. δηλοῖ* om. F *παρὰ*] *περὶ* ACrE 8sq. *τὰς τῶν πρ. ἀπογνώσεις* E *τῶν* om. C

Fab. 117

(Per. **115**)

3 *ἐβουλήθη* CrE *ἀνάψας* ACr 4sq. *τὸν ἀέρα* CO Hsr. *τῷ ἀέρι* AEa Per. 6 *τῶν ποδῶν αὐτοῦ* C *κοιμώμενον* E 7 *δὰξ εἰς αὐτὸν ἐνῆκεν* Per. „num *δῆγμα* (vel *δῆξιν*) *αὐτῷ ἐνῆκε*?" Per. *δὰξ εἰς αὐτὸν ἀνῆκεν* cum CO (*ἀνεῖκεν* Cr) malim; cf. quae in addendis ad fab. 186, 5 notavi. *λειποψυχῶν* ACO Hsr. *λιπο-* Per. cum cett. 10 *τοὺς πέλας βλάπτοντες* Cr *τοὺς π. ἐπιβουλεύοντες* C 11 *αὐτοὶ συμφ.*] *τούτοις αὐτοὶ* C(!) *συμφορὰς περιπίπτοντας* Cr

Fab. 118

(Per. **116**)

2 *μόνος ἐνέμετο* FO Per., om. Cr; *μόνος* om. Hsr. 2sq. *ἀποροῦσα τροφῆς* seclusit Hsr., habet Per.

Fab. 119

(Per. **117**)

Tit. *Κάμηλος κεράτων ἐπιθυμήσασα* Per. 1 *τοῖς* A, om. cett. 2 *φθονέσασα* CrE *ἠβουλήθη* AO Hsr. *ἐβουλ.* Per. cum cett. 4 *προσνεῖμαι* C 7 *οὐ* om. Cr *ἀφείλατο* Cr

Fab. 120

(Per. **118**)

1 *ζῷόν ἐστι τετράπουν* Cr Per. *ἐστὶ ζ. τ.* A Hsr. *ἐ. τ.* C *ἐ. τ. ζ.* F *ζ. τ.* E *γινόμενον* Cr(!) *γιγνόμενον* E(!) 2 *εἶναι* om. E 3 *διώκοι* CrE 3sq. *ἐκτέμνειν β.* Per. cum multis codd. 4 *οὗ χάριν* AEa Per. *τίνος χάριν* CF Hsr. *μέχρι μέντοι τινὸς* E 5 *συγχρώμενος* Cr(!)Ea 6 *φυλάξαι* ACr Per. *διαφυλ.* CEFa Hsr. *δὲ* AE *οὖν* CF, om. Cr *δέ που*

κατάληπτος A 7 αὐτοῦ F 7sq. τῆς σωτ. τυγχάνει ACr Ea Per. 9sq. τῶν ἀνθρ. φρόνιμοί εἰσιν, ὅσοι (οἱ φρ. ὅσοι AE) διὰ χρήματα ἐπιβουλευόμενοι ἐκεῖνα ὑπερορῶσιν ὑπὲρ τοῦ ἕνεκα (ἕν. om. CrE) τῆς σωτηρίας μὴ κινδυνεύειν ACrE Per. οἱ φρ. ὑπὲρ τῆς ἑαυτῶν σριας οὐδένα λόγον χρημάτων ποιοῦνται C Hsr. μηδένα λόγον τῶν χρημάτων ποιούμενοι F

Fab. 121

(Per. **119**)

Tit. *Κηπουρὸς ἀρδεύων λάχανα* Per. 1 κηπωρῷ AFO Hsr. κηπουρῷ CrEBBa Per. ἐπύθετο F 2 δι' ἣν αἰτίαν A(!) 3 ἐστι om. E εἰσι O μεμαραμμένα (-αμένα EO) CrEO Per. μεμαρασμένα AF Hsr. 4 ἐστι om. E

Fab. 122

(Per. **120**)

Tit. *Κηπουρὸς καὶ κύων* Per. 1 κηπωροῦ AFO Hsr. κηπουροῦ CEBBa Per. ἐνέπεσεν O 2 ἐκεῖ κατέβη A Cham. Hsr. ἐπεὶ κατέβη CrE ἐπεκατέβη BBa Per. ἀπορησάμενος ACF Hsr. ἠπορημένος CrEa Per. 3 ἀπ' αὐτοῦ CrE 4 καὶ ὡς CrEB 5 ἑαυτὸν om. Cr(!) 6 πειρώμενος Cr 7 πρὸς εὐεργέτας καὶ πρὸς τοὺς ἀδικοῦντας ὁ λόγος εὔκαιρος O(!)

Fab. 123

(Per. **121**)

1 οἴκῳ κεκ. F συνηθῶς F(!) 2 ἀντηχούσης δὲ A ἐνόμισεν F Hsr. ᾠήθη Per. cum rell. 3 ἐπὶ τούτῳ ἐπαρθεὶς F τοῦτο ACr(!) 3sq. ἔγνω δεῖν θεάτρῳ ἑαυτὸν ἐπιδοῦναι F Hsr. ἔ. δ. καὶ εἰς θέατρον εἰσελθεῖν (εἰσελθὼν Cr!) ACrE Per. 4 ἐπὶ σκηνὴν ACrE Per. πρὸς τὸ ἐπιδείξασθαι a Hsr. 5 λίθοις (-ους Cr) βαλλόμενος ἐξηλάθη ACrE Per. 6 εἶναι om. E 7 ἀφίκονται CrF εἰσιν ἄξιοι F Hsr. ἄξιοι εὑρίσκονται ACrE Per.

Fab. 124

(Per. **122**,

1 οὐδὲν μὲν ἄλλο (ἄ. om. Cr) εὗρον, μόνον δὲ CrE Per. οὐδὲν ἄλλο εὗρον, εἰ μὴ μόνον O (om. μόνον Hsr.) καὶ μηδὲν

ἄλλο εὑρηκότες ἢ μόνον a 3 *θύεσθαι ὑπ' αὐτῶν* A *ἐδέετο αὐτῶν* C(!) F 4 *νυκτὸς* CF *αὐτὸν* Cr 5 *ἐγείραντα* CrF *ἐγείρειν* E *οἱ δὲ ὑποτυχόντες* (*-οῦντες* ACr) ACrE Per., om. CFO a Hsr. 5sq. *σε μάλιστα* CrEO 6 *γὰρ* om. Cr 6sq. *ἐξετέρω ἀγῆμας οὐκ ἐᾶς ἡμᾶς κλ.* Cr 8 l. *ὅτι ταῦτα μάλιστα* (*ταῦτα* om. Hsr.) *ἠναντίωνται* A *-οῦται* C 9 *ἅτινα* A Hsr. *ἃ δὴ* Cr Per. *εἰσιν* O

Fab. 125

(Per. **123**)

1 *κολοιῶν* post *ἄλλων* om. EO Hsr. *ὑπερφέρων* E 2 *τὰς ὁμοφύλας παρεγένοντο* Cr *τούτους* AE 3 *ἀμφιγνόντες* ACO Hsr. *ἀμφιγνοοῦντες* CrE Per. *αὐτῶ τὸ* E 4 *ἐξεβάλλον* Cr *ἔξω ἔβαλλον* C *καὶ ὡς* CrE 5 *ἧκε*] *ἦλθε* C *εἰς τοὺς κολ.* A Hsr. *ἐπὶ* C *πρὸς* Per. cum rell. 7 *αὐτὸν* C Hsr. *αὐτῷ* Per. cum cett. *διαιτίας* O 8 *ἀπολιμπάνοντες* AC Hsr. *ἀπολιπόντες* Per. cum rell. 9 *τὴν ἀλλοδαπὴν* AC(!) 10 *διὰ τὸ ξένους* (*ξένοι* O) *εἶναι* post *εὐδοκιμοῦσι* CrEO Per., om. AC Hsr. *ἰδίων πολιτῶν* AC Per. *ἀποστρέφονται* AC Hsr. *δυσχεραίνονται* (*-νεσθαι* E) *διὰ τὸ ὑπερπεφρονηκέναι αὐτούς* CrEO Per.

Fab. 126

(Per. **124**)

2 *θεασαμένη αὐτὸν* EO Per. *τοῦτον θεασ.* Hsr. cum cett. 3 *τε* om. C 4 *ὅτι . . . μάλιστα αὐτὸν* C *ὡς πρέπει αὐτῷ μάλιστα τῶν ὀ.* Per. cum plurimis codd. 6 *αὐτῇ* E *αὐτὴν* ACr *αὐτῷ* O 6 *ἀποβαλὼν* E Hsr. *βαλὼν* Per. cum rell. *κάτω* post *κρέας* C 7 *δὲ* om. A 8sq. *οὐδὲν* (*ἂν* Per.) *ἐδέησεν εἰς τὸ πάντων σε βασιλεύειν* Cr(!) Per. *οὐδὲν ἂν ἐδέησας εἰς τὸ π. σε* (*σε* om. Hsr.) *βασιλεῦσαι* E Hsr. *οὐδὲν ἂν ἔδει σε τοῦ π. βασιλεῦσαι* O(!) *οὐκ ἂν ἐδέησε σε εἰς τὸ π. βασιλεύειν* C(!) 10 *ὁ λόγος οὗτος ἁρμόζει πρὸς ἄνδρα ἀνόητον* C

Fab. 127

(Per. **125**)

1 *φθονέσασα* Cr *οἰώνωντεύεσθαι* Cr 3 *ἠβουλήθη* A 5sq. *τὰς φωνὰς* E 7 *ὦ φίλοι* om. E *ἐστι* om. E 10 *πρὸς τὸ τῶν ἥσων*(?) E(!)

Fab. 128

(Per. **126**)

1 sq. *καὶ τοὺς ὀλύνθους εὑρὼν* C **3** *γένονται* CCr **5** *ἐλπίδας* Cr **7** *πρὸς ἄνδρα φιλόνεικον* E *πρ. ἄ. φιλ. ὁ λόγος εὔκαιρος* A *ὁ λ. πρ. ἄ. φ.* C *πρ. ἄ. ψευδολόγον ὁ λόγος εὔκαιρος* Cr

Fab. 129

(Per. **127**)

1 *ἐφ'* A *ἐπ'* Cr(!)E *εἰς* O *πρὸς* F **2** *ἡ δὲ* Cr **3** *ἡ γὰρ δαίμων* CrE *ὁ γὰρ δ.* AO(!) *ἡ γὰρ θεὰ* F *οὕτως* EFO *οὕτω* Per. cum rell. **6** *διαλλαγῇ μοι* A(!) Hsr. *μοι* om. E Per. *μὴ διαλάττῃ* Cr

Fab. 130

(Per. **128**)

1 *ἐπί τινι* ACr **4** *ὅστις* (fuit *ὅστς* in E) C(!)CrE(!)O *ὅτι* A **4** *εὑρὼν* Cr **6** *λεχθείη ἂν*] *ἁρμόζει* C *ἐπ' ἄνδρα* AE Hsr. *ἐπ' ἀνδρὸς* CrO Per. *πρὸς ἄνδρας* C(!)

Fab. 131

(Per. **129**)

1 *περιστροφείω* Cr **3** *μὲν* A Hsr. Per., om. cett. **5** *γνωρίσασαι*] *ἀμφιγνῶσαι* Cr(!) *ἀμφιγνοήσασαι* Sternbach Per. *αὐτοῦ*] *αὐτὸν* Cr **5** sq. *τὴν φωνὴν* – *αὐτὸν* om. Cr **9** *οὕτω δὲ* A Hsr. *οὕτω τε* Per. cum cett. *ἐπιτυχεῖν ζητῶν* A Hsr. Per. **11** *πρὸς τὸ* CrE l. *ὠφελεῖν πολλάκις καὶ* (*πολλάκις* om. Hsr.)

Fab. 132

(Per. **130**)

4 *εἰ μὴ* O *οὐδὲν* Cr Per. recte; *οὐδὲ* Hsr. cum cett. **5** *δύνασθαι* Cr *δύνασθε* Per. *δυνήσεσθε* (*'-σθαι*) Hsr. cum cett. **6** *τὸ μηδὲν ἐπὶ πολὺ πλῆθος* Cr **7** *στρατιῶται* A Hsr. *στρατηγοὶ* Per. cum rell *τὰ ἄριστα* O

Fab. 133

(Per. **131**)

2 *τῷ ἑαυτοῦ παιδὶ* E Hsr. *τὰ ἑ. παιδία* Cr *τῷ ἑ. παιδίῳ* Per. cum aliis 5 *ἀπὸ τεθνήσκειν* Cr 6sq. *ὅστις περὶ ἀνοις* (an *ἀνους*?) Cr *ὅ. τὴν παρὰ ἀνων* E Hsr. *ὅ τὴν παρὰ ἀνθρώποις* Per. cum aliis 8 *στερῆσαι* E 9 *ἂν* om. ACr 10 *οἵτινες* A Hsr. *οἳ* CrE Per. 11 *περιτυχόντες* Cr

Fab. 134

(Per. **254**)

Coll. Vindob. secutus est Per. 6 *τοῖς ἀνθρώποις* Mo Per.

Fab. 135

(Per. **132**)

Tit. *Κύων λέοντα διώκων* Per. 2 *τὰ ὀπίσω* CCrF 4 *βρυχμὸν* F(!) 5 *ὁ λόγος οὗτος* CF *ἐπ' ἀνδρὸς λεχθείη αὐθάδους* C(!) F(!) *οἳ κατὰ πολὺ* ACrEO Hsr. *ὃς τοὺς κ. π.* CF *δυνατωτέρων* a Hsr. *-ους* CEFO Per. *-οις* ACr 7 *εὐθὺς* O *ἀναχαιτιζόμενος φεύγει* C(!) F(!)

Fab. 136

(Per. **133**)

3 *μείζονα* O *ἀφήσασα* Cr 4 *ὡς* O *ὥστε* E *εἰς* ACr 5 *τοῦ δὲ*] *τὸ δὲ* E 6 *δ' ὅτι* ACr *ὅτι* Per. cum cett. *διότι* Hsr. 7 *εὔκαιρος* om. Cr

Fab. 137

(Per. **134**)

Tit. *Κύων κοιμώμενος καὶ λύκος* Per. 2 *καταθοινίσασθαι* C 4 *μὲν* om. F *οἱ δεσπόται μου* CF 6 *τότε μὲν* om. O 8sq. *αὐτὸν ὑπομιμνήσκων αὐτὸν* C(!) 9 *ὑπολαβὼν* CF 12 *οὕτω καὶ οἱ* O 13 *ταῦτα ὕστερον* AO *τ. εἰς ὕ.* CrE *φυλάττονται* AF Hsr. *φυλάσσονται* Per. cum cett.

Fab. 138
(Per. **135**)

2 *δυνάμενοι* CrE *ἀλλήλοις* CrF **3** *πρῶτον τὸ ὕδωρ* Cr *τὸ ὕ. πρ.* O **4** *παραγίνωνται* A *αὐτὰς πινούσας* A Hsr. *αὐταῖς πινούσαις* FOa Per. **7** *πρῶτον ἀναλισκόμενοι* F *ἢ* om. E **8** *περιγινόμενοι* Cr

Fab. 139
(Per. **136**)

1 *μὲν ποτὲ* Cr **2** *τὰ χείλη αὐτοῦ* C *αὐτοῦ* om. Cr **3** *μὴ καταδάκνων* CrE *με κ.* Per. *με δάκνων* A Hsr. **4** *ἐχθρὸς εἶ ἢ φίλος* C **6** *εὔκαιρος* om. C

Fab. 140
(Per. **137**)

3 *ὑποτυχὼν* om. O *ἔφη* A Hsr. *εἶπεν* Per. cum rell. **4** *οὔτε ὅτε ἐὰν ἀπέλθῃς* E(!) *ἂν ἀπ.* O **5** *οὕτω τῷ λόγῳ* E **6** *ἐστιν* om. E

Fab. 141
(Per. **250**)

1 *πεφυκυῖα* C Hsr. *οὖσα* E Per. **3** *ἔγωγέ εἰμι* C Hsr. *εἰμὶ ἐγὼ* E Per. **4** *προσφέρω* C *προφέρω* Hsr. *παρέχω* E Per. **5** *τοῖς ἰδίοις ἀγαθοῖς* C Hsr. *τῶν ἰδίων ἀγαθῶν* E Per.

Fab. 142
(Per. **249**)

Tit. *Κάμηλος ὀρχουμένη* Per. **1** *ὀρχεῖσθαι* CF Hsr. *ὀρχήσασθαι* E Per. *ὁ λ. εἴρηται ἐν παντὶ ἔργῳ ἀπρέπειαν ἔχοντι* E Per.

Fab. 143
(Per. **138**)

1 *τῆς ἑ. δειλίαν* A(!) *ἑ. δειλίαν* C *ἑ. δειλίας* CrO **3** *οἱ* om. Per. cum multis codd. **4** *βάθεα* CrE **5**sq. *τοὺς ἑταίρους αὐτοῦ* C(!) **6** *αὐτοὺς* E *αὑτοὺς* C **7** *εὕρηνται* AE Hsr. *εὕρηται* Per. cum rell. *καὶ* om. O **8** *συμφοραὶ*] *δυστυχίαι* A

Fab. 144
(Per. **139**)

1 *λάβρος* E *αὐτῶ* E 2 *ἴκτινος* Per. cum codd.

Fab. 145
(Per. **140**)

Tit. *Λέων ἐρασθεὶς* Per. 2 *ἐνδοῦναι* E Hsr. *ἐκδοῦναι* Per. cum rell. *ἐπιμένων* C 3 *ἀρνήσασθαι* E Hsr. *ἀρνεῖσθαι* AC Per. *τὸν φόβον* AC Hsr. *τὸν* om. Per. cum cett. *τι* A Hsr., om. Per. cum cett. 4 *ἐπειδὴ δὲ* Cr *ἐπεὶ* C 5 *δὲ* om. C 6 *ἐκδοῦναι φησὶν* C *τε* om. AC *ἐξέληται* AC 7 *τὴν κόρην δεδοικέναι ἔλεγε* C 10 *παίων αὐτὸν* A *αὐτὸν παίοντα* Cr 11 *ὁ λόγος δηλοῖ, ὅτι*] *οὕτως* A *ἐχθροῖς* AC Hsr. *πέλας* EO Per. 12 *ἀπογυμνάσωσιν* Cr 13 *οἷς*] *οἱ* Cr *καθεστήκασιν* ACCrO

Fab. 146
(Per. **141**)

1 *πρὸς*] *περὶ* Cr *τὰς φωνὰς* E 2 *εἶναι* om. E *αὐτοῦ* Cr(!) Per. *αὐτῷ* E Hsr., om. AO 3 *αὐτὸν* post *ἐθεάσατο* A Hsr. Per., post *ἐξελθόντα* O, om. rell. 4 *εἶτα τηλικοῦτος ὢν τ. β.*; Cr(!) EO 6 *γλωσσαργίαν* Cr(!) *ὁ λόγος πρὸς ἄνδρα γλωσσώδη οὐδὲν πλ. τοῦ λαλεῖν δ.* C(!) *πρὸς ἄνδρα γλωσσαλγίας οὐδὲν πλ. δυν. ὁ λ. εὔκαιρος* O Per.

Fab. 147
(Per. **142**)

Tit. *Λέων γηράσας καὶ ἀλώπηξ* Per. 3 *κατακλιθῆς* Cr 7 *ἄποθεν* CrE 8 *καλῶς* AE(!) 10 *εἰ* om. CrE

Fab. 148
(Per. **143**)

1 *ἠβουλήθη* A *δόλω* Cr(!) E, om. cett. 2 *αὐτῷ* A 2sq. *πρὸς ἑστίασιν* AC Hsr. *ἐφ' ἑστίασιν* E Per. *ἐφ' ἑστίαν* O(!) 3 *ἐκάλ. αὐτὸν* O *αὐτὸν* alt. om. Cr E(!)O, habent AC (post *βουλ.* C) 4sq. *λέβητα καὶ πολλοὺς ὀβ. μεγάλους* C(!) *τε* om. A 5 *τὸ πρόβ. δὲ* C 7 *αὐτὸν – πυνθ.* om. Cr *δι' ἣν*] *δικὰ* Cr *οὐδὲ ἓν* CrE 8 *ἄλογος* O Hsr. *ἀλόγως* Per. cum cett. 9 *κατασκευὴν* AC

Fab. 149

(Per. 144)

Tit. *Λέων ἐγκλεισθεὶς καὶ γεωργός* Per. **1** *γεωργοῦ ἔπαυλιν* CrEO Per. *ἔπ. γεωργοῦ* AF Hsr. **2** *αὐλιαίαν* AF Hsr. *αὐλίαν* CrE *αὐλείαν* O Per. **5** *περὶ αὐτοὺς* (?) A(!) **6** *στένοντα αὐτὸν* O **7** *γε* om. A(!) F *κλεῖσαι τοῦτον* F(!) *ἐβουλήθεις* F(!) *συγκλ. τοῦτον ἠβουλήθης* CasF Hsr. *σ. τ. ἐβούλου* (*ἠβούλου* A) Per. **8** *σε* om. O **9** *τοὺς ἐχθροὺς διερεθίζοντας* F **9**sq. *τάς τε ἐξ αὐτῶν* Cr *τὰς ἑαυτῶν* A Hsr. *τὰς ἐξ αὐτῶν* Per. cum cett.

Fab. 150

(Per. 145)

2 *ἐπὶ συμ. τοῦτον* Cr *ὡς ἐπὶ σ. τ.* E(!) **3** *ἁρμόζει* A Hsr. *ἁρμόττει* CrE Per. *αὐτοὺς* om. Cr *θαλασσίων* Cr **4**sq. *αὐτοὺς δὲ – βασιλεύειν* Cr **7** *ὁ δὲ κεῖνος καὶ περιβουλόμενος* Cr **8** *ὁ λέων* om. CrE **10** *θαλάττιον* E **11** *ἐπιβαίνειν* Cr(!) Per. *ἐπιμένειν* E(!) *ἐπιβῆναι* A Hsr. **12** *σπευδομένους* Cr

Fab. 151

(Per. 146)

Tit. *Λέων μῦν φοβηθεὶς* Per. **1** *τὸ σῶμα* Per. cum CrE *τῷ στόματι* CCas Hsr. **2** *προεληλυθότα* CCasCr **4** *ἐφοβήθη μῦν* CCas Hsr. *μῦν ἐφ.* Per. cum cett. **4**sq. *οὐ* (*ὁ* Cr) *τὸν μῦν εὐλαβήθην* (*ἐφοβήθην* E), *ἐθαύμασα δὲ εἴ τις λέοντος* (*λέων* Cr) *κοιμωμένου τὸ σῶμα ἐπιδραμεῖν ἐτόλμησεν* CrE Per. **6** *ὁ λόγος*] *ὅλως* Cas *δεῖν* (*δεῖ* Cr) post *διδάσκει* CrE

Fab. 152

(Per. 147)

1 *ἄρκος* Cr *τοῦτο* Cr **2** *καὶ ἐπειδὴ* C **3** *περιοῦσα* Cr *περιιοῦσα* E **4** *τὸν δὲ νεῦρον* A(!) **5** *αὐτὸν*] *αὐτὸ* E(!) *μέσω* Cr(!) **8** *ὁ – ὅτι* om. A *ὁ λόγος διδάσκει, ὅτι* CF **9** *καμάτων* ACa Hsr. *πόνων* CrE Per. *τῶ οἰδίω καμάτω* F

Fab. 153
(Per. **148**)

3 *περὶ τὸν ψόφον* Cr(!) *παρὰ τ. ψ.* E Per. *ἀπὸ τῶν ψόφων* ACFa Hsr. **7** *ὅτι ἀφεὶς* ACF **8** *προέκρινα* Cr(!) E(!) Per. *προύκρινα* A Hsr. **10** *μείζονας δὲ ἐλπίδας διώκοντες* ante *λανθάνουσιν* om. ACF Hsr., habet Per. cum cett.

Fab. 154
(Per. **149**)

1 *κοινωνίας* Cr *εἰς* CrEO *πρὸς* ACF **2** *στειλάμενοι* Per. cum plurimis codd. **4**sq. *αὐτοῦ παραινοῦντος* Cr **5** *ἀγ. κατὰ τοῦ ὄνου* O **6** *αὐτὸν* CO *τὸν ὄνον* F, om. ACrE **7** *τὰ* pro *καὶ* E **7**sq. *ὑπολιπομένη* Cr(!) *ὑπολειπομένη* EO *ἀπολειπομένη* AC *ἀπολειμένη* F **9** *αὐτὴν* om. F *οὕτω* om. A **10** *ἔφη* CF *ἡ – συμφορά* a **11** *γίνεται τοῖς ἀ.* A Hsr. *τοῖς ἀ. γίνεται* Per. cum aliis *τῶν ἀνθρώπων* O *γίνονται* CF om. E

Fab. 155
(Per. **150**)

Tit. *Λέων καὶ μῦς ἀντευεργέτης* Per. **2** *συνελάβετο* (*καὶ συλλαβὼν* A) *αὐτὸν ἐδεήθη οὖν* (*οὖν* om. A) *αὐτοῦ* AF **3** *μεθεῖναι*] *μηθοίναι* Cr *μὴ θοινήσασθαι* F **4** *γελάσας δὲ αὐτὸν ἀπέλυσεν* A **5** *δὲ*] *οὖν* A *χάριτας* pro *-τι* Cr **6** *κυνηγῶν* AFO Hsr. *κυνηγετῶν* CrE Per. *ἐπεδέθη* Cas Hsr. *ἐδέθη* Per. cum cett. **7** *ἐπί τινι δ.* AF(!) *ὁ μῦς ἀκούσας* AF *τῶν κάλων* F **8** *αὐτὸν*] *αὐτῷ* Cr **9** *τότε οὕτω μου* O *τότε* om. AF(!) *κατεγέλας* Cr **10** l. *ὅτι ἔστι τις* (*τις* om. Hsr.) **12** *ἐν καιρῶν* Cas Hsr. *ἐν* om. CrEO Per. *οἱ* E Per. *καὶ οἱ* Hsr. cum cett.

Fab. 156
(Per. **151**)

Tit. *Λέων καὶ ὄνος ὁμοῦ θηρεύοντες* Per. **1** *ποιησάμενοι* CrE Per. *σπεισάμενοι* AFO Hsr. **2** *θήρας* Cr *γεναμένων* Cr *τι* om. Cr **3** *ἄγριαι αἶγες* A Hsr. *αἶγες ἄ.* Per. cum cett. *στὰς*] *τὰς* Cr Per. **4**sq. *ἐνήλλαττεν αὐταῖς* F(!) **6** *ἐκεῖνος* a Hsr., om. Per. cum cett. **7** *αὐτοῦ* om. Cr *αὐτῷ* O *γενναῖος* Cr *ἐξεδίωκεν* CrE(!) *εὖ ἐδίωξεν* Hsr. Per. **9** *σε* post *ᾔδειν* F Hsr. Per. **10** *περὶ* A

Fab. 157

(Per. 152)

1 sq. *περὶ τῶν ἀποτυχόντων* A(!) *παρὰ τῶν ὑποτυχόντων* C(!) **2** *ἡμαγμένος*] locus nondum sanatus; in illo *ἐπημαγμένον* (Cr) *ἐπιμεμαγμένος* latere puto: „(mit Blut) beschmiert ergriff er die Flucht". **4** *νεωστὶ* post *συκαμίνου* om. ACF Hsr., habet Per. cum rell. **5** *ἕως* Cr Per. *ὡς* Hsr. cum cett. **6** *συλλαβόμενοι* ACF Hsr. *συλλαβόντες* CrE Per. *ἐπί τινος συκ.* Cr Hsr. *ἀπό τ. σ.* E *εἴς τινα σ.* ACF Hsr. **6** sq. *ἀνεσταύρωσαν* CrE Per. *αὐτὸν ἔστρωσαν* ACF **7** *ἡ δὲ σ. ἔφη* ACF Hsr. *ἡ δὲ ἔφη πρὸς αὐτὸν* CrE Per. **8** *τὸν σὸν* om. F *ὃν αὐτὸς*] *ὄντος* Cr **9** *εἰς ἐμὲ τοῦτον* CF *ἀπαιμάττου* F(!) **10** *καὶ* om. C *ὑπό τινων* A Hsr. *ὑπ' ἐνίων* CCrF Per.

Fab. 158

(Per. 153)

1 *ποίμνην* Cr *ἠδύναντο* AEBBaS *ἐδύναντο* Per. cum cett. **2** *παραγενέσθαι* Cr *φυλάττοντας* E **3** *διὰ λόγου* S **5** sq. *λέγοντες ἐκείνους τοὺς τῆς ἔχθρας ὄντας αἰτίους ἐγχειρῆσαι αὐτοῖς καὶ εἰρήνην μεταξὺ αὐτῶν γενέσθαι* A(!) *εἰσιν ἐγχειρῆσαι αὐτοὺς εἰρήνην μ. αὐτῶν γενήσεται* Cr(!) **6** sq. *προειδόμενα* CrE *προϊδόμενα* Per. *προβλεπόμενα* A *προοπώμενα* BBa **7** *τοὺς κύνας* AS Hsr. *αὐτοὺς* E Per. **8** *ῥαδίως καὶ* CrE Per. *καὶ* om. AS Hsr. **10** *δημαγωγοὺς* Per. cum CrE **10** sq. *προδοῦσαι* A

Fab. 159

(Per. 154)

2 *αὐτὰς τροφῇ* Cr **2** sq. *ἱπποσυντυχὸν τούτῳ* Cr **3** *τὰς ἀρούρας* E *ἐπήγαγε* Sternb. Hsr. *ἀπήγαγε* Per. cum codd. **5** *αὐτὸν τὸν ψόφον* Cr

Fab. 160

(Per. 155)

2 *ἠβουλήθη* A Hsr. *ἐβουλήθη* Per. cum cett. **4** *πιεῖν* A(!) CrE *αὐτῷ* Cr **5** *αὐτῷ ἑστῶτι* (-ος B) *κάτω* BBa (*κατωτέρω* Hsr.) *κατωτέρω ἑστῶτα* CrE Per. **8** *μηδέπω τότε*] *μηδ' ἐπέτειον* coni. Per. *γεννηθῆναι* A **9** *πρὸς αὐτὸν* om.

Cr οὖν BBa Hsr., om. Per. cum cett. **11** *ἡ πρόθεσις* E Hsr. *ἡ* om. ACr Per. *τοὺς πάντας ἀδικεῖν* Cr(!) *ἀδ. τ. πάντας* E **12** *ἰσχύει*] *ἐστι* E(!)

Fab. 161

(Per. **156**)

4 *τὸ ὀστοῦν* non habet Per. *ἐξέπεσεν* Cr *ὁμολογηθέντα* AF **5** *ὑπολαβὼν* F *οὐκ ἀρκεῖ σοι κτλ.* F(!) **6** *τὴν κεφαλὴν σώαν ἐξενέγκαι* O **8** *ὁ λόγος δηλοῖ* om. F *περὶ* Cr

Fab. 162

(Per. **157**)

1 *κρημνώδος ἄντρου* Cr(!) **2** *παρήνει αὐτὴν* (*αὐτὴν* om. Cas) *κατωτέρω* ACasF Hsr. *κατωτέρω παρ. αὐτὴν* Cr Per. **3**sq. *λέγων ὡς ἀμείνων ὁ παρ' αὐτῷ λειμών, ἐπεὶ καὶ ἡ πόα σφόδρα εὐανθής* Per. Cr(E)O secutus **4**sq. *ἡ δὲ πρὸς αὐτὸν ἔφη* ACasF Hsr. *ἡ δὲ ἀπεκρίνατο πρ. ἀ.* CrE Per. **5** *αὐτὸς δὲ*] *ἀλλὰ* CasF **7** *πονηροὶ* ACasF Hsr. *κακοῦργοι* CrE Per. **8** *πονηρεύονται* CrF *πορεύωνται* O *εὐνόητοι* O

Fab. 163

(Per. **158**)

2 *τι ἐπαύλην* Cr **2**sq. *παιδὶ κλαίοντι ἀπειλουμένης* AF Hsr. *κλαυθμυριζομένῳ παιδὶ* CrEO Per. **3** *βαλεῖν αὐτῷ* (*αὐτὸ* O) *τῷ* (om. Cr) *λύκῳ* Cr(!) O(!) **4** *γεναμένης* Cr **5** *ἐγίγνετο* E *ἦν* F(!) **6** *ἔφη πρὸς αὐτὸν* E(!), om. A(!)FO Hsr. *ἔ. π. ἑαυτόν* Per. **8** *οὗτος* om. AF

Fab. 164

(Per. **159**)

2 *τὸν αὐτοῦ φ.* FO **3** *προελθὼν* Cr *παρελθὼν* O *παρεθάρρυνεν* A *αὐτὸ*] *αὐτῷ* Cr *αὐτὸν* F **4** *τρεῖς ἀλ. αὐτῷ λ. εἴπῃ* F(!) *αὐτῷ* (*αὐτὸ* Cr) *τρεῖς λ. ἀλ. εἴπῃ* (*εἴπῃ* om. CrE) CrEO Per. ordo verborum ab Hsr. probatus in codd. nusquam apparet! *ἀπολύσει* Cr *-σῃ* EO **5** *ἀρξάμενος* CrE(!) *ἔλεγεν ὡς μὴ* F(!) **6** *τούτῳ* F *εἵμαρται* CrF Per. **7** *ἀπόλλυσθαι* Cr(!) *οἱ* om. Cr **9** *τὸ ἀψευδὲς αὐτοῦ* AF **10** *ἡ ἀλήθεια* A Cr Per. *ἡ* om. E Hsr.

Fab. 165

(Per. **234**)

1 *ποιμνὴν* D **2** *αὐτὸν ὡς πολέμιον* CasE Hsr. *τὸν ἐχθρὸν* D *ὡς ἐ.* Per. cum rell. **3** sq. *παρεπόμενος* CasE *πορευόμενος* Harl., om. DK **4** *οὐδὲν* – *ἐπεχείρει* Per. rec. a secutus est *τὸ τηνικαῦτα* E Hsr. *τὸ* om. Per. cum aliis **5** *εἶναι* om. E *εἶναι αὐτὸν* Per. **7** *ἀπηλλάγη* CasE Hsr. *ἀπῆλθεν* Per. cum rell. *καὶ ὃς* E(!) **9** *εἶπεν* D *ἀλλ' ἔγωγε δίκ. π.* Cas(!) E Hsr. *ἀλλ' ἔ.* om. Per. cum rell. **11** *φιλαργύροις καὶ πλεονέκταις* Per. cum rec. a *καὶ πλ.* om. CasE Hsr. **11** sq. *τὴν παρακαταθήκην* E

Fab. 166

(Per. **160**)

Tit. *Λύκος τετρωμένος καὶ πρόβατον* Per. **1** sq. *ἐκβέβλητο τροφὰς* E *ἐβούλετο τροφὴν* Cr **4** *περιρρέοντος* A **4** sq. *ἐὰν* – *εὑρήσω* om. CrEO **5** *ἐμαυτῷ* A *ἑαυτῷ* a **5** sq. *ὁ δὲ ὑποτυχὼν εἶπεν* Cr **6** *ἐπιδώσω* AE Hsr. *ἐπιδῷ* Cra Per. *τροφῇ μοι* (*με* A) *χρή* A(!) E **7** sq. *ὁ λ. εὔκαιρος* om. Cr

Fab. 168

(Per. **261**)

2 *προκαλουμένου* BBa Hsr. *προσκαλ.* ACasF Per. *αὐτὸ* CasF(!) *αὐτὸν* Ba *αὐτοῦ* B(!) **2** sq. *θυσιάζει* BBa **3** *αὐτὸ* ACas Hsr. Per. *αὐτὸν* BBa *σε* F *ὁ ἱερεὺς εἰ καταλάβοι* (-*η* Cas) *τῷ θ.* CasF *εἰ* – *θεῷ* om. A *ὁ ἱερεὺς τῷ θεῷ* BBa **6** *ὁ λ.*] *ὅλως* Cas *διάκειται* BBa *κρεῖττον* BBaF **7** *ὁ εἰς δόξαν* BBa

Fab. 169

(Per. **256**)

2 *ἔφασαν* Cas Hsr. *ἔφησαν* Per. cum rell. **4** *ὁ μῦθος τοῦτο δηλοῖ* Cas **4** sq. *τῆς ἑαυτῶν σ. καταφρ.* (*κ.* om. E) CasE Hsr. *σὺν τῷ διαμαρτεῖν καὶ καταπαίζονται* A Per.

Fab. 170

(Per. **161**)

1 *ἡρμολόγει* O **3** *ἀναπεπασμέναι* C(!) *ἀναπεπετασμέναι* F(!) *εἰσὶ* CF *εἶσαν* Cr(!) **5** *ἀπήει δρομαίως* C(!) *ἀπ. δρομαῖος* F Hsr. *ἔτι δρόμω* CrE *δρόμῳ ἔθει* O *ἔθει δρόμῳ* Per. **5**sq. *περιτυχόντων* Cr **7** *ἐπαγγειλάμενος* O **7**sq. *προεμαντεύσας* Cr **9** *οὕτω τ. λ.* CrE **10**sq. *οἳ τὸν* (*τῶν* F) u. ad *μηδὲν αὐτοῖς* (*αὐτοῖς* om. F) *προσηκόντων προνοεῖσθαι πειρῶνται* CF Hsr. Per. **11** *προσνοεῖσθαι πειρόντων* Cr III **3** l. *ἀναπεπτασμέναι*

Fab. 171

(Per. **162**)

1 *μαντευομένης τινὸς* E Hsr. *-ῃ τινὶ* Cr Per. *ἔτι νηπίου* Per. cum Cr *ἔτι* om. E **6** *τὰς ἐπιτηδείας αὐτῶ τροφὰς* E(!) *αὐτῷ* om. Cr **9** *βρέγμα τοῦ* Cr **10** *ἀπαρευχείρητον* Cr

Fab. 172

(Per. **163**)

2sq. *αὐταῖς ἰσχὺν παράσχῃ* (*-σχοι* C, *-σχηται* O) *παιούσαις* (*-σαι* Cr, *πανούσαις* O) CCrO Per. *ἰσχὺν παράσχηται παιούσαις* E *ἰ. παρ. αὐταῖς* A *ἰ. παρ. αὐταῖς παιούσαις* Hsr. **5** *τινας τύπτωσι* A **6** *ἀποβάλλειν* ACrO *τῆς* om. AC(!) **8** *ὁ λ. οὗτος* C *ὁ λόγος* A *ἂν* om. Cr(!) *περὶ ἄνδρας* Cr

Fab. 173

(Per. **164**)

1 *μηναγυρταῖον ἔχοντες* Cr **2** *αὐτοῦ τοῦ ὄνου* Cr *αὐτοῦ* om. C **5** *ποῦ ἂν εἰ* Cr **6** *ὁ ὄνος ὑμῶν* C *ἔφησαν* A **7** *ἀλλ' οὐδὲ ζῶον ὑπέμεινεν* Cr(!) *ποτε οὐδὲ ζῶν ὑπέμεινεν ἄν* E(!) *ἀλλ'* Per. Cr secutus; om. Hsr. cum cett. **8**sq. *ἐλευθερίας ἐφιέμενοι* A(!) *ἀφιέμενοι* CrE(!) **9** *ἀρχῶν* ACrE Hsr. *ἔργων* C Per. *οὐ καταλλαγέντες* Cr

Fab. 174

(Per. **165**)

2 *ὑπέλαβεν* E **3** *αὐτῶν* C **6** *πάντας μύας* Cr *π. τοὺς μυίας* C **7** *οὖν* om. Cr **8** *εἴσδυνον* E **10** *οὕτω πολλάκις* C *οὕτω* Per. cum cett. *ὅτι* Hsr. *καινοδοξία* E

Fab. 175

(Per. **166**)

1 πάλαι O(!) **4** Ζεὺς δὲ ἀγ. EO Per. ὁ δὲ Ζ. ACF Hsr. **5**sq. ὃ (ὃς C!) καλεῖται μύρμηξ ACF Hsr. ὃς μ. καλ. Per. cum rell. **6** τὰς μορφὰς E καὶ τὴν διάθεσιν Cr **7** μετεβάλλετο CCrFO **8** τοὺς ⟨τῶν⟩ ἀλώνων] τοὺς ἄλλων CrE Per. τοὺς πόνους (σπόρους F) τῶν ἄλλων ACF συλλέγειν Cr(!) **11** κολάζονται CCrF

Fab. 176

(Per. **235**)

1 εἴς τινα (τὴν F) π. ACF Hsr. τινα om. Per. cum rell. **2** καθεζομένη post δὲ om. ACF Hsr., habet Per. cum rell. **3** φ. ἔβαλε AC Hsr. φ. ἔρριψε Per. cum rell. **4** παραστὰς A Hsr. παρασταθεὶς BBaa Per. **5** λαθεῖν F ἐξελθὼν post μύρμηξ om. ACF Hsr., habet Per. cum rell. εἰσελθὼν D **5–7** ἔδακεν αὐτὸν εἰς τὸν πόδα· κἀκεῖνος περιτιναξάμενος ἔσεισε τοὺς καλάμους, κἀντεῦθεν φυγοῦσα ἡ περιστερὰ διεσώθη Per.; Hsr. F secutus est

Fab. 177

(Per. **167**)

1 κρέας Cr ἀπὸ τοῦ ζωμοῦ O **5** l. ὁ λόγος δηλοῖ (δηλοῖ om. Hsr.)

Fab. 178

(Per. **168**)

1 εἰς τὸν E Hsr. εἴς τινα Per. cum cett. **1**sq. ἐκοιμᾶτο διὰ τ. κ. E **3** καὶ ἐμέμφετο Cr γε om. AFO **4** πραΰτητι Cr(!) πραότητι EFO συναθέος Cr(!) προσδείξηται E **5**sq. γυν. ὁμοιωθεῖσα πρὸς αὐτὸν ἔφη A πρὸς αὐτὸν om. F **6** ἀλλ' om. O ὦ οὗτος ἀλλὰ F μέμφου ἐμὲ A **7** μὲν om. A καὶ νῦν με (με om. F) ὁρᾷς (ὁρᾶστε Cr) Cr(!) EF **8** αἰφνίδιον EF -οι ACrO μοι F μου Cr με O, om. AE **11** αἰτιᾶσθαι Per. ἑτέροις om. F **11**sq. τοῖς δὲ τούτοις (τοιούτοις E) ἐπιτάττουσιν (ἐπιστατοῦσιν E) EF(!)

Fab. 179

(Per. **169**)

1 *μόνου αὐτῷ* O Hsr. *αὐτῷ μόνου* E Per. *αὐτοῦ μ.* Cr *καὶ μόνου* (*-ον* F!) CF **2** *περιλειπέντος* Cr(!) **3** *ἤδη* om. O *εἶναι* om. E **4** *ἀπημπόλησθαι* Cr **5** *ἐπιλαβομένου* F *ἐπιγενομένου* C(!) *τοῦ κρ. γινομένου* O(!) *περιιὼν* om. CF(!) **7** *σὺ κἀμὲ ἀπολώλεκας* CF **8** *πάντα τὰ κατὰ καιρὸν δρώμενα ἐπισφαλῆ τυγχάνουσι* E(!) *περὶ καιρὸν δρώμενον ἐπισφαλὲς τυγχάνει* Cr

Fab. 180

(Per. **170**)

2 *πλέον τ. δ. ἱδρωκέναι ἔφη* CF Hsr. *ἔλεγε πλ. τ. δ. ἱδρ.* CrE Per. **2**sq. *ἔφη ἀγαθὸν τοῦτο εἶναι* (*εἶναι* om. E) BBaE Per. *ἀγαθὸν τοῦτο ἔλεγεν* CF Hsr. *ἔφη* habuerat Cr **3** *δὲ* om. F *ἔχοι* E Per. *ἔχει* CF Hsr. **4** *ἔφασκεν εἶναι* Cr Per. *εἶναι* om. CF Hsr. **6** *διαρροία π. εἶπεν* (*ἔφασκε* E) CrE Per. *ἔφη ὑδέρῳ π.* CF Hsr. **7** *εἶναι* om. E *φήσας ἀπηλλάγη* om. CF Hsr., habet Per. cum aliis **7**sq. *πρὸς αὐτὸν* om. C **8** *ἔχοι* Per. cum BBaE *ἔφη πρὸς αὐτὸν* CrE *ἐγώ σοι* BBaE Per. *σοι* om. CF Hsr. **10** *τούτοις*] *τοὺς* Cr III **8** l. *ἐγώ, ὦ οὗτος*

Fab. 181

(Per. **171**)

1 *ἀλλήλους* CrF Hsr. *-ας* EO Per. **2** *δὴ ἡ* CrEO Per. *δὴ* om. AF Hsr. **3** *ἀργύρις ἀργυρίου* Cr **4** *ἐνεβάλλετο* FO(!) **6** *νεὼς* CrO *ἀπολέσασαι αὐταὶ* Per. **7** *τὸν χαλκοῦν* Cr **9** *μὲν* om. A **10** *ἐπὶ νομὴν* Per. *ἐπὶ τὴν ν.* Hsr. *τὰς* om. F **13** *σπουδάζωμεν μᾶλλον* Cr **14** *πταίσομεν* A

www.ingramcontent.com/pod-product-compliance
Lightning Source LLC
Chambersburg PA
CBHW070545310726
48982CB00004B/840

* 9 7 8 3 1 1 0 2 5 2 4 9 1 *